中国能源报告（2016）：能源市场研究

China Energy Report（2016）：Energy Market Research

魏一鸣　廖　华　唐葆君　郝　宇等　著

科学出版社

北　京

内 容 简 介

能源市场是国际社会和学术界广泛关注的热点问题。中国能源市场是国际能源市场重要的组成部分，主要包括中国能源生产者、消费者、市场结构和价格形成机制等因素，也包括不同能源品种的生产量、消费量、贸易量及影响因素等多方面内容。

本报告是《中国能源报告》系列研究报告的第六卷。在经济新常态和推进“一带一路”战略的国际背景下，本报告从能源经济的视角入手，总结并提炼国际和中国能源市场的发展特点，从时间和空间维度研究中国能源市场，梳理能源市场化演进的历程和发展。针对能源市场基本特征、能源市场监管、能源市场准入、能源市场化改革面临的机遇和挑战等重要问题开展了系统研究，同时也探讨了新能源汽车、清洁能源投资、能源市场“互联网+”等新特点和新问题。

《中国能源报告》是系列研究报告，自2006年以来，每两年出版一卷。根据国际和国内能源经济与气候政策形势的变化，每卷选择不同主题，开展有针对性的研究。突出研究的实证性和政策性，在深入研究的基础上，为国家相关决策部门提供参考和信息支持。

本报告适合能源经济与管理、环境与气候政策等领域的政府公务人员、企业管理人员、高等院校师生、科研院所人员及对该领域感兴趣的学者和相关工作者阅读。

图书在版编目（CIP）数据

中国能源报告（2016）：能源市场研究/魏一鸣等著. —北京：科学出版社，2016.11

ISBN 978-7-03-050463-0

Ⅰ.①中… Ⅱ.①魏… Ⅲ.①能源经济-研究报告-中国-2016 Ⅳ.①F426.2

中国版本图书馆CIP数据核字（2016）第261848号

责任编辑：耿建业 刘翠娜／责任校对：桂伟利

责任印制：张 倩／封面设计：陈 敬

科 学 出 版 社 出版

北京东黄城根北街16号

邮政编码：100717

http://www.sciencep.com

北京通州皇家印刷厂 印刷

科学出版社发行 各地新华书店经销

*

2016年11月第 一 版 开本：787×1092 1/16

2016年11月第一次印刷 印张：20 1/4

2017年1月第二次印刷 字数：430 000

定价：138.00元

（如有印装质量问题，我社负责调换）

作者简介

魏一鸣，教育部“长江学者奖励计划”特聘教授（2008年）、国家杰出青年科学基金获得者（2004年）、中国科学院“百人计划”（2005年）、“百千万人才工程国家级人选”（2004年）。现任北京理工大学管理与经济学院院长、北京理工大学能源与环境政策研究中心主任、国家自然科学基金创新研究群体“能源经济与气候政策”学术带头人。兼任中国优选法统筹法与经济数学研究会副理事长、能源经济与管理研究分会理事长等。受邀担任9个国际期刊的编委或副编辑。曾任中国科学院科技政策与管理科学研究所副所长（2000～2008年）、研究员。

长期从事管理系统工程、能源经济管理的研究和教学，在能源经济预测与决策建模、资源与环境管理、能源经济与气候政策等领域开展了有创新的研究工作，并做出了贡献。先后主持国家重点研发计划项目、国家自然科学基金创新研究群体项目、国家自然科学基金重大国际合作项目、“973”计划、国家科技支撑计划项目、国家自然科学基金重点项目、欧盟FP7等40余项科研课题，出版专著10余部；发表学术论文370余篇，其中，SCI/SSCI收录113篇，EI收录100余篇。据Web of Science数据，发表的SCI/SSCI论文被引用1463次，其中严格他引1280次，论文H指数22；据Google Scholar统计，论著被同行引用超过1万次、H指数52。曾连续两次入选中国高被引学者（Most Cited Chinese Researchers）榜单（2014年、2015年）。

8项成果曾获省部级科学技术、自然科学奖或哲学社会科学奖，其中一等奖4项。向中央和国务院提交了多份政策咨询报告并得到了重视。研究成果在学术界和政府部门均有较大影响。

廖　华，男，1980 年生，江西南康人。北京理工大学能源与环境政策研究中心教授、博士生导师、副主任。从事能源经济与气候政策研究。合作发表论文 60 余篇、合著专著 9 部。已主持国家重点研发计划课题 1 项、战略性先导科技专项课题 1 项、国家自然科学基金项目 5 项、霍英东高校青年教师基金课题 1 项、澳大利亚国立大学项目 1 项，讲授《能源经济学》课程。完成的部分专报信息被中办、国办采用。曾获国家优秀青年科学基金项目，曾入选教育部新世纪优秀人才支持计划、“长江学者奖励计划”首批青年学者项目，曾获茅以升北京青年科技奖、省部级一等奖 4 项、中国科学院院长奖等。

唐葆君，女，1972 年生，江西泰和人。教授，博士生导师。现任北京理工大学管理与经济学院副院长，北京理工大学能源与环境政策研究中心副主任。从事能源金融、碳金融研究。发表论文 40 余篇、出版专著及合著 6 部。主持国家及省部级重要课题 20 余项，包括国家自然科学基金面上项目（2 项）、北京市自然科学基金面上项目、北京市哲学社科重点项目、国家科技支撑计划等科研任务，曾在日本名古屋大学合作研究。主要讲授《国际金融》《金融经济学》等课程。曾获国家能源局能源软科学研究优秀成果奖一等奖、教育部高等学校科学研究优秀成果奖（科学技术）科技进步奖二等奖、中国电子学会电子信息科学技术奖二等奖、国家能源局能源软科学研究优秀成果奖三等奖。

郝　宇，男，1983 年生，湖北黄石人。德国汉堡大学经济学博士，北京理工大学能源与环境政策研究中心副教授。从事能源经济、环境经济、环境政策等方面的研究。主持包括国家自然科学基金在内的研究课题 6 项。迄今为止已在 *Environment and Development Economics*、*EnergyPolicy*、*Applied Economics*、*Applied Energy*、中国软科学等国内外重要学术期刊上发表论文 30 余篇。讲授《高级宏观经济学》《环境经济学》等课程。指导多个本科生团队完成能源经济、环境经济方向国家级和北京市级大学生创新训练项目，并获评 2016 年度北京理工大学“十佳优秀大学生创新训练项目”指导教师。

前　　言

能源市场是指各种能源作为商品进行交易的场所，它包括市场主体（生产者和消费者）、市场客体（各品种能源商品）及市场行为（定价、交易、能源、金融等）。中国是世界上最大的煤炭交易市场，是世界煤炭市场的重要决定性力量；随着中国对石油天然气的需求逐渐增长，石油天然气进口量不断扩大，中国油气市场是世界油气市场的重要内生性因素。同时，能源作为一种战略资源，和其他商品有着一定的区别，能源市场在配置资源时的重要性和影响也更加深远。

从市场构成而言，能源市场和其他市场一样，具有市场主体、市场客体及市场行为这些要素。中国能源市场的主体，即能源的消费者和供给者。中国石油和天然气这两种能源的供给，主要依靠国内三大能源公司（中国石油天然气集团公司、中国石油化工集团公司、中国海洋石油总公司）的生产及进口能源。煤炭供给者较多，其市场集中度较石油和天然气而言更低。

自 2015 年 6 月以来，人民币出现较大幅度贬值，煤炭进口量下降，出口量增加。虽然目前中国煤炭出口相对进口数量而言规模很小，但是在国内产能过剩的背景下，人民币贬值达到一定程度，可能使中国再次成为煤炭净出口国。另外，中国经济增长速度逐步回落，符合中国经济发展规律，进一步需要改变过去传统的粗放式、高能耗的发展方式，实现产业结构低碳化转型。中国经济再平衡背景下，能源新常态的内涵表现为能源需求总量增速放缓、结构加速转型，能源效率提升和能源消费结构低碳化、清洁化等。利率不断市场化，作为货币政策的重要工具，将会对能源价格形成冲击，财税政策可以有效支持能源市场发展。与此同时，可再生能源在建筑领域得到推广，新能源汽车产业的发展日益受到重视。因此，通过进一步推进能源市场化改革，让市场在能源供给领域发挥主导作用，对促进经济可持续增长具有重要的战略和现实意义。

《中国能源报告（2016）：能源市场研究》作为《中国能源报告》系列研究报告的第六卷，是北京理工大学能源与环境政策研究中心团队成员，对近年来中国能源市场相关重大问题，在长期研究过程中形成的总结。期望本书的出版，能使中国能源市场的相关问题得到国内外学术界和政府相关部门更多的重视，并为未来能源市场的建设提供政策支持和决策依据。本报告以能源经济的分析框架为基础，围绕以下问题展开深入研究。

（1）全面总结和梳理世界和中国能源市场发展形势。自第五卷《中国能源报告（2014）：能源贫困研究》出版以来，世界与中国经济出现了新的局面。世界经济增长格局显著分化，美国乐观、中国下行、欧洲回升、日本惨淡、俄罗斯重创，美元指数走强，大宗商品价格大跌。中国经济进入“新常态”，经济增速进入一个相对较低的区间且不稳定、不牢固，主要大宗工业品产能过剩，经济结构出现部分好转迹象，一些长期性的社会矛盾凸显。中国是国际能源市场重要的内生性因素，这不仅仅体现在生产量、消费量和贸易量的占比方面，更体现在增量（边际量）占比方面，还体现在预期及其变化方面。在上述背景下，报告归纳了世界经济发展与能源市场的基本特征、世界能源格局的新变化、世界能源市场正在发生的新调整、中国经济与能源发展的基本特征，以及中国能源市场正在面临的新变化与新挑战。

（2）分析中国能源市场供给和需求的特点。本书从不同的能源品种入手，对能源市场中供给者和消费者的行为及其特点分开讨论，研究认为：中国的能源市场供给仍然以煤为主，近年来，清洁能源比例不断上升，能源消费结构不断优化。同时各种能源的准入门槛、市场集中度及定价情况都不尽相同。在消费环节中，工业的能源消费量最大，占总社会总能耗的70%左右。能耗量居第二的是生活能耗，近年来居民整体的能耗结构发生变化，城乡之间的消费结构差异也愈加明显。紧随其后的是交通运输、仓储和邮政业，该行业的能耗增长高于同时期的社会总能耗。

同时对主要能源的成本核算和定价机制的历史沿革进行系统的梳理，提出在能源成本核算方面的不足之处，也为能源的成本核算和定价指出改革方向。能源行业是较为特殊的行业，受到政府的宏观调控范围较广。在如今的能源市场中，政府的定位需要进一步明晰和优化；中国能源企业管理的改革方向是政企分开、职责明确。

（3）讨论新常态下宏观政策对能源市场的影响。中国经济再平衡背景下，能源新常态的内涵体现为能源需求总量增速放缓、结构加速转型，能源效率提升和能源消费结构低碳化、清洁化等，要求严控高碳行业增长，强调能源效率提升。人民币贬值将减少煤炭进口，可能使中国再次成为煤炭净出口国，报告就人民币汇率变化对中国石油进出口贸易的影响进行实证分析。利率作为货币政策工具对能源价格形成冲击，主要影响可再生能源的投资和中国企业海外投资。因此，应充分利用利率杠杆，促进能源市场发展。财税政策可以有效支持能源市场发展。对于资源税，应采取“小步走”的渐进式方案。可再生能源在建筑领域得到推广，发展新能源汽车产业日益受到重视。当前，产能过剩是供给侧结构性改革的重要原因，供给侧结构性改革重点是提高供给质量和全要素生产率。报告提出基于“新供给经济学”的供给侧结构性改革从四个方面影响能源市场，并归纳为“去产能、去库存、去杠杆、降成本、补短板”的特点及最新动向。

（4）建立稳定、健康的能源市场已经逐渐成为世界各国经济社会发展必不可少的部分。能源市场并不是一个独立的个体，而是会受到消费者行为、金融市场和政府政策的共同影响。因此，能源市场的风险防范对于政府政策制定、企业生产者设定目标和投资者规划策略尤为重要。本报告主要从影响整体能源市场的三大类因素入手：首先分析宏观经济波动对能源市场的传导机制，并且从供给和需求的角度分析能源市场面临的不同风险；其次关注全球资本市场危机对能源市场的短期溢出效应，进而又影响到能源供需的风险；最后阐述由于各国能源政策变革，可能会对不同类型能源产品供需、价格造成冲击。针对相应风险，在宏观、中观和微观三个层面提出相应政策建议。

（5）分析中国能源期货市场的现状、存在的问题与发展趋势。能源期货市场是目前中国能源金融市场的主体，是能源现货市场和金融市场相互渗透融合的产物。交易品种包含石油和煤炭。原油和天然气期货的上市工作也在积极推动中。未来，“互联网＋能源期货”发展模式将为中国能源期货的平台升级、市场扩展、争夺定价权与话语权提供有力支撑。

针对国内石油期货市场的研究表明，目前燃料油与石油沥青市场的价格发现机制以现货为主导，期货市场的定价功能极为薄弱，难以为能源企业提供有效的风险规避手段。鉴于中国的石油期货体系尚不健全，远不能满足市场主体的套保需求；结算制度、准入制度与合约设计的不尽完善导致交易流动性低，市场参与度低。此外，市场监管中也存在维持市场活力与避免过度投机的两难局面。

（6）目前，煤、电、油、气作为中国依赖的主要能源，总体的资源储量丰富但地域分布不均。煤炭、油、气资源整体呈北多南少的特点；电力呈“火电为主，水电辅之”的发电结构特征，资源禀赋具有集中性的分布特点；而能源需求量较大的省份主要集中在东、中部工业发达地区，能源生产与消费在空间上的不匹配促使中国展开跨区域间的能源贸易。现阶段中国能源的贸易现状呈现以“西煤东运、北煤南运”为主导的煤炭贸易、以“西电东送”为主导的电力贸易、以“北油南调、西油东输”为主导的石油贸易和以“西气东输”为主导的天然气贸易。为促进跨区域间的能源贸易，国家加大了对交通网络和能源基础设施的建设，针对油气矿产资源对外依存度高等问题，国家大力发展“一带一路”战略，深化与中亚、南亚、西亚等国家的交流合作，进一步巩固中国的能源安全。在此背景下，本报告通过考察能源资源的分布禀赋及能源贸易的发展状况，从理论上对中国现阶段能源贸易仍存在的问题进行空间配置的优化，同时针对“一带一路”背景下的大区域能源市场间的贸易结构及变化趋势进行分析。

（7）新中国成立以来，中国煤炭行业得到了快速的发展，在能源生产和消费结构中长期处于主导地位，同时也保证了中国经济的快速发展。然而，自 2012 年下半年以来，受经济增速放缓、环境和二氧化碳减排约束趋紧等影响，国内煤炭需求疲软，价格持续下降，供给过剩现象突出，煤炭行业形势严峻。立足于中国国情，重点分析中国煤炭市场的供给与需求特征，全面考察煤炭市场经历的“完全计划、多层次计划、价格双轨制、煤炭价格机制市场化”四个阶段的定价机制与驱动因素，探讨当前煤炭行业发展在市场、环境、安全等领域所面临的问题与挑战，针对中国煤炭市场运行与建设、行业布局与规划、国际煤炭市场地位提升等方面提出建议。

（8）探讨中国电力市场从寡头格局到市场化改革的特点和影响。研究发现：世界各国高度重视电力市场改革，依据本国国情选择合理的市场模式，以安全、高效、清洁为目标，以电价改革作为电力市场建设的核心，以需求侧作为市场调节的重要手段，构建跨区域电力市场，促进资源优化配置；中国电力市场先后经过集资办电、政企分开、厂网分离等多轮改革，在优化能源资源配置、调节市场供求关系、促进电力工业可持续发展等方面取得了显著的成绩。面对生态文明建设和应对气候变化新目标、保障国家能源安全，促进电力行业提质增效，新一轮电改已经拉开序幕，以“监管中间，放开两头”为主，改革的核心依然是电价改革，新一轮电改有利于统一开放、竞争有序的电力市场体系建设，促进能源结构调整和新能源行业的发展。

（9）基于国际油价低迷的背景，探讨我国石油行业发展变化的特征。自 2014 年 7 月以来，油价持续低位震荡。在低油价背景下，由于中国石化产业链的不同环节对油价波动的敏感程度各不相同，石油市场开始呈现出分化发展的特点：勘探开发领域受到直接冲击，业绩大幅下滑；油田服务行业仍依靠存量经营，盈利增速放缓；炼油与化工行业受益于成品油地板价设立和低成本，盈利有所增长；销售行业通过改善库存管理，业绩稳定；而一体化公司（中石油与中石化）则由于各板块业务占比不同，业绩出现了一定程度分化。鉴于石油对中国经济发展的重要性，在石油市场稳定发展的同时，石油安全也成为我们关注的重点。近年来，中国石油贸易规模加大，进口渠道也更加多元化，但海外投资风险较大、安全形势仍然复杂，不容忽视。以低油价为契机，我国持续推行成品油定价机制改革与油企混合所有制改革，虽成效显著，但面临的挑战依然存在，各方力量和各种机制需要协调配合，方能有序稳健发展。

（10）“十二五”规划末，中国天然气消费量增速大幅回落，主要驱动因素已经从经济增长和价格优势转向生态文明建设，但仍有较大的发展潜力。预计 2020 年全国天然气消费量在 2700 亿立方米左右，2030 年可达 3900 亿立方米，替代煤炭是主要发展方向。从供应角度看，中国天然气资源潜力十分丰富，非常规天然气特别是页岩气的发展已经取得了较大突破，未来仍有较大发展空间，煤制气项目则面临较大的问题。“十三五”规划期间，进口管道气和进口 LNG 都将继续快速增长，但资源过剩问题已经显现并不断加剧。

经过 30 多年的改革发展，中国天然气价格机制不断完善，但与欧美地区成熟的“气对气竞争法”的市场化定价模式仍有较大差距，净回值定价法仍需进一步完善，天然气交易体系应该是发展的重点。当前中国天然气管网领域自然垄断与行政垄断并存，储运基础设施能力仍严重不足，政策的不确定性更加制约了天然气管网的发展。建议从问题导向、系统思维、循序渐进的角度出发，加快完善天然气行业管理体制机制，建立公平开放、自由竞争的市场规则和秩序。

目前，中国在能源的市场化进程中已经取得了一定的成就。煤炭价格从新中国成立初期至今，经历了完全计划阶段、多层次计划阶段、价格双轨制、煤炭价格机制市场化四个阶段。2012 年 12 月，国务院发布了《关于深化电煤市场化改革的指导意见》，标志历时 16 年的煤炭价格双轨制和几十年的“煤炭订货会”在 2013 年正式退出舞台，煤炭价格全面实现市场化。在电力市场上，上网电价主要由政府制定，现从资源优化配置和能源效率提高的目标出发，已经开始探索市场定价机制；输配电价按照电网结构和电网企业经营管理体制分为跨区、跨省和省级电网三个层次；销售电价由政府制定，按用电性质和用途划分。梳理中国和世界其他国家在推进能源市场化方面的政策和措施，可以更理性地评判中国在能源领域建立市场经济的合理性和科学性，并为中国政府未来的职能定位及相关资源产品的市场化政策的制定提供参考和借鉴。在能源市场不断发展的今天，一些挑战也越来越急迫。煤炭在中国能源消费结构中处于主体地位，然而，近年来随着中国经济增速放缓，中国煤炭市场供需格局发生了巨大变化，产能过剩问题日益凸显，使得煤炭行业陷入困境。石油市场上，中国大型国有石油企业处于垄断地位，因而在国际油价大幅下跌，导致国内石油企业面临亏损的情况下，政府以行政手段参与成品油定价，目的是确保中国石油市场安全稳定发展。然而，正是由于这种“保护机制”的存在，中国成品油定价机制进程缓慢，甚至出现反复和逆行。展望未来，在新常态背景下，为进一步促进能源市场化发展，中国政府制定了一系列措施，推动新一轮改革。针对煤炭行业产能过剩，以供给侧结构性改革为切入点，严格控制增量、淘汰落后产能，逐步消化过剩产能；电力市场新一轮的改革，将利于统一开放、竞争有序的市场体系建设，促进能源结构调整和新能源产业的发展；同时新能源和可再生能源的发展，也将提高能源效率，优化能源供应格局，推动能源革命纵深发展。

Preface

Energy market, which is the trading place for a variety of energy that are taken as commdities, includes maket players (producers and consumers), market objects (all varieties of energy products) and market behaviers cpricing, trading and energy finance etc. China is the largest coal trading market in the world, and China holds the important decisive power in the world's coal market. With an increase of China's demand for petroleum and natural gas, the import volume of petroleum and natural gas has been constantly expanding, which is important to the world's petroleum and natural gas market. Meanwhile, energy market, as a kind of strategic resource, differs from other commodities; and the importance and influence on energy market are more profound.

From the perspective of market structure, energy market possesses the same elements with other commodity markets, such as market subject, market object, and market behavior. The subjects of Chinese energy market are the consumers and suppliers of energy. The supply of petroleum and natural gas in China mainly relies on the production and import of three domestic companies (China National Petroleum Corporation, Sinopec Group, and China National Offshore Oil Corporation). There are a lot of coal suppliers which are the leading enterprises in the coal industry, such as China Shenhua Energy and China National Coal Group Corporation. Their market concentration rate is relatively lower than that of petroleum and natural gas.

Since June 2015, the significant devaluation of RMB contributes to the higher coal price and leads to the reduction of coal import volume and the increase in coal export volume. Although China's current coal import largely exceeds the export and faces the domestic overcapacity, China may become the coal net exporter again when depreciation of RMB exchange rate reaches a certain degree. In addition, the growth is slowing down, which conforms to the economic development law. The past traditional development pattern of extensive and high energy consumption shall be further improved, and consequently, the low-carbon transformation of industrial structure is realized. Under the background of China's economic rebalance, the connotation of energy 'new normal' represents itself in a slow growth of total energy demand, accelerating structure transformation, improvement of energy efficiency, low-carbon and clean energy consumption structure, etc. The interest rate, as the important tool of monetary policy, tends to marketization, and it will shock the energy price, while fiscal taxation policy can effectively support the energy market. Meanwhile, renewable energy is popularized in the field of architecture and automobile industry. Therefore, to further promote the energy market reformation and to improve the leading role of market in the energy supply field possess the imprtant strategic and practical significance for elevating the sustainable economic growth.

"China Energy Report (2016): Energy Market Research", as the sixth installation of the CEEP's report series, is expected to provide policy support for both public and private decision makers. This report will involve the following issues based on energy economic analysis.

(1) Possibilities of the global as well as China's energy market development are comprehensively summarized and systematized. Since the release of "China Energy Report (2014): Energy Poverty Research", the world economic growth pattern is changed significantly, and the situation is listed as follows: United States' economy is optimistic; China is experiencing a downturn; Europe is recovering; Japan carries out economy painstakingly; Russia is undertaking a heavy hit; US dollar goes strong; and the price of bulk commodity falls greatly. It's worth noting that China's economy enters into the 'new normal' which enters into a relatively low, unstable and loose stage. China is important to the international energy market in the aspects of proportion of production, consumption, trade volume, increment (margin), expectation and its change. Under the above backgrounds, the report summarizes the basic characteristics of the world's economic development and the energy market, the new change of the world's energy pattern, the new changes and new challenges faced by China's energy market.

(2) Characteristics of supply and demand of the China's energy market are analyzed. The behaviors and characteristics of suppliers and consumers are discussed respectively from the different energy species. The report shows that the supply in China still gives priority to coal. In recent years, the share of clean energy is rapidly increasing, and the energy consumption structure is constantly being optimized. Meanwhile, requirements for market access, market concentration rate, and pricing situation of each energy are different. The industrial energy consumption is the largest, which accounts for about 70% of the total energy consumption. Residential energy consumption ranks second. In recent years, the overall energy consumption structure of residents has been changed, and the consumption structure difference between city and countryside is evident. Followed by transportation, the energy consumption increase of warehousing and postal service is higher than the total energy consumption.

Meanwhile, the history of cost accounting and pricing mechanism of the main energy is systematically summarized. The inadequacies of energy cost accounting methods are proposed, and simultaneously, the reformation direction of the energy cost accounting and pricing is also pointed out. The energy industry is the relative special industry, and it is greatly controlled by the government's macroscopic readjustment and control. In today's energy market, the role of the government needs to be further clarified and it is time for Chinese energy enterprises to perform separation on operations from administration.

(3) The influence of macropolicies on energy market in the context of 'new normal' is discussed. Under the background of Chinese economic rebalance, the connotation expression of energy new normal is with slow growth of total energy demand, accelerating structure transformation, improvement of energy efficiency, low-carbon and clean energy consumption structure, etc. It is required to strictly control the growth of high carbon industry and emphasize the improvement of energy efficiency. RMB devaluation will reduce the coal import, and China may become the coal net exporter again because of the RMB depreciation. An empirical analysis on the influence of the change of the RMB exchange rate to Chinese petroleum import and export trade is conducted in this report. As the monetary policy tool, the interest rate impacts the energy price, and it mainly influences the investment of renewable energy sources and the overseas investment of Chinese enterprises. It proposes that we shall fully utilize the interest rate lever and promote the development of energy market. The fiscal taxation policy can effectively support the development of energy market. For resource tax, the gradual model scheme of "walk small steps" shall be adopted. Renewable energy sources are popularized in the field of architecture, and it becomes increasingly important to develop new energy automobile industry. Currently, over capacity is the important cause of supply side structural reform, and supply side structural reform lays emphasis on improving the supply quality and total factor productivity. The report proposes that supply side structural reform based on "new supply economics" influences the energy market from four aspects, and summarizes the characteristics of "de-capacity, de-stocking, de-leverage, cost reduction, and short slab repair" and the new trend.

(4) Establishing a stable and healthy energy market has become an essential part of the economic and social development in all countries around the world. Energy market is not a separate entity, and it is jointly influenced by consumers' behaviors, financial market and the government's policies. Therefore, the risk prevention of energy market is especially important for the formulation of the government's policies, the goals setting of enterprise producers, and the strategic planning of investors. This report mainly starts from three categories of factors influencing the whole energy market: firstly, the transmission mechanism of macroeconomic fluctuation to the energy market is analyzed, and the different risks faced in the energy market are also analyzed from the perspectives of supply and demand; secondly, it pays attention to spillover effects in the short term of the global capital market crisis to the energy market, and consequently, the risks of energy supply and demand are influenced; lastly, it states that products supply and demand and price of different types of energy may be impacted because of the energy policy transformation of all countries. The corresponding policy suggestions are pro-

posed aiming at the corresponding risks in macro, meso and micro levels.

(5) The current situation, existing problems, and development tendency of Chinese energy futures market are analyzed. The energy futures market is the subject of Chinese current energy financial market, and it is the product of the permeable fusion between energy spot market and the financial market. Trading products include petroleum and coal, and the listing of crude oil and natural gas is actively promoting. In the future, the development mode of new 'internet plus' strategy for energy futures will powerfully support the platform upgrading, market expansion, pricing power and speaking right fighting.

Research on the domestic petroleum future market shows that, currently the market price discovery mechanism of fuel oil and petroleum asphalt gives priority to the prompt goods, and the pricing function of futures market is extremely weak, which is difficult to provide the effective risk aversion means for the energy enterprises. In consideration of the unsound Chinese petroleum futures system, the hedging demand of the market subject can not be satisfied; the imperfect settlement system, access system and contract design lead to low trading liquidity and low market participation. In addition, in the market supervision, there is also the dilemma of maintaining the market vitality and avoiding excessive speculation.

(6) Nowadays, coal, electricity, petroleum and gas are the main energy which China depends on with uneven geographical distribution. Coal, petroleum, and gas resources present the characteristics of "a few in south but much in north" overall, while the electric power presents the electricity generation structural characteristics of "thermal power is given priority and hydroelectric power is supplemented". Resource endowment possesses the concentrative distribution characteristics, while the provinces of great energy demand are mainly centralized in the east and central industry developed regions. The mismatching of energy production and consumption on the space promotes China to develop the transregional energy trade. At the present stage, the current situation of Chinese energy trading presents the coal trade led by "transport coal from west to east China and transport coal from north to south China", the electric power trade led by "transmission of electricity from west to east China", the petroleum trade led by "transport petroleum from north to south China, and transmission of petroleum from west to east China", as well as the natural gas trade led by "transport the natural gas from west to east China". In order to promote the energy transregional trading, the country increased the construction in transportion network and energy infrastructure. Aiming at the problems of high external dependency of petroleum gas mineral resources, the country energetically proposes the Belt and Road Initiative, deepens the communication and cooperation with the countries in Central Asia, South Asia, and West Asia, and further strengthens the energy safety in China. Under this background, the space

configuration optimization to the existing energy trading problems in China is implemented in this report through investigating the distribution endowment of energy resources and the development situation of energy trading; meanwhile, the trading structure and change tendency among energy markets in big areas under the background of the Belt and Road Initiative are analyzed.

(7) Since the founding of new China, Chinese coal industry has been promoted rapidly, which takes a leading position in energy production and consumption structure for a long term; meanwhile, it also guarantees the rapid development of Chinese economy. However, since the second half of 2012, influenced by the slow economic growth, severe environment and carbon dioxide emission reduction constraint, the domestic coal demand is weak, and the price declines constantly; the excess supply is prominent and the coal industry situation is severe. Based on China's national condition, the supply and demand characteristics of Chinese coal market are analyzed emphatically; the pricing mechanism and driving factors of four stages (complete plan, multi-level plan, dual-track price system and coal price mechanism marketization) experienced in the coal market are comprehensively investigated; the current coal industry development's problems and challenges faced in the market, environment, and safety and other fields are investigated; the corresponding suggestions in the aspects of Chinese coal market operation and establishment, industry layout and planning and the international coal market status improvement, etc. are proposed.

(8) The characteristics and influence of Chinese electric power market from oligopoly pattern to market-oriented reform are discussed. Research results show that firstly all countries in the world pay high attention to the electric power market reform; countries select the reasonable market mode according to their national conditions, construct transregional electric power market and promote the resource optimization allocation by taking safety, high efficiency and clean as objective; the electricity price is the core of electric power market construction, and the demand is an important means of market regulation; secondly, through several rounds of reform in raising money for electricity, separation of enterprise from administration, and separation of plant and grid, etc., Chinese electric power market has achieved significant results in the aspects of optimization of energy resources allocation, adjustment of market relationship between supply and demand, and promotion of the sustainable development of electric power industry. A new electric transformation has been started facing the ecological civilization construction and coping new target of climate change, guaranteeing the national energy safety, and promoting electric power industry to improve quality and effectiveness. Giving priority to "regulation in the middle, open at both ends", the core of reform is still the electricity price reform. The latest round of electric transformation is beneficial to the unified, open, and orderly competitive electric power market system construction, and

promote the energy structure adjustment and new energy industry development.

(9) In the context of slow growth in international oil prices, characferistics of China's oil industry development are explored. Since July 2014, the petroleum price has kept at a low level shock. Under the background of low petroleum price, because of different sensitive degrees of different links of China's petrochemical industry chain to the petroleum price fluctuation, the petroleum market starts to present the characteristics of diversified development: exploration and development field is directly impacted with the greatly declined performance oilfield service industry still depends on stock with the slowing earnings growth ; refining and chemical industry is benefit from petroleum products floor price setting and low cost with the slightly increased profit; the performance of sales industry is steady through improving the inventory management; while the performance of integrated companies (China National Petroleum Corporation and Sinopec Group) is differentiated because of the different business ratio of each plate. In terms of the importance of petroleum to Chinese economy development, the petroleum safety also becomes the emphasis we concerned when the petroleum market develops steadily. In recent years, Chinese petroleum trading scale has been enlarged, and the import channels become more diversified, but the overseas investment risk is big, and the safety situation is still complex and can not be ignored. In virtue of the opportunity of low petroleum price, petroleum products pricing mechanism reform and mixed petroleum and companies ownership reform in China have been promoted constantly. Although the outlook in many ways positive, major challenges still remain. Its orderly, steady, and healthy development requires the coordination and cooperation of all parties' efforts and all kinds of mechanisms.

(10) At the end of "Twelfth Five-Year Plan", China's natural gas consumption growth fell sharply, and the main driving factors were changed from economic growth and price advantage to the ecological civilization construction, but there is still a huge development potential. It is predicted that by 2020, the national natural gas consumption will reach about 270 billion cubic meters, while in 2030, it will reach 390 billion cubic meters, and the substitute coal is the main development direction. From the perspective of supply, China's natural gas resource is very rich, and the development of unconventional natural gas especially the shale gas has made big breakthrough, and there is still a big development space in the future, while the coal gasification project is faced with massive problems. During "Thirteenth Five-Year Plan", the import pipeline gas and import LNG will be risen rapidly, but the problem of excess resources is there and it is still growing.

Through more than 30 years of reform and development, China's natural gas' pricing mechanism has been perfected constantly, but there is still the gap compared with the mature "gas for gas competition law" market-based pricing model in European and American areas. Net back value pricing method needs to be further perfected, and the natural gas trading system shall be the emphasis of development. Currently, the natural monopoly and administrative monopoly are coexisted in China's natural gas pipe network field, and storage and transportation infrastructure ability is severely inadequate; moreover, the uncertainty of policy restricts the development of natural gas pipe network. It is suggested to start from the perspectives of problem-orientated, systematic thinking and step-by-step, to speed up the improvement of the natural gas industry management system and mechanism, and to establish the fair, open and free competitive market rules and order.

Currently, certain results are achieved in the process of Chinese energy marketalization. For example, the coal price has experienced complete planning stage, multi-level planning stage, dual-track stage, and marketization price formation stage since the initial stage of the founding of new China. In December 2012, the State Council issued Instruction on Deepening Reform of the Coal Market, which marked that coal dual-track pricing system of 16 years and "coal ordering meeting" for decades officially seceded in 2013, and the coal price fully realizes marketization. In the electric power market, the feed-in tariff is mainly formulated by the government. Starting from the objects of resource optimization allocation and energy efficiency improvement, the market pricing mechanism is started to explore; transmission distribution electricity price is divided into three levels of trans-regional, trans-provincial and provincial power grid according to electric power network composition and electrical network enterprise operation and management system; the selling electricity price is formulated by the government, and it is divided according to the electrical property and purposes. The policies and countermeasures of China and other countries in promoting the energy marketization are summarized, which can more rationally judge the rationality and scientificity for China establishing market economy in the energy field, and moreover, the references for Chinese government's future function orientation and the market-oriented policy formulation of the related resources products are proposed. Nowadays, energy market develops unceasingly, and some challenges become more and more urgent. Coal plays the dominant role in China's energy consumption structure. However, with the slowing Chinese economic growth in recent years, the coal production ability has been expanded constantly. The supply and demand pattern in Chinese coal market has been changed greatly, and the problem of overcapacity becomes increasingly important, which makes the coal industry in trouble. In the petroleum market, China's large state-owned petroleum companies occupy a monopoly position. Therefore, In the case of the stunning fall in international oil prices resulting in a loss of domestic oil companies, the government participates in oil pricing with administrative means to ensure the safe and stable development of China's oil market. However, it is exactly because of this kind of "protection mechanism" that makes the progress of China's petroleum products pricing mechanism slow, and even repeat and retrograde. Looking ahead, under the background of 'new normal', in order to further promote the development of energy marketization, Chinese government formulates a series of countermeasures to promote a new round of reform. In response to the coal industry overcapacity, and taking supply side structural reform as the entry point, the increment shall be severely controlled, and the outdated capacity shall be weeded out, and consequently, the overcapacity is absorbed gradually; a new round of reform in electric power market will be beneficial to the unified, open, and orderly competitive market system's construction, and it will promote the energy structure adjustment and new energy industry development; meanwhile, the development of new energy and renewable energy sources can also improve the energy efficiency, optimize energy supply pattern and promote the energy revolution in China.

Yi-Ming Wei

缩写和缩略语

简称	英文名称	中文名称
APX	Amsterdam Power Exchange	阿姆斯特丹电力交易所
BP	British Petroleum	英国石油公司
CEC	China Electricity Council	中国电力企业联合会
CNG	Compressed Natural Gas	压缩天然气
CNPC	China National Petroleum Corporation	中国石油天然气集团公司（中石油）
CPI	Consumer Price Index	居民消费价格指数
EEX	European Energy Exchange	德国能源交易所
EIA	US Energy Information Administration	美国能源信息署
EMCC	European Market Coupling Company	欧洲市场联合公司
GDP	Gross Domestic Product	国内生产总值
IEA	International Energy Agency	国际能源署
IMF	International Monetary Fund	国际货币基金组织
IRF	International Road Federation	国际公路协会
ISO	Independent System Operator	独立系统运行机构
LNG	Liquefied Natural Gas	液化天然气
LPG	Liquefied Petroleum Gas	液化石油气
NASDAQ	National Association of Securities Dealers Automated Quotations	美国证券交易商自动报价系统协会
NETA	New Electricity Trading Arrangements	新电力交易模式
OECD	Organization for Economic Co-operation and Development	经济合作与发展组织
OPEC	Organization of Petroleum Exporting Countries	石油输出国组织
PJM	Pennsylvania-New Jersey-Maryland	PJM 有限责任公司
PPP	Purchasing Power Parity	购买力平价
PTA	Purified Terephthalic Acid	精对苯二甲酸
RERC	Federal Energy Regulatory Commission	联邦能源管制委员会
RTO	Regional Transmission Organization	区域输电组织
Sinopec Group	China Petrochemical Corporation	中国石油化工集团公司（中石化）
SMD	Standard Market Design	标准市场模式
TSO	Transmission System Operator	输电运行机构
UHV	Ultra High Voltage	特高压
WTI	West Texas Intermediate	西德克萨斯中质原油

目　　录

Contents

第 1 章　世界与中国能源发展概况

自《中国能源报告（2014）》出版以来，世界与中国经济出现了新的局面。世界经济增长格局显著分化，美国乐观、中国下行、欧洲回升、日本惨淡、俄罗斯重创，美元指数走强、大宗商品价格大跌。中国经济进入“新常态”，经济增速进入一个相对较低的区间且不稳定、不牢固，主要大宗工业品产能过剩，经济结构出现部分好转趋势。中国是国际能源市场重要的内生性因素，这不仅仅体现在生产量、消费量和贸易量的比例方面，更体现在增量（边际量）比例方面，还体现在预期及其变化方面。

面对国际气候治理的新趋势和国内节能减排工作的新形势，中国政府进一步提出了自主减排目标，要在 2030 年左右碳排放达峰并争取尽早达峰，单位 GDP 碳排放比 2005 年下降 60%～65%。根据经济改革的总体目标，中央出台了多个能源体制改革和价格改革文件。延续以往《中国能源报告》的特点，在上述背景下，本章着重回答以下基本问题：

- 世界经济发展与能源市场有哪些基本特征？
- 世界能源格局有哪些新变化？
- 世界能源市场正在发生什么样的新调整？
- 中国经济与能源发展有哪些基本特征？
- 中国能源市场面临哪些新变化与新挑战？

1.1　世界能源发展回顾

1.1.1　经济发展与能源消费呈正相关，能源弹性在不同时期差异显著

人类文明史也是一部能源发展史，能源结构、能源规模和能源效率的演进反映了人类文明进程。蒸汽机、内燃机、发电机的出现和应用推动着能源结构向清洁化方向发展，经济规模的扩张带动了能源消耗规模持续增长，技术进步不断提升了能源开发和利用效率。

能源与经济存在较强的正相关性，但在不同历史时期，由于技术水平、经济结构、价格结构、人口规模的变化，能源需求增速有所不同，能源弹性系数（能源消费对生产总值的弹性）也有差异。表 1-1 列出了不同历史时期世界经济增速、能源需求增速及能源弹性。

表 1-1　世界生产总值和能源消费总量年均增速（1800～2015 年）

年份	1800～1870	1870～1940	1940～1970	1970～2015
能源消费/%	0.60	1.39	3.44	1.82
GDP/%	0.76	2.02	3.80	3.47
能源弹性	0.69	0.69	0.91	0.52

注：数据来源：Smil（2010），Maddison（2010），IMF（2015），DeLong（1998）及著者的整理计算。

第二次工业革命加速了工业化进程，世界经济增速和能源消费增速比工业革命之前的 70 年间平均分别要高 1.2 个百分点和 0.8 个百分点。第二次世界大战之后的 30 年是战后重建期，各主要发达国家经济强劲增长的同时带动能源消费也大幅增长，实现全球 GDP 年均增长 3.8%，能源消费年均增长 3.4%，能源弹性系数为 0.9，均达历史高位。

20 世纪 70 年代以来，世界经济增速没有显著下滑，但能源消费增速明显下降，能源消费增速和能源弹性较 20 世纪 70 年代以前降幅都在 50%左右，实现较低的能源弹性支撑了相近的经济增速。这主要是因为：一方面，石油危机之后，发达国家已基本完成工业化进程，进入以第三产业为主的后工业化时代，随着技术进步和能源效率提升，其经济增速换挡到低增速区间的同时实现了能源消耗低增长，能源弹性有所降低；另一方面，以中国、印度为主的发展中国家和新兴经济体成为世界经济新的增长引擎，支撑了很大一部分的世界经济增长。虽然近年来作为世界第二大经济体的中国逐渐步入经济发展和结构调整的“新常态”，经济增速有所下滑，但其经济体量比以前更大（图 1-1）。

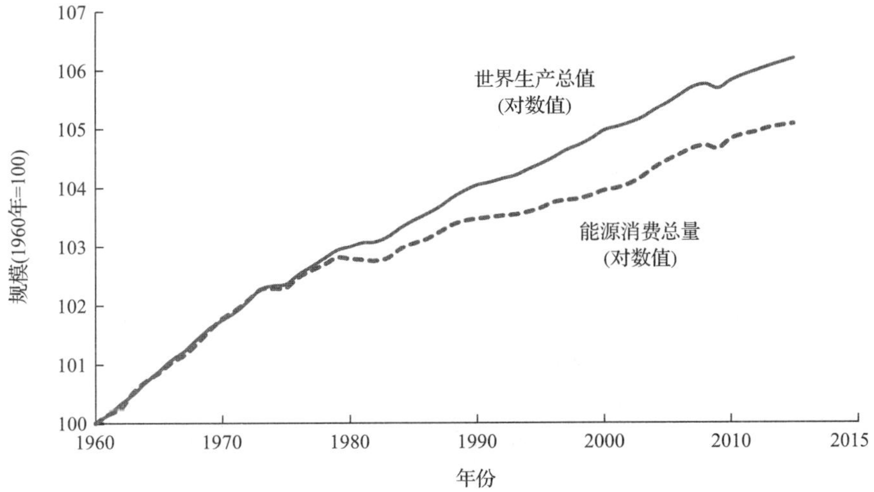

图 1-1 世界经济和能源消费规模（1960～2015 年）

数据来源：世界银行，BP（2016）及著者的整理计算

1.1.2 能源消费方式日趋高效清洁，清洁能源占比逐年提升

资源剩余储量、技术进步和经济结构演变，推动世界能源消费结构不断变化。第二次世界大战以前，煤炭和生物质能是人类主要能源，之后石油在能源供应中的地位显著上升。1973 年的世界石油危机，促使发达国家寻找更多替代能源，天然气和核电比例有所增加（图 1-2）。终端能源消费结构清洁化趋势更加明显，电力和天然气的消费比例由 1971 年的 23%增长到 2013 年的 33%左右（表 1-2）。

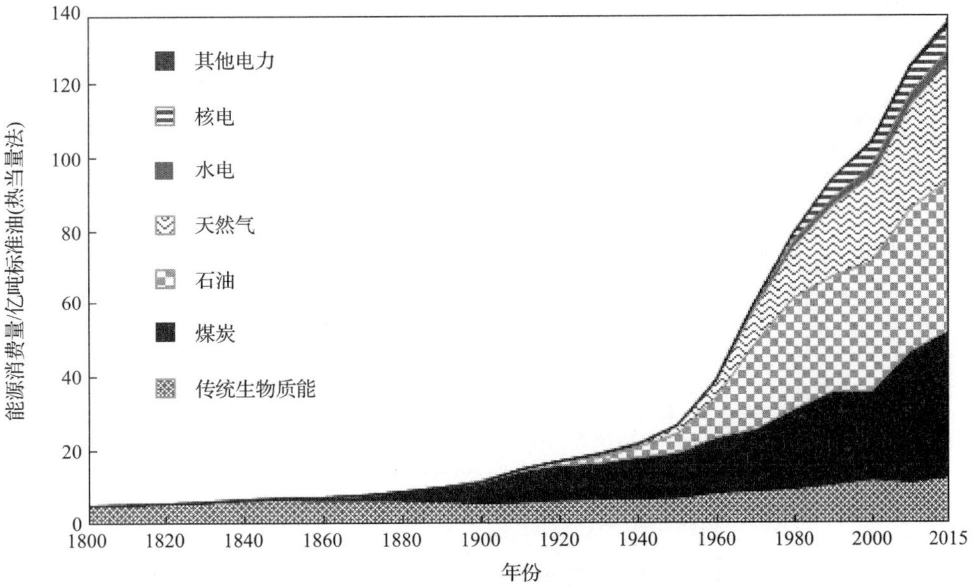

图 1-2 世界能源消费量（1800～2015 年）

数据来源：2008 年及以前数据来自 Smil（2010），2008 年以后数据根据 IEA（2015），BP（2016）计算得到

表 1-2　世界能源结构（1971 年和 2013 年）

能源类别	一次能源供应结构/%		终端能源消费结构/%	
	1971 年	2013 年	1971 年	2013 年
煤炭	26.0	28.8	15.1	11.5
石油	44.1	31.1	46.9	40.0
天然气	16.2	21.4	13.7	15.1
电力	2.4	7.2	8.9	18.0
其他（生物质能、地热等）	11.2	11.4	15.4	15.5

注：数据来源：根据 IEA（2015）计算得到。

1.1.3　各主要国家能源强度随时间变化趋势不同，中国降幅最大

受经济结构调整和技术进步的影响，1990 年以来，在世界范围内能源强度呈平稳下降趋势，全球各主要国家和地区的单位 GDP 能耗变化趋势不同，大部分国家总体上呈下降态势，但也有少数国家在部分时期有所上升。通过对 BP（2015b）和世界银行的数据进行计算后得出，1990 年以来，印度和日本的能源强度有过短暂的上升后一直呈下降趋势，中国和美国的能源强度一直下降，只有巴西的能源强度从 20 世纪 90 年代以来有所上升。1990～2014 年，中国降幅最大，为 56%，巴西在这 24 年间能源强度增长了 18%，如图 1-3 所示。随着技术进步、经济发展、产业结构和能源结构的变动，世界各国能源强度的降低对今后应对全球气候变化、改善生态环境及节能降耗方面都有着不可忽视的作用。

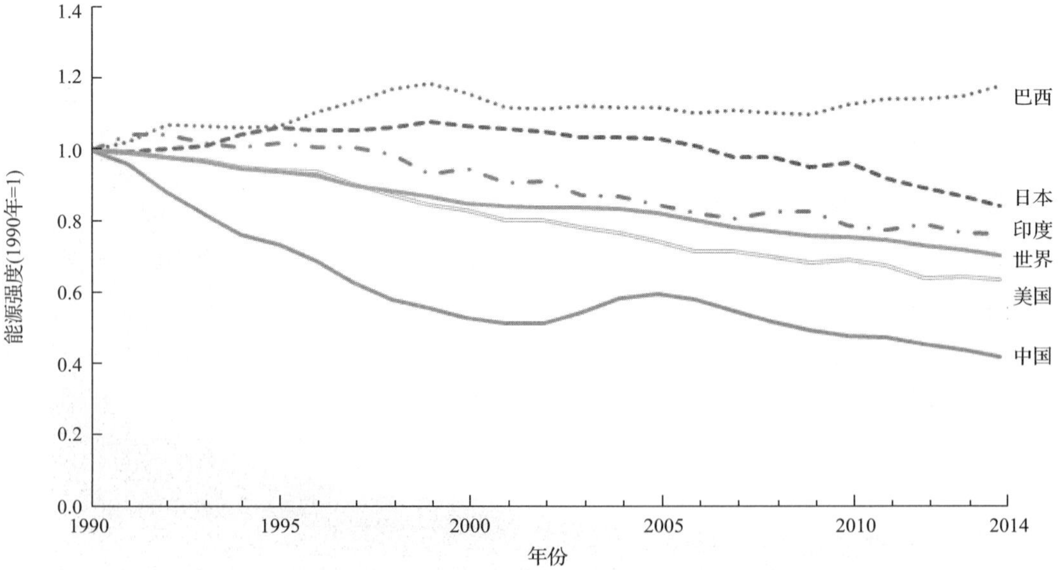

图 1-3　世界及部分国家单位 GDP 能耗指数（1990～2014 年）

数据来源：世界银行，BP（2015b）及著者的整理计算

1.1.4　能源资源潜力并不悲观，油气储采比无显著下降趋势

尽管人类已从地球上开采了大量化石能源资源，但由于技术进步，能源资源（包括油气资源）远未出现枯竭迹象。自20世纪70年代罗马俱乐部报告发布以来，与地质学界和油气工程界相比，经济学界对于资源耗竭性问题持相对乐观的态度。大量的经济学文献检验发现，化石能源价格没有按照经典的霍特林规则（Hotelling Rule）持续上涨。BP（2016）的统计数据显示，全球化石能源的储采比没有明显下降，相反，1980年以来油气储采比都有所上升，其中石油储采比上升幅度尤为明显。相比1980年，2015年石油储采比增加了21年，天然气的储采比增加了3年。2015年煤炭储采比相比2000年减少了113年，但是相比石油和天然气，其储量优势仍在，如图1-4所示。在国际石油价格处于高位运行的时期，关于石油资源枯竭、石油峰值、石油末日的观点或论述频繁地充斥于各类财经媒体和油气期刊。很多作者也借机撰写和出版了各种缺乏历史视野的油气类图书，内容危言耸听，目的之一是要获得很好的销量。我国只有20年较大规模石油净进口的历史，世界石油市场跌宕起伏的历史有150年。全面认识过去的世界石油市场，对于今后的决策具有重要的参考价值。

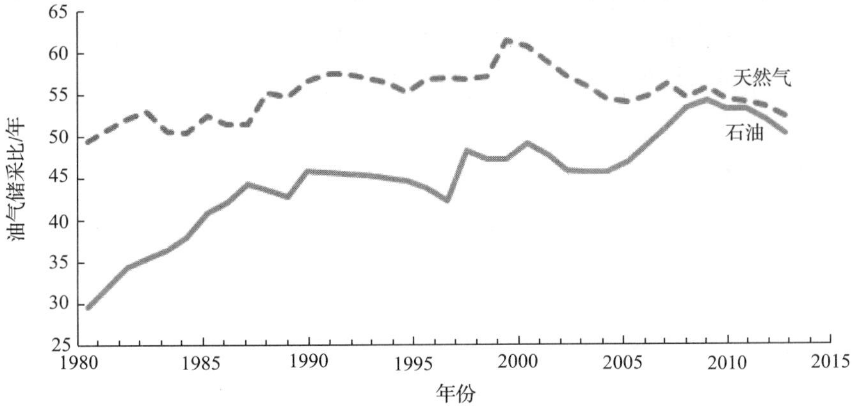

图1-4　世界油气储采比（1980～2015年）

数据来源：BP（2016）及著者的整理计算

1.1.5　能源消费增量基本来自发展中国家，出现能源峰值的国家日益增多

受1973年第一次石油危机等因素的影响，OECD国家结构转型和节能技术进步速度较快，其能源消费增量约为全球增量的30%。20世纪90年代，发达国家进入一个经济增长黄金期，其能源消耗增量再次超过全球增量的50%。21世纪以来，世界能源消费增量几乎全部来自发展中国家（表1-3）。中国自2002年经济进入新一轮增长周期以来，能源消费量快速增长，2002～2014年增量占全球增量的55%。受经济增速和结构影响，中国在2015年能源需求增速减缓，增量约占全球的34%。早年形成的增量预期与后来的实际情况不一致，这是国际能源价格大幅下跌的重要原因之一。

表 1-3 世界能源消费增量及其分布（1973～2015 年）

年份		1973～1978	1978～1990	1990～2002	2002～2014	2014～2015
世界增量/亿吨标准油		63.8	140.2	131.6	275.4	126.7
占比/%	OECD	28.0	29.3	51.9	1.2	3.1
	非 OECD	55.8	53.8	18.1	43.9	62.5
	中国	16.2	16.9	30.1	54.9	34.4

注：本表“非 OECD”不含中国。

数据来源：BP（2016）。

能源消费峰值或水平值已不是一个理论问题，在实践中已有越来越多的案例。21 世纪以来，越来越多的发达国家在保持经济增长的同时出现了能源消费峰值或达到水平状态，如图 1-5 所示。根据 BP（2016）的数据，与 2005 年相比，2015 年全球有超过 25 个国家的能源消耗量没有增加。这 25 个国家在 2015 年的能源消费总量占全球总量的 33%。峰值出现可能有转移能耗的原因，但更重要的原因可能是结构调整和技术进步（当然，在遥远的未来，能源消费量还可能继续增长）。能源峰值或水平值在更多大国出现、新能源和可再生能源大规模进入市场，在化石能源利用没有纳入足够环境成本的情况下，未来能源市场价格不太可能持续高位运行。

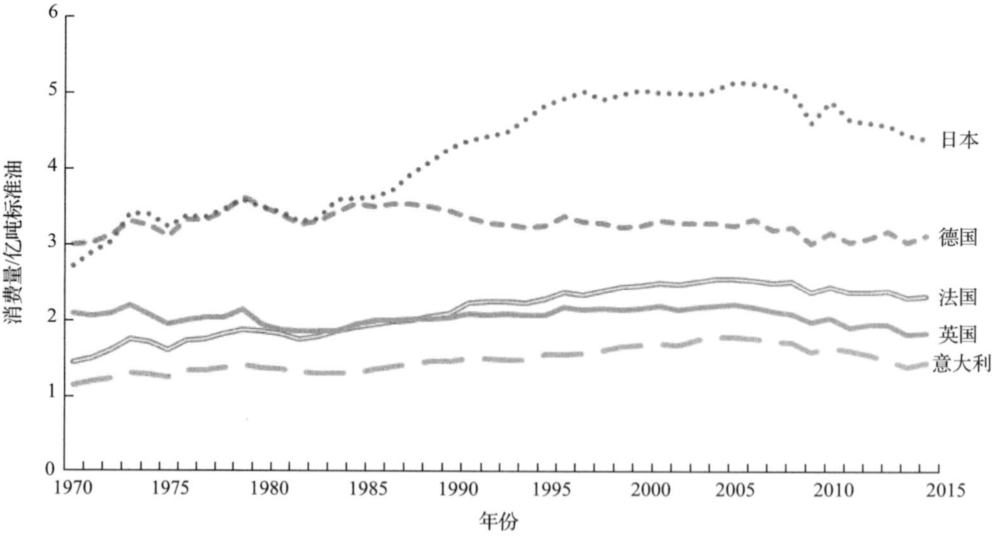

图 1-5 世界主要发达国家一次能源消费量（1970～2015 年）

数据来源：BP（2016）

1.2　世界能源发展的新变化和新格局

1.2.1　一次能源消费增速明显减缓，未来 15 年能源需求仍将持续增长

根据 BP（2016）的统计数据，2015 年全球一次能源消费增速仅为 1%，与 2014 年增速（1.1%）基本持平，但低于过去 10 年平均增速 1.9%。随着 OECD 国家经济的复苏，其一次能源消费量于 2015 年实现 0.1%的增速，高于过去 10 年的平均增速（−0.3%），其中欧盟贡献最大，以 1.6%的全年增速抵消了美国（−0.9%）和日本（−1.2%）等国能源消费量的下降。新兴国家依旧是全球能源消费的主要推动力，占据了全球一次能源消费增量的 97%，但这些国家 2015 年一次能源消费增速（1.6%）也远低于过去 10 年的平均水平（3.8%）。中国一次能源消费量自 2009 年开始超越美国，成为全球能耗最多的国家。近年来由于中国逐渐步入经济发展"新常态"，经济结构、能源结构面临转型，其 2015 年能源消费增速（1.5%）跌至 1998 年以来最低点；但即便如此，中国依旧是能源需求增量最多的国家，新增一次能源消费量连续 14 年全球领先，贡献了全球能源需求增量的大部分。在新兴国家中，印度表现突出，其 2015 年能源消费增速（5.2%）再创新高。《BP2035 世界能源展望》报告显示，随着世界经济重新平衡，急剧放缓的中国能耗增长将被印度等其他发展中国家需求增长抵消，未来印度在全球能源需求方面的贡献将与日俱增。受近期经济增速格局的影响，未来 5 年全球能源需求增速将依旧维持减缓态势。预计未来 15 年世界能源需求总体将持续增长（1%～2%），但具体的增速数值还存在不确定性。这些不确定性主要来自新兴发展中大国，还来自全球气候政策的不确定性。尽管国际分工仍在演进，技术水平仍在提升，但其对能源需求规模的影响力度不会发生急剧变化。未来能源结构调整的步伐不会减慢；能源需求增长的区域中心将继续向发展中国家和新兴国家移动。图 1-6 为 2015 年世界能源消费结构。

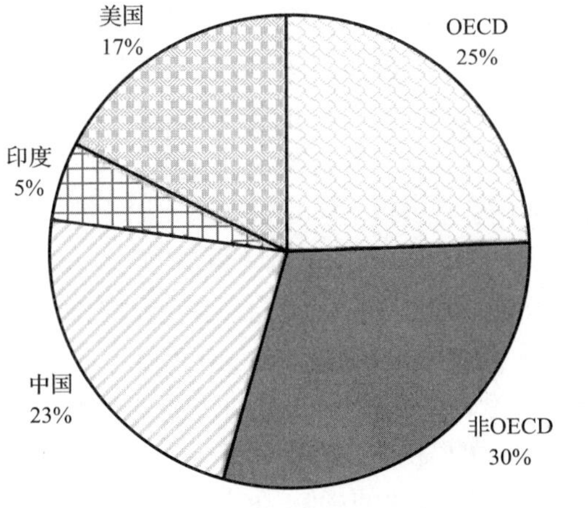

图 1-6　世界能源消费结构（2015 年）

数据来源：BP（2016）

1.2.2　大宗工业品价格自 2014 年以来大幅下跌，油价降幅最大

2012～2014 年上半年，国际大宗工业品价格走势相对平稳，但自 2014 年下半年以来，以原油为代表的主要大宗商品价格指数均呈下行态势，此趋势一直延续到 2016 年年初，如图 1-7 所示。国际货币基金组织（IMF）价格指数中工业原材料类和能源类在 2014 年 12 月同比下跌 13.5％和 38.6％，以石油为代表的能源产品价格跌幅最大，Brent 原油价格一度跌至 10 年来的低位。2015 年国际市场大宗商品价格虽在年中有回暖迹象，但总体上依然延续 2014 年的下跌走势，其中能源、铁矿石价格跌幅最大。

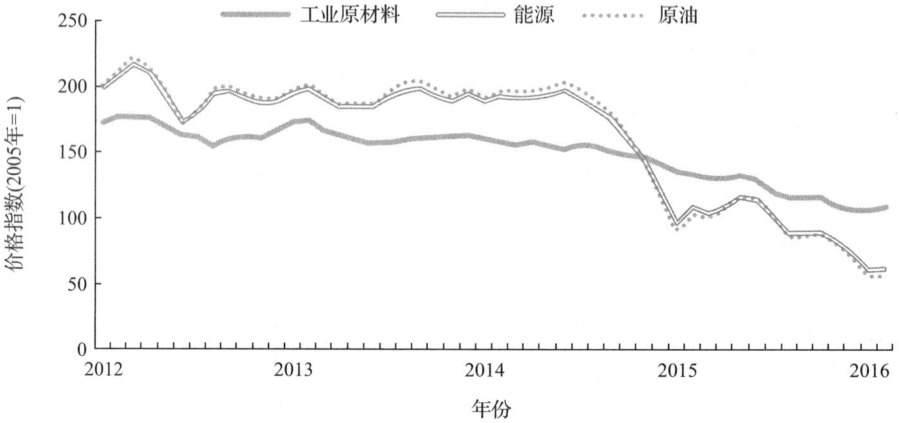

图 1-7　国际大宗商品价格走势（2012～2016 年）

数据来源：国际货币基金组织

全球主要大宗工业品的价格走势相似，2014 年下半年开始价格深度下跌的主要原因是：长期以来新兴市场强劲增长推动了产能扩张，以此为基础的大宗商品需求攀升使原油等商品价格维持高位；但随着新兴国家经济增速放缓和经济结构调整，特别是占世界原油、铁矿石等产品需求增量 1/2 以上的中国已步入经济发展的“新常态”，导致世界能源需求增速放缓。另一方面，石油、天然气、煤炭等化石能源的供给仍旧持续增长，全球非常规能源的大力开采也从供给端带来压力，供给过剩导致各大商品库存升高，价格持续下跌。例如，2015 年世界石油需求上涨 1.7％的同时供给增长 2.8％，其中第二季度供需差达到 244 万桶/日，为 1996 年以来最高值；又如在 2011～2014 年，煤炭市场供大于求矛盾也非常突出，年库存增量分别为 92.05 百万吨标准油、114.07 百万吨标准油、94.46 百万吨标准油和 51.63 百万吨标准油。世界能源市场的过剩产能在短期内难以消化，预计化石能源价格仍将低位运行。

尽管有关石油市场阴谋论、OPEC 操纵石油市场的观点或评述常常充斥于新闻报道中，但是，大量经过同行评议的发表在国际一流经济学学术期刊上的实证研究类论文显示，OPEC 对国际油价并没有持续性的影响力。

1.2.3　上游能源企业利润大幅缩减，能源投资下滑且并购业务遇冷

2014 年下半年国际油价开始下跌，上游油气市场投资、并购成本降低，低油价推动全球上游油气并购交易价值同比增加 30%，油气并购活动及交易额创 10 年来新高（图 1-8）。但 2015 年年初油价颓势依旧未改，油价下跌仍不见底，这对上游油气企业产生巨大不利影响。一方面，低油价导致上游企业利润的大幅缩减使很多企业陷入困境甚至债务缠身，以致不得不削减资本支出、裁员、延迟项目启动、改变投资策略等。另一方面，油价的长期疲软导致买卖双方难以在油气资产价值和市场前景上达成共识，2015 年全球上游能源领域总并购交易数有所下降，油气行业投资及并购成交量有明显下滑（图 1-9）。2015 年第二季度仅有 137 项并购交易达成，是 2008 年第四季度以来的最低数量。全球最大的石油生产商埃克森美孚公司发布的财报称，2015 年第四季度盈利下降 58%，并且宣布 2016 年将削减支出 1/4，以应对油价的长期低迷。

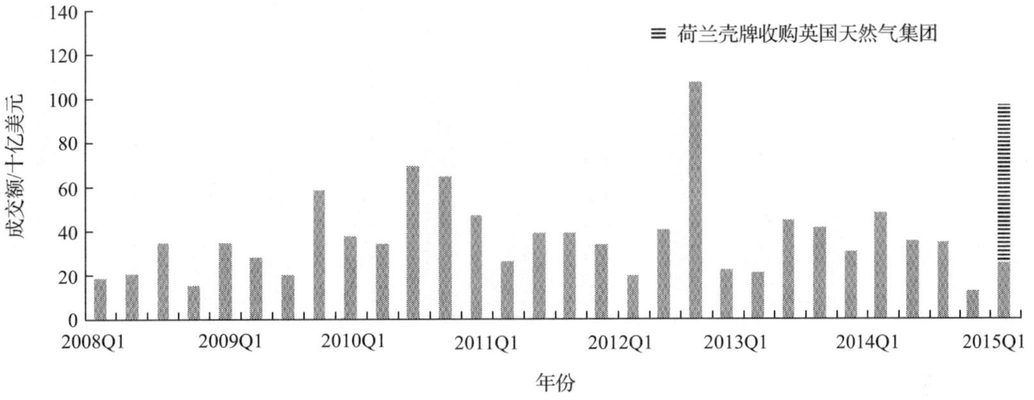

图 1-8　全球石油公司按季度兼并收购成交金额（2008～2015 年）
数据来源：美国能源信息署

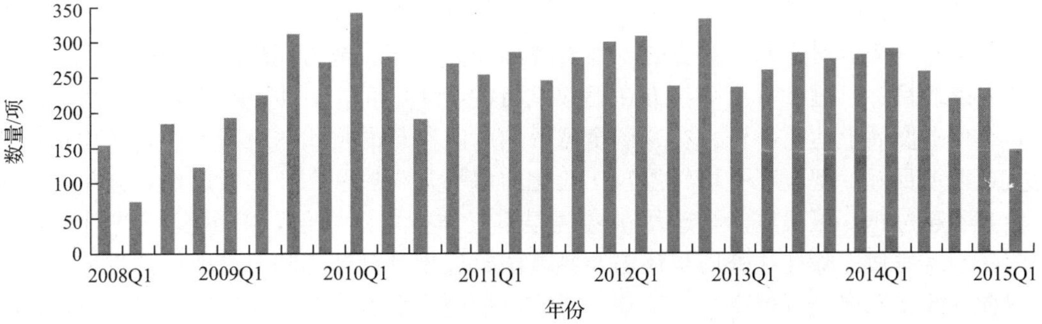

图 1-9　全球石油公司按季度兼并收购数量（2008～2015 年）
数据来源：美国能源信息署

1.2.4　清洁能源投资再创新高，清洁能源发展势头良好

尽管化石能源价格暴跌，油气等行业投资下降、并购遇冷，全球清洁能源领域投资额在 2015 年再创新高，如图 1-10 所示。根据彭博新能源财经公布的数据，2004～2015 年，全球清洁能源投资除少数年份外，总体呈明显上升趋势 2015 年全球清洁能源投资额是 2004 年的 5.3 倍，“中国、非洲、美国、拉美和印度清洁能源投资额均激增，全球投资总额达到创纪录的 3289 亿美元，比 2014 年的 3159 亿美元的修订数据高出 4%，比 2011 年的历史峰值还要高出 3%”。另外，“2015 年全球可再生能源发电新增装机规模创新高且较同期增长近 30%，风电完成 64GW，光伏完成 57GW”。中国再次成为全球清洁能源产业的最大投资国，2015 年投资额增长了 17%，达到 1105 亿美元。

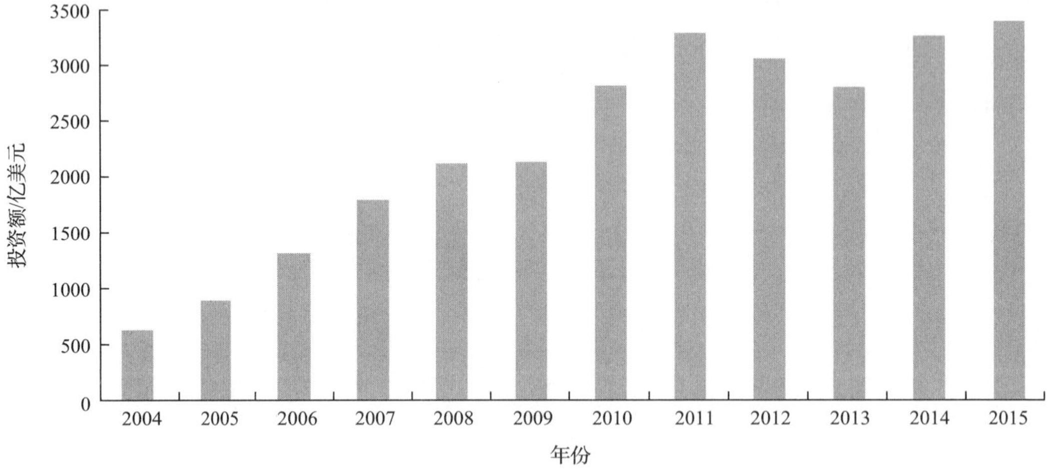

图 1-10　全球清洁能源投资额（2004～2015 年）

数据来源：中国电力网站，http：//hvdc. chinapower. com. cn/news/1040/10403631. asp#fromapp

1.2.5　《巴黎协议》签订，全球清洁能源转型持续推进

为了进一步应对全球气候变化，本着各国通力合作、努力实现全球的绿色低碳和可持续发展的目标，近 200 个缔约方在巴黎举行的 2015 年联合国气候大会上最终达成一致，在低碳发展上达成共识。在这场全球各国广泛参与的自我约束行动中，各方承诺努力实现以下目标：把全球平均气温较工业化前水平升高控制在 2 摄氏度内，并尽一切努力使其不超过 1.5 摄氏度。全球尽快实现温室气体排放达峰值，21 世纪下半叶实现温室气体净零排放。除此之外协议还需要签署国每五年制订计划和对已取得的进展进行评估以此来改善和遏制气候变化。巴黎气候协议的达成反映了各国在应对气候变化上的坚定共识，但其最终成效还取决于各签署国是否愿意承担起这份沉重的责任。不论如何，这次的协议在应对气候变化发展史上具有里程碑的作用，将进一步推动世界各国加速推进非化石能源或可再生能源替代化石能源的进程，努力实现全球绿色低碳和可持续发展。

1.3　国际主要能源市场概况

1.3.1　石油储量稳步上升，区域分布极不平衡

世界经济发展伴随着能源结构的演变。目前，石油仍是世界能源消费结构中占比最高的一次能源。在过去的几十年间，由于油气勘探开发技术的进步，全球石油探明储量和产量均稳步增长。根据 BP（2016）的统计数据，2015 年全球石油探明储量为 16976 亿桶（2394 亿吨），是 1980 年的 2.5 倍。2015 年石油储采比为 50.7 年，较 2014 年有小幅下降，但相比 1980 年已经增加了 21 年。

在世界范围内，从区域分布来看，石油资源分布极不平衡，主要集中于东半球和北半球。有"世界油库"之称的中东波斯湾沿岸地区地处欧、亚、非三洲枢纽位置，石油资源非常丰富，2015 年其储量约为 1087 亿吨，占世界比例为 47.3%；其次为中南美和北美地区，储量占比分别为 19.4%和 14%；亚太地区储量最少，占比仅为 2.5%。从具体国家来看，2015 年，在世界石油储量排名前十的国家中，中东国家占据了五位，依次是沙特阿拉伯、伊朗、伊拉克、科威特和阿联酋。委内瑞拉、沙特阿拉伯和加拿大为探明储量最多的三个国家，如图 1-11 所示。委内瑞拉在 2010 年超过沙特阿拉伯成为世界上最大的石油储量国，2015 年储量为 470 亿吨，占世界总储量的比例为 17.7%。排名前十的国家总探明储量就占据了全球份额的 85%。中国探明储量为 185 亿桶（25 亿吨），仅占全球的 1.1%，排名第 14 位。

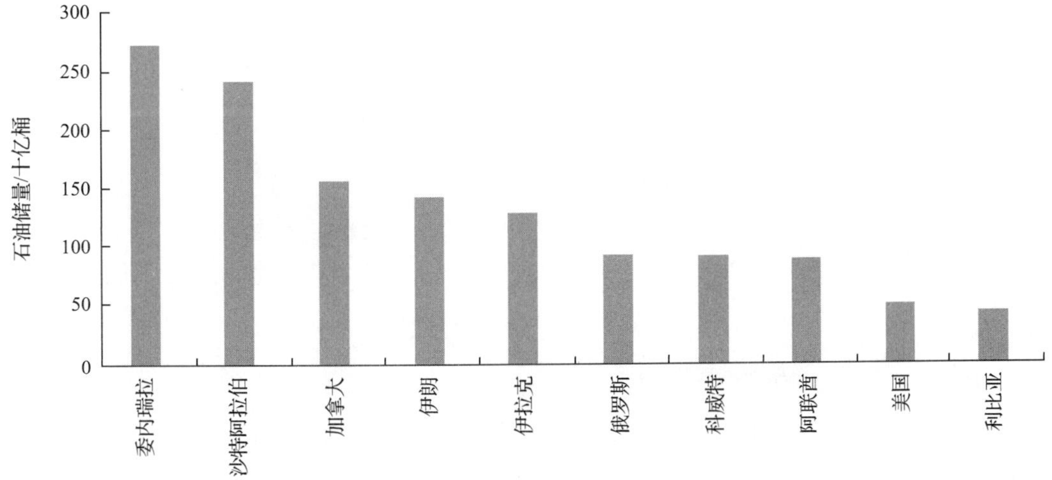

图 1-11　世界石油储量排名前十的国家（2015 年）
数据来源：BP（2016）

1.3.2　石油市场供需增量结构发生变化，石油供应过剩现象严重

根据 BP（2016）的统计数据和著者的计算，世界石油需求总量除了在历史上比较严重的几次石油危机和 2008 年的金融危机时有所下降，其他年份一直呈现上升趋势，

但需求增速根据当年经济发展状况和未来经济增速预期的不同而有所差异。世界石油需求增速在历经了 2014 年的减缓后在 2015 年有所复苏，全年总需求达到 9501 万桶/日，同比增长 1.9%，复苏动力源自 OECD 国家，美国和欧盟均有所贡献，美国石油需求同比增长 1.6%，欧盟同比增长 1.5%，均大于近年平均增速。非 OECD 国家中，中国于 2015 年实现石油需求增速 6.3%，虽然不是全球最高的国家，但凭借巨大基数再次成为全球石油需求增量最多的国家；印度于 2015 年超越日本成为世界第三大石油消费国，全年增速为 8.1%。

由图 1-12 可以看出，世界石油需求增量结构在 2002～2012 年和 2012～2015 年两个时间段内除美国有较大变化外其他构成大致相同。近 10 年世界石油需求年均累计增量主要来自于中国等非 OECD 国家，2002～2012 年发达国家需求增量为负。这主要是由于发达国家逐渐完成工业化进程，能源效率得到提升，能耗水平下降，消费者开始偏好更高效节能的汽车。2012～2015 年，美国经济的逐渐复苏及“制造业回归”计划等带动能源需求复苏，石油年均累计增量达到 12.8 万桶/日。在世界能源供需市场上，中国是不可忽视的力量，尽管中国 2015 年经济增长率是最近 25 年的最低值，其石油需求依然同比增长 6.3%。目前世界范围内石油需求的增长主要是非 OECD 国家的拉动，其石油总需求已于 2013 年超越了 OECD 国家，且差距逐年拉大，在 2015 年差距已达 372 万桶/日。IEA 预测世界石油需求将以平均每年 1.2%的增速，从 2015 年的 9440 万桶/日增长到 2021 年的 10160 万桶/日，每日需求将增加 720 万桶。

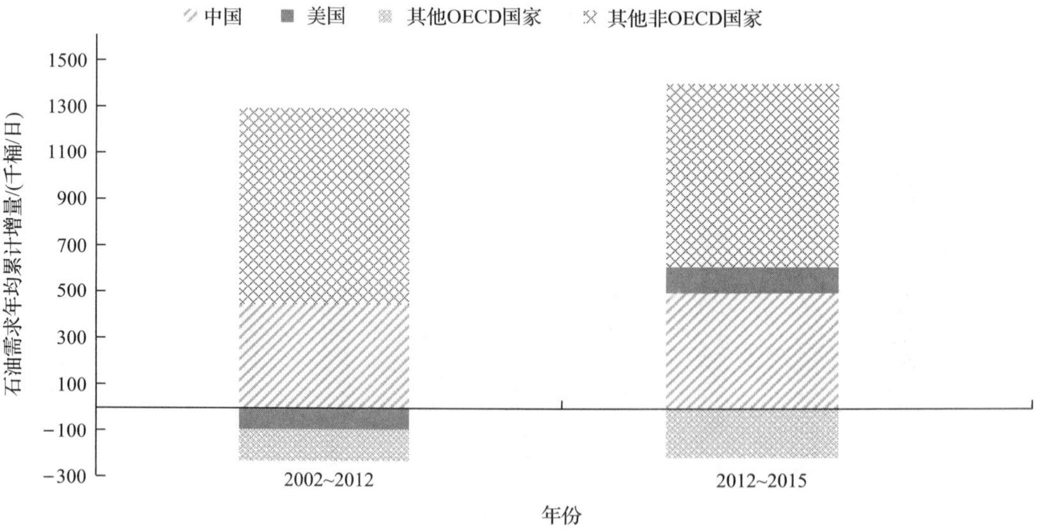

图 1-12　世界石油需求年均累计增量（2002～2012 年和 2012～2015 年）

数据来源：BP（2016）及著者的整理计算

BP（2016）的统计数据显示，世界石油产量随时间的变化与需求类似，除了受 20 世纪 80 年代石油危机的影响石油产量有较大幅度的下降，其余年份全球石油供给一直呈上升趋势，近年来由于油价下跌的影响，全球石油供给一直过剩。2015 年是连续第二年世界石油供给增速大于需求增速，产量增速达到 3.2%，是 2004 年以来的最高值。

近 10 年来世界石油供给年均累计增量结构随时间变化明显。2002～2012 年，世界石油年均供给增量主要来自于美国和以中国为首的非 OECD 国家，OECD 国家年均供给增量为负；但是 2012～2015 年，世界石油年均供给增量变为绝大部分来自于美国，这主要是由技术进步推动美国页岩油开发量持续上升所致（图 1-13）。2014 年美国超过沙特阿拉伯成为世界最大石油生产国，2015 年美国石油产量同比增长 8.5%，虽然增幅相比 2014 年有所下降，但仍以近 100 万桶/日的增量成为世界增长最多的国家。2015 年第一季度全球石油需求和供给有小幅回落，之后日产量和需求量继续上升。2015 年，受美国原油产量增幅下降的影响，非 OPEC 国家石油供应有所放缓，但 OPEC 国家石油产量在连续两年下降后迅猛回升，使得全球石油供应依旧稳定增长。从整体看，非 OPEC 国家依然是石油供应的主要来源。

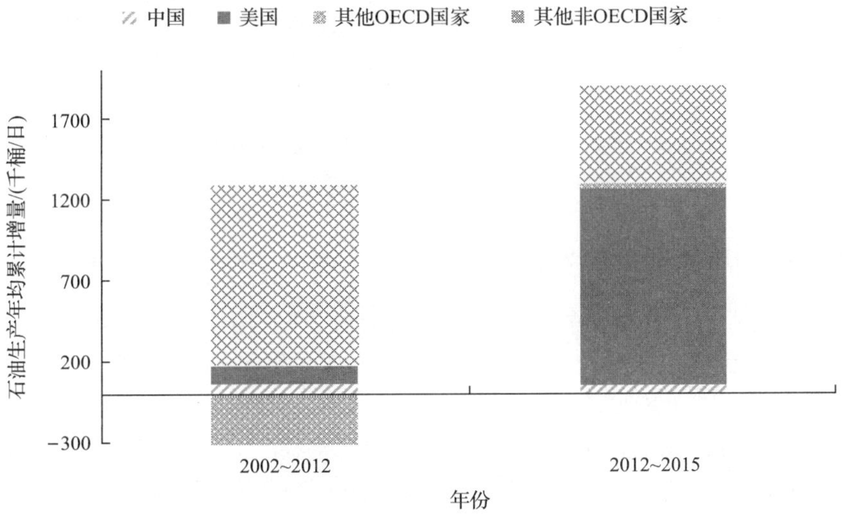

图 1-13　世界石油生产年均累计增量（2002～2012 年和 2012～2015 年）

数据来源：BP（2016）及著者的整理计算

2014 年，全球石油需求保持正增长，但增量较同期供给增量相距甚远，导致石油供应过剩。2015 年，石油库存更明显增加，造成石油价格在 2015 年 12 月达到近 11 年的低点。发达国家经济复苏和低油价对需求的刺激等使石油需求在 2015 年同比增长 1.7%。OPEC 国家维持产量的决策、伊朗原油出口禁令的解除及美国非常规油气的开采等使世界石油供应也持续增加，2015 年产量同比增长 2.8%，达 9640 万桶/日，石油市场过剩态势加剧，库存继续上升，其中第二季度供需差为 244 万桶/日，为 1996 年以来最高值，2015 年国际石油库存平均每天净增 172 万桶，是 1996 年以来的最高增速（图 1-14）。

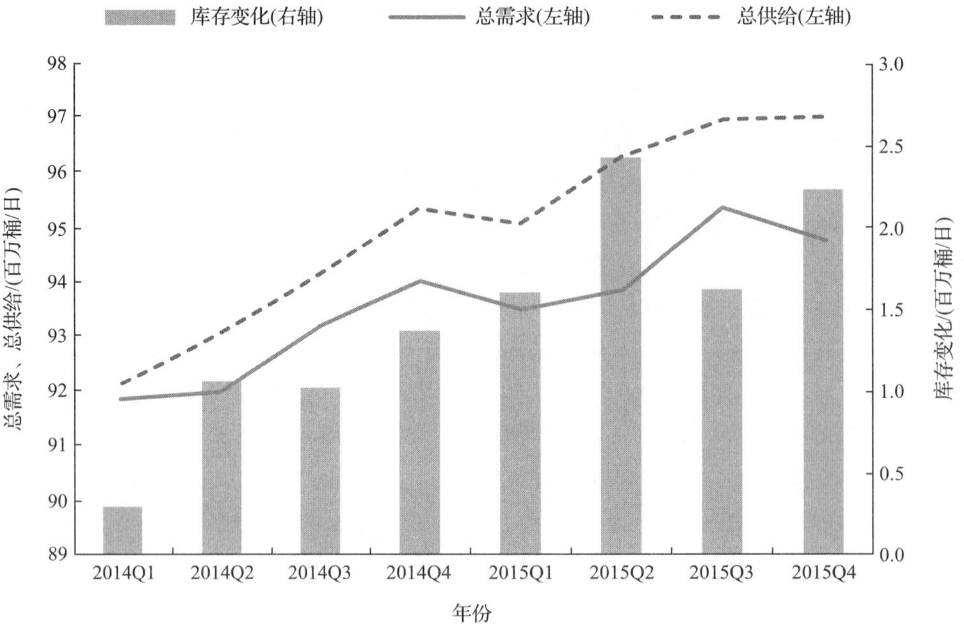

图 1-14　世界石油需求、供给及库存变化（2014～2015 年）

数据来源：国际能源署及著者的整理计算

1.3.3　油价自 2014 年下半年以来大幅下跌，并可能长期维持较低水平

美国能源信息署的相关数据显示，国际油价在 2008 年经济危机爆发后曾从 140 美元/桶跌至 40 美元/桶以下，之后开始复苏，于 2009 年年末恢复至 80 美元/桶，2010 年油价继续复苏，之后在 2011～2014 年上半年间一直围绕 100 美元/桶上下波动，稳定在 80～120 美元/桶。原油价格在 2014 年上半年保持稳定，但下半年开始滑落，下跌趋势一直延续到 2016 年年初，甚至跌破 30 美元/桶，2015 年 Brent 原油全年均价为 52 美元/桶，同比下降 53%，也比 2010～2014 年均价低 49%，创 10 年新低，如图 1-15 所示，不仅石油，其他大宗商品价格也严重受挫。

石油产业具有周期性，历史上曾经历过五次油价暴跌。此次石油价格大幅下跌，主要原因如下：中国需求增速预期下降（尽管仍在中高速水平）、美国供给处于较高水平、美元汇率走强。伊朗出口制裁解除也有部分影响。国际货币基金组织 2016 年 4 月份公布的世界经济展望预测下调了 2016 年和 2017 年两年全球经济增长预期，全球前景面临的风险略偏于下行。预计国际原油价格可能长期处于较低水平。从供给端来看，尽管原油产量在增长，但没有迹象显示原油储采比在持续下降。原油生产的国别分布比以前更加分散。需求侧也缺乏推动原油价格上涨的有利因素，中国的原油需求增速有所减缓；印度可能会加快，但目前基数还比较小。

图 1-15　Brent 原油价格走势（1988～2015 年）

数据来源：美国能源信息署

1.3.4　石油贸易量稳步上升，2015 年贸易增速有所回升

世界石油贸易量随时间稳步上升，但近年来增长缓慢。BP（2016）的数据显示，2015 年世界石油贸易量占石油消费量的比例达到 64%。在经历了 2014 年的疲软增长后，2015 年原油和成品油贸易量同比增长 5.2%，创造了 1993 年以来的最大增幅。进口方面，2015 年石油进口增量主要源自中国和欧洲国家，同比增幅分别达到 10.8%和 8.2%；由于近年来页岩油气的开发使石油进口连续下降 4 年，2015 年美国石油进口首次回升，同比增幅达到 1.7%。世界石油主要进口国家和地区分别为欧洲（22.3%）、美国（15.4%）和中国（13.4%）。出口方面，世界石油出口量最多的地区仍然为中东，出口量占全球总贸易量的 33.7%，其次为俄罗斯（15.7%）、亚太地区（11.4%）、美国（7.6%）和西非（7.3%）。2015 年世界石油贸易流图见图 1-16。

1.3.5　天然气储量分布不平衡，主要集中于伊俄卡三国

20 世纪 70 年代的两次石油危机让各国重新审视石油在国家能源安全中的角色，并认识到不能再过度依赖石油，此后天然气在世界能源贸易中的角色日益重要，受到更多国家和政府的重视，逐步成为目前除石油、煤炭之外世界消费最多的一次能源。全球天然气探明储量自 1980 年以来呈上升趋势，但增幅并不稳定。根据 BP（2016）的数据，截至 2015 年年底，天然气全球探明储量为 186.9 万亿立方米，是 1980 年的 2.6 倍，储采比为 52.8 年。其中，天然气储量在有些年份大幅上升，如 1997～2001 年，年均增速为 5%，但自 2011 年以来探明储量增长缓慢，年均增速只有 0.2%。

从储量分布来看，相比石油，天然气资源的地理分布更加不均匀。中东地区、欧洲和欧亚大陆不到世界 3/5 的面积占据了全球 70%以上的储量（图 1-17），且伊朗、俄罗斯和卡塔尔三国的天然气资源占全球资源量的比例已近 50%。天然气产量高的地区多

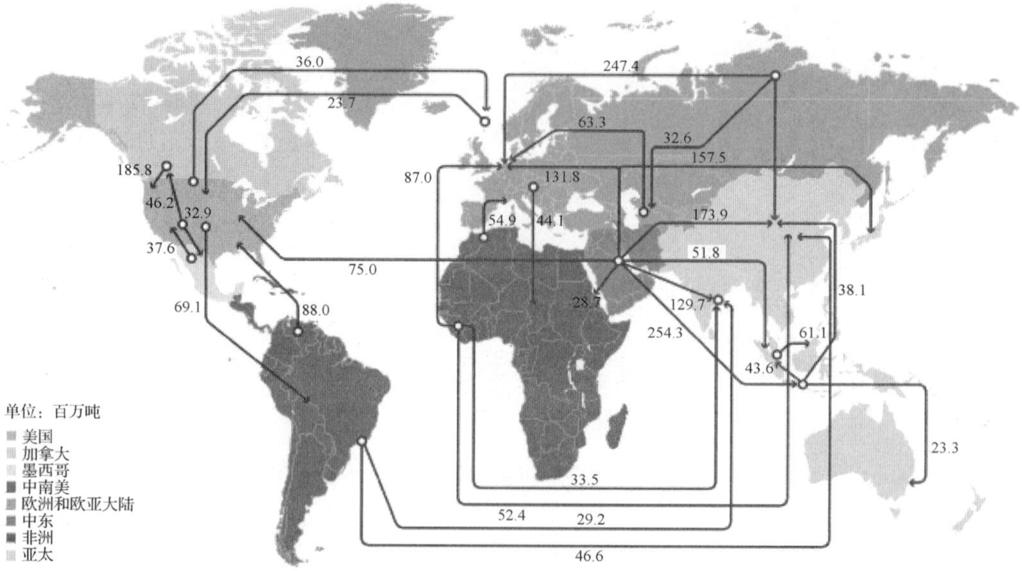

图 1-16　世界石油贸易流图（2015 年）

数据来源：BP（2016）

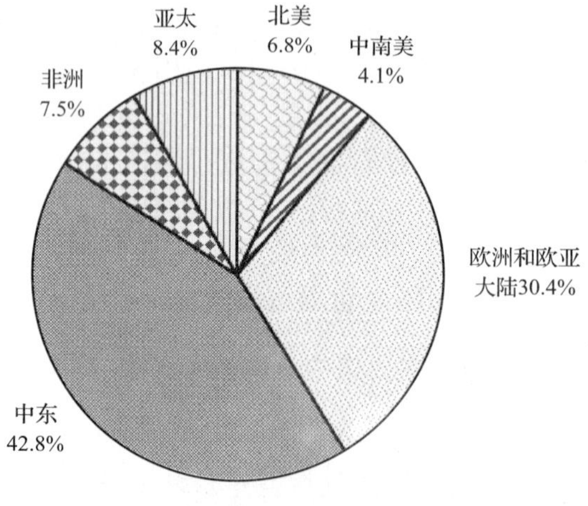

图 1-17　世界天然气储量分布（2015 年）

数据来源：BP（2016）。

集中在产油区，全球天然气储量排名前十的国家中，美国、俄罗斯、委内瑞拉、沙特阿拉伯、阿联酋和伊朗都属于十大产油国（图 1-18）。中国天然气储量排名世界 11 位，储采比为 27.8 年。

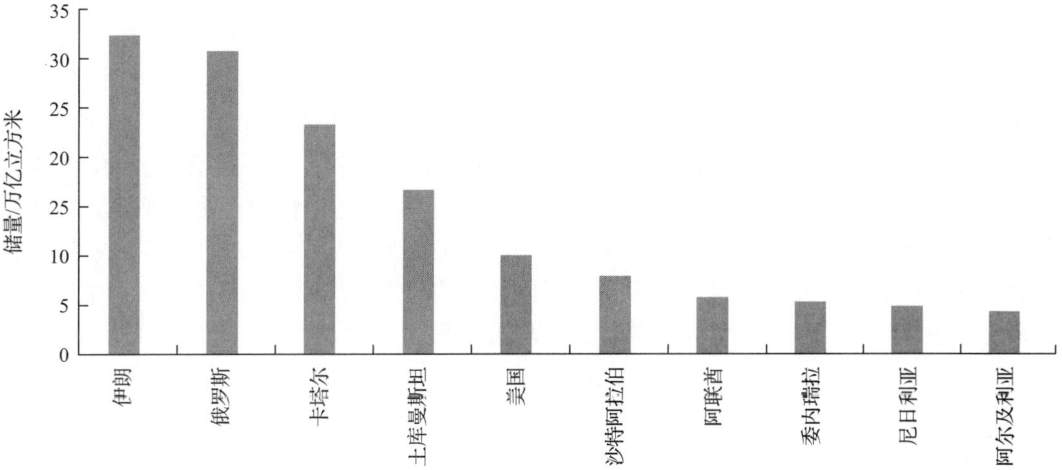

图 1-18　世界天然气储量排名前十的国家（2015 年）
数据来源：BP（2016）

1.3.6　天然气生产和消费增速放缓，亚太地区增速最高

世界天然气生产集中于欧洲、欧亚大陆和北美地区，这三个地区总产量占全球总产量的 1/2 以上，其次是中东、亚太和非洲地区。全球天然气产量除了少数年份有下降，总体呈上升趋势，2015 年产量为 3.5 万亿立方米，是 1970 年的 3.57 倍。但近年来天然气产量增速有所放缓，2009 年的产量还有了一定下降，这主要是因为 2008 年的金融危机给天然气市场也带来了负面影响。2015 年全球天然气产量增长 2.2%，略低于近 10 年来平均增速（2.4%）。亚太地区 2015 年增长 4.1%，是世界增长率最高的地区，其次是北美（3.9%）、中东（3.1%），如图 1-19 所示。

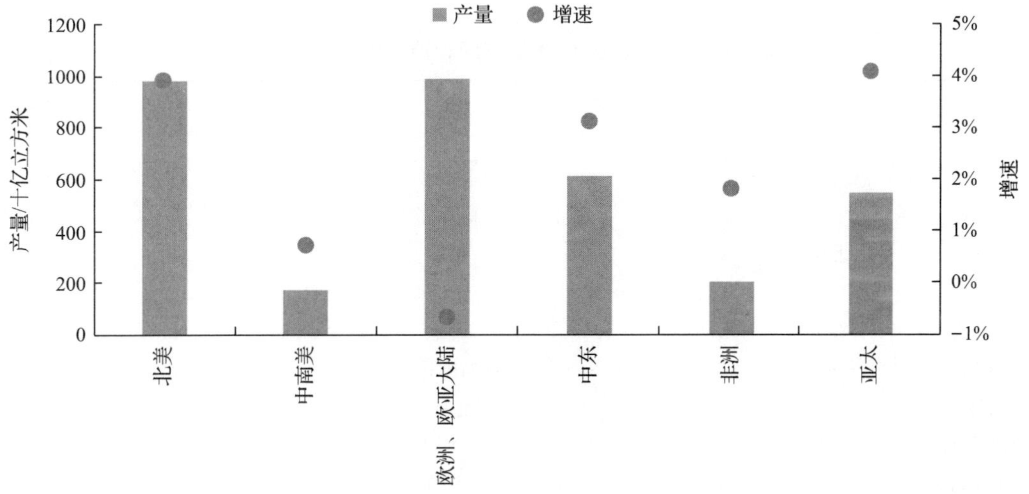

图 1-19　各地区天然气产量及其增速（2015 年）
数据来源：BP（2016）

2015年世界天然气消费量为34686亿立方米，略小于天然气产量，同比增速为1.7%，比起2014年的增速（0.6%）有了显著增长，但仍低于过去10年的平均增速（2.3%），这主要由于冬季气温偏暖、全球经济下行和替代能源大力发展等（图1-20）。天然气产量高的地区往往也是高消费地区，生产大国往往也是消费大国。世界天然气消费量最高的三个地区是欧洲和欧亚大陆、北美地区、亚太地区（表1-4）。就增幅来看，中东增幅最大，其次为非洲和中南美。OECD国家中，美国以3%的增幅取得最大增量，欧盟国家的天然气消费在历经了2014年的下降后在2015年有所复苏，增长4.6%。非OECD国家中，伊朗和中国的天然气消费增量最多，同比分别增长6.2%和4.7%，尽管中国凭借巨大消费基数取得了可观的增量，但增幅却远低于近10年平均增速（15.1%）。

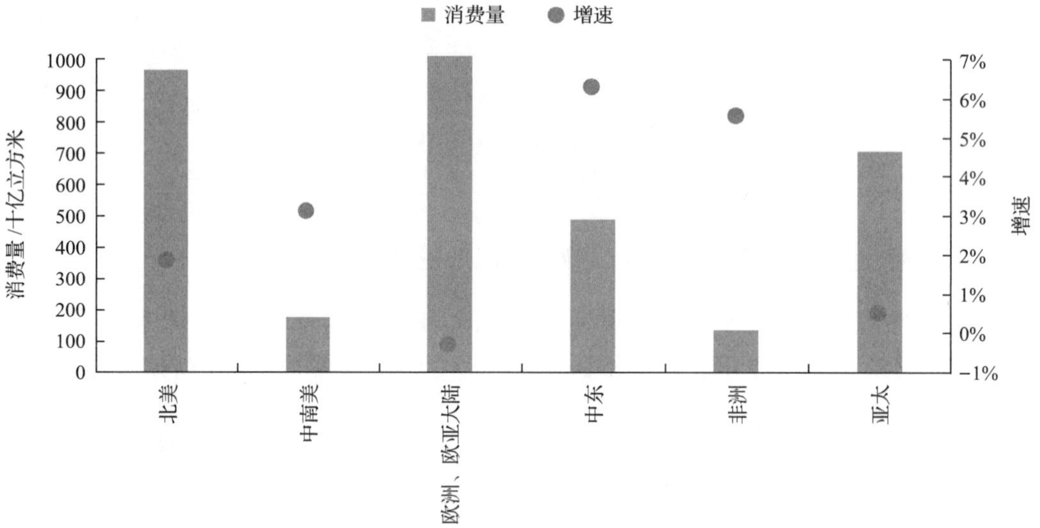

图1-20 世界天然气消费总量及消费量增速（2015年）

数据来源：BP（2016）

表1-4 世界十大天然气生产国和消费国（2015年）

国家	产量/十亿立方米	比例/%	增幅/%	国家	消费量/十亿立方米	比例/%	增幅/%
美国	767.3	22	5.4	美国	778	22.8	3
俄罗斯	573.3	16.1	−1.5	俄罗斯	391.5	11.2	−5
伊朗	192.5	5.4	5.7	中国	197.3	5.7	4.7
卡塔尔	181.4	5.1	4.2	伊朗	191.2	5.5	6.2
加拿大	163.5	4.6	0.9	日本	113.4	3.3	−3.9
中国	138	3.9	4.8	沙特阿拉伯	106.4	3.1	4
挪威	117.2	3.3	7.7	加拿大	102.5	2.9	−1.7
沙特阿拉伯	106.4	3	4.0	墨西哥	83.2	2.4	−4.2
阿尔及利亚	83	2.3	−0.4	德国	74.6	2.1	5
印度尼西亚	75	2.1	−0.3	阿联酋	69.1	2	4.3

注：数据来源：BP（2016）。

1.3.7 各主要区域天然气价格自 2008 年后分化明显，近两年价格明显下跌

由于地理、高昂的基础设施建设费用和运输成本限制了不同区域之间贸易往来，世界天然气并未形成统一的全球市场和定价体系，而是分为三个区域性的市场——北美市场、欧洲市场和亚洲市场，每个市场都有独特的定价方法。2009 年之前，日本、欧洲和北美的天然气价差不大，且变动趋势类似，从 2009 年开始，三地价差有所加大，变化趋势明显不同：三地价格都是从 2008 年开始大幅下降，但美国的天然气价格最低。三地价格都下跌的一个可能解释为，2008 年金融危机波及能源市场，进而反映在能源价格上。在金融危机之后，特别是近年来随着美国页岩油气开采量的大幅提升，北美市场价格与其他地区价格走势明显不同。由于北美地区价格完全由市场竞争形成，所以美国价格波动幅度更大，其在 2010 年有过短暂回升后再次下降，2012～2015 年有复苏趋势，美国低廉的价格很大程度是由于页岩油气的大规模开发。欧洲地区的价格在 2010 年后有所回升，之后在 2013～2015 年出现下降，回升原因是其天然气定价与石油挂钩。2009 年后世界石油价格上涨，所以天然气价格也有所复苏，但随之而来的是从 2013 年开始的下降。日本市场价格普遍高于其他两地价格。近年来，与石油等大宗商品价格走势相似，天然气价格从 2014 年下半年开始下跌。以美国 Henny Hub 价格指数为例，其从 2014 年的 4.35 美元/百万英热跌至 2015 年的 2.6 美元/百万英热（1 英热＝1. 06 千焦），同比下跌 40%，是 1999 年以来最低的年均价，这主要是由于全球天然气产量大增导致库存高企和 2015 年第四季度温度比往常都要高，如图 1-21 所示。

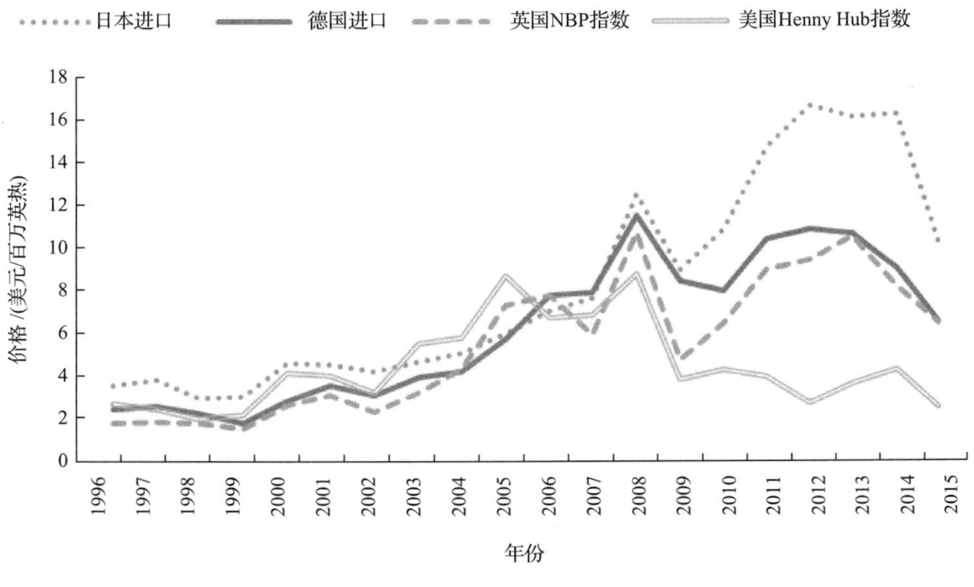

图 1-21 世界天然气价格（1996～2015 年）
数据来源：BP（2016）

1.3.8 天然气贸易集中在少数国家，2015年贸易量有所复苏

在全球气候变暖的大背景下，清洁、热值高、燃烧效率高的天然气作为全球三大一次能源之一，在世界能源消费和贸易中的角色日益重要。在天然气发展的早期阶段，由于储运条件的制约，天然气难以大规模开展国际和区域贸易，多数在产地附近直接消费或转换成电力。20世纪60年代，国际天然气贸易开始起步，随着技术进步、经济发展，以及管道、LNG运输船、加注站等基础设施建设的逐步完善，国家间、区域间的天然气贸易也随之发展。根据BP数据和著者计算，在20世纪70年代，世界天然气贸易量仅占消费量的5.5%，且主要是管道运输（LNG贸易量仅占总贸易量的6.2%）。2015年，世界天然气贸易量占其全部消费量的30%，LNG贸易量在总贸易量的比例也已经提高到32.5%。由表1-5可知，2015年全球天然气贸易复苏，同比增幅达3.3%。受俄罗斯和挪威管道出口的增加的影响，全球天然气管道运输贸易量上涨4%。LNG贸易量也同比上涨1.8%。

表1-5 世界天然气贸易量（2013～2015年）

	2013年	2014年	2015年	2015年同比增速/%
管道/亿立方米	7075	6771	7041	4
LNG/亿立方米	3253	3323	3383	1.8
总贸易量/亿立方米	10328	10094	10424	3.3
LNG占比/%	31.5	33	32.5	−1.5

注：数据来源：BP（2015b，2016）。

世界天然气贸易主要集中在少数国家。根据BP（2016）的统计数据，分区域来看，2015年，世界各主要地区均增加了管道天然气进口；LNG贸易方面，除了欧洲和欧亚大陆，其余区域都减少了进口。分类、分国家来看，管道天然气的全球三大出口国为俄罗斯、挪威、加拿大，2015年这三个国家的出口量占总出口量的53.5%。德国、美国、意大利为管道天然气的三大进口国，进口量占世界总进口量的比例为32.5%，德国管道天然气进口主要来自于俄罗斯、挪威和荷兰，美国全部从加拿大进口，意大利主要从俄罗斯和部分欧洲国家（挪威、荷兰）进口，还有少量的管道天然气从非洲的阿尔及利亚和利比亚进口。LNG的全球三大出口国为卡塔尔、澳大利亚和马来西亚，其出口量为世界的53.3%。日本为世界LNG最大进口国，2015年进口量占世界总进口量的35%，其进口来源比较分散，前三大进口来源地为澳大利亚、马来西亚和卡塔尔，如图1-22所示。

由以上对进出口国家的分析可知，管道天然气的贸易多在区域内不同国家或相邻区域间进行，但LNG的贸易范围更广，往往跨洲进行，进口国的选择范围更广，这是因为跨区域、跨洲管道建设的沉没成本更高且回收期长。虽然LNG液化成本高，但近年来LNG满足需求侧响应的作用越来越明显，其建设更加灵活，更能适应运输成本的变化，所以目前许多国家都在规划、兴建LNG进口项目，由此使得天然气市场格局逐步趋于全球化。

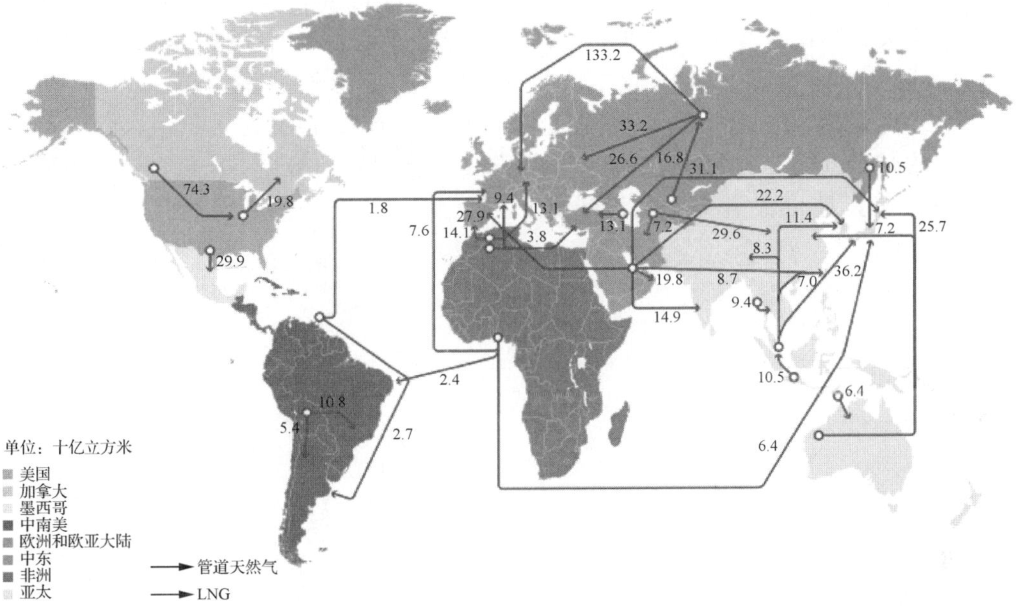

图 1-22　世界天然气贸易流图（2015 年）

数据来源：BP（2016）

1.3.9　煤炭储量变化不大，区域分布不均

煤炭仅次于石油，是世界消费量排名第二位的一次能源。根据 BP（2016）的数据，2014 年全球煤炭总储量为 8915 亿吨，其中无烟煤和亚烟煤储量各占 1/2，储采比为 114 年。OECD 国家和非 OECD 国家的储量相差不大。不同于其他两大一次能源的地方是，煤炭储量每年变化不大。煤炭储量在全球分布也相当不均，主要地区有三个：欧洲和欧亚大陆（34.8%）、亚太地区（32.3%）和北美地区（27.5%）。美国、俄罗斯、中国、澳大利亚、印度、德国为储量相对丰富的国家，其中美国、俄罗斯和中国的储量就占到全球储量的 2/3。2015 年中国煤炭储量为 1145 亿吨，储采比为 31 年，占全球总储量的 12.8%，排名世界第三。

1.3.10　煤炭生产、消费增速均减缓，2015 年煤炭市场供大于求的矛盾缓解

相比储量，世界煤炭主要生产和消费地区的分布更加不平衡。在地区层面，仅亚太地区的产量就占到了世界总产量的 71%，消费占比更高，达到 73%，其次是北美地区和欧洲、欧亚大陆地区；在国家层面，中国依然是储煤和产煤大国，产量和消费量都接近世界总产量和总消费的 1/2，其次是美国。煤炭生产大国还有印度（7.4%）、澳大利亚（7.2%）和印度尼西亚（6.3%）。煤炭消费主要集中在中国（50%）、印度（10.6%）、美国（10.3%）。

根据 BP（2016）的数据和著者的计算，煤炭市场在 2000 年之前基本供需平衡，煤炭供给和需求的增长较平缓，从 2001 年开始供给和需求增速变快，2000～2010 年，煤

炭市场经历了10年供不应求的时期，随后在2011～2014年，煤炭市场供大于求矛盾突出，库存增大。2015年供大于求的状况得到改善，连续4年后需求再次超过供给（图1-23）。世界煤炭消费量于2015年下降了1.8%，主要源于美国（−12.7%）和中国（−1.5%）煤炭消费量的下降。美国（−10.4%）、印度尼西亚（−14.4%）和中国（−2%）的减产也推动了世界煤炭产量的下降。世界煤炭消费在一次能源消费中的占比下降到29.9%，是2005年以来的最低值。

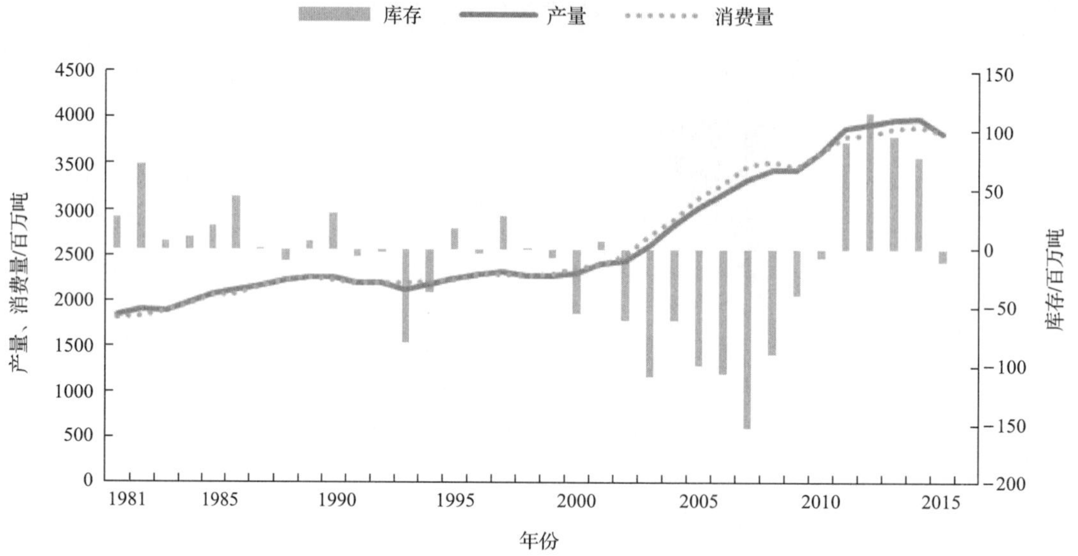

图1-23　世界煤炭产量、消费量及库存（1981～2015年）

数据来源：BP（2016）

1.3.11　煤炭价格自2012年开始下滑，煤炭贸易量稳步上升

类似于石油等大宗商品，煤炭价格与全球经济形势密切相关。2012年开始，国际煤炭价格开始下滑。全球经济仍持疲软态势，中国作为世界第一大煤炭生产和消费国，其经济结构调整引致煤炭需求放缓，给煤炭价格继续带来下行压力。2015年煤炭价格依旧保持下滑态势，亚洲标杆价格从77.9美元/吨跌至63.5美元/吨，跌幅达18.5%（图1-24）。

国际煤炭贸易以锅炉煤、焦煤和褐煤为主。2014年世界煤炭出口量同比增长0.7%，达到13.8亿吨，相比2010年增长28.5%，相比2000年增长121.6%。这其中包含10.5亿吨的锅炉煤出口、3.2亿吨的焦煤出口和8百万吨的褐煤出口，锅炉煤出口量相比2013年有所下降，其余两种煤炭出口量均上升。

世界煤炭出口量排名前三位的国家分别是印度尼西亚、澳大利亚、俄罗斯。印度尼西亚在2011年超过澳大利亚成为世界煤炭出口第一大国，总的出口量达到3.6亿吨，同期澳大利亚出口量为2.8亿吨。

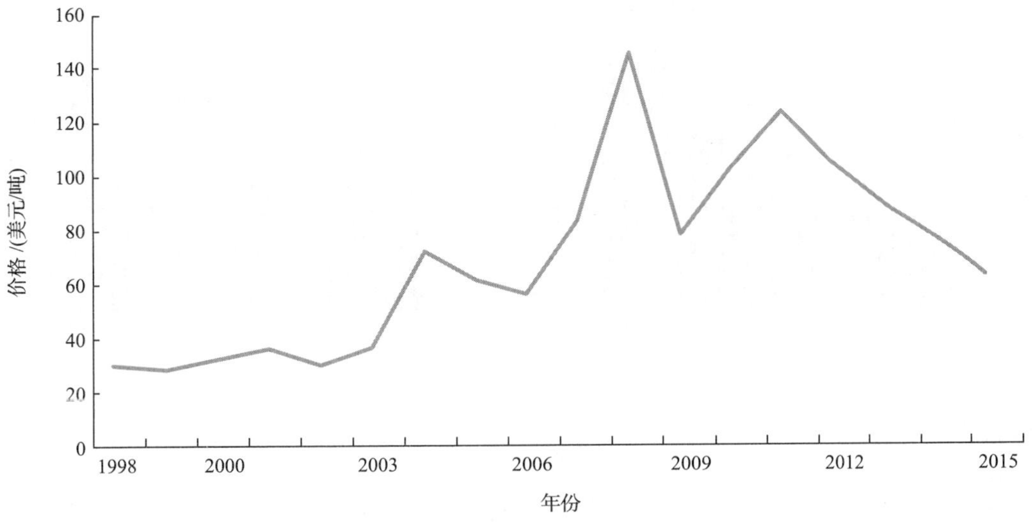

图 1-24 煤炭亚洲标杆价格（1998～2015 年）

数据来源：BP（2106）

2014 年世界煤炭总进口量为 14.2 亿吨，同比增长 2.3%。前五大进口国都在亚太地区，进口量为世界总量的 71.4%。

1.4 中国能源发展概况

1.4.1 能源供应量保持增长态势，多因素致其增速减缓

经过长期的经济发展和能源建设，我国于 2007 年基本结束了能源供应短缺的情况，不再面对大面积电荒、油荒等供应不足的问题。随着经济增速回落、经济结构调整，我国能源生产供大于求，能源生产增速减缓。

2015 年我国国内生产总值为 68 万亿元，比上年增长 6.9%，增速略有下降。2015 年我国能源生产总量为 36.2 亿吨标准煤（发电煤耗法），与 2014 年产量基本持平，连续第二年增速在 1%以内，远小于过去 10 年平均增速（5.7%）（国家统计局，2016a）。经济增速放缓、能源供需不平衡及能源结构调整等多个因素导致了能源供给总量增速下降。但即便增速放缓，我国依旧是世界上最大的能源生产国，占全球供应量的 19.1%（BP，2015b）。

具体来看，我国煤炭产量 2014 年和 2015 年连续两年下降，产量分别为 38.7 亿吨和 37.5 亿吨，降速分别为 2.5%和 3.3%，如图 1-25（a）所示。国务院 2016 年 2 月印发《关于煤炭行业化解过剩产能实现脱困发展的意见》，提出在未来 3～5 年，煤炭行业再退出产能 5 亿吨左右、减量重组 5 亿吨左右，且严格控制新增产能（国务院，2016）。在节能减排压力下，煤炭作为低效率高排放的能源，未来产量可能会持续下降，进而可判断在 2013 年其产量可能已达到峰值（39.7 亿吨）。

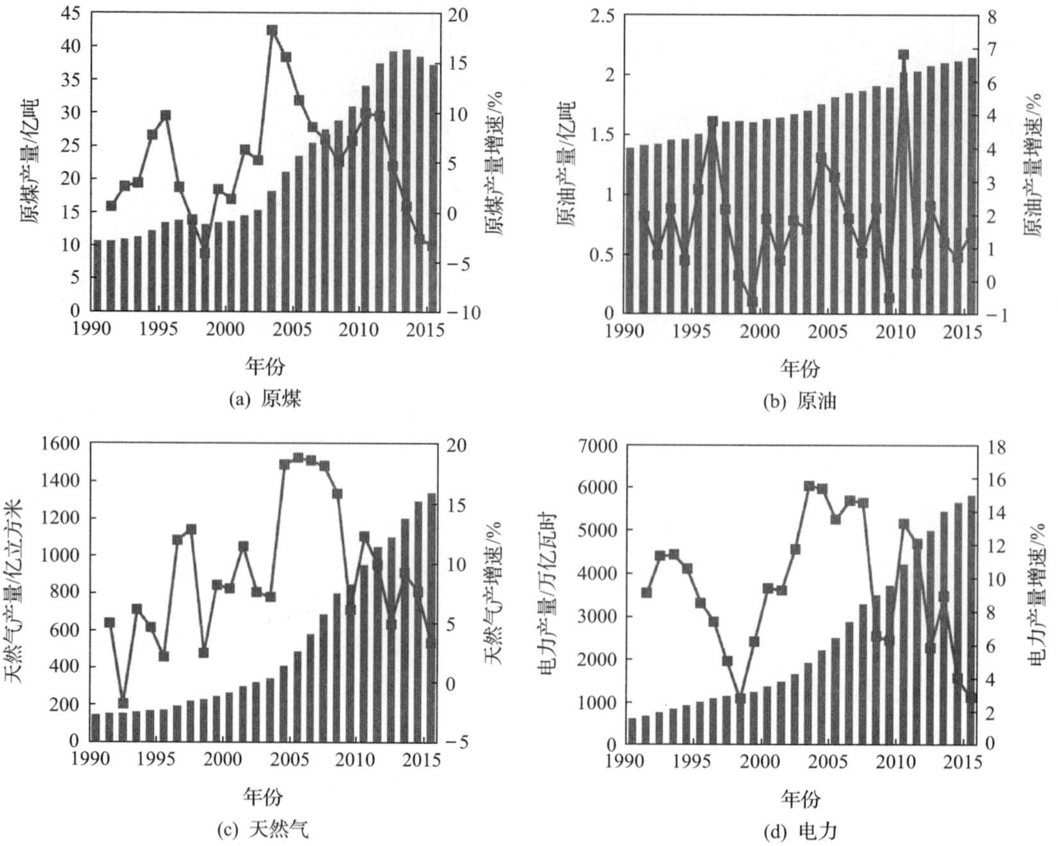

图 1-25　我国各类能源产量及其增速（1990～2015 年）
数据来源：国家统计局（2015b，2016a）

2015 年我国原油产量为 2.1 亿吨，增长 1.5%，相较于 2014 年 0.7%的增速提高了 0.8 个百分点，过去 10 年原油产量平均增速为 1.9%，如图 1-25（b）所示。受资源储量和开采难度的制约，在现有技术水平下，我国国内原油产量基本趋于稳定。近几年国外原油价格降幅较大，给国内原油生产带来较大的压力，预计未来几年我国原油产量将不会有较大的增长，大体稳定在 2.1 亿吨。

2015 年天然气产量约为 1346 亿立方米，增长 3.4%。天然气是比较清洁的能源，在近年来全球环境变化的压力下，天然气作为煤和石油的潜在替代能源，有着较快的增长。但受到经济大环境的影响，其产量增速也自 2013 年开始逐年下降，2013 年和 2014 年增速分别为 9.3%和 3.4%，如图 1-25（c）所示。

2015 年我国发电量 5.618 万亿千瓦时。当前我国发电种类主要包括火电、水电、核电、风电及其他可再生能源发电。2015 年火电占比约为 73%，较 2014 年比例下降近 3 个百分点，仍是最主要的电力来源；水电次之，占比 19.4%；其次是风电 3.2%，核电 2.9%及其他可再生能源 1.5%（国家统计局，2016a；国家能源局，2016c）。除火电外，其他电源比例较 2014 年均略有上升。我国火力发电燃料主要是煤炭，石油和天然气发电量较少。

1.4.2　化石能源仍占能源消费主要地位，清洁能源呈规模化发展

从我国一次能源消费结构来看，化石能源仍居最主要地位（图 1-26）。2015 年我国总能源消费为 43 亿吨标准煤（发电煤耗法），增长 1%，小于 2014 年的 2.1%。“富煤”的资源结构导致我国能源消费以煤为主的格局。2015 年我国煤炭消费量约为 27.5 亿吨标准煤，占总能耗的 64%，较 2012 年的 68.5%下降了近 5 个百分点。石油消费次之，约为 7.8 亿吨标准煤，较 2014 年增长 5%，占比 18.1%，较 2012 年的 17%略有上升。天然气消费 2.5 亿吨标准煤，比例较 2012 年上升 1 个百分点，约为 6%。水电、风电、核电及其他能源消费量为 5.2 亿吨标准煤，较 2014 年增长 7.2%，占总能耗的 12%（国家统计局，2016a）。

清洁能源当前占总消费比例较小，但增速较高，未来比例将持续增加。在国内外多种因素作用下，2015 年各类能源消费增速均有所降低，相对来说，天然气和一次电力等清洁能源的增速高于煤炭和石油。煤炭消费量在 2014 年和 2015 年均呈下降趋势。石油消费量增长相对平缓，自 2011 年开始，其消费增速保持在 4%左右，未出现大的浮动。天然气消费 2015 年增长 7%，相较于过去 15 年 15%的平均增速有所降低。但天然气是比较清洁的化石能源，在煤炭去产能过程中，作为替代燃料，消费量仍会保持较快增长。由表 1-6 可知，可再生能源当前开发利用量较小，占总能耗的 10%左右，但有着较高的增速，除生物质能外，其他能源增速基本保持在 20%。

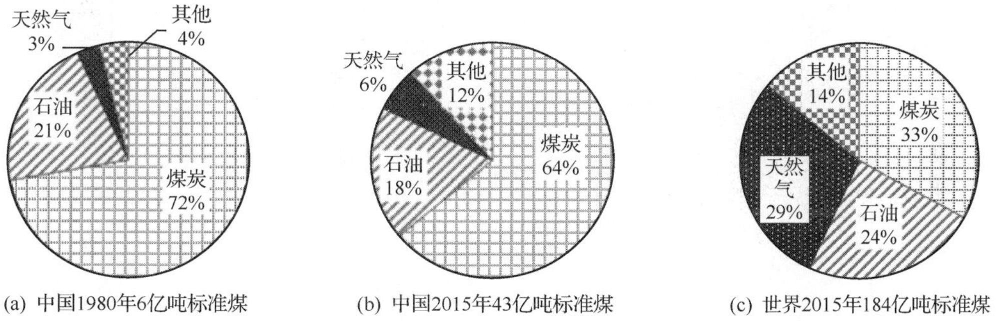

图 1-26　中国和世界能源消费结构（1980 年和 2015 年）

数据来源：国家统计局（2015b，2016a），BP（2016）及著者计算

表 1-6　我国可再生能源开发利用量

类别	2000 年	2005 年	2010 年	2011 年	2012 年	2013 年	2014 年	2015 年
水电	2224	3970	7222	6989	8721	9202	10643	11264
光伏发电	0.19	0.74	12.9	40	52.5	238.8	250	392
太阳能热水器	3.1	9.6	22.2	26.1	30.9	37.2	48.1	—
风力发电	5	20	446	703	960	1412	1561	1863
生物质能	3	10	22	23	25	25	27	—
地热利用	0.7	1.2	6.7	7.4	10	14	18	—

注：水电、光伏发电、风力发电单位为亿千瓦时；太阳能热水器、生物质能和地热利用单位为百万吨标准煤。

数据来源：王庆一（2015），国家能源局（2016b，2016c），国家统计局（2014，2015b，2016a）。

1.4.3 能源强度随经济增长呈下降趋势，相比发达国家仍较高

30 多年来，我国高速增长的国内生产总值带动能源消费的快速增加，但单位国内生产总值能耗呈下降趋势，如图 1-27 所示。改革开放初期，在我国经济加速发展、能源供应短缺的背景下，国务院转发了《关于提高我国能源利用效率的几个问题的通知》，开始有组织地开展节约能源工作。1980～2010 年，我国实现了能源消费翻一番支撑经济增长翻两番的目标，能源强度从 1980 年的 2.62 吨标准煤/万元（2010 年不变价，下同）下降到 2010 年的 0.98 吨标准煤/万元，降幅达 63%，年均下降 4.8%。但是，自 2002 年我国经济开始进入下一轮高速增长阶段后，能源强度连续 3 年增长，2005 年能源强度增至 1.09 吨标准煤/万元，较 2002 年增长 14%，年均增长 4.6%。在能源供应和环境保护的压力下，我国分别在“十一五”规划和“十二五”规划中提出规划期内能源强度下降 20%和 16%的约束性目标。“十一五”规划期间，我国能源强度下降 19.1%，“十二五”规划期间，下降 18.2%。2015 年我国能源强度为 0.72 吨标准煤/万元，较 2005 年下降 34%，年均下降 4%。

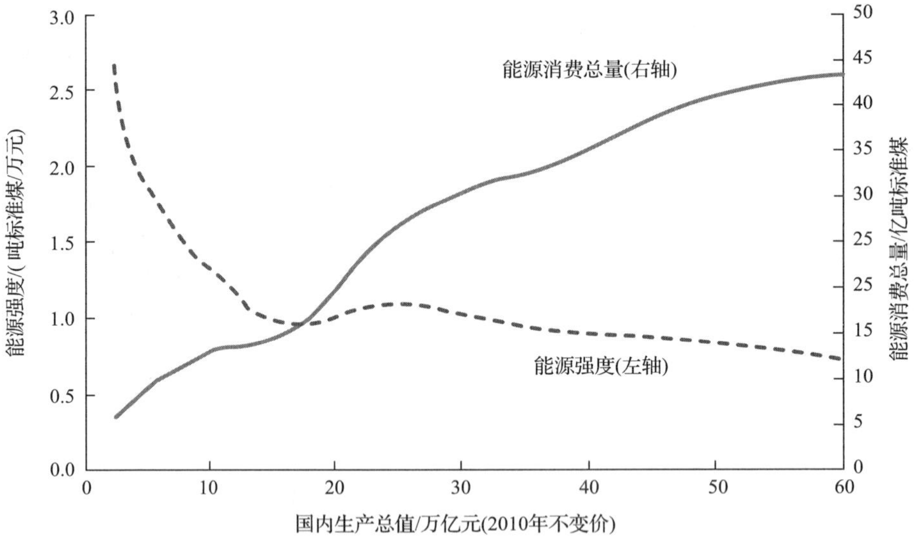

图 1-27　能源强度的变化趋势（1980～2015 年）

数据来源：国家统计局（2015a，2015b，2016a）

然而，和发达国家相比，我国能源强度水平仍较高。依照购买力平价法 GDP 计算，2013 年我国能源强度约是世界平均的 1.4 倍，美国的 1.4 倍，日本的 1.9 倍，德国的 2 倍，英国的 2.5 倍；依照汇率法 GDP 计算，2013 年我国能源强度约是世界平均的 2.6 倍，是美国的 4.1 倍，日本的 6.5 倍，德国的 6.2 倍，英国的 8.4 倍（IEA，2015）。一方面，我国正处于快速工业化、城镇化阶段，第二产业占比较高，而第二产业增加值能耗是第一、第三产业的 4～6 倍（符冠云等，2012），导致了我国高于其他各国的能耗强度。由图 1-28（a）可知，2000～2013 年，我国服务业增加值占生产总值的比例增加了 7 个百分点，达到 47%，但这一水平仍远低于同时期其他各国的比例：世界比例为

71%，美国、日本、英国和德国分别为 78%、72%、78%和 69%。产业结构的调整是我国未来实现能源强度降低目标的重要方向。

另一方面，我国经济发展模式为投资拉动型，远高于其他国家的投资水平也是我国能源强度较高的重要原因。由图 1-28（b）可知，我国投资率高于所有人口大国和经济大国。一般来说，投资的方向主要是基础设施建设，这会拉动大量的水泥、钢铁、有色金属等高能耗产品的产量，进而造成大量的能源消费。提高人民收入水平，提高消费占 GDP 的比例，转变我国经济发展方式为内需拉动的模式对未来能源强度下降至关重要。

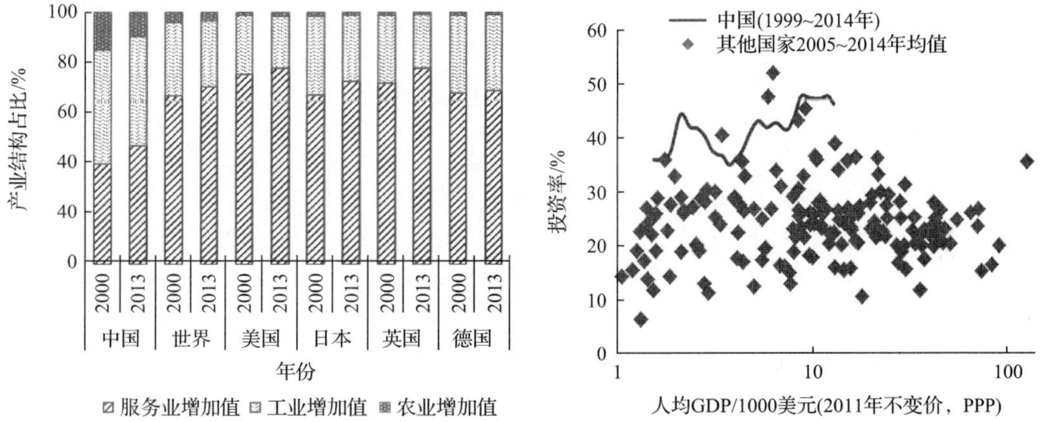

(a) 中国与其他国家产业结构比较　　(b) 中国与其他国家投资率比较

图 1-28　中国能源强度较高的两个重要原因

数据来源：世界银行（2016）

1.4.4　油气进口量平稳增长，对外依存度持续上升

我国原油开采受到资源禀赋、技术条件等限制，产量基本已趋于稳定，故我国对进口原油有着较大的依赖性。2009 年，原油对外依存度为 52.1%，至 2015 年，对外依存度增长至 60%，进口量达 3.3 亿吨（净进口，下同），如表 1-7 所示。据 IEA 预测，如果不加以控制，中国石油对外依存度将在 2040 年达到 80%（IEA，2014）。我国 2015 年石油进口主要来源是中东地区，占总进口量的 43%，其他来源包括非洲国家（16%）、欧洲及欧亚大陆（14%）、亚太地区（13%）、中南美（11%）和北美（3%），如图 1-29 所示（BP，2016）。

表 1-7　原油、天然气、煤炭进口依存度（2009～2015 年）　　（单位:%）

类别	2009 年	2010 年	2011 年	2012 年	2013 年	2014 年	2015 年
原油	52.1	55.1	56.9	57.6	57.7	59.7	60.0
天然气	4.9	11.5	20.6	24.7	28.8	29.9	30.3
煤炭	3.2	4.2	5.3	6.8	7.5	6.9	5.1

注：数据来源：国家统计局（2015b，2016b），王庆一（2015）及著者计算。

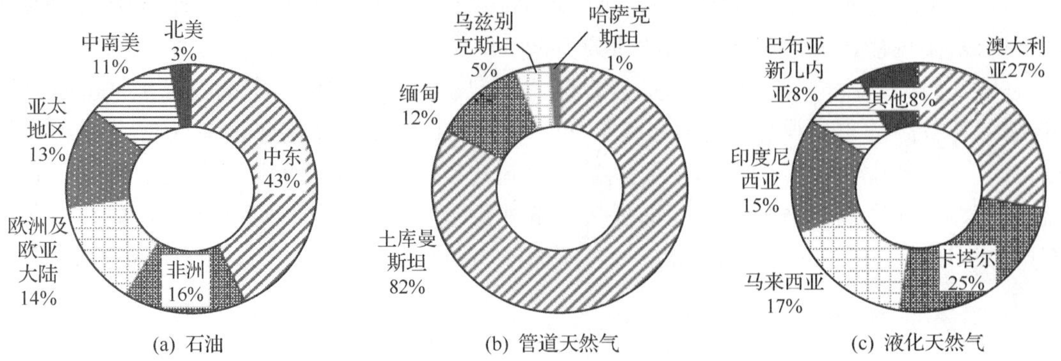

图 1-29　我国原油和天然气进口来源结构（2015 年）

数据来源：BP（2016）

我国天然气进口量增长较快，但增速逐渐趋缓。2015 年进口量为 584 亿立方米，增长 4.6%，远小于以前年份的增速，2009～2013 年每年增速分别为 218%、181%、121%、34%、33%和 14%。如表 1-7 所示，近几年天然气进口依存度呈持续上升趋势，2015 年对外依存度达 30.3%。根据 BP（2016）数据，我国 2015 年管道天然气进口主要来自四个国家，其中土库曼斯坦占绝大部分，约为 82%，剩余 18%进口分别来自于缅甸（12%）、乌兹别克斯坦（5%）和哈萨克斯坦（1%）。液化天然气进口来源排名前五位的国家为澳大利亚（27%）、卡塔尔（占比 25%）、马来西亚（17%）、印度尼西亚（15%）和巴布亚新几内亚（8%），剩余 8%来源于阿尔及利亚等其他国家和地区。

2009 年我国从煤炭净出口国转变为净进口国，当年煤炭总进口量达 1.3 亿吨，是上年的 2.1 倍。此后几年，由于国外进口煤的价格优势及我国煤炭进口零关税政策，煤炭进口量持续增长，2010～2012 年每年增长率在 40%左右，2013 年增长趋缓，为 14%。2014 年 10 月，海关总署取消煤炭进口零税率优惠，同时国内动力煤价格降幅较大，2014 年煤炭进口量出现下降趋势，减少 10%，约为 2.9 亿吨。2015 年降幅加剧，降至 2 亿吨，减少 30%。2015 年，我国煤炭对外依存度为 5.1%，较 2014 年的 6.9%略有下降。

1.4.5　传统能源价格普遍下降，新能源竞争力减弱

在国际原油价格下行、国内经济增速趋缓、能源供给过剩、经济发展结构转型等因素的影响下，2014 年以来，我国多种能源价格均出现下降的趋势，且可能在未来较长时期内保持低价水平。

在当前全球气候变化压力及国内供给侧改革的压力下，煤炭的需求受到很大的影响，直接反映即是其价格的变动。表 1-8 为 1997 年以来国有重点煤矿煤炭平均出厂价，1998 年、2009 年因为亚洲金融危机和国际金融危机的影响，我国经济下滑导致煤炭价格有较大幅度下降。2012 年，一方面因为我国经济增速放缓，一方面因为节能减排对煤炭消费带来的压力，煤炭价格开始出现下降趋势，2012 年降幅较小，约为 1.7%，2013 年下降 1.9%。2014 年改革力度的增大致使煤炭价格出现较大的降幅，约为 11%。

表 1-8　我国国有重点煤矿煤炭平均出矿价（1997～2014 年）　　（单位：元/吨）

年份	商品煤平均售价	年份	商品煤平均售价	年份	商品煤平均售价	年份	商品煤平均售价
1997	166	2002	167	2008	463	2013	451
1998	160	2003	176	2009	418	2014	401
1999	143	2004	206	2010	441	2015	339
2000	140	2006	302	2011	468		
2001	151	2007	330	2012	460		

注：2015 年价格是普通混煤的平均市场价，2014 年普通混煤平均市场价为 408 元/吨。

数据来源：王庆一（2015），Wind 数据库。

2014 年下半年开始，全球原油供应过剩致使国际油价持续下跌，进而引起我国国内成品油价格大幅下降。图 1-30 为国家发展和改革委员会（简称发改委）公布的部分省市国内成品油的最高价格，由图可知，我国 2014 年成品油价格出现大幅度下降，降幅达 20%左右，2015 年油价继续呈下降态势，各省市降幅在 8%左右。

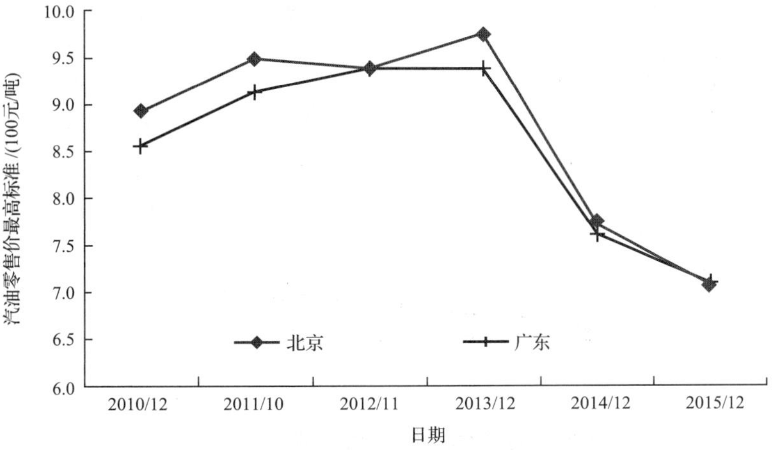

图 1-30　北京和广东汽油最高零售价格

数据来源：国家发展和改革委员会（2015a）

1. 图中价格含消费税、增值税及城建税和教育费附加；2. 2014 年和 2015 年汽油价格为符合车用汽油第五阶段质量标准的价格；3. 2013 年及以前年份，北京市汽油质量为符合车用汽油北京市地方标准的油品；广东省汽油是指符合 GB 17930—2013《车用汽油》质量要求的车用汽油

传统能源的消费量会随其价格的持续下降而有所增长，这对于新能源的发展不利。在现实中可直接观测到的是价格下跌、需求在增长，价格上涨、需求也在增长；但是这不能否认价格机制的负反馈作用。根据大量国外实证研究结果，能源价格弹性通常为负（Burke et al.，2015），低能源价格可能会刺激过多的能源消费，将基础设施和装备存量锁定在高能耗轨迹上。新能源利用成本较高，当前我国新能源的发展主要依赖财政补贴和税收减免，但这并不是长期之策。在补贴机制退出之后，新能源如何面对市场竞争值得深思。

1.4.6 非化石能源发电装机容量发展迅速，但弃风弃光问题严重

近年来，我国非化石能源发电装机容量发展迅速。2015 年水电装机容量达到 3.2 亿千瓦，较 2005 年增长近 2 倍，占我国总装机容量的 21%，约占全球水电装机总容量的 27%，居世界第一位（国家统计局，2016a；观察者，2015）。除水电以外的其他非化石能源装机容量增长更加迅速，自 2005 年的 802 万千瓦增长到 2015 年的 2 亿千瓦，增长了近 24 倍，占我国总发电装机容量的比例由 2005 年的 1.6%增长到 2015 年的 13.2%，如图 1-31 所示。

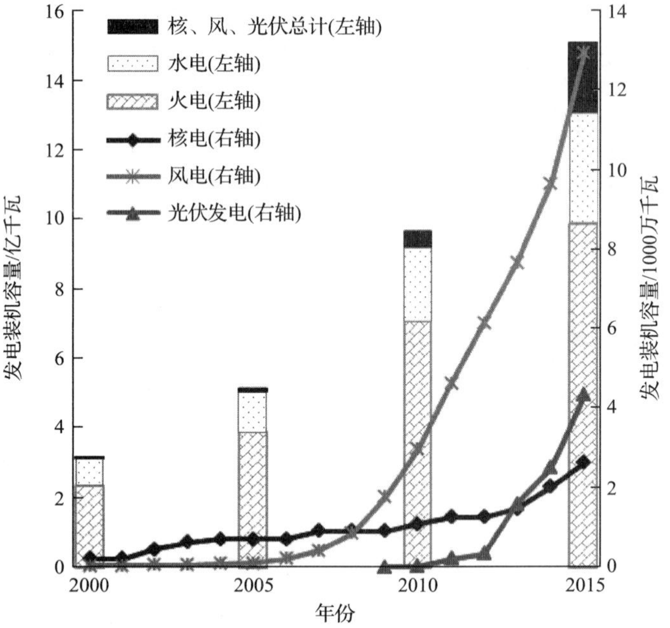

图 1-31 我国发电装机容量（2000～2015 年）

数据来源：国家统计局（2015a，2016a）

2015 年，我国核电装机容量累计达 2608 万千瓦，较 2005 年增长 2.7 倍，年均增长 14%。当前我国核电在建机组规模居世界首位，约占全球在建规模的 40%。安全高效发展核电是实现我国未来能源消费清洁化的重要方向。

2015 年，我国风电产业继续保持强劲增长势头，全年风电新增装机容量 3297 万千瓦，风电累计装机容量达到 1.3 亿千瓦，较 2014 年增长 34%，较 2005 年增长 121 倍，年均增长 62%。2015 年新增风电核准量 4300 万千瓦，累计核准在建容量 8707 万千瓦，未来风电装机容量将持续增长。但同时，2015 年弃风限电形势进一步加剧，全年弃风电量 339 亿千瓦时，平均弃风率为 15%（国家能源局，2016c）。2010～2014 年，我国平均弃风率分别为 10%、16%、17.12%、10.74%、7.5%（郭謦和孙海萍，2015）。据估算，2010～2015 年，我国弃风造成的电量损失累计达 1015 亿千瓦时，相当于三峡、葛洲坝两座水电站 2015 年全年发电量；仅 2015 年，弃风造成的直接经济损失超过 180 亿元，几乎抵消 2015 年全年风电新增装机的社会经济效益（观察者，2016）。从地

域上看，弃风限电现象较重的主要是“三北地区”，其中内蒙古弃风率 18%，甘肃弃风率 39%，新疆弃风率 32%，吉林弃风率 32%（国家能源局，2016c）。

2009 年是我国光伏发电元年，当年我国光伏发电装机容量约为 3 万千瓦，至 2015 年，我国光伏发电累计装机容量增长了 1700 余倍，达到 4318 万千瓦，年均增长 2.5 倍，成为全球光伏发电装机容量最大的国家。其中，光伏电站 3712 万千瓦，分布式 606 万千瓦。当前我国大多数地区光伏发电运行情况良好，但是因为西部地区经济发展难以消纳新增电力产量，同时电力并网建设滞后，出现了较为严重的弃光现象，甘肃弃光率达 31%，新疆弃光率达 26%（国家能源局，2016b）。

弃风、弃光问题一方面暴露了我国的基础设施建设问题。一般来说风力资源集中的地方，基本都远离负荷中心，当地市场难以消纳大量的电力资源，这便对跨区域输电、远距离输电等电网建设提出了较高要求。我国当前大范围支持鼓励发展可再生能源，却对配套的电网建设支持较少。另一方面，这也反映了各主体的利益诉求问题。风电、光电企业大多属于央企，其利润不归当地政府所有且有较多的税收优惠，而发展火电会为地方带来明显的就业和经济效益。这便导致了“以风补火”“弃风限电”等现象。自 2012 年起，国家能源局针对弃风限电等问题出台了一系列专项通知。2016 年年初，国家能源局提出了多种风电消纳途径，建议将工作重心从风电的开发建设转移到风电的高效利用上，同时，电网企业将实施可再生能源优先发电制度，力争在 2016 年扭转弃风弃光的趋势。

1.4.7　机动车保有量增长空间巨大，高补贴推动新能源汽车爆发式增长

随着我国经济水平、城镇化水平及人民生活水平的不断提高，机动车保有量持续攀升。2010 年发达国家，如加拿大、法国、意大利、日本，千人机动车保有量基本超过 600 辆，美国甚至已经超过 800 辆；而我国 2014 年千人机动车保有水平大约为 112 辆（吴宗鑫等，2016），未来增长空间巨大。图 1-32 为 2008 年世界主要国家公路交通能源

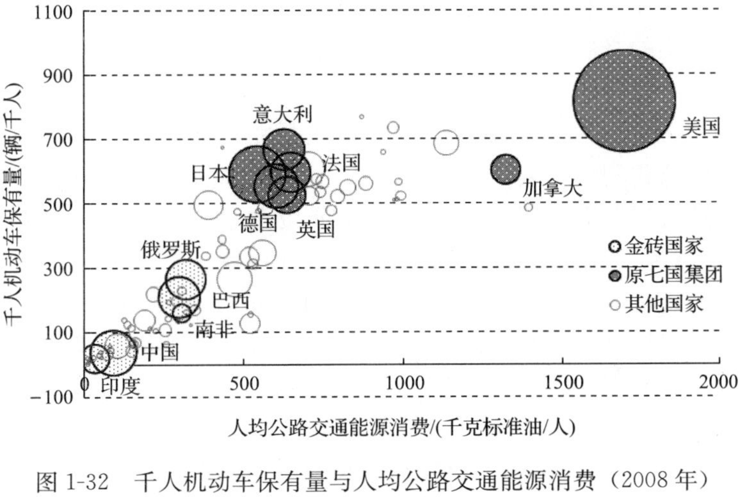

图 1-32　千人机动车保有量与人均公路交通能源消费（2008 年）

数据来源：IRF（2012）

图中气泡面积大小表示 2008 年机动车保有总量

消费和机动车保有水平的关系。如果我国未来机动车保有水平达到日本等发达国家的水平，将带动石油消费量十分巨大的增长。

发展节能与新能源汽车（包括纯电动汽车、燃料电动汽车、混合动力汽车、CNG汽车、LPG汽车及LNG汽车等）是我国减少石油消费和二氧化碳排放的重要举措之一。2015年，我国新能源汽车产量约为40.5万辆，较2009年的2336辆增长了172倍（中国汽车技术研究中心，2012；Wind，2016）。截至2015年年底，国家电网已经累计建成1537座充换电站，较上年增长149%，累计建成充电桩2.96万个，较上年增长23%，具备为35万辆电动汽车服务的能力。经测算，到2020年全国电动汽车保有量将超过500万辆，其中电动公务车与私人乘用车超过430万辆（国家发展和改革委员会，2015b）。

新能源汽车的爆发式增长主要得益于我国各级政府的财政补贴。根据宇通客车年报，2015年宇通客车实现净利润35.4亿元，获得各级政府补贴为68.5亿元，约是净利润的2倍。纯电动汽车的补贴占收入的比例达到了56.5%，如表1-9所示。

表1-9　宇通客车新能源汽车收入及补贴　（单位：亿元）

车型类别	收入	新能源汽车补贴金额	补贴占比/%
纯电动	92.6	52.3	56.5
插电式	47.1	16.2	34.4

注：数据来源：上海证券交易所（2016）。

1.4.8　天然气是化石能源清洁利用的关键，其供给呈多元化快速发展

天然气是清洁的化石能源。在提供相同能量的条件下，天然气燃烧排放的二氧化碳仅相当于煤炭的54%，石油产品的72%，且几乎没有二氧化硫和粉尘排放（吴宗鑫等，2016）。2013年世界一次能源消费中，天然气占比21.4%，2015年我国天然气消费占比仅为6%，未来我国天然气利用还有很大的增长空间。风电、太阳能等可再生能源的发展是能源结构转型的必然要求，其装机容量也在快速发展。但是可再生能源具有间歇性、随机性的缺点，且当前占比很少，其发展是一个过程，2015年非化石能源的利用占一次能源比例约为12%，要在短时间内替代化石能源几乎是不可能的。故天然气的利用是化石能源清洁化利用的关键，也是化石能源向非化石能源利用的重要过渡。

我国国内天然气资源潜力巨大，2014年地质资源量达239万亿立方米，可采资源储量为76万亿立方米（包括常规天然气、页岩气和煤层气）（国土资源部，2015）。即使2015年我国天然气消费量（1930亿立方米）翻一番，我国天然气可采资源储量仍可供开采200年。据IEA（2014），可能限制中国天然气生产的因素是技术、定价机制及运输设施建设等，而非资源储量。自2014年首次探获地质储量，正式进入商业开发以来，页岩气快速发展，2015年全国页岩气产量44.71亿立方米，同比增长258.5%（国土资源部，2016）。页岩气产量的大幅提升对我国提高能源自给率、优化能源结构有很大的贡献。

我国天然气管道快速建设，实现国产气与进口气、常规气与非常规气等不同属地、

不同气源天然气的多元化供给。我国天然气主要分布在西北和西南，天然气消费中心逐渐向东部和南部地区转移。截至 2014 年，我国已建成天然气管道 8.5 万公里，主干线包括陕京一线、陕京二线、陕京三线、西气东输一线、西气东输二线、川气东送等，干线管网总输气能力超过 2000 亿立方米/年（中国石油，2015a）。在进口通道方面，我国已建、在建和规划新建中亚天然气管道 A 线、中亚天然气管道 B 线、中亚天然气管道 C 线、中亚天然气管道 D 线、中缅天然气管道、中俄东线天然气管道、中俄西线天然气管道等 7 条陆路进口天然气管道，进口能力达 1650 亿立方米/年（中国石油，2015b）。

1.4.9　二氧化碳排放增速较快，碳减排压力增大

我国碳排放量连续多年居世界首位，2013 年排放量（化石燃料燃烧碳排放，下同）达到 90 亿吨，较上年增长 5.4%，占世界总排放量的 28%，占世界 2013 年新增排放量的 65%。从单位 GDP 碳排放来看，我国高于其他国家，2013 年我国单位 GDP 碳排放是 0.64 千克/美元（2005 年不变价，PPP），约是世界水平的 1.7 倍，美国的 1.8 倍，英国的 3.2 倍，日本的 2.1 倍，法国的 4.3 倍。

我国人均碳排放量较低，2013 年人均碳排放 6.6 吨，高于世界人均量 4.5 吨，但和发达国家相比偏低，加拿大 2013 年人均 15 吨，美国 16 吨，日本 10 吨，德国 9 吨，英国 7 吨。法国人均 4.8 吨，低于我国，主要是因为法国一次能源中有 47%（2014 年）为核能。

2015 年我国一次能源消费中，煤炭占比 64%，这是我国碳排放量巨大的主要原因。相对于天然气和石油来说，煤炭属于污染性较高的化石能源，2013 年全球将近 1/2（46%）的碳排放来自于煤炭。在燃烧产生同样热量的情况下，煤炭的碳排放量比石油高 40%，比天然气高 75%（李俊峰等，2013）。2013 年我国碳排放中有 83.6%来自于煤炭消费，12.7%来自于石油消费，3.3%来自于天然气消费，0.4%来自于其他，如图 1-33 所示。

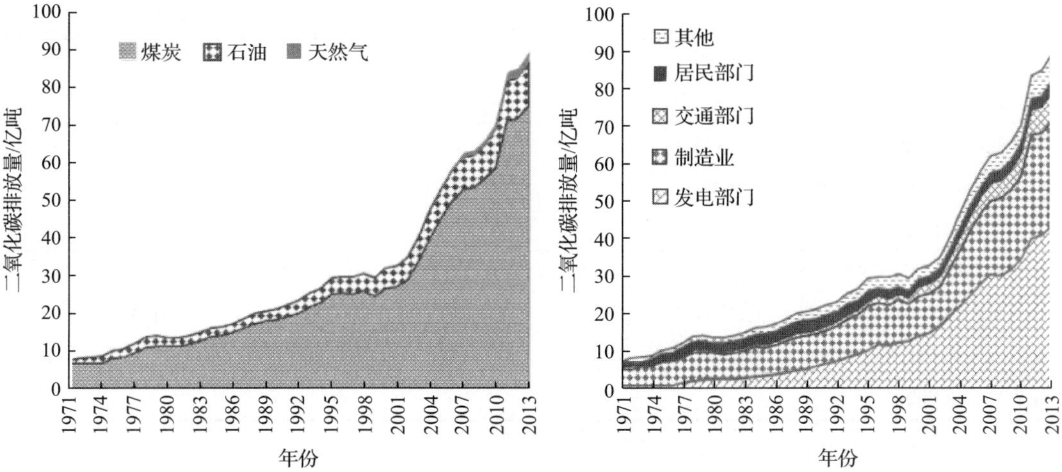

图 1-33　中国化石燃料燃烧碳排放结构（1971～2013 年）

注：数据来源：IEA（2015）

从碳排放部门来看，2013 年我国碳排放有近 1/2（49%）来自于发电部门，31%来自于制造业（包括建筑部门）部门，8%来自交通部门，4%来自于居民部门。我国发电结构以火电为主，单位电力产量的碳排放远高于其他国家。2013 年，单位电力碳排放约为 711 克/千瓦时，约比世界平均水平高 35%，比日本高 24%，比英国高 55%，比美国高 45%。

1.5 中国能源市场发展新变化与新格局

1.5.1 “十二五”规划节能目标实现，“十三五”规划总量控制压力减弱

2015 年是“十二五”规划的收官之年，“十二五”规划中效率控制目标超额完成。考虑到第三次全国经济普查的数据修订情况，我国能源供需总量与能源结构控制目标基本达成，如表 1-10 所示。从能源效率来看，“十二五”规划期间，我国以能源消费年均 3.6%的增速支撑了国民经济年均 7.8%的增长，能源消费弹性系数由“十一五”规划期间的 0.59 下降至 0.46。2015 年我国万元 GDP 能耗降至 0.72 吨标准煤（2010 年不变价），相较 2010 年下降 18.2%，相较 2005 年下降 33.7%，超额完成节能减排目标。2011～2015 年每年能源强度下降分别为 2%、3.6%、3.7%、4.8%和5.6%。从能源供应能力来看，我国一次能源供应 43 亿吨标准煤，达成目标；国内生产 36.2 亿吨，略少于规划目标 36.6 亿吨标准煤；石油对外依存度 60%，保持在规划目标 61%以内。从能源结构来看，2015 年我国非化石能源消费比例提高至 12%，高于规划目标 11.4%；非化石能源发电装机比例提高至 34.3%，超过 30%的目标；煤炭消费比例降低至 64%，满足 65%以内的目标。但是天然气占一次能源消费的比例为 5.9%，未达到 7.5%的目标。

表 1-10 “十二五”规划节能减排目标与实际完成情况

项目	“十二五”规划目标	实际情况
用电量控制/万亿千瓦时	6.15	5.6
单位国内生产总值能耗比 2010 年下降/%	16	18.2
一次能源供应能力/亿吨标准煤	43	43
其中：国内生产能力/亿吨标准煤	36.6	36.2
石油对外依存度控制为/%	61	60
非化石能源消费比例提高至/%	11.4	12
非化石能源发电装机比例提高至/%	30	34.3
天然气占一次能源消费比例提高至/%	7.5	5.9
煤炭消费比例降低至/%	65	64

注：数据来源：国务院（2013），国家统计局（2015b，2016b）。

从各省市自治区来看，根据全国总量分解，“十二五”规划期间天津、上海、江苏、浙江、广东等省份单位 GDP 能耗要下降 18%；北京、河北、辽宁、山东单位 GDP 能

耗要下降 17%；内蒙古、广西、贵州、云南、甘肃、宁夏单位 GDP 能耗要下降 15%；海南、西藏、青海、新疆单位 GDP 能耗要下降 10%。其余的山西、吉林等单位 GDP 能耗要下降 16%。2014 年年末，有 16 个地区提前一年完成“十二五”规划节能目标，包括北京、上海、河北、浙江、贵州、吉林、湖南、四川、重庆、河南、安徽、甘肃、内蒙古、天津、湖北、辽宁。表 1-11 是 2013 年、2014 年和 2015 年我国各地区能源强度下降情况及 2015 年 1～11 月“十二五”规划能耗强度降低进度的预警情况。由表可知，“十二五”规划期间，我国大部分地区均可完成强度下降的目标。上海、北京、浙江等经济发展水平较高、服务业较为发达的地区，虽然能源强度降低目标较高，但其目标完成情况都较好。河北、吉林等地经济下行压力大，强度降低目标也完成较好。西北地区因为经济发展水平较低，承接了东部部分高能耗、高耗材产业，节能减排压力较大。2015 年前 11 个月，新疆、青海、宁夏、海南四个地区的能耗强度降低目标完成情况并不乐观，估计新疆“十二五”规划期间能源强度会有略微增加。

表 1-11　各地区“十二五”节能目标完成情况

	万元地区生产总值能耗上升或降低/%			
	2013 年	2014 年	2015 年	“十二五”规划目标
全　国	−3.7	−4.8	−5.6	−16
北　京	−4.86	−5.29	−6.17	−17
天　津	−4.41	−6.04	−7.21	−18
河　北	−4.73	−7.19	−6.14	−17
山　西	−3.74	−4.18	−5.31	−16
内蒙古	−4.57	−3.94	−4	−15
辽　宁	−4.53	−5.08	−3.52	−17
吉　林	−6.03	−7.05	−10.69	−16
黑龙江	−4.31	−4.5	−4.01	−16
上　海	−4.32	−8.71	−3.92	−18
江　苏	−4.16	−5.92	−6.73	−18
浙　江	−3.74	−6.11	−3.53	−18
安　徽	−3.78	−5.97	−5.58	−16
福　建	−3.76	−1.53	−7.7	−16
江　西	−3.62	−3.16	−3.92	−16
山　东	−4.48	−5	−3.72	−17
河　南	−3.92	−4.06	−6.57	−16
湖　北	−4.13	−5.24	−7.66	−16
湖　南	−4.71	−6.24	−6.98	−16
广　东	−4.55	−3.56	−5.71	−18
广　西	−3.16	−3.71	−5.11	−15
海　南	−4.16	−2.5	−1.27	−10
重　庆	−5.13	−3.74	−6.31	−16

续表

	万元地区生产总值能耗上升或降低/%			
	2013年	2014年	2015年	“十二五”规划目标
四　川	−4.92	−4.64	−7.25	−16
贵　州	−3.91	−5.78	−7.46	−15
云　南	−3.21	−3.98	−8.83	−15
西　藏				−10
陕　西	−3.55	−3.58	−3.21	−16
甘　肃	−4.56	−5.21	−7.46	−15
青　海	−2.2	−2.97	−4.26	−10
宁　夏	−3.22	−4.2	1.2	−15
新　疆	8.78	−0.42	−3.63	−10

注：2013年我国进行了第三次全国经济普查，并据此对2013年以前的全国能源数据进行了修订。各省份历史数据未修订或公布，使得各省2013年之前与之后数据不可比，故本表中并未列出2011年和2012年数据，也未计算“十二五”规划期间节能目标的累计完成情况。

数据来源：国家统计局（2015c，2016c），裴庆冰（2015）。

2016年是“十三五”规划的开局之年，“十三五”规划中提出，今后五年我国能源消费总量要控制在50亿吨标准煤以内。2016年政府工作报告中指出，“十三五”规划期间我国单位国内生产总值能耗、二氧化碳排放量分别下降15%、18%。按照目前发展情况来看，“十三五”规划期间我国能源强度下降的目标应该不难完成，而且考虑到煤炭占比将一直下降，碳排放强度下降目标会更加容易达成。但是强度目标是一个相对值，在经济增速较快的情况下，强度约束无法控制能源消耗量较快的增长，而且我国能耗基数大，较小的增速也会带来不小的增量，随着我国经济水平的进一步增长，未来的能耗总量控制压力尚存。

1.5.2　应对全球气候变化，节能减排面临新挑战

全球气候变暖态势日益严峻，应对全球气候变暖已经成为全世界共同面临的挑战，减少碳排放，推行低碳经济已是世界各国的共识。我国在2007年成为世界上最大的二氧化碳排放国，在2009年超过美国成为世界上最大的能源消费国。2007年6月，我国发布第一部应对气候变化的综合政策性文件《中国应对气候变化国家方案》，提出到2010年，实现单位国内生产总值能源消耗比2005年降低20%左右，相应减缓二氧化碳排放的目标。2009年11月，在哥本哈根气候峰会上，我国宣布到2020年单位国内生产总值二氧化碳排放比2005年下降40%～45%的行动目标，并将其作为约束性指标纳入国民经济和社会发展中长期规划。2014年中美联合声明中，我国首次正式提出2030年碳排放达到峰值，并将于2030年将非化石能源在一次能源中的比例提升到20%的目标。2015年6月，我国向联合国气候变化框架公约秘书处提交《强化应对气候变化行动——国家自主贡献》，确定了我国到2030年的自主行动目标，即到2030年，二氧化碳排放达到峰值并争取尽早达峰；单位国内生产总值二氧化碳排放比2005年下降

60%～65%，非化石能源占一次能源消费比例达到20%左右（国家发展和改革委员会，2015c）。2015年12月巴黎气候变化大会达成历史性协定，各方同意将加强对气候变化威胁的全球应对，力争把全球平均气温较工业化前水平升高范围控制在2摄氏度之内，并尽一切努力使其不超过1.5摄氏度。

为了应对气候变化、减少碳排放，我国积极推进产业结构调整、能源结构调整及能源效率提高。2015年年末我国三次产业结构优化为9%、40.5%、50.5%，相较于2010年的10.1%、46.8%和43.1%有较大的改善（国家能源局，2016a）。当前我国已成为世界节能和利用新能源、可再生能源第一大国，2015年清洁能源消费比例达到18%，较2010年的13.4%提高了近5个百分点（国家统计局，2016a）。2014年我国单位GDP二氧化碳排放下降了6.2%，比2010年累计下降15.8%。然而，我国仍处于快速工业化城镇化进程中，能源总需求量仍将持续增加，需要较长时间才可能趋于饱和。且我国以煤为主的能源结构在短期内难以获得较大的改变，这造成了我国能源消费的低效率和高污染。在发展经济、保护环境、应对气候变化等多重压力下，我国推进能源体系变革仍面临着巨大挑战。

1.5.3　经济进入新常态，能源供给侧改革受到重视

中国经济已进入并很可能长期处于相对较低的增速区间。2015年全年国内生产总值67.7万亿元，同比增长6.9%。经过30多年的经济高增长之后，我国9%以上的经济增速已不太可能持续出现。增速下滑的原因在于，一是中国已进入中等偏上收入水平国家的行列（世界银行分类），根据经济增长理论和国际经验，后发优势相对较少，经济增长潜力要下降；二是决策层克服了过去的速度情结，对长期经济增速趋缓有了“新心态”，接受并认同长期经济增速要下一个台阶。关注点从经济增长的速度转移到了经济增长的质量，即供给侧结构性改革，调整经济结构，使要素实现最优配置。

当前我国能源发展面临能源需求减速换挡、能源价格下降、传统能源产能过剩、可再生能源发展受制约、能源系统整体运行效率低等问题，为能源结构优化、能源发展方式转变提供了很好的契机。能源供给侧结构性改革是适应经济新常态、优化经济结构和转变经济发展方式的必然要求。能源供给侧结构性改革包括以下几个重点内容：化解煤炭行业过剩产能，化解煤电过剩产能，解决弃水、弃风、弃光问题，加快推进电力改革，稳步推进石油天然气体制改革，加强能源扶贫及提高能源系统整体运行效率（国家能源局，2016g）。在能源供给侧改革的推进下，能源发展方式从粗放式发展向提质增效转变，未来我国能源市场将面临新的格局，也将迎接新的挑战。

1.5.4　积极构建全球能源互联网，推动现代能源体系建设

2015年9月国家主席习近平在联合国发展峰会讲话中明确“中国倡议探讨构建全球能源互联网，推动以清洁和绿色方式满足全球电力需求”；2016年3月“2016全球能源互联网大会”于北京召开，会上全球能源互联网发展合作组织宣告成立。

全球能源互联网是全球互联的智能电网，其以特高压电网为骨干网架（通道）、以输送清洁能源为主（新华网，2015）。具体构想包括四点：一是利用北极地区的丰富风

能资源、赤道带富集的太阳能资源和各大洲的清洁能源资源开发大型可再生能源基地；二是通过特高压电网建设跨越各大洲的骨干电力通道，连接各大型能源基地；三是推动智能电网的广泛应用，提高能源输送和利用效率，保障各种能源的友好接入和各种用能设备的即接即用；四是能源与电力技术创新，提高能源供应的安全性与经济性。构建全球能源互联网有益于实现可再生能源的大规模开发、大范围配置和高效率使用，保障能源的长期稳定供应；减少化石能源的消费及温室气体的排放，更好地应对全球气候变化。

2016 年 2 月 29 日，国家发展和改革委员会、国家能源局、工业和信息化部联合发布了《关于推进“互联网+”智慧能源发展的指导意见》（以下简称《指导意见》），从能源信息互联网的视角扩展了上述能源互联网的概念，着重强调信息互联网与能源系统、能源市场的深度融合。据该《指导意见》，能源互联网是一种互联网与能源生产、传输、存储、消费及能源市场深度融合的能源产业发展新形态，具有设备智能、多能协同、信息对称、供需分散、系统扁平、交易开放等主要特征。智能电网是能源互联网的主干网络和提供各类能源供需协调互动的平台；能源互联网更为强调能源系统和能源市场与信息互联网的深度融合，注重能源电力市场的交易开放和产业升级。

我国发展能源互联网，一方面能够加快清洁能源的开发利用，促进化石能源的清洁利用，实现能源系统清洁低碳的目标；另一方面，有助于提升全社会能源系统的利用效率，实现我国能源资源的合理配置（国家能源局，2016a）。厉以宁表示，全球能源互联网的构建，不仅能大量消化风电、光伏等过剩产能，也会带动电动车等战略性新兴产业的发展，拉动我国实体经济增长（新华网，2016）。

1.5.5 电力天然气交易市场积极探索，新一轮电力改革全面实施

在能源价格市场化的发展趋势下，放开天然气竞争价格与电力配售价格是大势所趋，构建天然气和电力交易中心是重要举措。2015 年 7 月，我国建立上海石油天然气交易中心，结合竞争性环节天然气价格的放开，引导放开价格的天然气进入市场交易，以进一步推进天然气价格市场化改革。2016 年以前，已经有广东、云南、贵州和广西等省份组建了各省（区）的电力交易中心，各自负责组织本省内电力交易等业务。2014 年广东、云南和贵州三省的电力直接交易规模分别达到 150 亿千瓦时、179 亿千瓦时和 63 亿千瓦时（中国电力企业联合会，2015）。2015 年云南省省内电力成交量达 320.3 亿千瓦时，减少 1000 多户工业企业电费支出 36.2 亿元（国家能源局，2016h）。2016 年 1～3 月份，云南电力交易中心共成交电量 108.91 亿千瓦时，为工业企业降低电费支出 8.4 亿元左右，并提出力争全年市场化交易规模达 500 亿千瓦时的目标（国家能源局，2016e）。2016 年 3 月，北京、广州两大国家级电力交易中心建成，这对优化区域资源配置和电价市场化有重要意义。我国能源交易中心在积极探索过程中。

2002 年电力体制改革以来，我国电力行业快速发展，电力市场形成多元化体系，电力供应能力持续增长，电力输配设施不断建设，基本于 2007 年告别电力短缺局面，于 2015 年年末全面解决无电人口用电问题。近年来，我国开始面临电力产量过剩、新能源发电弃风弃光等问题，为新一轮电改提供了难得的契机。《中共中央国务院关于进

一步深化电力体制改革的若干意见》（以下简称《意见》）于 2015 年 3 月发布，我国开始新一轮电改。

可以说，2002 年的电力改革是机构的调整改革，厂网分开、主辅分离。发电端包括五大发电集团等多主体竞争局面已经形成。而 2015 年的电力改革，是针对输电、配电、售电垂直一体化的垄断局面进行体制改革，旨在重构旧有电力市场秩序。其主要目的是全面建成电力市场化体系，形成电力市场化定价机制；形成健全的电力市场监管体系；形成发电侧、售电侧主体多元、充分竞争的市场格局；促进跨省跨区域电力市场交易，充分发挥市场的资源配置作用。

《意见》发布之后，国家发改委、国家能源局发布电力体制改革六个相关配套文件，标志着电改工作进入全面实施阶段。重庆市、广东省作为试点开展售电侧改革；云南省、贵州省、山西省作为试点获批开展电力体制改革。2016 年 3 月，北京、广州两大国家级电力交易中心分别成立，旨在引导能源合理流动和优化配置，促进清洁能源大规模开发和高效利用，开展跨区跨省市场化交易，促进省间余缺调剂和清洁能源消纳（国家能源局，2016d）。随后，新疆、天津及吉林电力交易中心相继揭牌。3 月中旬，发改委发布通知，进一步扩大输配电价改革试点范围，将北京、天津、冀南、冀北、山西、陕西、江西、湖南、四川、重庆、广东、广西等 12 个省级电网，以及国家电力体制改革综合试点省份的电网和华北区域电网列入输配电价改革试点范围，标志着输配电价改革全面提速。

针对放开竞争性环节电价、放开公益性调节以外的发电计划、放开新增配售电市场和交易机构相对独立的“三放开一独立”目标，我国各试点均在不断尝试推进。当前我国经济增速放缓、电量需求增长较小，为电力改革提供了一个较好的时间窗口，电力改革的未来进一步发展还需多方努力配合。

第 2 章　中国能源市场要素

根据市场划分标准，市场的第一要素是指市场主体，即市场的生产者和消费者；第二要素是指市场客体，即占有物，或者用以交换的对象（法学称为标的物）；第三要素是指市场行为。本章从能源市场宏观供给和需求的层面，系统地对能源市场供给、需求的特点进行讨论。各节均结合不同的能源品种（市场客体），对能源市场中供给者和消费者的行为及其特点分开讨论，分析归纳出其基本特征。

本章将从以下方面分别讨论中国能源市场要素：

- 中国能源供给者有哪些？其是否具有垄断地位或很强的市场力量？
- 定价决策是由企业自行做出，还是要听从更高权限的机构？
- 供应者是否可自由进出市场？

2.1　中国能源市场生产者及其特点

能源市场的第一要素是指市场主体。从中国能源市场整体来看：首先，不同能源品种的生产者情况存在差异；其次，处于能源商品供应链上不同位置（如生产、加工、配送、销售等）的生产者，其力量又有差异，有的市场属于寡头垄断型，有的市场竞争程度较高，需要根据具体的能源品种和供应链的位置讨论。从整体上看，石油的生产方（炼油和加工）和天然气售气端的市场集中度较高，供给者处于垄断地位，其议价能力较强。而煤炭的供给市场竞争程度最高，市场集中度最低。电力供给也属于后者这种情况。

2.1.1　能源市场供给以煤为主，清洁能源比例不断上升

根据《BP 世界能源统计年鉴 2015》的统计，2014 年中国是世界上最大的能源生产国，占全球能源供应量的 19.1%。

根据国家统计局数据，我国能源生产总量逐年增加，其中以煤炭的生产为主，2006～2014 年平均占能源生产总量的 75%；其次是石油，年均产量占 9.45%，同时在我国能源产量中的比例逐渐减少；关于天然气及水电、核电、风电这些清洁能源的开发生产则在不断增加，也体现了我国能源生产结构的调整升级。

石油作为工业生产的“血液”，在中国的主要生产者是中国石油天然气集团公司（简称“中石油”）、中国石油化工集团公司（简称“中石化”）、中国海洋石油总公司（简称“中海油”），石油市场属于寡头垄断型。

由于在生产上存在集聚效应（Krinitsyn et al.，2014）和规模经济（Economies of Scale；Horner et al.，2001），国内天然气市场也属于这种情况。近年来，我国一直致力于调整能源结构，清洁能源如天然气等得到大力的推广。天然气的产量逐年增加，甚至国内的产量并不能完全满足市场需要，从而导致进口量不断增加，但每年的增速在减小。相比于对外依存度超过 60%的石油资源，天然气的自我保障能力虽在下降，但仍在 60%以上。表 2-1 展示了中国天然气供给的主要来源。

表 2-1　我国天然气的来源　（单位：10 亿立方米）

年份	国内产量	管道天然气进口	液化天然气进口	进口增速/%	消费量	自我保障能力/%
2010	99.0	3.6	12.8		110.5	89.59
2011	108.8	14.3	16.6	88.99	134.9	80.65
2012	114.3	21.4	20.0	33.98	151.2	75.60
2013	124.9	27.3	24.5	25.12	170.8	73.13
2014	134.5	31.3	27.1	12.74	185.5	72.51

注：数据来源：BP（2015b）。

而煤炭的供给市场竞争程度最高，市场集中度最低。我国煤炭行业有较多领先企业，如中国神华能源股份有限公司、中国中煤能源股份有限公司、山煤国际能源集团股份有限公司、阳泉煤业股份有限公司、兖州煤业股份有限公司、冀中能源股份有限公司等。其中神华是中国最大的煤炭生产商，2013 年的原煤产量为 39.7 亿万吨，2014 年的产量为 38.7 亿万吨。

2002～2012 年的 10 年时间是煤炭市场的“黄金十年”。图 2-1 为原煤产量及年增长率，2011 年的增长率为 11.28%，2012 年的增长率则骤减为 1.07%，2013 年的增长率依然在减少，为 1.25%。这与我国近年来，煤炭价格一路走低、环保压力增大、能源结构调整及进口煤冲击等原因有关，使得国内煤炭市场持续低迷，从卖方市场转变为买方市场。此外“十三五”规划中“提高非化石能源比例”的政策力度不断加大，煤炭消费增长受到较大制约。

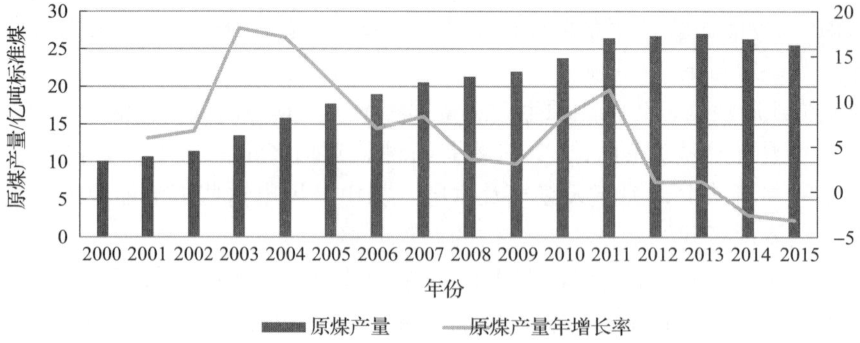

图 2-1　2000～2015 年中国原煤产量及年增长率

数据来源：国家统计局（2015），以及著者的整理和计算

http：//finance.sina.com.cn/roll/2016-03-02/doc-ifxpvzah8556523.shtml

电力的供给也有自身的特点，通过电力市场化改革，在电力行业出现了垄断和竞争并存的机制，投资主体向多元化发展。

2.1.2　不同能源市场集中度不同，同一品种不同环节也不尽相同

由于能源自身属性各不相同（如储藏量、分布、运输成本、利用的便利性、是否可储存等），各种能源的市场供给力量，往往存在很大差异。国内石油行业和天然气行业的市场集中度很高：中石油、中石化、中海油三家企业自身具有较强的竞争力，因而在市场中具有较高的垄断优势；国内天然气市场除了具有这种特点，还有一个显著特点就是从天然气供应链的上游到下游，上游自然垄断，下游行政垄断，市场竞争度逐渐变强。具体来看，中国天然气市场在生产和管道输送环节（中上游）形成了“一超两强”的高度寡头垄断市场结构，在配送和销售环节（下游）则是低集中度的竞争类型。

中国石油资源集中分布在渤海湾、松辽、鄂尔多斯、准噶尔、珠江口、柴达木和东海大陆架，如大庆油田、胜利油田、克拉玛依油田等就分布在这些区域[①]不同于其他产业，石油行业是国民经济的重要基础产业，集中度高。中石油、中石化、中海油在市场中具有较高的垄断优势。图 2-2 是 2006～2015 年三家公司的原油产量。

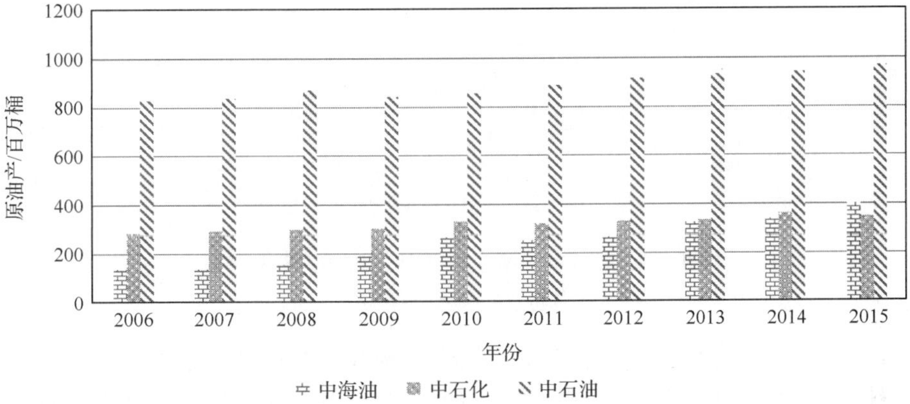

图 2-2　中石油、中石化、中海油 2006～2015 年原油产量

数据来源：中石油、中石化、中海油年报

从图 2-2 可以看出，中石油、中石化、中海油这三家公司几乎垄断了这一行业全部的原油生产和加工。虽然受到国外石油巨头的冲击，中国的石油市场仍属于寡头垄断型。这种市场结构并不意味着市场效率的降低，相反，在这一特殊的行业中起着正面积极的作用。例如，在 19 世纪 60 年代的美国，曾经出现过石油企业数量激增的现象，当时市场无序、竞争混乱，造成石油资源的严重浪费。直到洛克菲勒的标准石油公司建立，才使得石油市场的秩序得以维护。1911 年，标准石油公司解体，被拆分为若干公司，这些公司进一步发展为当时石油行业的巨头，如埃克森、阿莫科、德士古等。而从供应链层面来看，上游的原油生产竞争程度比较低，下游的加工业竞争程度比较高，几乎接近于完全竞争。可见，寡头垄断的市场结构在对于市场资源配置及提升企业自身竞争力方面确实有积极影响。

国内天然气市场上，中石油、中石化、中海油三家公司处于绝对的垄断地位。2014 年全国天然气产量为 1329 亿立方米，中石油的产量为 952 亿立方米，占全国总产量的 71.63%；中石化的产量为 200 亿立方米，中海油的产量为 118 亿立方米，延长石油的产量为 6 亿立方米，这四家公司的市场占有率达到 96.01%[②]，如图 2-3 所示。

从图 2-3 可以看出，目前，中国天然气市场在中上游的生产和管道输送环节形成了“一超两强”的高度寡头垄断，下游的配送和销售环节则是低集中度的竞争类型。其中，中石油天然气生产量占全国总生产量的 72%，管线里程占 95%，输气能力占 83%，从而成为市场控制力最强的寡头，中石化和中海油是另外两大寡头。余晓钟等（2009）就

①更多详细信息请参见 http：//www. in-en. com。

②更多详细信息请参见 http：//www. askci. com/news/chanye/2015/01/14/84559fbcp. shtml。

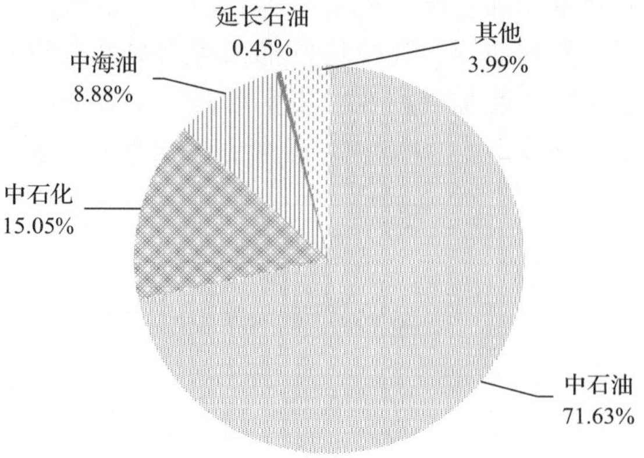

图 2-3　2014 年主要公司天然气市场占有率/%

数据来源：天工（2015）

现在天然气的市场结构对资源配置效率、规模结构效率及技术效率进行了分析。在资源配置方面指出，如果是因为规模报酬递增而形成的自然垄断，那么这种市场竞争的结果对于资源配置来说是具有积极正向作用的，建议引入竞争机制，将寡头垄断的市场转变成寡头竞争的市场类型。

从 1985 年开始，中国在电力行业引入竞争机制，允许外商投资电力项目，打破了独家办电的垄断局面，多元化的投资主体开始形成。长期以来，中国电力行业一直是统一控制、垄断经营，电力市场化改革就是通过打破垄断，引入竞争机制，来提高市场效率。王威等（2009）则从电力市场效益、交易成本、外部性、市场力等角度入手讨论了市场运行机制对效率的影响，发现供给双方的结构对称性对市场效率具有重要影响。

2.1.3　能源市场不同环节准入门槛各异，供应链上游准入门槛较高

目前，在石油市场上，售油环节和炼油环节具有不同的市场准入条件，需要分开来看是否具备可自由进出的机制。在供应链的中上游（炼油端和加工端），已经形成了寡头垄断的市场结构，因而进入和退出的门槛都比较高，企业不能自由进出。而在供应链的下游（配送端和销售端），由于市场竞争程度变大，市场结构类型发生变化，因而进入和退出的门槛都比较低，企业可以自由进出。

在不同的能源市场上，存在各种不同的进入或退出的门槛。从整体来看，中国天然气市场存在政策壁垒，如不允许非国有资本进入等，使得现有市场资源配置的效率低，市场效率也较低。很多学者建议应鼓励非国有资本进入，以加强行业内部的竞争性，提高市场效率。在石油市场，从 1998 年开始，中国石油价格机制开始放开，逐步和国际石油价格接轨，允许国际跨国公司进入中国市场，和中国石油企业进行竞争。

在煤、气、油、电等几个能源子市场中，石油市场的总体集中度较高，而这也意味着较高的进入和退出壁垒，潜在的竞争者很难进入这一行业。寡头如果基于行政垄断而产生，则会强化行业进入和退出壁垒，阻碍资源的自由流动和有效配置。

2.1.4　各种能源定价情况不尽相同，煤炭定价的市场化程度最高

目前，由于不同能源品种的供给方和需求方力量各不相同，定价的决策权在买方和卖方各有分置，企业拥有自主决策权的情况各不相同。但是，相同的一点是，不同能源的定价决策总是要综合考虑开采成本、社会经济条件及国家发展需要来确定。

具体来看，煤炭的价格形成非常复杂。我国的煤炭价格机制经历了计划经济阶段、双轨制阶段及市场经济阶段（刘艳敏，2012）。从整体看，在这个过程中政府计划和干预的作用减小，市场在煤炭价格形成中的作用越来越大，市场经济的程度加深[①]石油行业发展起步晚，国家对油价的干预持续了较长时间。定价机制方面，最突出的一个方向就是和国际石油价格挂钩，且成品油定价机制不断趋于完善。目前，中国天然气各地价格不同，定价方式也不尽相同，天然气价格实行的是实际上的多轨制[②]此外，终端用户所支付的价格仍然受政府管制，整体上看，定价决策比较粗糙，价格信号引导资源合理配置的能力较弱。余晓钟等（2009）指出，天然气的寡头若是由于行政垄断而产生，因而寡头一旦控制了天然气的定价权后，就没有动力进行大量生产。电力的定价方法划分很细（分不同季节和时段），同时，各厂在定价时有一定的自主决策权[③]

2.2　中国能源市场消费者及其特点

在中国能源市场上，消费者主要分布在工业、建筑、交通、居民消费等四个方面。本节介绍中国能源市场的消费者概况，从上述四个方面的消费者特点来讨论，分析能源市场买方的规模及其分布。目前，工业、交通和建筑成为中国耗能最多的三大领域。能源市场在消费者之间、供给者和消费者之间往往存在着紧密的联系。

2.2.1　宏观视角：政府影响较大，企业和居民用能结构有待提升

1）政府政策对能耗的结构和数量影响非常大

政府可以运用自己的力量促进相对产品和要素价格、技术、市场规模等因素的变化，对于整个能源的消费需求有着非常重要的影响：日本对能耗大的企业采取利用多种能源、同时尽可能不用石油的政策；考虑到资源禀赋，澳大利亚优先发展煤和天然气行业（周淑慧，2001）。在我国，从自给自足的能源开发战略，到多元互补的能源开发战略，再到如今节能高效的能源安全战略，也对社会产生了深刻的作用（王衍行等，2012）。2005 年，以保护环境为目的的《京都议定书》生效；从“十一五”规划开始，中国对能源战略作出相应的调整，其基本内容是“坚持节约优先、立足国内、多元发展、保护环境，加强国际互利合作，努力构筑稳定、经济、清洁的能源供应体系”。通

①2009 年年底开始，煤炭价格完全市场化，价格由供给双方自行协商决定。

②例如，中国的天然气市场上有自产的天然气、进口液化天然气、进口管道天然气这三种，并且这三种天然气的定价方法也各不相同。

③电力行业采用的是“发、输、配、售”不同环节不同价格，有上网电价、输配电价和销售电价。现在采用的是输电和配电的价格由政府决定，发电和售电由市场竞争决定。

过积极开发清洁能源如太阳能、风能、核能、水电、生物质能、地热能及海洋资源等，逐渐减少石油煤炭在能源消费结构中的比例。这不仅优化了我国的能源消费结构，同时也减少了污染物和温室气体的排放，缓和全球气候变化。在未来，还应注重加强新能源技术的研发，推动节能减排工作落到实处（王衍行等，2012）。

2）企业的能耗量取决于行业性质，节能在于提高能源利用效率

我国能源的供给结构决定了能源的消费结构。企业节能管理的核心是能耗，节能减排是衡量企业节能成效的主要指标。在行业能源消费中，工业能耗占比最多；而在工业中，规模以上工业企业耗能又占据了绝对的份额。工业企业作为能源的主要消耗行业和环境污染的主要排放行业，提高其能源利用效率，对有效推进节能减排工作具有重要的现实意义。根据刘文超等（2011）的计算，钢铁工业能源消耗比例为15%左右，而吨钢产生的余热资源量大约为8.4吉焦，回收利用的仅仅为25%左右。因而有效地利用余热资源量是未来钢铁企业节能的主要方向。

农林牧渔水利业的能耗居第二，2014年的能耗为4852万吨标准煤，对比工业的67578万吨标准煤，差距较大。紧随其后的是2014年消耗了4541万吨标准煤的交通运输、仓储和邮政业。近年来，交通运输、仓储和邮政业的能耗增长率明显高于社会总能耗的增长率（周新军，2010）。

3）居民整体能耗结构发生变化，城乡消费结构差异大

如前所述，中国长期将节能减排的目光放在工业行业，然而，除了工业能源消费所占的比例较大，居民生活的能源消费量也日益增加。根据1995～2012年国家统计局数据，中国居民生活能耗平均占总能耗的11%；和英美等发达国家比较，其居民生活能耗的比例已经超过了工业能耗，成为能源消费的主要增长点。同时中国是世界人口最多的发展中国家，随着经济的继续增长，中国在居民消费部门的能耗可能会继续维持较快增长速度。

图2-4描绘了中国2000～2014年人均生活能源消费的情况。在样本期，中国的人均生活能耗增加幅度较大，2000年时为132千克标准煤，2012年为346.1千克标准煤，

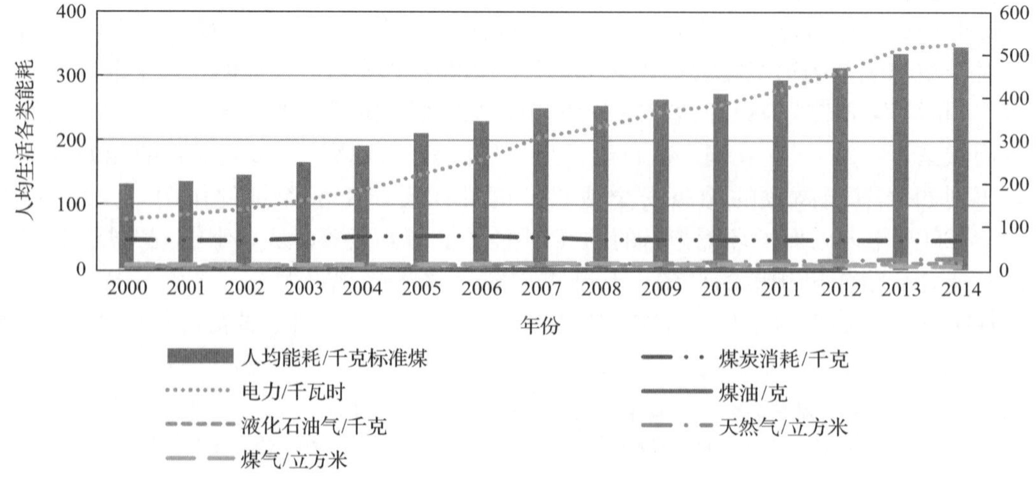

图2-4　中国2000～2014年人均生活能耗情况图

数据来源：国家统计局（2015），国家能源局（2014），以及著者的整理和计算

增长了 1.62 倍。一方面，因为随着中国经济增长，家电、住宅、汽车等较高能耗的消费品需求量不断增加，促使人均能耗较快增长；另一方面，由于 2000 年以来城镇化的快速推进，中国城乡人口结构发生了显著变化，每年有很多农村居民转化为城镇居民。由于城镇居民人均能源消费量显著高于农村居民，全国范围内人均能源的消费量得以快速增长，同时能源消费结构中电力比例明显提高。

不可忽视的是，中国城镇和农村的能源消费量和消费结构有很大的差别。表 2-2 描述了中国农村炊事能源使用情况。在中国的农村，传统的生物质能仍占据主导地位，根据《第二次全国农业普查主要数据公报》中相关数据可知：2006 年年末，农村居民炊事使用的能源中，主要能源为柴草的用户最多，有 13318 万户，占 60.2%；而其中又以东北地区的比例最高，东部地区的比例最低。其次是以煤作为主要能源，占 26.1%；中部地区煤炭资源比较丰富，占比也比较高，东北地区最低。煤气、天然气为主要能源的用户占 11.9%，以东部地区的比例最高。

表 2-2　中国农村炊事能源使用情况　（单位：%）

	全国	东部地区	中部地区	西部地区	东北地区
柴草	60.2	53.1	56.9	66.2	88.2
煤	26.1	18.5	38.4	27.1	7.4
煤气、天然气	11.9	27.2	3.8	3.2	4.0
沼气	0.7	0.2	0.7	1.3	0.1
电	0.8	1.0	0.2	1.3	0.3
其他	0.3	0.0	0.0	0.9	0.0

注：数据来源：第二次全国农业普查主要数据公报。

而中国城镇居民则是以电力等商品能源作为主要能源。2012 年城镇家庭的能源平均消费量为 1503 千克标准煤，农村家庭为 1097 千克标准煤，城镇居民能源消费量是农村居民的 1.4 倍①

综上所述，可以归纳中国能源市场消费者的一些总体特点。正如一些学者所指出的，降低油类能源的消费、增加电能的消费，是交通运输行业调整能源结构的一项目标（周新军，2010）。建筑节能是中国节能减排工作的重要环节。中国的建筑节能工作是从 20 世纪 80 年代初伴随着中国的改革开放工作开始的，按照“先住宅建筑后公共建筑，先北方城市后南方城市，先城镇后农村”的原则进行。根据“十三五”建筑节能专项规划披露的数据，截至 2010 年年底，中国已经完成了新建筑施工阶段执行节能强制性标准的比例达到 95.4%；组织实施低能耗、绿色建筑示范项目 217 个；完成北方采暖地区既有居住建筑供热计量及节能改造 1.82 亿平方米等成绩。

最后，中国的能源消费市场也正在体现出一些新的特点。例如，近年来中国各省之间存在能源的跨区域消费，而基于能源跨区域消费特点的中国各区域间能源贸易也日益频繁。此外，在当前新形势下，人民币继续贬值有可能使中国成为煤炭消费净出口国。这些新的特点是未来中国能源市场消费者及其特点研究的新的课题方向。

①更多信息请参见 http：//hvdc.chinapower.com.cn/news/1037/10370677.asp。

2.2.2　行业视角：工业能耗占比高，建筑、交通等行业能耗增速快

1）工业能耗量占比高，且向高能耗制造业集中

自中国改革开放以来，工业化进程加快，经济迅猛发展，能源的消费量也猛增。纵观中国能源的消费情况，以 2014 年为例，全国能源消费总量为 42.58 亿吨标准煤。其中又以工业消耗最多，为 29.57 亿吨标准煤，占总量的 69.44%。其次是居民生活消费，占 11.09%；交通运输、仓储和邮政业占 8.53%，建筑业只占 1.77%，如图 2-5 所示。

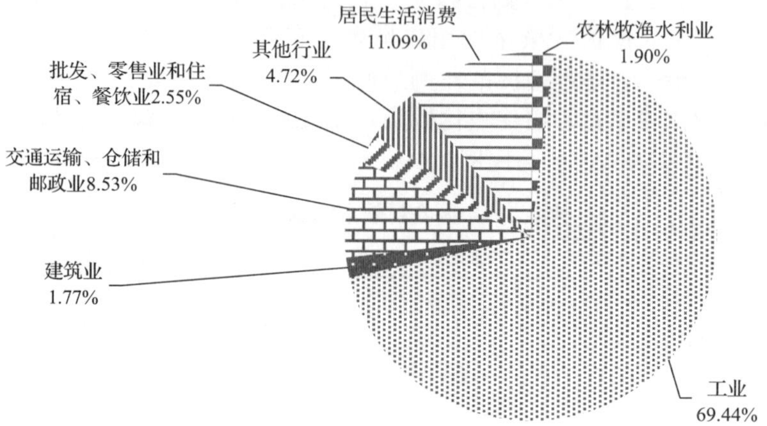

图 2-5　2014 年中国各行业能源消费情况

数据来源：国家能源局（2014），以及著者的整理和计算

图 2-6 描述了中国工业行业的能源消费情况。在图中所示的 2005～2014 年中，工业能源消费占比均值为 71.58%，其中 2007 年的占比最高为 72.51%，2014 年的占比最低为 69.44%。这一占比与发达国家如美国的 25%、日本的约 40%、德国的约 30%相比，明显偏高，有较大差别，说明中国以工业为中心的工业化可能尚未完成，仍将持续一段时间。

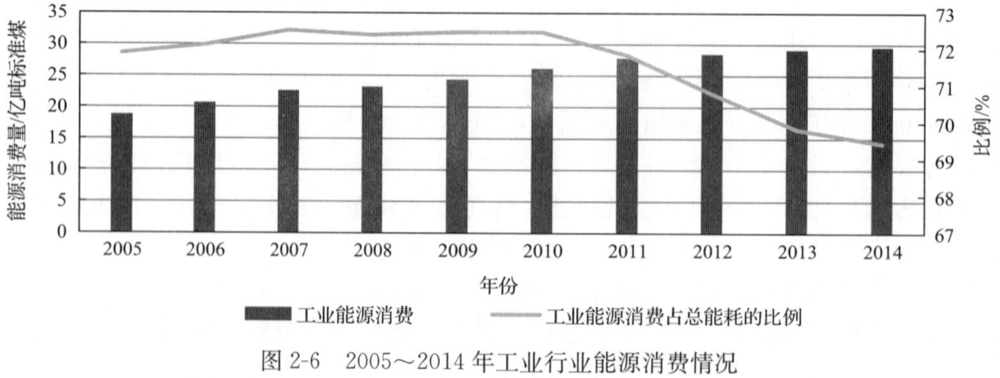

图 2-6　2005～2014 年工业行业能源消费情况

数据来源：国家统计局（2015），国家能源局（2014），以及著者的整理和计算

而在工业行业内部，能源消费明显向高耗能的制造业集中，制造业内部能源消费量排名前五位的分别是黑色金属冶炼和压延加工业、化学原料和化学制品制造业、非金属

矿物制品业、石油加工炼焦和核燃料加工业、有色金属冶炼和压延加工业。这前五项在工业行业内部的能耗占 62.98%，全国范围内占 43.96%。其他如电力、热力生产和供应业，煤炭开采和洗选业，纺织业，橡胶和塑料制品业，金属制品业，造纸和纸制品业也都是能源消费较多的产业，2005～2012 年，以上所述的 11 大产业能源消费量在工业行业内一直处于 84%以上。

2）建筑中以公共建筑能耗最大，且和其他国家差距较大

2011 年中国终端能源消耗总量为 2.22 亿吨标准煤，其中建筑能耗占 18%（江亿等，2015）。从生命周期来看，建筑的能源消耗主要包括建筑物化能耗和运行能耗两部分，并且以运行能耗为主[①]其中建筑物化能耗是指在材料开采、生产与运输、施工机具制造和施工过程中消耗的能源（关军等，2015）；而运行能耗是指建筑物内所有用能系统和设备的运行能耗，主要包括采暖、空调、照明、家用电器、办公设备、热水供应、炊事、电梯、通风等能耗。而一般所说的建筑能耗仅指非生产性建筑的能源消耗，即民用建筑能耗（谷立静和郁聪，2011）。

根据《2015 中国建筑节能年度发展研究报告》数据显示，2013 年中国建筑能耗中商品能源总量为 7.56 亿吨标准煤，见表 2-3。综合建筑功能、城乡建筑形式、能源类型和生活方式的差别，以及北方城镇冬季供暖需求的特点，中国建筑的能耗可以分为以下四类：北方城镇供暖能耗、公共建筑能耗（不含北方城镇供暖）、城镇住宅能耗（不含北方城镇供暖）、农村住宅能耗，公共建筑的能耗较其他三项稍高，约为 27.9%；其余三项的能耗情况差别不大，均在 24%左右。

表 2-3　2013 年中国建筑能耗情况

能耗分类	宏观参数 /（面积/户数）	总商品能耗 /亿吨标准煤	占比/%
北方城镇供暖	120 亿平方米	1.81	23.9
公共建筑（不含北方城镇供暖）	99 亿平方米	2.11	27.9
城镇住宅（不含北方城镇供暖）	2.57 亿户	1.85	24.5
农村住宅	1.62 亿户	1.79	23.7
合计	13.6 亿人 约 545 亿平方米	7.56	100.0

注：数据来源：中国建筑节能年度发展研究报告（2015）。

通过横向和其他国家进行比较，就建筑领域而言，中国的人均终端能耗约为美国的 1/7，日本的 1/3，世界平均水平的 2/3。造成这一差异的原因，与不同国家经济社会发展水平和生活模式的差异有密切关系。

①关于我国建筑能耗总量，尚没有现成的数据，但是一些学者和机构采用不同的方法进行了测算，清华建筑节能研究中心建立了通过能耗强度和数量进行自下而上计算、由统计数据进行宏观验证的中国建筑能耗模型（谷立静和郁聪，2011）。该中心的《2013 中国建筑节能年度发展研究报告》中显示：近十年，中国民用建筑运行能耗在全国总能耗中的占比一直维持在 20%～25%。更多详细信息请参见 http：//www.chyxx.com/industry/201411/290965.html。

3）交通能耗增长率高于社会总能耗，其中柴油消耗最多，汽油增长最快

交通运输、仓储和邮政业的平均耗能[①]占7.71%左右，2014年占总能耗的8.53%。降低交通运输、仓储和邮政业的能源消费是社会各部门节能减排工作的重要部分。

表2-4中的数据展现了2006～2014年社会总能耗和交通运输、仓储和邮政业的能耗情况。从2008年起，交通运输、仓储和邮政业的能耗增长率明显高于社会总能耗的增长率：2008年两者相差4.09%，2010年为3.51%，2012年为5.75%，2014年为2.23%。

表2-4　2006～2014年社会总能耗和交通运输、仓储和邮政业能耗情况

能耗	2006年	2007年	2008年	2009年	2010年	2011年	2012年	2013年	2014年
社会总能耗/亿吨标准煤	28.65	31.14	32.06	33.61	36.06	38.70	40.21	41.69	42.58
同比增长率/%	9.60	8.72	2.94	4.84	7.30	7.32	3.90	3.67	2.13
交通运输、仓储和邮政业/亿吨标准煤	2.09	2.24	2.39	2.45	2.71	2.97	3.26	3.48	3.63
同比增长率/%	9.35	7.13	7.04	1.93	10.80	9.56	9.65	6.94	4.36
交通运输、仓储和邮政业在总能耗的占比/%	7.30	7.20	7.48	7.28	7.51	7.67	8.10	8.35	8.53

注：数据来源：国家统计局（2015），国家能源局（2014），以及著者的整理和计算。

交通运输对能源的消耗主要是石油，而石油中又以柴油、汽油的消费量最多，如图2-7所示。柴油的消费量逐年增长：2005年的消费量为6169万吨，2014年为11043万吨，增长了79%，年平均增长6.77%。汽油消费量这10年内的年均为3328万吨，

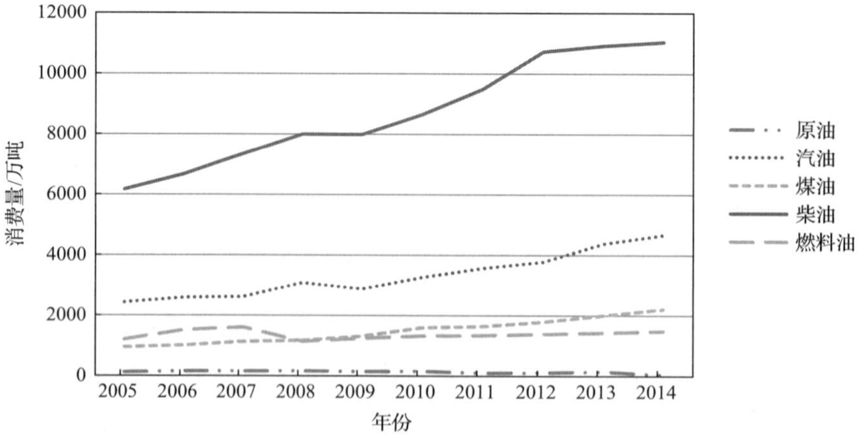

图2-7　2005～2014年交通运输、仓储和邮政业油类消费量情况

数据来源：国家统计局（2015），国家能源局（2014），以及著者的整理和计算

①中国并没有将交通运输业作为一个单独的项目进行能耗测算，而是和仓储邮政业一起测算，但是仓储邮政的比例并不是很大，所以该项指标还是可以反映交通运输业的能耗情况的（周新军，2009）。

年均增长率为 7.77%，增速最快。煤油和燃料油的消费量相对较少，但相差不大，分别为 1483 万吨和 1369 万吨；并且从图中可以看到这三者的消费量增长速度都较为平缓。而原油的消费量最少，样本期内 10 年平均消费量为 135 万吨。

2.3　中国能源成本核算

2.3.1　中国能源成本核算存在的问题

现阶段，中国能源成本核算存在以下四个问题。

(1) 能源产品开发利用的外部成本并没有得到充分体现。在一些资源型城市，能源产品的开发利用会带来一系列外部成本（龚向前，2008），但在现行能源体制和税收体制下并没有得到充分体现，企业开发利用资源的外部成本没有完全被内部化（侯艳丽和杨富强，2007）。资源开发利用过程中的生态环境等外部成本基本由能源产业的上游企业、能源资源富集地区来承担，终端消费者和消费地区则几乎没有承担这一成本。

(2) 能源产品成本的构成不能全面反映其投入。例如，对油气成本的构成反映不全面，没有如实反映勘探投入；对油气生产的勘探、开发和生产各阶段的耗费反映不清晰，不便于成本分析与控制（徐蔚莉等，2014）。

(3) 相关费用标准不一致。例如，油气提取储量有偿使用费和油田维护费的抵扣标准不一致，有关储量有偿使用费和油田维护费的规定与国际惯例有一定的差别。

(4) 石油和天然气市场化程度较低。在石油市场上，由于国内成品油市场供应主体的垄断地位，成品油价格尚未形成合理的市场竞争定价。由于存在价格多轨制，天然气定价机制较为扭曲，市场化程度相对较低。

2.3.2　成本核算的历史沿革及未来改进的方向

据《BP 世界能源统计年鉴 2015》中的数据显示，2014 年中国煤炭的生产量达到 1844.6 百万吨油当量，占世界总产量的 46.9%；而其消费量为 1962.4 百万吨油当量，在世界总消费量中的占比达到 50.6%。可见煤炭企业对于我国有着极其重要的影响，所以如何对煤炭行业的成本进行核算显得尤为重要。

纵观我国煤炭企业成本核算的历史，大致可以将改革开放至今的变迁分为四个阶段（张咏梅和张士强，2010）：1978～1985 年的计划经济阶段；1985～1993 年的计划经济为主，市场调节为辅的阶段；1992～2002 年的计划经济向市场经济过渡的转型探索阶段；2003 年至今的煤炭市场体制不断完善的阶段。

其中，在第一阶段（1978～1985 年），我国的煤炭企业成本核算方法采用的是“完全成本法”①，利用这种方法进行成本核算，单位产品成本受产量的直接影响，即产量越大，单位产品成本越小。从“文化大革命”时期的“无章可循”到逐渐建立了“三级

①“完全成本法”是指在计算产品成本和存货成本时，把一定期间内再生产过程中所消耗的直接材料、直接人工、变动制造费用和固定制造费用的全部成本都结转到产品成本和存货成本中。

核算”和“四级管理”的成本核算体制，这对于煤炭企业成本核算的管理有着重要意义。进入第二阶段（1985～1993年）后，依然采用“完全成本法”，并且在第一阶段的基础上，“统一了成本项目的划分标准”，开始“编制棋盘式成本计算单”。到了第三阶段（1992～2002年），计划经济向市场经济过渡的转型探索阶段，核算方法不再采用完全成本法，而是改用“制造成本法”① 此外，为了与新方法相适应，部分成本项目也进行了调整。这种方法在结转相关费用方面，体现了经济责任明确的特点（马群，2007）。从2003年至今的第四阶段，仍然采用“制造成本法”，又增设了部分成本项目，如转产发展资金和安全费用，进一步完善了煤炭企业的核算管理体制。有些企业还会用所提到的另一种核算方法“成果法”，这是一种根据其历史成本估算出产品成本的方法（赵海龙，2010）。运用该方法时，在成功探明储量的过程中发生的相关费用，可以结转到当期成本中；若是与储量的成功探明没有直接关系的则不能计入产品的成本中。

在未来，应该通过健全生产企业成本核算来确定企业的合理盈利。建议定期对行业生产成本进行准确核算，防止相关企业为了利益而调整财务报表的现象发生。

2.3.3 气、油、电等代表性能源产品的具体成本核算方法

1）石油企业成本核算：三种方法需因地制宜

我国是“贫油”的国家，和“富裕的煤炭”相比，石油的开采更加困难。开采的过程会经历勘探、开发、采集运输、炼化加工等过程，才能形成日常消费的成品。石油资源具有隐蔽性，勘探及开发过程难度较大；同时这一过程所经历的时间较长，市场风险较高。针对石油企业生产的特点，对石油企业成本进行核算的方法主要有以下三种。

第一种核算方法是“全部成本法”，与“完全成本法”相似。在该方法下，将全部矿区勘探开发、炼化加工的成本，包括勘探到干井的成本都结转为石油企业的成本。这一方法较为准确地体现了整个开采活动；然而其中一些结转的成本并不符合现代国际会计准则。在经济全球化的今天，国内油价受国际市场油价的影响显著，国际油价的变动会影响国内石油企业的收益，因此良好地控制企业成本会对中国石油企业“走出去”产生不小的作用。

第二种核算方法是“成果法”。利用这种方法核算，成功勘探开采石油的相关费用可以结转到当期成本中，作为产品的成本；与之不直接相关的费用则不能结转到产品的成本中去。和全部成本法相比，这种方法强调了产生的费用与开采的石油之间的关系，同时也符合会计中的配比原则和收益原则。但由这种方法得到的利润表可能不能确切地得到新矿井的收益（王玉翠和祝华，2008）。

第三种核算方法是“作业成本法”，又称为ABC成本法，这是一种“基于活动的成本管理”。运用到石油企业中的具体方法是将石油的勘探开采这一活动，划分成一个个阶段，且这些阶段可以有效地将作业和产品联系在一起。通过作业将间接成本分配到产品中（宁亚平，2012）。

①“制造成本法”是一种传统的核算方法。在该方法下，材料、人工费用直接结转到产品中，间接费用如直接人工费用、工时数等则按标准进行分配。

2）天然气企业成本：按照生产过程核算

近年来，我国对天然气的消费量也在逐渐增加，这也使得天然气成本核算的工作显得更加重要。

从生产过程的角度来看，天然气的生产包括矿区取得、油气勘探、油气开发和油气生产四个主要步骤。因此，天然气的成本相对应地包含获得矿区经营权的成本、勘探的成本、开发的成本、生产的成本及相关的辅助设备和设施成本。对此，在会计核算中具体包括成果法和完全成本法两种。在天然气企业中具体应用时如下：成果法只将成功勘探到天然气的相关支出结转为成本，而不能直接导致成功开采天然气的支出则列为当期费用；完全成本法则是将所有的支出都结转为成本。

考虑到我国是“少气”的国家，勘探这一过程是生产过程中最为重要的一个环节。且油气勘探具有高风险高投入的特点，只有 1/40 的可能才能发现具有开采价值的气田。所以勘探成本的不同处理对天然气公司的经营成果和收益状况有着非常重要的影响。

同时还要注意的是天然气不同于石油，其储存与运输也会发生一系列支出，包括运输大量的天然气时会发生的管道的铺设费用、巡线费用、监测维护费用等。

3）火电企业成本：受煤炭价格影响较大

因为资源禀赋及发展程度，我国目前以燃烧煤炭发电为主，2005～2013 年平均占总发电量的 80%左右。近年来，其他形式的电力，如风电、水电、核电的发电量在不断上升，但火电仍然占据非常大的比例。因而，火电的成本核算对于整个电力行业的收益有着极其重要的影响。

火电的成本主要包括两部分：固定成本和变动成本。其中固定成本指的是管理费用、财物费用、设备折旧费等。这部分费用和发电量的多少无关，是火电企业的固定成本。而燃料的消费量和发电量相关，所以称为变动成本。变动成本还包括水费、排污费用等支出。

考虑到火力发电的特点，在成本中占据比例最大的是燃料费，约占火力发电成本的 70%以上。因此，煤炭价格在很大程度上决定了火电企业的成本。近年来煤炭价格市场化进展较快，但因担心经济受电价影响严重，国家对上网电价的管制并未取消。因此煤炭价格的上涨或下跌对火电企业的收益会造成巨大波动。虽然从 2005 年开始实施“煤电联动”，但并不是在每次符合条件时就会自动触发电价调整。此外，由于考虑到社会承受力，即使电价上涨，煤炭价格涨幅的相当一部分仍然需要企业自身消化。

在火电企业成本核算中所占比例较大的还有生产设备的折旧。因为火力发电属于大规模生产，产电量和生产规模联系较为紧密。这也导致了火电企业一般都有庞大的固定资产，生产设备在存续期间的折旧费用也十分显著。此外，虽然火电企业生产的产品“电力”不需要储存，生产原料（特别是燃煤）的储运费用仍然不可忽视。

在火电企业成本的核算过程中，根据计算方法的不同，分为经验法、核对法、验算费用法等。而在费用结转方面，目前我国使用的是全部成本法。

2.4 中国能源定价机制

当前，中国能源定价机制的一个很大的特点是没有实现市场化，如国家发展和改革委员会等机构对价格的调控仍然比较严格。目前，国内煤炭改革相对顺利，而石油和天然气价格改革的推进难度则较大。从宏观环境和政治经济因素来看，2016 年能源定价市场化改革的外部条件仍然较为复杂，整体而言，不利因素多于有利因素，阻力因素强于推力因素。随着经济增长进入新常态发展阶段，煤炭、电力、石油、天然气等行业由于产能过剩，在短期内（1～2 年）仍将不景气，因此推进能源价格改革的外部条件比较严峻。本节试图理顺能源定价机制，为在局部领域已经开始的定价市场化的改革提供参考。

目前，中国能源定价机制的市场化程度仍然不高。从整体看，由于石油、天然气、煤炭和电力等能源产品的稀缺程度不同，能源资源量水平不同，以及“政企分开”等行业体制改革进程不同，各主要常规能源在市场化改革具体实践中有所区别，而且能源定价政策的一贯性仍然较低。在我国，多数能源产品实行政府定价。某种意义上说，深入研究能源定价市场化机制的内部因素及能源产能的有效控制水平是价格改革成败的决定性因素。

2.4.1 中国能源定价机制的历史变迁

1）煤炭价格逐步市场化

自新中国成立以来，我国煤炭的价格机制经历了计划经济阶段、双轨制阶段和市场经济阶段这三个阶段。其中，新中国成立至 1985 年，我国正处于完全由政府定价的计划经济阶段。在这个阶段，政府根据煤炭的开采成本、社会的经济条件及国家的发展需要来确定煤炭的价格。当时的煤炭价格相对较低，但价格稳定。期间，虽然国家对煤炭价格进行过调整，但是由于经济发展的需要，煤炭的价格仍然很低。很多煤炭生产商都处于亏损的状态，这也使得当时的煤炭企业大多需要依靠国家政府进行补贴才能维持生存。这对于当时刚刚成立的政府来说是一个非常大的负担。此外，因为计划经济的影响，煤炭市场虽然稳定却缺乏活力。

这种情况直到 1985 年才稍微缓和。到 1992 年，国家实行的是多层次计划价格。具体表现如下：重点煤矿生产的煤炭产品按照国家制定的价格，超过生产要求的量后可以在规定范围内加价；特殊的煤种可以由供给双方进行协商后定价等。

1993～2009 年，我国实行的是煤炭价格双轨制，这也是中国经济发展的需要。中国的电力 80%以上是火电，消耗的是煤炭，所以煤炭企业以低于市场价格的低价向电力企业提供煤炭，可以控制电力企业的成本及电的价格，从而确保经济的增长。但问题也随之而来：因为两种煤炭的价格相差实在太大，有少数人利用了这点，使得煤炭财富大量流失，社会问题也时有发生；并且政府干预电煤的价格，大量煤炭低价销售给电力企业，不仅给煤炭企业带来很多不利影响，还需要政府进行大量补贴。

2009 年年底开始，煤炭价格完全市场化，价格由供给双方自行协商决定。政府取消了 2010 年的“煤炭衔接会”，不再进行过多的干预，全部放开煤价。但是问题依然存在，如电煤。虽然煤价已经市场化，但是电价并没有做到市场化，并且电价依然较低。同时煤炭价格对电力企业的收益情况影响显著。也就是说，如果煤价上升，煤炭企业不再需要国家进行补贴；但是因为电价没有放开而导致电力企业开始亏损，那么国家又必须对电力企业进行补贴。

2）石油价格长期受到调控

自 1960 年开发大庆油田开始，国家对石油价格的干预一直到 1998 年才开始放开。20 世纪 60 年代，我国的石油企业才开始发展。为了保护当时较为稚嫩的石油企业，一直到 1973 年，全国的石油价格都较高，每吨原油的价格在 130 元左右。20 世纪 70 年代中期～80 年代初，中国采取了一系列控制国内油价的措施。改革开放之初，国内石油价格进入较低的水平，1981 年国内油价下降至同期国际油价的 60％～70％。

1981 年，我国的石油价格开始实行双轨制，即石油超过规定产量后可以按国际油价出售。当时，市场上商品的价格陆续放开，但是石油的价格依然受到国家的干预，使得石油行业缺乏活力，市场上的石油供不应求。正是基于此，才出现了双轨制，这种情况一直持续到 1993 年。

石油价格的不合理及市场的紊乱使得石油价格从双轨制走向并轨制，1994 年 5 月，国家开始对油价机制进行改革。石油价格全部由政府制定：分为两层，直辖市、省会城市等中心城市的油价统一由国家发展和改革委员会决定，至于其他地方的油价则由当地政府自行管理。

在 1998 年之前，我国的石油价格因为受到政府的管制，所以和国际的石油价格没有任何联系。而从 1998 年开始，我国石油价格机制开始放开，逐步和国际石油价格接轨，允许国际跨国公司进入中国市场，和中国石油企业进行竞争，使得石油价格更加合理。1998 年原油价格和国际接轨，国内原油价格立刻跟随国际市场上下浮动；2000 年，成品油价格和国际联动，政府对油价进行了审慎修改，并且对低油价（低于 80 美元/桶）和高油价（130 美元/桶）的情况分别做了详细说明。

2016 年开始，进一步完善成品油价格机制，设置成品油价格调控上下限。具体地，当国际油价高于 130 美元/桶时，国内汽、柴油最高零售价格不提或少提；当国际油价低于 40 美元/桶时，汽、柴油最高零售价格不再下调。

3）天然气由于运输等问题，早期各地价格各异

至 2009 年，全球共有八种定价方式（北京国际能源专家俱乐部，2011）。其中跨国公司经常使用的是多种气源竞争定价法、油价指数挂钩定价法和双边垄断定价法这三种。而其他如从终端使用替代能源价格逆推定价法、监管定价法等方法则在本土生产销售使用时较为常见。

4）电价的形成非常复杂

我国在改革开放之前，国家处于计划经济时期，电力行业采用的是“发、输、配、售”一体化，只有销售电价，还没有上网电价和输配电价之分。而唯一的销售电价也由政府进行统一制定，制定的方法有两部制电价、峰谷分时电价、季节性电价等。其中，两部制电价是将电价分成基本电价与电度电价两部分：基本电价是按工业企业的变压器

容量或最大需用量作为计量电价的依据，不以实际耗电数量为转移；电度电价则是按用电部门的实际耗电数计算的电价。峰谷分时电价则是根据用电情况，将每天 24 小时划分为高峰、平段、低谷等多个时段，对各时段分别制定不同的电价水平，从而达到消费者合理安排用电时间、提高电力资源利用效率的目的。而季节性电价则是指用电高峰季节如夏冬两季，电价较高，春、秋两季用电需求低，电价相对而言也较低。

1985 年开始，上网电价不再由国家统一制定，转而实行的是“一年一定、一厂一定”的定价方法。工厂对自身的发电成本、税金和合理利润进行测算，定出价格。这种方法加快了电力行业的发展，而且对于电力行业供应紧张的情形也有了很好的缓解作用。

2002 年以《国务院关于印发电力体制改革方案的通知》为标志，开始了新一轮的电力行业改革。原国家电力公司拆分为两大电网公司及“五大发电集团”和“四大电力辅助集团”（俗称“四小豪门”）。其中，两大电网公司为国家电网公司和南方电网公司；五大发电集团是华能、国电、华电、大唐、中电；四大电力辅助集团是华润、国华、国投、中广核。此时，也提出将电价分成“上网电价、输电电价、配电电价、终端销售电价”，政府在效率原则的基础上，充分考虑社会能够承受的能力，激励吸引投资者，对不同价格进行监管。

2003 年，中国政府进一步规定，发电和售电的价格由市场竞争决定，输电和配电的价格由政府决定。至于上网电价，则全面引入市场竞争机制，价格由供给和需求双方的力量决定。此外，在过渡期间，上网价格主要采用两部制电价：基本电价由政府决定，电度电价由市场竞争决定。到了 2007 年，又提出在实现竞价上网前，继续实行煤电价格联动这一办法。2011 年，国家发改委提出了《关于居民生活用电试行阶梯电价的指导意见》，具体是将用电量分成三级，电价逐级递增，意在以价格激励居民节约用电。2013 年又推出了《关于完善居民阶梯电价制度的通知》，全面推行居民用电峰谷分时电价政策。

2.4.2 中国能源定价机制的最新进展

我国煤炭价格机制的不断变化，使得煤价逐步放开，从政府制定煤炭价格到电煤双轨制的实施，然后又推向现在的市场化，煤炭价格市场化取得了实质性成果。但煤炭定价机制仍然存在一些缺陷，如提到的煤电联动和日益严重的环境问题。

我国现行石油定价机制是在 2008 年《关于实施价格和税费改革通知》和 2009 年《石油价格管理办法（试行）》的基础上，进行了调整。定价机制方面，最突出的一个特点就是和国际石油价格挂钩。其次，在国内石油在和国际油价挂钩的基础上，国家对国内石油采用准成本加成的定价方法。

2014 年下半年开始，国际油价暴跌，至今虽不时出现宽幅震荡，但总体来说市场仍较为低迷。究其原因，主要是全球股市下跌及中国经济增速放缓。2016 年 1 月 3 日沙特阿拉伯和伊朗断交，中东局势引人关注。有关人士担心这会破坏中东地区的原油供应，同时也认为这两个国家可能会竞争出口石油而使原油市场更加脆弱。2016 年 1 月 13 日，国家发展和改革委员会宣布进一步完善成品油价格机制，设置成品油价格调控上、下限，即当国际油价高于130美元/桶时，国内汽、柴油最高零售价格不提或少提；当国际油价低于40美元/桶时，汽、柴油最高零售价格不再下调。

中国天然气市场上有自产的天然气、进口液化天然气、进口管道天然气这三种，并且这三种天然气的定价方法也各不相同。自产的天然气是基于成本加成的方法进行定价的；进口的液化天然气是和国际油价的加权平均价挂钩定价的；而进口的管道天然气采用的则是双边垄断的方法，具有较强的不确定性。因为进口天然气的价格和自产天然气的价格相差较大，给行业的健康发展和监管带来了很多问题。

还应注意到的是，在我国，天然气的终端用户所支付的价格是在政府管制的条件下形成的价格。价格中主要包括井口价、管输费、城市配气费及上缴的税金等。这种粗糙的定价方式并没有考虑到用户的多样性需求，也没有起到配置资源、体现天然气这种清洁能源高性价比的作用（陈浩，2010）。

目前来看，我国的上网电价主要有四种定价机制。第一种是一厂一价定价机制，前面已经介绍过。第二种是标杆电价定价机制，就是对同类的电厂设立相同的标杆价格。第三种市场倒推定价机制，是一种以销电地区内的平均电价倒推决定价格的方法。第四种是招标定价机制，目前主要应用于特许权和可再生能源等方面。

2015年新颁布的《中央定价目录》中对各省、自治区、直辖市的天然气门站价格和省及省以上电网输配电价作了相应的调整，均由国务院价格主管部门制定。同时还指出，成品油价格暂按现行价格形成机制，根据国际市场油价变化适时调整，视体制改革进程全面放开。

2.4.3　中国能源定价机制的未来改革方向

2015年10月21日，国务院颁布《中央定价目录》，提出要加快推进能源价格市场化。在推进能源价格市场化方面，提出按照“监管中间、放开两头”的总体思路，推进电力、天然气等能源价格改革，促进市场主体多元化竞争，稳妥处理和逐步减少交叉补贴，还原能源商品属性。如何改进能源定价机制并促进市场化改革，仍然是未来需要系统深入研究的主题。目前我国能源定价机制改革已进入关键阶段，进一步深化我国能源定价机制市场化改革应该明确和坚持市场化改革的目标和方向，抓住国际能源价格处在相对低位与国际经济尚在金融危机恢复期的有利时机，以适当的财政、金融政策，完善能源定价机制市场化改革的各项制度安排，理顺能源产品的金融定价机制。中国能源定价机制改革的总体方向有以下三点。

（1）应坚持能源定价机制改革的市场化方向，在“完全成本”理论指导下推进改革，建立和完善反映能源资源产品稀缺程度、外部性环境成本和市场供求均衡关系的定价体系。

（2）应形成多元化的投资主体、竞争主体和合理的价格调控体系；通过构建和完善能源财税制度体系，为我国能源定价机制市场化改革“保驾护航”。

（3）应择机引入期货市场等成熟的市场风险管理工具，以应对市场化改革和经济运行中的价格风险，并提高我国能源安全保障能力。

2.5 中国能源市场效率与政府参与

中国能源市场的一个重要特点是政府影响和干预较多，这些干预将对能源市场产生重要影响。从国际经验来看，政府的政策和计划对提高能源效率方面不乏成功经验和失败教训。然而在中国，虽然能源领域离不开政府对垄断的监管和对竞争的调控，但政府干预是否能有效提高能源市场效率，仍然是学术界具有争议的问题。

2.5.1 政府“看得见的手”对能源市场效率的宏观调控

市场效率是指在完全竞争状态下所达到的帕累托最优效率。在现实经济活动中，完全竞争状态往往是不存在的。根据市场效率的不同影响因素，市场效率就是市场资源配置效率、市场信息效率、市场制度效率和市场行为效率的总和。

由于我国能源市场仍然存在较为明显的外部性（如石油市场的不完全竞争），市场价格受短期利益影响较为严重，并且消费者往往缺乏对主要能源消费品的充分信息。因此，在市场经济条件下，政府对能源市场的管控也是不可或缺的。

在分析政府干预对能源市场的效率的影响时，现有文献中，部分学者强调地方政府干预增强导致的资源配置扭曲，以及中央政府信贷干预的道德风险，均会抑制能源效率的改进。例如，师博和沈坤荣（2013）认为由于政府干预和环境治理的“搭便车”倾向导致能源效率不如预期效果高，呈U形变动特征。政府节能减排战略对改善能源效率也未能发挥应有效果。从国际经验来看，王庆一和肖汀（2002）提出据国际能源署（IEA）对其成员国政府的节能政策进行的系统分析和评估，在市场经济条件下，政府在能源效率方面的作用可以弥补或消除市场的缺陷和障碍。

从市场行为来看，近年来，在政府的推动下，部分煤炭企业之间已开始积极合并重组、做大做强，并大力实施“走出去”战略，为中国煤炭生产开拓国际市场。然而部分煤炭企业产权不明晰阻碍了煤炭行业的积极整合。这一论点已由诺贝尔经济学奖得主斯科在《企业的性质》中进行了深刻的阐述——产权明确的前提下，可以克服外部性、减低社会总成本，从而提高资源配置的帕累托最优。胡俊超（2008）对影响市场效率的因素进行了分析，认为政府在资源配置方面可以起到很明显的作用。例如，因为垄断、信息不对称、外部性、公共物品等问题，会导致市场失灵，这个时候政府的宏观管制显得尤为重要。同时作者还认为在产权设置、交易费用、制度变迁等方面，政府都可以发挥不可或缺的重要作用。鉴于产权的重要性，政府帮助市场明确产权后，能源市场效率会提高很多。

2.5.2 中国能源企业管理的改革方向：政企分开、职责明确

新中国成立之后，我国就进入了计划经济时代，随着改革开放，才逐渐采用市场经济。特别是在1992年中国共产党第十四次全国代表大会确定了社会主义市场经济体制之后，经过20世纪90年代末国企“减员增效”等一系列大刀阔斧的改革，市场化改革初见成效。然而，在绝大多数国有企业内部的董事会和经营层，依然采用由政府选拔和

任命的选拔制度，并且享受公务员待遇，政府按照级别发薪。这样的董事会和经营层势必会对公司的决策造成非常重大的影响：本应以盈利为目的的公司不再是以市场为导向，而是以政绩为导向；同时造成内部的管理也是以“人治”为主（南方都市报，2016)。究其根源，是“政企不分”。

在 2015 年的《关于深化国有企业改革的指导意见》及《关于国有企业功能界定与分类的指导意见》之后，这“十项改革试点”对人事任免方面作了相关规定：试点推行职业经理人制度、市场化选聘经营管理者、薪酬分配差异化、落实董事会职权。这些政策将政府和企业分开，政府不再越俎代庖直接参与到企业日常的经营中决定市场；而是合理运用财政政策和行政手段，成为调控市场的“看得见的手”。

同时如今的国有企业还存在着“政资不分”的情况。因为国有企业内部监督管理机制不完善等因素，国有资本流失等问题较为突出。在近段时间的国企改革中，明确国有资产监管机构的职责定位，并推进其职能转变。改革的一大看点就是改变从前国有资产监管机构直接对所监管企业履行出资人权利的模式，转而组建国有资本投资、运营公司，由这些公司对所授权国有企业履行出资人权利（楼继伟，2015)。在完善内部监管机制的同时，还要建立健全的外部监管机制，充分利用审计、纪检监察、巡视等监督力量；设立统一的信息公开网络平台，加强社会舆论的监督（国务院，2015)。

“政资分开”，国有资产明确之后，还应以坚持市场为导向、企业为主体，优化国有资本布局结构，提高国有资本流动性，增强国有经济整体功能和提升效率。

2.5.3　能源市场中的政府定位需要进一步明晰和优化

整体来看，能源效率的提升必须和价格改革、政府审批制度改革、政府管理机构改革相适应。在未来，如何提升市场机制作用等课题具有战略价值。具体应该坚持以下三点。

(1) 政府在能源资源配置中的基础作用之一是依法对能源产业发展实施有效监管。市场经济条件下的政府监管都是政府依法对市场主体的自由交易行为进行第三方干预，包括事前、事中、事后的干预。能源领域的监管涉及经济性监管和社会性监管（杜悦英，2015)。

(2) 能源领域并不是一个单纯的价格竞争领域，因为存在着自然垄断的情况，所以需要政府对价格实施监管，包括价格应反映能源的外部成本（陈楠枰，2015)。

(3) 在能源市场上可能存在部分企业有强大的市场支配力，甚至可能扭曲竞争，这就需要政府对竞争进行监控，实施必要的反垄断措施（高世楫，2014)。

第 3 章　新常态下宏观政策对能源市场的影响

随着中国进入世界中等偏上水平国家行列，特别是全球经济遭遇次贷危机冲击后，中国的宏观经济表现出一些失衡的新特点。例如，中国能源资源短缺问题日益突出，能源价格波动加大，生态环境承载能力已接近极限。中国所面临的能源和环境约束已不允许再片面追求高速度的经济增长。因此，经济增长速度逐步回落符合经济发展规律。在经济发展“新常态”下，为了改变传统的粗放式、高能耗的经济发展方式，确保经济持续平稳健康发展，中国政府制定了一系列宏观经济政策。这些宏观政策也会对能源市场产生重要影响。

本章将从以下方面分别讨论新常态下宏观政策对能源市场的影响：

● 中国经济再平衡对能源市场有哪些影响？人民币国际化对能源市场有哪些影响？

● 汇率波动对资源型企业海外投资和利润有哪些影响？利率市场化对能源市场的影响表现在哪些方面？

● 财税体制改革对能源市场的影响表现在哪些方面？

● 新能源与可再生能源推广政策对能源市场的影响表现在哪些方面？

3.1　中国经济再平衡对能源市场的影响

3.1.1　新常态的内涵：中国经济中高速增长、结构转型

2014 年 12 月中央经济工作会议提出要准确把握经济发展新常态，指出中国“环境承载能力已达到或接近上限，必须顺应人民群众对良好生态环境的期待，推动形成绿色低碳循环发展新方式”，资源环境的约束是经济新常态九大趋势性变化之一。所谓经济新常态，是指和过去 30 多年经济发展相比，中国经济出现的增速减慢、经济结构转型、经济增长动力转化等新特征。在此阶段的中国经济将保持中高速增长，并且具有迈向中高端经济水平的潜力。

出现新常态的原因在于，在中国进入世界中等偏上水平国家行列①和全球经济遭遇次贷危机冲击后，宏观经济表现出一些失衡的新特点。例如，中国能源资源短缺问题日益突出，能源价格快速上升，生态环境承载能力已接近极限，资源环境约束已不允许再盲目追求高速度的经济增长。换言之，经济增长速度逐步回落符合中国经济发展的规律。在新常态下，出现了一系列宏观政策，旨在改变中国传统的粗放式、高能耗的经济发展方式，实现产业结构低碳化转型和中国经济的“再平衡”，这方面的政策将对能源市场产生重要影响（Green et al，2015）。

3.1.2　中国经济面临日益趋紧的资源环境约束

中国的自然资源面临着全面稀缺的局面，能源资源具有高渗透性（某一种或一类资源在国民经济各部门中的参与程度较高）和相对稀缺性（庄立等，2011）。随着中国经济进入新常态，对于经济增长的宏观资源环境的硬约束和刚性压力将逐步强化。首先，自然资源的禀赋结构的变化将严重制约中国经济增长潜力的释放。能源的生产和消费结构失衡构成了资源对经济增长的制约。2012 年之前，中国包括煤、石油及天然气在内的能源生产与能源消费均呈逐年上涨态势。自 2012 年中国经济进入“新常态”后，中国可能在较长时间内面临能源产能特别是煤炭产能过剩及能源生产和消费的结构性失衡。这些新的问题可能在中长期内构成对中国经济继续健康增长的挑战。此外，2012 年以来，以雾霾污染为主要类型的空气污染在中国东北部城市频繁发生。伴随经济增长的环境污染的代价越来越大，在国际社会已经引起广泛关注，并对中国的国际形象造成了一定的负面影响。环境质量的恶化同样构成了经济增长的制约。

此外，中国是世界上碳排放最多的国家。随着全球变暖，中国面临的减排压力也构成了制约经济增长的因素。为此，中国制定了一系列以二氧化碳排放为代表的排放总量控制目标，如表 3-1 所示。

---

①2011 年，中国人均 GDP 达到 3.50 万元人民币，按照平均汇率折算，中国人均 GDP 达到 5432 美元。根据世界银行 2011 年的标准，中国已被列入“中上等收入国家”。

表 3-1　近年排放总量控制目标

时间	名称或会议	排放总量控制目标
2005 年至今	国际气候谈判会议	中国除了坚持人均原则、历史责任原则，也需要注重强调相对原则（如排放强度降低）
2009 年	中国政府公布量化减排目标	2020 年单位 GDP 的二氧化碳排放比 2005 年下降 40%～45%，并作为约束性指标纳入国民经济和社会发展中长期规划
2013 年 4 月 13 日	中美气候变化联合声明（2013）	在 2013 年中美战略与经济对话举行之前建立气候变化工作组
2014 年 11 月 12 日	中美气候变化联合声明（2014）	中国计划 2030 年左右二氧化碳排放达到峰值且将努力早日达峰，并计划到 2030 年非化石能源占一次能源消费比例提高到 20%左右
2015 年 4 月 25 日	加快推进生态文明建设的意见	党中央、国务院高度重视生态文明建设，先后出台了一系列重大决策部署，推动生态文明建设取得了重大进展和积极成效
2015 年 6 月 30 日	中国宣布国家自主减排贡献（Intended Nationally Determined Contribution，INDC）或“后 2020 气候目标”	中国正式宣布作为《联合国气候变化框架公约》缔约方的“中国国家自主贡献”，在 2030 年单位 GDP 二氧化碳排放比 2005 年降低 60%～65%
2015 年 10 月	中共十八届五中全会	中国计划在 2017 年之前开始推出全国性碳排放交易市场。从国内的七省市碳排放权交易试点、二氧化硫排污权交易试点相关实践中吸取经验教训
2016 年 3 月	中美元首气候变化联合声明	中美两国于 4 月 22 日签署《巴黎协议》，并采取各自措施以便今年尽早达成《巴黎协议》

注：资料来源：著者整理。

如表 3-1 所示，自 2005 年以来，无论在国际声明，还是国际气候谈判中，中国二氧化碳排放总量和强度不断被量化，而且中国政府致力于推进生态文明建设，改善生态环境，旨在缓解宏观资源环境的硬约束和刚性压力，改变中国传统的粗放式、高能耗的经济发展方式，实现产业结构低碳化转型和中国经济的“再平衡”。

3.1.3　严控高碳行业增长，强调能源效率提高

改革开放以来中国产业结构主要位于全球价值链的中低端，比较利益较低（张占斌，2014）。随着经济进入新常态，面对上述约束性减排目标，中国政府实行了一系列宏观经济政策使经济结构得以调整和优化。特别地，产业结构低碳化是中国经济低碳转型的重要路径，有助于实现国内产业升级、提高经济发展水平，就实现减排目标而言是控制碳排放的有效途径（张雷等，2011）。主要表现是国家对高能耗、高排放的产业进行调整，将其限制在可控、平稳的范围内（邹骥等，2014）。在这个过程中，一方面，及时调整工业结构中，高碳排放和低碳排放行业间的“数量”比例；另一方面，注重各

个行业的能源效率与碳排放强度等“质量”指标。

对工业结构中，高碳排放和低碳排放行业的“数量”比例进行调整，严控高碳行业增长。

从过去中国产业结构的发展经验来看，钢铁、建材等行业产能已经绝对过剩，房地产、汽车等也出现了区域性和结构性的过剩（李红祥等，2010）。传统的高投入、高消耗、高排放的粗放型发展方式正在发生改变。2013 年，中国第三产业的比例超过第二产业的比例。此外，在重工业和轻工业中，高污染高排放的产业比例已经开始降低（程钰等，2014）。新兴产业、现代服务业作用更加凸显，从而将传统产业的改造和新兴产业的发展有机地结合起来。表 3-2 汇总了促进产业结构低碳化的政策。

表 3-2　促进产业结构低碳化的政策

时间	主要内容
2015 年 3 月 21～23 日	煤炭绿色发展要实现四个转变：一是粗放式向集约式转变；二是高排放向低排放转变；三是将煤炭作为燃料向将煤炭作为燃料和原料并重转变；四是由单一能源向互联智能能源系统转变（中国经济网）①
2015 年 3 月 21～23 日	大力减少散烧煤，加快实施清洁高效的发电替代（中国经济网）②
2015 年 6 月 1 日	签署生效中韩自由贸易协定（Free Trade Agreement，FTA），中国在中韩产业分工中的位置，将从单纯的装配和加工环节向中韩共同投资，尤其在研发、设计、品牌等高附加值环节攀升
2015 年 12 月	中国将会在能源资源节约技术、新能源开发和制造、污染物减排控制技术、新材料研发等领域，开创新兴产业发展的新局面

注：资料来源：著者整理。

从上述这些政策，可以归纳出存在如下的简单逻辑链条：产业结构低碳化引起碳排放总量和强度的减小。此外，有结果证实，通过产业结构低碳转型可以实现中国量化减排目标（张云等，2015）。

大量研究强调提高各个行业的能源效率与碳排放强度等“质量”指标。Ouyang 和 Lin（2014）在宏观经济政策层面，强调提高中国能源使用效率，促进能源消费结构清洁化，认为应该提高可再生能源的补贴、去除化石能源的补贴。Dai 和 Xue（2015）关注中国在风能市场方面的政策，阐明了中国实现风能技术跳跃发展的关键政策。刘舫舸（2015）认为在新常态下，以能源技术为代表的技术突破是新的经济增长点。部分学者强调提高煤炭等不可再生能源的开发利用水平，以节能环保产业、新能源产业、新能源

①由国务院发展研究中心主办、中国发展研究基金会承办的“中国发展高层论坛 2015”年会于 2015 年 3 月 21～23 日在北京钓鱼台国宾馆举行，本届论坛的主题为“新常态下的中国经济”（下同）。此为神华集团有限公司责任董事长张玉卓在以“大变动时代的世界能源格局”为主题的分论坛上发表演讲《煤炭绿色发展助推中国能源革命》（摘录）。

②此为中国华能集团公司总经理曹培玺在“中国发展高层论坛 2015”在“节能减排与大气污染防治”为主题的分论坛上发表演讲《电煤比例提高 1.0% 大气污染将减少 1.5%》（摘录）。

汽车产业等为代表的战略性新兴产业和高科技产业，具有技术先进、清洁生产等特征，将为经济的持续增长提供强劲动力。这有助于打造“中国质量”，推动实现增长速度“下台阶”，增长质量“上台阶”（张占斌，2014）。还有部分学者发现2013年中国全要素生产率水平是1978年的近3倍，中国经济开始逐渐转入创新驱动型的经济。

这表明，面对世界科技创新和产业革命的新一轮浪潮，中国经济增长的动力正逐步发生转换。有可能进一步提升中国产业在全球价值链中的地位，打造“中国效益”。

经济新常态下，面对能源结构失衡及环境污染对经济增长的制约，发展现代能源产业、提高各个行业的能源效率、降低碳排放强度的重要性被很多政策、文献强调。随着新能源产业的发展，以能源技术为代表的技术突破可能成为新的经济增长点，对能源市场将产生持续影响，有可能缓解中国能源资源出现严重短缺现象、减缓能源价格快速上升。

3.2 人民币国际化对能源市场的影响

3.2.1 人民币国际化：内涵及进程

在历史上，一国货币的国际化进程往往和能源市场密切相关。以“石油美元”为例。石油美元（Petro-Dollar）是指20世纪70年代中期石油输出国由于石油价格大幅提高后增加的石油收入，在扣除用于发展本国经济和国内其他支出后的盈余资金。由于石油在国际市场上是以美元计价和结算的，也有人把产油国的全部石油收入统称为石油美元。目前的石油美元估计有8000亿～1万亿美元，成为国际资本市场上一支令人瞩目的巨大力量。而人民币的国际化进程，特别是在能源领域的发展，有可能冲击石油美元的垄断，打破美元霸权。

2015年11月30日，IMF正式宣布将人民币纳入特别提款权（Special Drawing Right，SDR）。目前，人民币在SDR篮子中的权重为10.92%，超越日元和英镑成为篮内第三大货币。这对人民币和中国而言具有重要象征性意义。为了促进贸易投资便利化，2009年以来，经国务院批准，中国人民银行逐步取消人民币用于跨境交易计价结算的限制，基本建立了人民币国际使用的政策框架。人民币国际化的政策汇总在表3-3（经常项目）和表3-4（资本项目）中。

表3-3 经常项目跨境人民币业务政策

时间	主要内容
2009年7月	跨境贸易人民币结算试点从上海市和广东省四城市（广州、深圳、珠海、东莞）起步
2010年6月、2011年8月	两次扩大试点，跨境贸易人民币结算境内地域范围扩大至全国，业务范围涵盖货物贸易、服务贸易和其他经常项目，境外地域范围没有限制
2012年6月起	境内所有从事货物贸易、服务贸易及其他经常项目的企业均可选择以人民币进行计价结算
2013年7月	经常项目跨境人民币结算业务办理流程进一步简化，相关业务办理效率切实提高

续表

时间	主要内容
2013 年 12 月	人民币购售业务由额度管理调整为宏观审慎管理，有力地支持了货物贸易人民币结算业务发展
2014 年 3 月	人民银行会同相关部委下放了出口货物贸易重点监管企业名单审核权限，简化了管理流程
2014 年 6 月	在全国范围内开展个人货物贸易、服务贸易跨境人民币结算业务，支持银行业金融机构与支付机构合作开展跨境人民币结算业务
2015 年 10 月 8 日	人民币跨境支付系统（CIPS）（一期）成功上线运行，为境内外金融机构人民币跨境和离岸业务提供资金清算和结算服务

注：资料来源：著者根据《中国人民银行人民币国际化报告（2015 年）》整理。

表 3-4　资本项目跨境人民币业务政策

时间		主要内容
2013 年 9 月	直接投资人民币结算	境外投资者可以使用人民币在境内设立、并购和参股金融机构
2014 年 6 月	直接投资人民币结算	直接投资跨境人民币结算业务办理流程进一步简化
2014 年 11 月	直接投资人民币结算	符合一定条件的跨国企业集团可以开展跨境双向人民币资金池业务
2015 年 8 月	直接投资人民币结算	中国人民银行宣布完善人民币汇率中间价形成机制
2015 年 12 月 11 日	直接投资人民币结算	中国外汇交易中心在中国货币网正式发布中国外汇交易系统（China Foreign Exchange Trade System，CFETS）人民币汇率指数，参考 CFETS 货币篮子
2013 年 7 月	人民币跨境融资	境内银行可以开展跨境人民币贸易融资资产跨境转让业务，境内非金融机构可以开展人民币境外放款业务和对外提供人民币担保，放宽境内代理行对境外参加行的人民币账户融资期限和限额
2014 年 9 月	人民币跨境融资	明确境外非金融企业在境内银行间债券市场发行人民币债务融资工具的跨境人民币结算政策
2013 年 3 月	人民币证券投资	人民银行、证监会、外汇局修订人民币合格境外投资者试点办法（RMB Qualified Foreign Institutional Investors，RQFII），扩大试点机构范围，放宽投资比例限制
2014 年 11 月	人民币证券投资	出台人民币合格境内机构投资者制度，合格的境内机构投资者可以运用来自境内的人民币资金投资境外金融市场的人民币计价产品。同月，沪港股票市场交易互联互通机制正式启动，两地投资者可以买卖在对方交易所上市的股票
2015 年 5 月	人民币证券投资	已获准进入银行间债券市场的境外人民币清算行和境外参加行可以开展债券回购交易

注：资料来源：著者根据《中国人民银行人民币国际化报告（2015 年）》整理。

人民币国际化是人民币在国际范围内发挥货币功能，成为主要的贸易计价结算货币、金融交易货币及国际储备货币的过程，是一个由低级到高级循序渐进的过程（余道先和王云，2015）。20 世纪 90 年代中后期以来，由于我国经济实力的增强及边贸往来日益密切，人民币逐渐被周边经济体接受和使用[①]从现实看，人民币国际化进程中具备一些有利条件，同时也存在诸多障碍（何慧刚，2007）。具体参见表 3-5。

表 3-5 人民币国际化具备的有利条件和障碍因素

有利条件	我国经济实力和综合国力的不断增强
	人民币汇率基本稳定，具有良好的国际信用及充足的国际清偿能力
	金融体制改革提供了体制保障
	我国金融市场国际化进程加快
	人民币正从区域化走向国际化，越来越多的国家和地区将接受人民币[②]
障碍因素	中国经济实力还不够强
	人民币国际化会对中国经济政策的制定和执行带来一定的制约和负效应
	人民币国际化存在诸多成本（如汇率风险成本、利率自由化成本、信心成本、政策偏离成本等）
	经济之外的压力（如其他国家的偏见甚至敌视等）

注：资料来源：著者根据徐洪水（2004）和何慧刚（2007）相关文献整理。

在人民币国际化进程中，能源市场的交易发挥了重要作用。

有学者发现人民币国际化将对能源市场产生影响。Aden 和 Sinton（2006）发现中国对于人民币国际化的政策对于煤炭、水电、农村用能等能源市场有重要影响。其次，能源市场的发展有利于推动人民币国际化。王炜瀚等（2011）分析了中国十大石油进口来源国对于美元、美国市场和中国市场的态度及双边贸易差额情况，发现中国同主要石油进口来源国以人民币结算石油贸易具有很大的可行空间，基于此认为应该进一步扩大人民币作为结算货币的作用，进而将其作为推动人民币国际化的突破口，随着石油买方地位的不断提高，中国可以实现并不断扩大石油进口的人民币结算，进而推动人民币国际化。部分学者从环境保护概念出发，研究新兴能源贸易——碳交易的计价结算货币的选择对人民币国际化的推动作用，发现人民币履行碳交易计价结算货币职能，有利于加快人民币国际化进程，认为中国应该积极参与制订国际减排计划。张清峰（2015）认为原油期货的上市[③]对推进人民币国际化具有重要意义，同时打通了“一带一路”沿线国家投资者和境外机构参与国内原油市场的通道，有利于推进与石油生产国、消费国之间建立互惠双赢的新型贸易关系，完善中国企业与“一带一路”沿线国家的能源合作机制。

①2003 年我国内地与中国港澳地区分别签订《关于建立更紧密经贸关系的安排》（CEPA），扩大了人民币向中国港澳地区的流通规模。2009 年 4 月，我国开始推行跨境贸易人民币结算试点改革政策，正式启动了人民币国际化战略，更加促进了人民币在境外的流通和影响，人民币国际化进入一个崭新的发展期。

②目前人民币作为支付货币和结算货币的国家和地区约有 18 个，如俄罗斯、缅甸、老挝、哈萨克斯坦、吉尔吉斯斯坦、塔吉克斯坦、阿富汗、印度、尼泊尔、中国台湾地区、泰国、孟加拉国、马来西亚、印度尼西亚、菲律宾、新加坡、朝鲜、韩国。

③上海国际能源交易中心于 2015 年第四季度正式推出国内原油期货交易市场，这是中国改革开放的一件大事，受到国内外市场的广泛关注。

3.2.2　人民币贬值将减少煤炭进口，可能使中国成为煤炭净出口国

2015 年，在中国煤炭出口量变化不大的情况下，进口量已大幅下滑，其原因可以归为以下三点：首先，在中国经济进入“新常态”的背景下，经济出现中高速增长、结构转型，使得发电、水泥和钢铁等高煤炭投入的行业发展放缓，对煤炭的需求下降。其次，地缘政治的因素。当前中国煤炭进口来源地比较集中。例如，中越关系紧张，可能对从越南进口煤炭造成不利影响。第三，人民币贬值等因素使得进口煤炭价格更高，煤炭进口量下降，使得目前国内煤矿企业周转困难甚至出现亏损。

根据国际金融的相关原理（姜波克，2011），人民币贬值一般会使中国煤炭进口减少，出口增加。虽然目前中国煤炭出口相对进口数量而言微不足道，但是如果贬值幅度达到一定程度，中国有可能从煤炭净进口国变为煤炭净出口国①

自 2015 年 6 月以来，人民币出现较大幅度贬值，石油商品价格或更便宜，可以帮助企业降低成本，加快升级，提高效率。国际方面，可以降低石油等战略产品的对外依存度，促进石油市场的供需平衡。由于西方国家的制裁，推动俄罗斯石油生产商出口到中国的石油交易都以人民币结算，俄罗斯石油在中国原油进口中的比例日益增加。与此同时，油价暴跌导致 18 年来石油美元第一次从金融市场流出，根据高盛公司预测报告②，未来 3 年，石油美元将累计流出近 9000 亿美元。而中国也在努力让人民币成为亚投行结算货币。

3.2.3　人民币汇率变化对中国石油进出口贸易影响的实证分析③

2004 年以来，人民币名义汇率保持升值的趋势。石油作为国家重要的战略资源，在中国对外经济贸易中扮演重要角色。那么，人民币汇率波动对石油进出口贸易影响有多大？为了回答这个问题，本节进行简单的测算。

本节采用 1984～2014 年人民币汇率与石油进出口额的数据，构建静态回归模型和向量误差修正模型（Vector Error Correction Model，VECM），结果显示：中国石油净出口额对人民币汇率变动十分敏感。人民币实际汇率（直接标价法）对中国石油净出口额（1993～2014 年小于零）存在正的影响，即人民币贬值，中国石油净出口额会增加。实际人均国内生产总值会对人民币汇率变动带来影响，实际人均 GDP 与石油净出口额之间存在负向关系。本节的实证结果为解决石油安全问题提供参考建议。

根据通常的做法，把石油净出口作为实际人均国内生产总值和平均汇率的函数（Wilson et al.，1979；Korhonen et al.，2009；邹重恩和李宝仁，2009）。

1）三个主要变量的说明

人民币汇率。人民币实际汇率主要指中美汇率，用直接标价法表示④，选取人民币

①参考路透社. 人民币继续贬值会使中国成为煤炭消费净出口国. http：//cn. reuters. com。

②参考 http：//mt. sohu. com/20160405/n443321666. shtml。

③本节中煤炭进出口量的实证分析与石油类似，感兴趣的读者可以进一步研究。

④即 1 美元折合的本币数。

年平均汇率，数据来源于世界银行世界发展指数（World Development Indicators，WDI）数据库。用 avex 表示，以 2000 年为基准价格水平。

实际人均 GDP。实际人均 GDP 是衡量国民收入的重要指标。数据来源于国家统计局。用 reGDP 表示，以 2000 年为基准价格水平。

石油净出口额。油类产品中包括原油和成品油，其中比例最高的是原油。总体上讲，1984～2014 年石油进口总量和出口总量均呈现上升的趋势，进口的依赖度也不断上升。石油净出口量数据源自国家统计局，同时参考相关文献如田春荣（2009），用 oinetex 表示。

2）通过单位根检验，验证数据的平稳性，作为回归分析的基础

由于使用的是时间序列数据，为了消除变量之间“伪回归”问题，首先要对变量进行单位根检验（Augmented Dickey-Fuller，ADF），以确保各个变量具有平稳性①为此画出石油净出口数量的时间趋势图，发现石油净出口具有明显的时间趋势。

对各个时间序列变量进行平稳性检验，结果显示原序列石油净出口额是不平稳的，存在单位根问题，进而对石油净出口进行一阶差分，结果显示差分后 1～8 阶在 1%的水平下，数据是平稳的，不存在单位根问题，如表 3-6 所示。

表 3-6　变量的单位根 DF 检验结果

时滞	DF-GLS tau 检验统计值	1%临界值	5%临界值	10%临界值
8	−15.210	−3.770	−2.874	−2.426
7	−15.616	−3.770	−2.843	−2.443
6	−15.711	−3.770	−2.877	−2.508
5	−18.274	−3.770	−2.958	−2.607
4	−20.219	−3.770	−3.071	−2.727
3	−20.774	−3.770	−3.200	−2.856
2	−24.709	−3.770	−3.329	−2.979
1	−31.872	−3.770	−3.443	−3.084

注：所用方法为 DF-GLS 检验方法。最优时滞数为 4（其均方根误差为 0.252）；最小 SC 为−2.20 在一阶时滞时出现（其均方根误差为 0.287）；最小 MAIC 为 243.54 在二阶时滞时出现（其均方根误差为 0.287）。

3）人民币汇率与石油净出口额的回归分析

在对各个变量进行平稳性检验后，下一步需要考察实际人均 GDP 和平均汇率等变量与石油净出口额之间是否存在协整关系。本节使用 EG-ADF 方法，通过对变量进行回归分析得到残差序列，而后通过对残差项进行单位根检验从而判断变量间是否存在长期均衡的关系。在使用 EG 两步法之前需要构建回归模型，回归模型如下：

$$\ln(\text{oinetex}_t) = \beta_0 + \beta_1 \cdot \ln(\text{reGDP}_t) + \beta_2 \cdot \ln(\text{avex}_t) + \varepsilon_t \qquad (3\text{-}1)$$

其中，oinetex_t 代表石油净出口数量；avex_t 代表人民币汇率；reGDP_t 代表实际人均 GDP；

①本节使用软件为 Stata 12.0。

ε_t 为残差项；β_1、β_2 分别是实际人均 GDP、人民币汇率对石油净出口额的弹性系数，β_0 代表常数项。

对模型（3-1）进行普通最小二乘法回归分析，回归结果报告如表 3-7 所示。

表 3-7　回归方程的结果

因变量：石油净出口数量的自然对数值	实际人均 GDP 的对数值	−1.72* (0.035)
	人民币汇率的对数值	1.04* (0.084)
	常数项	4.68* (0.15)
样本量 30	R^2	0.99

注：括号内为标准误差；* 代表在 0.01 的水平下显著。

说明人民币汇率的对数值和实际人均 GDP 的对数值与石油净出口额之间都存在显著的线性相关关系。方程中各个变量均在 1%的水平下显著，即人民币汇率贬值将会使石油净出口额大幅度增加。原因在于当前中国普遍存在炼油产能过剩，在汇率的价格机制的推动下，有利于石油出口。进行协整检验，证明了人民币实际有效汇率与石油净出口额之间存在协整关系，从而论证了人民币汇率对中国石油净出口额影响是长期均衡而稳定的。

综上，本节采用 1984～2014 年的人民币汇率与石油净出口额的数据，构建静态回归模型和 VECM 模型，结果显示：人民币汇率的对数值和实际人均 GDP 的对数值与石油净出口额之间都存在显著的线性相关关系，即人民币汇率贬值将会使石油净出口额大幅度增加。说明中国石油净出口额对人民币汇率变动十分敏感。实际人均 GDP 也会对石油净出口额带来影响，实际人均 GDP 与石油净出口额之间存在负向关系。单位根和协整检验证明上述人民币实际有效汇率与石油净出口额之间的关系是长期均衡而稳定的。在制定石油进出口政策和考虑石油安全问题时，本节的结论具有一定的参考价值。

3.3　利率市场化对能源市场的影响

利率主要在供给方面对能源市场投融资产生影响，包括对能源市场定价的影响、对能源投资的影响（包括可再生能源的投资和中国企业海外投资两方面）。总体来看，当前关于利率与能源市场的关系的研究仍不充分。主要原因是当前中国利率市场化水平较低，利率的调节作用仍比较局限。所以如何采取合适的货币政策（或确定合适的利率水平）来调节能源价格及其与总产出的关系仍然是需要解决的问题。图 3-1 描述了利率水平和总产出的关系。国债收益率曲线是一个重要的基准利率。在图 3-1 中，当国债收益率曲线呈趋平态势，短期利率接近、甚至超过长期利率时，预示经济将进入衰退和萧条阶段；反之，当收益率曲线呈陡峭态势，长短期利率之间的利差扩大时，说明经济的复苏和繁荣。

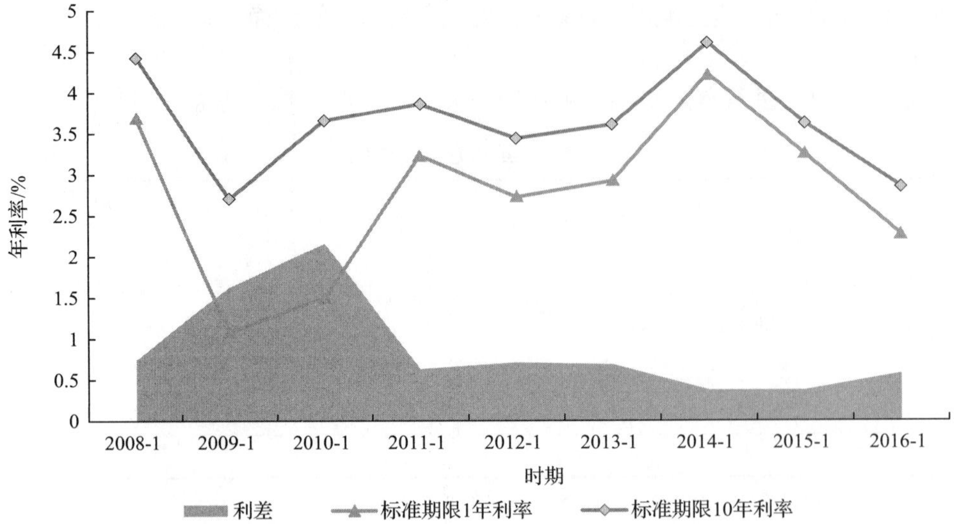

图 3-1　2008～2016 年中国国债收益率（%）曲线①（标准期限利率及利差）

数据来源：中国债券信息网，均为每年 1 月第 1 个发布日的信息，标准期限选取为 1 年和 10 年

3.3.1　利率作为货币政策工具对能源价格形成冲击

利率与电能等能源的定价是紧密相关的，现有文献认为确定合理的利率对于资源产品的定价至关重要，包括电力、石油和天然气。早在 1931 年，Hotelling（1931）提出了著名的可耗竭资源模型，即霍特林规则（Hotelling Rule）。这一规则针对在完全竞争和垄断两种条件下可耗竭资源的价格与产量的关系提出了认识，该规则认为：在不考虑不可再生资源的生产（开采）成本条件下，资源价格将以相当于市场利率的增长率的速度上升。随后，美国学者 Arrow 和 Chang（1980）从资源存量的不确定性角度入手，通过运用不确定性最优控制数学方法，对在现实中石油价格没有出现按照霍特林模型的情况进行了解释。Weron（2000）通过数学模型论证了，合理的利率模型的检验和标准化是确定一个（电能的）动态定价模型的首要条件。Sadorsky（2001）使用多因素市场模型发现加拿大石油和天然气行业利率与股票预期收益率是负相关的，而且这种影响很大也很显著。Bacon 和 Besant-Jones（2001）考察了发展中国家电力行业中私有化和自由化的过程。杨柳勇和史震涛（2004）基于美国统计数据对石油、黄金价格的长期决定因素进行分析，认为利率等因素是决定国际油价的长期因素。

然而，国外学者关于利率对能源市场的影响并未进行仔细探索，已有的文献大多从货币市场研究，认为利率作为货币政策的重要工具，对能源价格形成冲击。

3.3.2　利率主要影响可再生能源的投资和中国企业海外投资

利率政策对能源投资的影响包括两方面：利率政策对于可再生能源的投资的影响和利率政策对于中国企业海外投资的影响。

①即原银行间固定利率国债收益率曲线。

现有文献主要研究利率政策对于可再生能源的投资的影响（Wiser et al.，1998；Short et al.，2005）。中国在这方面的监管较早。自 1987 年来，中国政府发布了具体的低利率贷款政策，来发展农村能源，支持沼气、太阳能、水能和风能的发展。1996 年中国电力部发布《风力发电机组运行规程》，规定发电机组要接入并且买入风力发电，其购买价格应该充分考虑利率的作用。Wiser 和 Pickle（1998）发现利率政策对于可再生能源投资的影响，并且对应于项目的不同风险（如发电量过多以至于无法接收），贷款方会提升利率。

其中典型的投融资的企业有生物质能公司等新能源技术公司、风能（或水能）发电厂等可再生能源公司和分布式发电厂（Distributed Generation）（Celli et al.，2005）。综合现有文献的观点，大多数认为利率将会对这些公司的选址和建厂产生影响。Faaij（2006）发现，在欧盟，通过对农业的存在利率优惠，对农场的补贴，种植专门的庄稼，来促进生物质能的发展和新能源技术的开发。Liming（2009）通过对比中国和印度的可再生能源发展，发现在印度，低利率和长期贷款有助于农村的可再生能源的发展。

另一类重要的文献研究利率政策对于中国企业海外投资的影响。DeCanio（1993）考察了影响能源高效投资的公司内部的障碍因素，发现公司内部影响投资效率的因素的作用往往比公司的资本成本的作用还要高。Downs（2007）发现中国海外石油投资的过程中，商业贷款的利率高低很大程度上影响石油投资。类似的研究中石油跨国并购中利率风险的因素的文献同时认为并购企业一般要进行融资，利率的变化会引起按揭贷款利息的变化，从而引起收购成本变化。

3.3.3　充分利用利率杠杆并促进能源市场发展

为充分利用利率杠杆，促进能源市场发展，提出以下政策建议。

（1）考虑到当前中国企业发展可再生能源的财务困境，中国政府应该进一步加大包括低利率贷款在内的财政支持。

（2）降低生物质能行业和太阳能行业的实际融资利率。生物质能企业和太阳能企业的市场占有率提升的同时往往伴随着债务风险的加剧，为防范行业金融风险的发生，有必要降低新能源企业的融资利率，特别是生物质能企业和太阳能企业。为此，在新能源行业中，对生物质能行业和太阳能行业还可以制定更加优惠的信贷支持政策，既有利于减少企业的融资负担，同时也有助于防范行业过快发展所造成的金融风险。

（3）对能源价格波动引起的成本推动的价格上涨时，当前货币政策工具中的货币供给量的调节作用僵化，需要加快利率市场化进程。

（4）完善我国石油价格波动避险机制。利用公司的财务职能做利率互换等来为石油交易规避价格。

3.4　财税体制改革对能源市场的影响

3.4.1　财税政策有效支持能源市场发展

能源市场与国家财政税收政策是存在紧密联系的。目前在国内外文献中，关于财税体制改革与能源市场的关系的研究，以国内为主，国外研究很少。总体来看，财税体制改革与能源市场的关系可以从以下两个方面考察。

（1）新能源等的发展需要财税政策的支持。从能源利用历史的角度看，不同能源的替代是一个漫长的过程。历史的经验表明，即使在现有的技术条件下，一次世界性的能源系统替换至少需要几年的时间，需要人类付出巨大努力。新型的能源（如可再生能源）目前虽然已初步具备替代的属性，但其作为完全替代性能源的发展过程仍将是漫长的，需要财税政策长期支持。对此，中国需要做充分的准备。图 3-2 描述了中国各省层面上近年来环境保护总支出及其增长率，可以看出，2007～2014 年各省环保支出呈现增长的趋势，并且其增速很高（为 7%～44%）。说明近年来各地方对于环境保护的重视和财政投入逐渐加深。

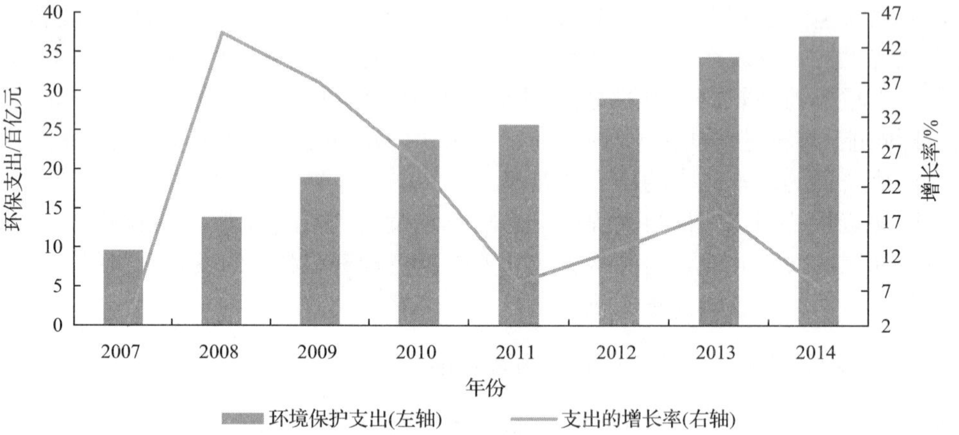

图 3-2　中国各省环境保护总支出及其增长率

数据来源：图中 2013 年环境保护总支出（预算数）为中央本级支出预算数、中央预备费、中央代编的地方财政支出预算数三项之和。2014 年为著者预测值。图中数据不包括中国香港、澳门及台湾地区，西藏因数据不全而不包括在内，本书其他数据未作说明，同此

（2）财税政策是激励能源市场发展的有效手段。能源问题具有公共产品或准公共产品性质，而且节能低碳的生产生活方式具有很强的外部经济效应。根据福利经济学及国外实践经验，政府采取适当的经济激励能够很好地引导经济的节能低碳转型的成功实现。在学术界，有大量研究依据福利经济学理论、外部性理论，论证了财税政策是促进节能低碳转型发展、实现社会福利最大化的有效经济激励手段。财税政策作为政府进行宏观调控经济的重要工具，是节能低碳转型中的一个主要杠杆，激励性的财税制度作为国家宏观调控的主要工具之一，在促进能源节约和合理开发、推动产业结构优化升级、保护环境、实现可持续发展方面具有独特的调节功能。

3.4.2　目前能源财税政策实施存在问题

总的来看，目前，中国缺少一个健全的能源财税政策体系，政策目标往往难以兼顾经济发展、能源使用、环境保护三元体系（Economic Development，Energy Usage and

Environment Protection，3-E Model；Fu et al.，2016；Zaman et al.，2016；Zhou et al.，2016）。

（1）财政政策支持力度不足。例如，我国目前公路养护资金缺口大、交通专业人才资金缺乏、税收优惠等政策有待完善。而不少研究发现国外节能低碳产业发展，如低碳公路运输，主要依靠政府出资引导，中央及地方财政补贴力度大。图 3-3 描述了中国各省层面上近年来环境保护总支出及占总财政支出的平均比例，可以看出，2007～2014 年各省环保支出占总财政支出的平均比例稳定保持在 2.0%～2.8%，并且在 2010 年以后呈现下降趋势。说明从整体上看，近年来各地方对于环境保护的财政投入仍然非常有限，财政政策支持力度与经济发展情况不匹配。

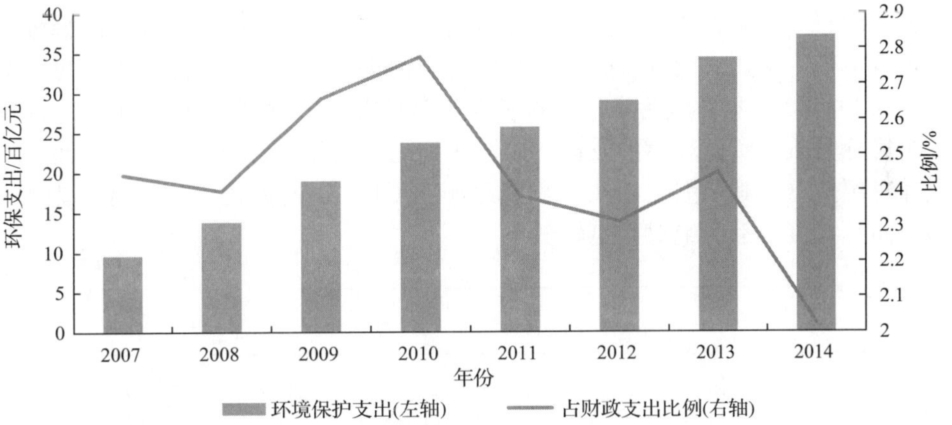

图 3-3　中国各省环境保护总支出及占总财政支出的平均比例

数据来源：图中 2013 年环境保护总支出（预算数）为中央本级支出预算数、中央预备费、中央代编的地方财政支出预算数三项之和。2014 年为著者预测值。该数据是经著者计算，先求得各省财政总支出，再求出中国各省环境保护总支出占总财政支出的平均比例

（2）不区分发展阶段一律施以激励的政策。财政政策和税收政策没有区分重点。例如，能源市场中的可再生能源，其整体发展过程划分为技术研发、项目示范、产业化发展及商业化四个阶段。应该在不同阶段区分不同的政策重点，注重发展目标的清晰性、层次性，财政税收政策要综合引导、各有侧重。总体来说财政政策应该注重于前三个阶段，税收政策侧重于后两个阶段。总体过程看财税激励政策趋于由强转弱，这个问题应该避免。

经国务院批准，自 2016 年 5 月 1 日起，在全国范围内全面推开营业税改征增值税（以下称营改增）试点，建筑业、房地产业、金融业、生活服务业等全部营业税纳税人，纳入试点范围，由缴纳营业税改为缴纳增值税。进行税务改革，促进“营改增”对企业在降低税负、促使产业结构升级、资源进行合理分配等方面具有重大意义。营改增后，国家确保所有行业的税负会减少，有利于相关行业减轻行业税负，推动产业转型、结构优化。首先，对电力企业的投资将产生影响。其次，对于石油行业而言，除了增加管道运输等领域成本，还利好下游销售企业，为油企进一步提升管理水平、提高效益创造了

契机。最后，对于钢铁企业而言，一方面，建筑业等钢铁下游行业的利好会相应带动钢材的需求，下游行业的转型升级也会更有利于高品质钢材的推广应用；另一方面，营改增有利于钢铁企业的非钢发展，也为钢企开展多元化经营提供了有利条件。

3.4.3 完善财税体制改革并促进能源市场发展

（1）需要加大财政支持力度，同时完善具体能源种类的财税政策。财政政策考虑资源环境效益。要兼顾碳排放的约束，服从发展低碳经济的要求。例如，发达国家在促进能源市场发展方面的财政补贴对象范围十分宽泛，涉及公路基础设施、节能车辆、充电站、交通部门低碳技术培训等。同时也多给予农村公路及普通公路养护财政扶持。此外，财税政策尤其要适合可再生能源的发展。我国分布式可再生能源发展财税政策目前还有缺失。由于可再生能源本身具有的因地制宜开发的特点，符合可再生能源分布式特点的市场政策亟待建立。图 3-4 描述了环境污染治理投资总额及其占 GDP 的比例，可以看出，2000～2011 年环境污染治理投资总额逐年增加，说明政府在施行财政政策时其中一个目标是兼顾资源环境的效益，以期达到更好的环境保护的效果。然而，中国环境质量却每况愈下，其原因之一在于投资总额在 GDP 中的占比仍然偏低（为 1.0%～1.7%），而且投资总额的绝对量也较低。

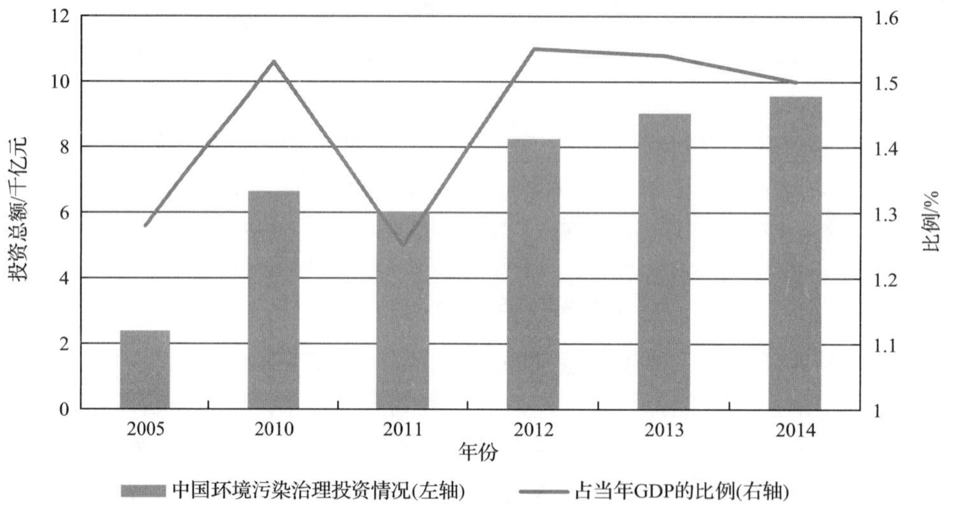

图 3-4 中国环境污染治理投资总额及其占当年 GDP 的比例

数据来源：环保部

（2）应该避免单纯强调技术因素来促进能源市场中可再生能源的发展。从矫正可再生能源外部性、市场失灵角度，结合可再生能源具有的准公共产品属性及国家财政、税收职能，能源市场中可再生能源发展过程中尤其是在发展初期国家主导财税支持是促进其产业化进程的主要动力。

（3）加强政府的引导。我国在制定和实施促进可再生能源发展政策过程中要结合上述规律和技术及市场现状，首先要清晰目前和未来重点发展什么、什么时候发展、怎样实现高效发展等问题。本书认为，“十三五”规划时期及 2030 年之前，调整能源消费结构实现“两步走”，先调降煤炭比例，再提升非化石能源比例。在“十三五”规划时期，把煤炭的减量及清洁利用作为节能减排工作的重中之重。在 2020～2030 年，把可再生能源的推广作为政策重心。

3.4.4　资源税：应采取“小步走”的渐进式方案

科学合理的资源税制不仅是加强自然资源管理的重要手段，还是节约高效率使用自然资源、保护自然生态环境、建设生态文明和环境友好型社会、实现国民经济社会可持续发展的重要保障。目前在国内外文献中，关于资源税的研究，以国内为主，国外研究很少。其中包括阐述著名的庇古税（Pigou Tax）的文献（Carlton et al.，1980；Zodrow et al.，1986）。

表 3-8 描述了各种资源税的税目和税率[①]，可以看出，新修订的资源税条例在总结试点经验的基础上，对原有条例进行了多处修改，调高了部分资源税应税产品的定额税率，还在从量计征基础上增加了从价计征的计征办法，将原油、天然气的应税计征办法由从量定额法改为从价定率法，同时对部分税目进行了细分。总体上，根据我国目前的资源和环境及经济技术现状，关于资源税问题，应该采取小步走的渐进式方案，总体看“征比不征好、早征比晚征好”。

表 3-8　资源税税目税率表

税目		税率
原油	从价计征，矿产资源补偿费费率降为零	6.00%
天然气		6.00%
煤炭	从价计征	2.00%～10.00%
其他非金属矿原矿	普通非金属矿原矿	每吨或立方米 0.50～20 元
	贵重非金属矿原矿	每千克或克拉 0.50～20 元
黑色金属矿原矿		每吨 2.00～30 元
有色金属矿原矿	稀土矿	每吨 0.40～60 元
	其他有色金属矿原矿	每吨 0.40～30 元
盐	固体盐	每吨 10～60 元
	液体盐	每吨 2～10 元

图 3-5 描述了资源税税收收入及占比。可以看出，在 1994～2014 年，中国资源税税收总额逐年增加，尤其是在 2011～2014 年增长较快。其占税收收入的比例自 2004 年达到最低点后开始呈现上升趋势。在 2013 年接近 1%。说明政府在施行财政政策时其中一个目标是在日益增长的能源需求的条件下节约资源，并且税收占比保持稳定。可以分析得出实施资源税的主要政策考虑是对市场的扰动较小，不破坏供给和需求之间的平稳关系。

①2011 年，国务院正式发布了《国务院关于修改〈中华人民共和国资源税暂行条例〉的决定》，并于同年 11 月 1 日起执行。

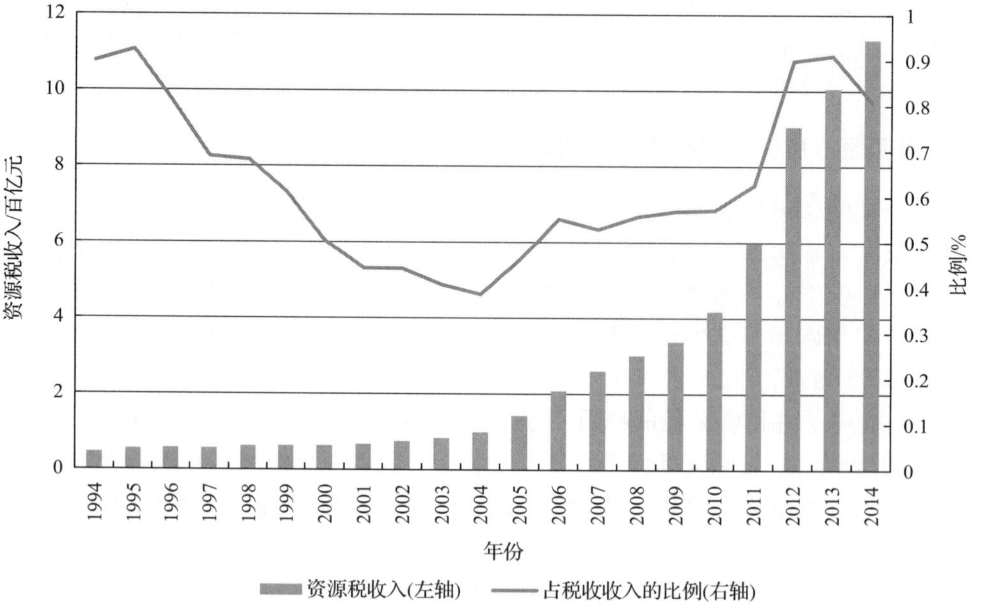

图 3-5　全国资源税税收收入及占比

数据来源：2004 年为税收快报数，其他年度为决算数。1994～2014 年数据来自国家统计局，其中 2014 年资源税收入值为著者预测

3.4.5　征收环境税的利弊存在争议

目前在国内外文献中，关于环境税的研究，以国内为主，特别是中国的学者发表的英文研究成果较多，国外研究很少。总体来看，现有文献关于征收环境税的研究较多（Wu et al.，2005），具体税种包括产品污染税、排污税、空气污染税、噪声税、燃油税等。总结起来有以下重要成果。

首先，关于征收环境税的弊端及其应对办法。有部分学者重点研究了实施环境税（如碳税）主要负面影响是对能源密集型产业国际竞争力的冲击，或者对于经济增长的影响。Patuelli 等（2005）考察环境税的环境收益（如减排）和经济收益（如增加就业）。发现税收和循环利用的政策对就业有显著影响，对增加 GDP 的影响则不显著。

然而，陆续有学者反对这种说法。甚至提出，开征环境税是具有“减少污染排放”和“促进发展方式转型”的“双重红利”。秦昌波等（2015）模拟的结果表明，征收环境税对中国宏观经济的影响非常有限，GDP 的下降在可承受的范围之内；相对而言，征收环境税对污染物的减排作用远大于对经济发展的抑制作用。较高税率的环境税能够在较大幅度上减少污染物的排放。刘晔和周志波（2015）从环境税的双重红利概念出发，强调了实现双重红利的可能性。因此，碳税的征收得到普遍的建议。例如，Liang 等（2007）运用 CGE 模型分析，认为实行碳税是处理中国减排压力的一个理想的经济工具。类似地，部分学者建立了一个包含环境外部性和减排研发的内生经济增长模型，研究了减排研发补贴政策、环境税收政策对环境、经济增长率及社会福利水平的影响，并进一步讨论了政府可选择的最优政策工具组合。结论表明：政府通过征收污染税对企业的减排研发活动进行适当补贴能够取得环境、经济增长率和社会福利水平的“三赢”。秦昌波等（2015）建议政府通过减免所得税或者向弱势群体提供补贴等方式减少环境税征收的负面影响。环境税对于产业和环境的双重红利模拟的结果表明，征收环境税有利于产业结构的优化调整。重污染行业受到抑制，而清洁产业反而加快发展。征收环境税会抑制重污染产品出口。提升清洁行业的出口竞争力，降低贸易顺差对我国环境的影响。

促进环境税体制改革的建议如下：第一，在当前降低节能汽车的消费税和增值税的基础上，应该进一步提高生物燃料与化石燃油的消费税差距。第二，适时提高污染税费标准。由于现有排污收费标准远低于污染治理成本，很多企业宁愿缴纳排污费也不愿意治理污染。第三，在税收政策方面需要尽快清晰和完善促进可再生能源的适用税法，清晰增值税、所得税、营业税激励细则。

3.5　新能源与可再生能源推广政策对能源市场的影响

2030 年将迎来一场影响巨大的全球能源消费结构的优化过程①，是对各国能源转型政策的清晰体现。电能是清洁、优质、高效、便捷的二次能源，相对于煤炭、石油、天然气等一次能源，具有天然的清洁性、安全性和便捷性（黎灿兵等，2014）。电能替代煤炭、石油，促进了电气化水平的提高（顾宇桂，2008）。根据历史数据分析，电气化水平上升一个百分点，能耗强度下降 4%左右②因此，电能替代化石能源将发挥重要作用。其中，推广新能源和可再生能源潜力很大，也将对能源市场产生重要影响，如光伏产业的发展、新能源汽车的推广和可再生能源在建筑领域中的应用。

能源按照开发利用时期分类，分为常规能源（Conventional Energy）和新能源（New Energy）。新能源是指新近利用或正在着手开发的能源，包括太阳能、风能、地热能、海洋能、生物能、氢能等能源③新能源对应也可称为“非常规能源”。

因为能源储量有限，能源的消费速度超过能源产生速度，需要将能源按照是否可再生分类，实质是依据能源产生的速度分类。凡是可以不断得到补充或能在较短周期内再产生的能源称为可再生能源，如风能、水能、海洋能、太阳能、地热能和生物质能等。反之称为不可再生能源，如煤、石油和天然气等④

3.5.1　新能源与可再生能源推广政策概述

自 1995 年来，中国新能源与可再生能源政策演进进程缓慢，2011 年以来，中国新

---

①摘自中国社会科学院发布《世界能源中国展望（2014—2015）》。

②数据来源于国家电网，参见 http：//www.chinasperi.sgcc.com.cn/html/sgeri/col1080000035/2015-04/07/20150407144855199334842_1.html。

③例如，页岩气，虽然本质是天然气，但因为是最近开始开采利用的，所以也属于新能源。

④当然也不是“绝对”不可再生，经过十几亿年地壳运动，煤炭、石油、天然气也能再生，只不过这个时间对人类来说太漫长了。所以通常情况下，只说可再生能源（Renewable Energy）这个词，不提不可再生能源，以免造成误解。

能源与可再生能源政策进入了成长性的快速发展阶段。2006 年开始新能源相关政策逐渐增多，2012 年达到最多的 31 项①本节首先对近 5 年来中国新能源与可再生能源政策进行汇总，如表 3-9 所示。

表 3-9　近 5 年来新能源与可再生能源政策汇总表

时间	政策名称	主要内容
2011 年 3 月	《产业结构调整指导目录（2011 年本）》	在鼓励类的新能源方向设置了 10 个方面的支持目录，在“核能”方向设置了 11 个支持目录，在“电力”方向设置了 24 个支持目录
2011 年 4 月	《鼓励进口技术和产品目录（2011 年版）》	与新能源有关的“鼓励引进的先进技术”有 15 个方面、“鼓励进口的重要装备”有 2 个方面、“鼓励发展的重点行业”有 4 个方面
2012 年 2 月	《太阳能光伏产业“十二五”发展规划》	进一步明确了光伏的建设重点和产量等
2012 年 6 月	《关于鼓励和引导民间资本进一步扩大能源领域投资的意见》	进一步鼓励民间资本进入新能源领域
2012 年 7 月	《可再生能源“十二五”发展规划》	明确了新能源的“十二五”规划布局和建设重点工作
2013 年 7 月	《分布式发电管理暂行办法》	推动分布式发电应用，促进节能减排和可再生能源发展
2015 年 10 月	《关于完善陆上风电、光伏发电上网标杆电价政策的通知》（讨论稿）	调高了光伏电价补贴

注：资料来源：中国能源经济研究院（2014）及著者整理。

从表 3-9 可以看出，在出台的政策领域方面，重点在风电和光伏，但是生物质、海洋能等发电形式很少。原因可能是风电和光伏发电的开发成本低、技术成熟、应用范围较广，而生物质、海洋能等还有待进一步发展。截止到现在，新能源和可再生能源的政策法规体系已经基本健全，未来主要是对现有政策的调整和完善，再如此密集增加政策的可能性不大。

3.5.2　可再生能源在建筑领域得到推广

推广新能源和可再生能源潜力很大，也将对能源市场产生重要影响，将改变能源市场的结构，增加电力消费，减少一次能源中煤炭、石油等传统化石能源的（电力）消费。近年来，绿色住宅、节能住宅和节能灯在越来越多的建筑类型中广泛使用，体现了新能源在建筑领域的潜力。

当前，中国政府已经出台相关政策，促进可再生能源在建筑领域的推广、替代常规能源。2011 年 3 月，《关于进一步推进可再生能源建筑应用的通知》指出，要切实提高太阳能、浅层地热能、生物质能等可再生能源在建筑用能中的比例。到 2020 年，实现

①参见《新能源和可再生能源政策法规发展历程（1997—2013）》。

可再生能源在建筑领域消费比例占建筑能耗的 15%以上。在这方面中国取得一定的进步。例如，在 2014 年，河北省已累计获得绿色建筑标识 116 个、建筑面积 1348.93 万平方米。可再生能源建筑不断增多，2014 年，河北省新增可再生能源建筑应用面积达 1625.6 万平方米①

3.5.3 发展新能源汽车产业日益受到重视

当前，发展新能源汽车日益受到世界各国的重视。中国为实现“到 2020 年单位国内生产总值二氧化碳排放比 2005 年下降 40%～45%”的目标，将新能源汽车市场列入七大战略性新兴产业②自 2009 年以来，中央政府陆续出台了各种扶持新能源汽车发展的政策（表 3-10）。在良好的政策环境下，2005～2015 年，中国的新能源汽车产销量逐年递增，年均增长率在 30%以上。

近些年来，为了鼓励和促进新能源汽车产业的发展。中国政府加大对纯电动汽车、混合动力汽车、燃料电池汽车和插电式混合动力汽车的投入，出台了一些税收优惠政策和补贴政策。这些政策是中央政府对新能源汽车政策的完整阐释，为中国新能源汽车的发展提供了路径支持和政策蓝图。

表 3-10　新能源汽车产业发展的扶持政策汇总表

时间	政策名称	主要内容
2009 年 1 月	《关于开展节能与新能源汽车示范推广试点工作的通知》	在北京、上海等 13 个城市开展节能与新能源汽车示范推广试点工作
2012 年 7 月	《节能与新能源汽车产业发展规划》	中国未来新能源汽车将以纯电驱动为主要战略发展方向，当前应重点推进纯电动汽车和插电式混合动力汽车产业化
2014 年 7 月	《关于加快新能源汽车推广应用的指导意见》	提出八大项 30 个小项的全面要求。特别是明确提出要破除地方保护，各地区要执行全国统一的新能源汽车和充电设施国家标准和行业标准，执行全国统一的新能源汽车推广目录，并提出加快基础设施建设
2015 年 10 月	《电动汽车充电基础设施发展指南（2015—2020）》	侧重于对未来我国充电基础设施布局提供指导，不仅提出了我国“十三五”规划阶段充电基础设施发展的总体目标，而且还提出了分区域和分场所建设的目标与路线图
2015 年 11 月	《中国制造 2025》重点领域技术路线图	到 2025 年，中国新能源汽车年销量将达到汽车市场需求总量的 20%，自主新能源汽车市场份额达到 80%以上，为了实现这个目标，国家层面将形成产业间联动的新能源汽车自主创新发展规划，并推出持续可行的新能源汽车财税鼓励政策等

注：资料来源：著者整理。

关于新能源推广政策对能源市场的影响，现有文献大部分认为，在新能源电动汽车

①参见能源新闻网. http：//www.nengyuan.com/news/d_20141211181144000003.html。

②参考《“十二五”国家战略性新兴产业发展规划》。

发展初期，采用纯电动汽车有助于推动中国能耗的降低（Ou et al.，2010；Wu et al.，2012；Ou et al.，2012）。唐葆君和刘江鹏（2015）从全生命周期的视角，发现在三种汽车能耗量（每年总量）中，纯电动汽车的能耗量最低，燃油汽车的最高。

与此同时，中国也出台了一系列支持消费者购买新能源汽车的政策措施，如2010年四部委联合出台的《关于开展私人购买新能源汽车补贴试点的通知》，明确提出目前中国对消费者补贴的车型主要是纯电动汽车和插电式混合动力汽车，而燃料电池汽车并未列入其中。这充分体现了国家目前仍以纯电动与混合动力汽车的发展为主，有侧重点地对新能源汽车进行推广（唐葆君和郑茜，2011）。

此外，中国在推广新能源汽车和发展可再生能源方面投资较多，促进可再生能源发电、入网。例如，2015年11月，在山西晋城，设立了全国首个农村专项光伏补贴，补贴力度较大①现有研究从各个方面考察了中国未来发电能源结构（Doucette et al.，2011）。Hackney和De Neufville（2001）基于生命周期理论，对中国发电能源结构进行分析，同时对新能源汽车的排放、用能和成本进行考察。

总之，以节能环保产业、新能源产业、新能源汽车产业等为代表的战略性新兴产业和高科技产业，具有技术先进、清洁生产等特征，将为经济的持续增长提供强劲动力，同时将对能源市场产生重要的影响。正如部分学者所强调的，提高煤炭等不可再生能源的开发利用水平的同时，中国将会在能源资源节约技术、新能源开发和制造、污染物减排控制技术、新材料研发等领域，开创新兴产业发展的新局面。

3.6　供给侧结构性改革对能源市场的影响

3.6.1　产能过剩是供给侧结构性改革的重要原因

2013年以来，钢铁、水泥、平板玻璃、电解铝、船舶等出现严重的产能过剩，导致产品价格持续下降，截至2016年2月，已经出现连续47个月生产价格指数（Producer Price Index，PPI）持续下降。这不仅加剧了企业经营的困难，同时使得行业出现亏损。特别是2015年出现了几十年一见的国内钢铁需求的首次下降，目前的需求很有可能已经达到了峰值，未来需求很有可能保持在这一水平，在这种背景下钢铁需求进一步上升的可能性很小。需求不再增加，供给过快增长，这种条件下“去产能”，进而推动实施供给侧结构性改革是必然的选择。

目前，学术界关于供给侧结构性改革原因的研究很多。从经济原理来看，推动供给侧结构性改革，否定了19世纪萨伊提出的“供给自动创造需求”的定律（Lange，1942；Kates，1998；Sowell，2015）或里根时期的供给学派的观点（Wanniski，1978；Canto et al.，1986；Laffer，1971）。余晓钟等（2009）指出，寡头若是由于行政垄断而产生，那么会造成生产能力的人为过剩，引起资源配置的低效率。

①参见正式出台的《晋城市农村地区分布式光伏发电示范应用项目和财政扶持资金试行办法》。

3.6.2 供给侧结构性改革：提高供给质量和全要素生产率

由于煤炭等行业产能过剩等因素，在 2016 年 1 月 26 日下午主持召开的中央财经领导小组第十二次会议上①，习近平总书记强调，供给侧结构性改革的根本目的是提高社会生产力水平。要在适度扩大总需求的同时去产能、去库存，从生产领域加强优质供给，减少无效供给，扩大有效供给，使供给体系更好地适应需求结构变化。

供给侧结构性改革的内涵，是从提高供给质量出发，用改革的办法推进经济结构调整，矫正要素配置扭曲，扩大有效供给，提高供给结构对需求变化的适应性和灵活性，提高全要素生产率，促进经济社会持续健康发展（祝波善，2015）。习近平总书记在多个场合强调供给侧结构性改革，标志着我国经济政策思维方式发生革命性转变（向松祚，2015）。但能源供给侧结构性改革的清晰路线图仍然是不可准确预知的。

当前，供给侧结构性改革主要政策措施有两方面：第一个方面是煤炭、钢铁行业去产能的措施。煤炭、钢铁行业去产能的措施汇总见表 3-11。第二个方面是从生产领域加强优质供给，如提升生产煤的品质、控制低热煤的生产、推广“煤转电技术”等。

表 3-11 煤炭、钢铁行业去产能的措施汇总表

时间	发布机构和相关文件	主要内容
2015 年 11 月	国家发展和改革委员会和能源局	发布电改配套文件，同时部署以三类形式推进地方的电改试点工作。电改试点分为三类，第一类是电改综合试点，主要是贵州及云南等地。第二类是售电侧改革试点，已经批复重庆、广东作为售电侧改革试点。第三类是从 2014 年年底就已经开始的输配电价改革试点，已经有深圳、蒙西、安徽、湖北、宁夏、云南、贵州等 7 个区域参与其中
2016 年 2 月 1 日	国务院《关于煤炭行业化解过剩产能实现脱困发展的意见》	力争用 3～5 年时间，退出产能 5 亿吨左右、减量重组 5 亿吨左右。2016 年起，3 年内原则上停止审批新建煤矿项目。2016 年力争关闭落后煤矿 1000 处以上，合计产能 6000 万吨，推动煤炭行业兼并重组
2016 年 2 月 23 日	国家发展和改革委员会	未来严格控制煤电新开工规模，对存在电力冗余的地区根据实际情况，取消不具备核准条件的项目，暂缓煤电项目核准，缓建已核准项目

从表 3-11 可以分析得出，当前供给侧结构性改革的政策重心是减少低端落后的产能供给。在钢铁行业主要是减少低端产业链和低效率的用钢，如油田建设和汽车制造。而高端的需求（如航空航天用钢）并不减少。

工信部统计数据表明，目前“十二五”规划期间“去产能”目标已经提前一年实现②在“十三五”规划期间，计划压减 1 亿～1.5 亿吨钢铁产能，使产能利用率恢复到

①习近平于 2015 年 11 月 10 日首次提出“供给侧改革”概念，改革目标是降低企业融资成本，增强金融对实体经济支撑能力，进一步简政放权、助力创业创新，搞活微观、增强企业竞争力，减轻企业税费负担。

②更多详细信息参见 http：//news.eastday.com/eastday/13news/auto/news/china/20160218/u7ai5307555.html。

相对合理的水平（75%以上）。水泥行业主要是推动联合重组来优化组织结构和产业布局，推动水泥行业的错峰生产来适度压减产能。总之，“十三五”规划期间，将通过实施严格的法律、标准和经济激励手段，加快钢铁、建材、有色金属、轻工、纺织和食品这六大领域的过剩产能退出步伐。

3.6.3 基于“新供给经济学”的供给侧结构性改革从四个方面影响能源市场

在目前文献中，关于中国供给侧改革如何提高全要素生产率的研究仍不多见。贾康等（2014）梳理和考察西方传统供给学派、凯恩斯主义与非凯恩斯主义的学术进展和政策主张的得失，提出中国需要构建和发展以改革为核心的新供给经济学，认为中国经济高速增长 30 多年之后，增速降低，促进经济增长应该着手于促进全要素生产率稳步而持续的提升。

当前，能源供给侧结构性改革的清晰路线图仍然是不可准确预知的。在能源消费增长减速换挡、结构优化步伐加快、发展动力开始转换的新常态下，能源发展方式要从粗放式发展向提质增效转变，推进改革和技术创新，同时兼顾民生和能源效率。供给侧结构性改革对能源市场的影响主要表现在以下四个方面。

（1）突破可再生能源发展瓶颈制约。

目前，弃风、弃光有严重的趋势，而能源供给侧结构性改革有望解决清洁能源领域的弃水、弃风、弃光等“三弃”问题。例如，在水电大省云南、四川，弃水现象较为明显。根据云南能源局统计 2013 年和 2014 年的弃水电量达到 48 亿千瓦时和 173 亿千瓦时，初步预计 2015 年弃水电量超过 200 亿千瓦时。根据国家能源局统计显示，2015 年全国风电平均利用小时数 1728 小时，同比下降 172 小时。与此同时，弃风限电形势加剧，全年弃风电量 339 亿千瓦时，平均弃风率 15%，同比增长 7 个百分点。2015 年全国光伏发电全年平均利用小时数为 1133 小时，虽然总体良好，但弃光也开始露出端倪。又如，西北部分地区（如甘肃）出现了较为严重的弃光现象，弃光率超过 26%。有学者指出，建议发展风电、光伏、生物质能、地热能以就近消纳（白建华等，2015；汪宁渤等，2011）。

（2）缓解传统能源产能过剩。

能源供给侧结构性改革有可能化解煤炭、煤电业已存在的过剩产能。国务院已针对钢铁、煤炭两个行业出台了化解过剩产能、实现脱困发展的指导意见。此外，中央拟审议出台《关于深化石油天然气体制改革的若干意见》。

（3）解决能源系统整体运行效率低等问题。

能源供给侧结构性改革将推动电改“落地”，降低电价，推进电价市场化改革，重点完善煤电价格联动机制。其次，放开上网电价和销售电价，严格管控电网企业输配电价，新核准的发电机组原则上参与电力市场交易。有学者研究指出，建议鼓励发展抽水蓄能等调峰电源（娄素华等，2007；周建为，2008），提高跨省跨区输电通道利用效率（上海证券报，2015），大力推进分布式能源发展（尹余生和王小伍，2008）。同时，稳

步推进石油天然气体制改革①

（4）关注民生、提高能源效率。

能源供给侧结构性改革包括能源扶贫（如光伏扶贫），实施新一轮农网改造升级工程，提高能源系统整体运行效率，优化高耗能产业和能源开发布局。最终推动能源协调发展和互补利用，提高能源系统的智能化水平和运行效率。

3.6.4 "去产能、去库存、去杠杆、降成本、补短板"的特点及最新动向

2015年12月18～21日，习近平总书记在中央经济工作会议上指出2016年经济社会发展主要是抓好"去产能、去库存、去杠杆、降成本、补短板"的五大任务。

供给侧改革的重点是化解产能过剩。去产能和供给侧改革能够有效优化我国能源结构、提升能源效率，"十三五"规划期间，煤炭领域年产量9万吨以下的小煤矿、火电领域10万千瓦以下小火电机组将是主要淘汰对象。当前的推进主要在以下方面：全面配套的政策体系正在研究制定，以达到因地制宜、分类有序处置；财税支持、不良资产处置、失业人员再就业和生活保障及专项奖补等政策陆续在各地方提出和落实；在资本市场上，资本转移的重点为企业兼并重组，并已经实施部分破产清算。总体上看，产能的增量得到了严格控制，新的产能过剩产生的可能性较小。

去库存的主要方面是化解房地产库存。当前，能源行业去库存的重要方面是煤炭去库存。去库存过程在煤炭生产、中转、消费任何一环节没有完成，都不会迎来煤价全面反弹，但任何一环节库存低位都会引发煤价短期报复反弹，但不具有持续性。按照加快提高户籍人口城镇化率和深化住房制度改革的要求，农民工市民化速度加快，有效需求得到扩大并且形成新的供需通道。这部分新的需求消化了库存，对稳定房地产市场产生重要作用。在地方已经形成了初级的住房租赁市场，为自然人和各类机构投资者购买库存商品房提供条件，特别是形成了一批以住房租赁为主营业务的专业化企业。部分城市已经取消限制性措施。但是，户籍制度改革方案尚未得到落实，农业转移人口等非户籍人口在就业地落户还没有实现，农民工无法形成在就业地买房或长期租房的预期和需求。下一步重点方向是建立购租并举的住房制度，把公租房扩大到非户籍人口。

去杠杆主要目的是防范化解金融风险。2015年年底以来，由于开展金融风险专项整治，各类信用违约得到依法处置。地方政府债务风险开始得到初步化解，尤其是地方政府存量债务置换，全口径政府债务管理得到完善，地方政府债券发行已经开发出新的办法。总之，非法集资蔓延势头得到遏制，但仍要防范系统性和区域性的风险。例如，根据评级机构惠誉2015年5月20日发布报告②，中国五大发电集团未来将继续作为重要政策工具，帮助国家实现能源结构清洁化的目标。这意味着五大发电集团高负债的情况将持续，短期内无法去杠杆。

降低实体经济企业成本也是一个重要方面。降低成本是"十三五"规划可再生能源发展的重要任务。目前能源市场需要一个相对合理的能源价格和电力价格来支撑中国经

①油气体制改革方案2015年已经完成了初稿，方案制订过程中新疆上游开放试点已经进行了区块公开招标。

②参见 http：//www. yicai. com/news/4620381. html。

济的可持续发展，现在政策导向已经比较明确，降电价是必然趋势，补贴也不可能全部满足，必须倒逼成本下降，优胜劣汰。2015 年年底以来，由于政府职能转变、简政放权，制度性交易成本降低。企业税费负担降低，取消了各种不合理收费。社会保险费得以降低。要降低企业财务成本，就要降低物流成本，推进流通体制改革。下一步，如何降低制造业增值税税率仍是一个重要的研究课题。

如何扩大有效供给也是值得研究的问题。目前，一方面，企业技术改造和设备更新正在推进，企业债务负担开始降低，企业技术改造投资能力得以提高。另一方面，软硬基础设施正在建设，重点是农业现代化基础建设。2016 年 2 月，国务院已经确定进一步支持新能源汽车产业“补短板”的措施包括打破动力电池瓶颈制约、公共部门购车提高到 50％、提升新能源车整车品质。

总之，面对中国的国情与实践，能源供给侧结构性改革从四个方面影响能源市场。供给侧结构性改革可以适应中国能源新常态发展的客观需要，强调以推动能源利用机制创新为切入点，以能源供给结构优化为侧重点，着力从能源的供给端入手推动中国新一轮能源市场改革，有效化解煤炭、煤电业已存在的过剩产能等潜在风险，突破可再生能源发展瓶颈制约，解决能源系统整体运行效率不高等问题，同时关注民生、提高能源效率。在能源供给侧改革的推动下，有望实现新一轮经济可持续健康发展，促进经济质量的提升。

第 4 章　能源市场风险及防范

随着社会和经济日益发展，能源市场的变化情况对政府政策制定、企业生产决策及投资者投资和消费者购买都造成了不同程度的影响，能源市场的建立与稳定已经逐步成为经济社会发展必不可少的部分。在不同的经济发展阶段，能源市场的发展面临着不同程度和不同类型的风险，例如，世界经济发展趋势的变化、重大或突发的金融危机等事件都会影响到能源市场的供给与需求平衡，进而引起能源价格变动，对能源市场造成冲击；同时，能源市场内部的结构调整也会对自身产生风险溢出效应，例如，由于节能减排的压力而促使的新能源发展，由于技术突破而造成的新型能源发现或能源开采成本下降等，这些因素会对能源市场自身的稳定发展产生风险效应。能源安全与世界各个国家经济发展和国家安全息息相关，关注能源市场的变化显得尤为重要。对于政府和政策制定者来说，知悉能源市场的风险有利于防范其他市场的突发变化对能源市场的影响；对于企业高管来说，清楚能源市场变化规律有利于整个行业和企业自身的良好发展；对于投资者和消费者来说，了解能源市场的波动有利于优化投资和消费策略，促进自身和社会利益的最大化。基于以上的目的，本章旨在探讨以下方面的内容：

- 宏观经济对能源市场的传导机制
- 资本市场对能源市场的冲击分析
- 国际能源市场的风险溢出效应
- 防范风险溢出的应对措施

4.1 能源市场供需风险分析

4.1.1 宏观经济对能源市场的传导机制

自 20 世纪 70 年代能源危机爆发以来，宏观经济和能源市场的传导机制得到了学者充分的重视与广泛的研究。近年来，世界经济疲软，能源市场表现低迷受到广泛关注。例如，2014 年年底，国际油价跌破 11 年来的最低点位，并持续低位震荡；由于天然气价格与国际油价联动，在油价下跌的同时，天然气价格也持续低迷；除了原油和天然气，煤炭也是重要的能源之一，在经济不景气的前提下，发电用煤、炼钢用煤均出现较大幅度下滑，导致煤炭价格一蹶不振。总体而言，宏观经济的稳健发展是能源市场供需平衡的基础，是能源价格平稳的重要基石。宏观经济对能源市场的详细传导机制见图 4-1。一般而言，宏观经济对能源市场的冲击通过影响能源供需，进而传导至能源价格，主要传导途径由经济基本面、货币和财政政策及金融市场三方面构成。

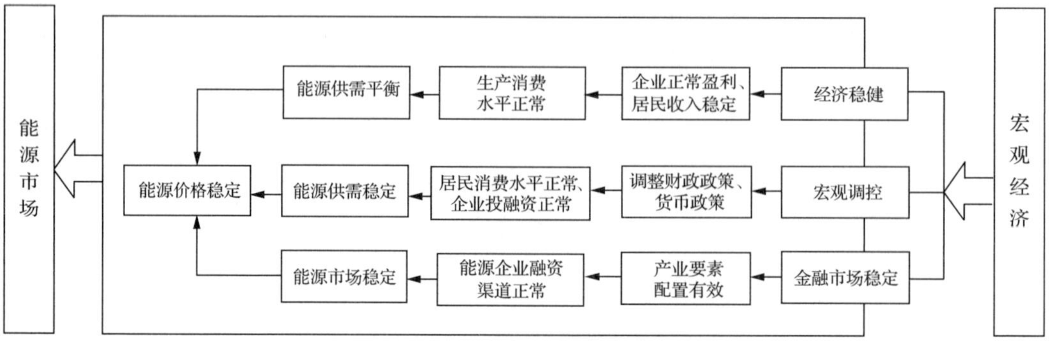

图 4-1 宏观经济对能源市场传导机制

1）经济基本面决定能源市场供需平衡

宏观经济指标的变动与原油需求变化关联密切，同步性较强。例如，衡量一国经济发展状况的 GDP 总量直接决定能源消费总量。在经济下行，GDP 增速下滑的时期，一般会出现能源消费不振，能源供给萎缩，整体出现能源供过于求的局面，能源均衡价格也会相应出现下滑。反之，GDP 增速上行会带动能源需求，此时市场上能源供给不能满足需求，能源价格必然会上涨。同样的，衡量一国居民购买力水平的 CPI 指数也与能源供求有着密切的联系。CPI 反映居民家庭所购买的一般消费商品和服务的价格水平，作为衡量居民生活水平和货币购买力变动的重要指标，居民的购买力与各中观行业的产值变化及行业利润呈正相关关系，即居民的购买力下降，各行业的产值及利润也会受到影响而下降。能源行业作为经济发展的最重要行业之一，行业整体发展同样与购买力水平存在同向变动关系。因而，宏观经济基本面的变动决定着整体能源市场供给与需求的平衡关系，进而决定能源市场的均衡价格。

2）宏观调控牵动能源供需稳定

一国的货币政策和财政政策对能源市场供需的影响主要通过对宏观经济的影响实现

传导。例如，在经济萧条时期，一国政府多采用扩张性货币政策增加固定资产投资，增加居民消费，从而实现宏观经济总体需求的上升；作为总需求的一部分，能源需求不可避免也得到了提升。同理，紧缩的货币政策在经济过热、通货膨胀率过高时实行，以提高利率、抑制投资和消费，进而降低总需求，稳定物价，与此同时，能源需求也相应降低，能源市场会出现供需再平衡的过程。财政政策作为政府宏观调控的重要手段，直接影响经济基本面的变化，对市场均衡起着至关重要的作用。扩张性财政政策通过多种手段增大社会投资及消费，进而刺激社会总需求，扩张性财政政策一般包含增发国债、降低税率、提高政府购买和提高转移支付等措施；紧缩性财政政策通过财政分配活动来减少和抑制总需求，政策手段主要包含减少国债、提高税率、减少政府购买和转移支付等措施。这些措施通过对企业的成本和投资产生影响，也会对居民的收入和消费水平产生影响，最终通过影响全社会的总需求，进而传导至能源需求，导致能源市场供需失衡，并促发能源市场供需再平衡的过程。

3）金融市场稳定促进能源市场健康

金融市场稳定同样是能源市场健康发展的重要因素之一。因为能源价格不仅仅受到供给和需求平衡的影响，多种主要能源如油、天然气、煤等均已成为重要的金融标的，同时受到金融市场投资、投机或其他金融市场波动溢出效应的影响。例如，在 2008 年的次贷危机与 2009 年的欧洲主权债务危机（简称欧债危机）中，主要发达国家的股票市场、债券市场波动十分剧烈，世界主要能源市场也受到了股市、债市大幅波动的冲击，表现为世界石油、天然气、煤炭等主要能源价格大幅下挫。除了股票、债券，国际汇率市场对能源市场的溢出效应也十分明显。例如，美元汇率波动对国际原油市场冲击效果十分明显。由于国际原油价格是以美元计价的，美元的持续贬值引起国际投机热钱流向原油期货市场，并且使得原油价格出现“虚高”。美元与油价的关系基本呈现负相关，即美元升值，油价下跌；美元贬值，油价上涨。美元贬值表明投资环境恶化，出现较大的流动性缺口，大量资金为了保值更倾向于短期投机，也就是说美元贬值为投机活动提供了契机，加上美元贬值弱化了经济增长的预期，市场信心不能有效改善，这也在一定程度上助长了投机行为，投机行为会对市场正常机制造成影响，导致油价非正常波动。

4.1.2　能源需求风险

能源需求风险，即能源需求的不确定性，主要体现在两个方面：在经济走势良好、经济增速稳定的时期，能源价格与能源消费量都有可能增加，能源需求大幅增加的风险加大；反之，在经济下滑时期，能源价格与能源消费量均可能下降，能源需求大幅降低的风险加大。能源价格、需求总量与宏观经济及金融市场存在直接或间接的关系。宏观经济表现直接关系到一国国民收入水平，进而影响该国的能源消费能力；同时，宏观经济发展与金融市场投资者的市场预期联系紧密，并能够影响投资者融资成本，从而影响作为金融标的物的能源产品价格及消费量。

1）宏观经济波动导致的能源需求风险

宏观经济主要通过影响一国的国民收入与消费能力而对能源需求产生影响，进而影响能源的需求风险。2008年以前，全球经济稳中有增，尤其是新兴国家一直保持着较高的经济增长率，全球能源需求也一直保持较好的增长势头，据BP公司统计，2001～2008年，全球石油消费与天然气消费分别增长了10%和23%。在这一时期，各国宏观经济快速发展，国民收入的增长使其消费能力得以提升，拉动能源消费量增加，另外，能源需求的增长刺激能源价格上升，抬高了能源消费的总成本；但是总体来看，由于经济增长对能源消费的促进作用大于能源价格上升对能源消费的抑制作用，所以最终能源需求仍然表现出增长趋势。2008年以后，全球金融危机与欧债危机相继爆发，对各国宏观经济发展造成巨大冲击，使各国经济增速放缓，购买力大幅下降，进而导致能源消费量出现了不同程度的下滑，例如，OECD国家的能源消费量普遍下降，其占世界能源总消费的比例也呈现下降趋势。因而，不难看出，宏观经济不同发展阶段对能源需求影响不同，也给能源需求带来了不同类型的不确定性，是影响能源需求风险的重要因素。

2）金融市场波动带来的能源需求风险

在金融市场上，投资者对市场前景的预期及投资者的融资成本关系到对能源产品的投资，进而影响能源需求风险。2008年全球金融危机爆发前，各国宏观经济的优良表现提升了金融市场投资者信心，使其对市场前景保持积极的预期，与此同时，在宽松的货币市场环境下，投资者融资成本较低，流动性充足，整个金融市场交易活跃，能源产品需求量大增，价格随之上涨。而后，在金融危机与欧债危机的双重压力下，各国经济增速的停滞乃至下滑造成整个金融市场充满恐慌气氛，投资者对市场的信心大减，银行为保证资金安全，提高了借贷门槛，投资者融资受限，金融市场上流动性降低，包括以能源产品为标的的各类金融产品需求量明显下降。然而，印度和中国作为新兴经济体的代表，在危机后的一年经济增速迅速反弹，其对能源的消费依然强劲，经济复苏的速度也远超出预期，在一定程度上为全球宏观经济与金融市场稳定作出重要贡献。根据美国能源信息署的预测，中国与印度在2030年的能源消费将占到世界总消费的25%，而美国将从2005年的22%下降到17%。新兴经济体政府采取了刺激需求的财政货币政策，以最快的速度对危机作出回应，拉动了消费需求的增长。由此可见，通过宏观调控降低金融市场风险，对减轻危机带来的能源需求端风险有十分重要的意义。

4.1.3 能源供给风险

类似地，能源供给的风险主要是能源供给的不确定性，这种供给的不确定性同样由宏观经济周期性调整和金融市场波动所决定。宏观经济通过影响产业的基本面和生产要素的配置对能源价格产生影响，金融市场则通过直接对投资者心理预期的影响，以及间接冲击宏观经济来影响能源的价格，从而给能源供给带来一定的风险。例如，2008年之前经济增长迅猛，经济形势一片大好，能源价格飞速上涨，其中原油价格大幅飙升至147.27美元/桶，涨至历史高位，国家能源供给风险集聚。

1）宏观经济周期波动加大能源供给风险

宏观经济周期性的波动对能源市场产生双面的影响，从而给能源供给带来一定的风险。当宏观经济处于上升阶段时，行业整体利润增加，企业融资成本降低，资金流动快且规模大，企业因而加大对能源生产的投入，能源供给持续增加，产能过剩的供给风险也不断集聚。当宏观经济处于下行阶段时，一方面，企业的融资成本加大，利润降低，流动资金减少，企业从而缩小能源的生产和投入规模，供给持续降低，供小于求的供给风险放大；另一方面，经济低迷将迫使企业重新调整其在能源市场上生产要素的配比，降低对能源要素的配比额，这也就增大了能源价格的下跌概率，从而加剧了能源供给的风险。

2）金融市场波动对能源供给风险影响

金融市场通过直接和间接两种方式来影响能源价格，从而对能源供给产生一定的冲击。金融市场的直接影响是通过改变投资者对宏观经济的心理预期进而改变金融市场上的能源价格，从而引起能源市场的波动，造成能源供给的不确定性。间接影响是指金融市场通过产生财富效应，从而对宏观经济产生冲击，再循环影响至能源市场和能源供给。当金融市场繁荣时，股票价格上涨，社会总体财富呈增多趋势，宏观经济的发展可能会拉高能源的价格，这也就给能源供给带来上行的风险；当金融市场低迷时，股价连续下跌，社会总体财富呈紧缩态势，这也就抑制了宏观经济的发展，从而可能造成能源价格下跌，加剧了能源供给下行的风险。

4.2　全球资本市场对能源市场冲击及风险应对

4.2.1　金融危机对能源市场短期风险溢出效应显著

金融市场与能源市场关联紧密，而金融危机对能源市场的短期影响更是十分显著，无论是美国次贷危机带来的股市崩盘，还是欧债危机导致的金融市场混乱都影响了各国的经济，对世界主要能源市场带来巨大的冲击。金融危机不仅造成金融业投资和交易的不景气，也会造成宏观经济萎靡，总需求不振，进而导致能源需求的大幅降低，使整个能源市场供过于求，能源价格大幅下滑。

美国次贷危机以 2007 年 4 月美国新世纪金融公司的破产为开端。美联储虽然作出反应，但在 2008 年 8 月，美国房贷两大巨头——房利美和房地美股价暴跌，持有“两房”债券的金融机构大面积亏损；接踵而来的是总资产高达 1.5 万亿美元的世界两大顶级投行雷曼兄弟和美林相继出现危机，前者被迫申请破产保护，后者则被美国银行收购，至此全球性的金融危机爆发。从图 4-2 中也可以看出，美国金融市场在由次贷危机引起的全球性金融危机中受到了沉重的打击，标准普尔指数从 2007 年的最高点 1519.78 一直跌到 2008 年 11 月 19 日的最低点 806.58 点，跌幅近 1/2。2009 年 12 月，希腊的主权债务危机凸显，2010 年 3 月进一步发酵，开始向葡萄牙、意大利、爱尔兰、希腊、西班牙蔓延。图 4-2 也显示了欧洲五国股票指数的变化情况，可以看出欧洲这五个国家股市变动的趋势基本上一致。2008～2009 年，美国次贷危机导致各国股市均出现较大幅度下跌，虽然在 2009 年年初稍有回升，但欧债危机对各主要发达国家资本市场带来了二次打击，各国股票大盘指数再次下跌并在历史低位持续震荡。可以看出美国次贷危机及欧债危机的冲击对欧美金融市场的负面影响较大，欧洲金融市场更是回到了 10 年前的发展水平。欧洲金融市场发展受到重大打击，欧盟国家整体经济发展水平也受到了很大的影响。美国次贷危机不仅仅影响了美国金融市场，受欧债危机的叠加影响，金融危机蔓延至欧洲金融市场，甚至影响到了亚洲市场，全球金融市场都被次贷危机和欧债危机的阴影笼罩。中国作为发展中国家的代表，在金融危机时期同样受到了巨大的冲击，虽然 2007 年股票指数一度突破 6000 点，但金融危机的来临却使得上海证券综合指数（简称上证综指）暴跌至最低不足 2000 点。

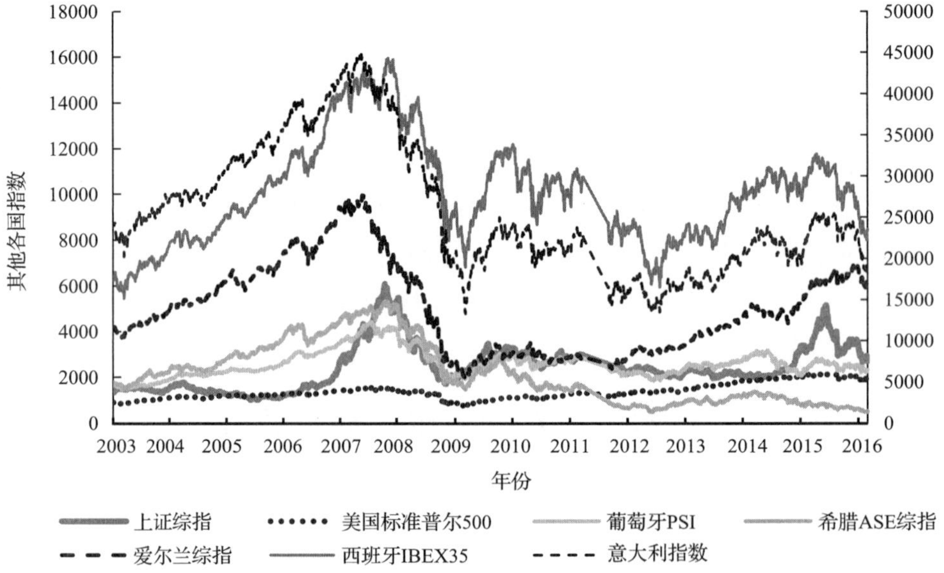

图 4-2　2003～2016 年世界主要国家股票指数收盘价

数据来源：Wind 数据库

2008 年美国次贷危机影响范围广，在危机的打击下，世界经济都处于疲软状态。图 4-3 显示了美国 GDP 的变动情况，美国的 GDP 增长率在 20 世纪 90 年代～2008 年保

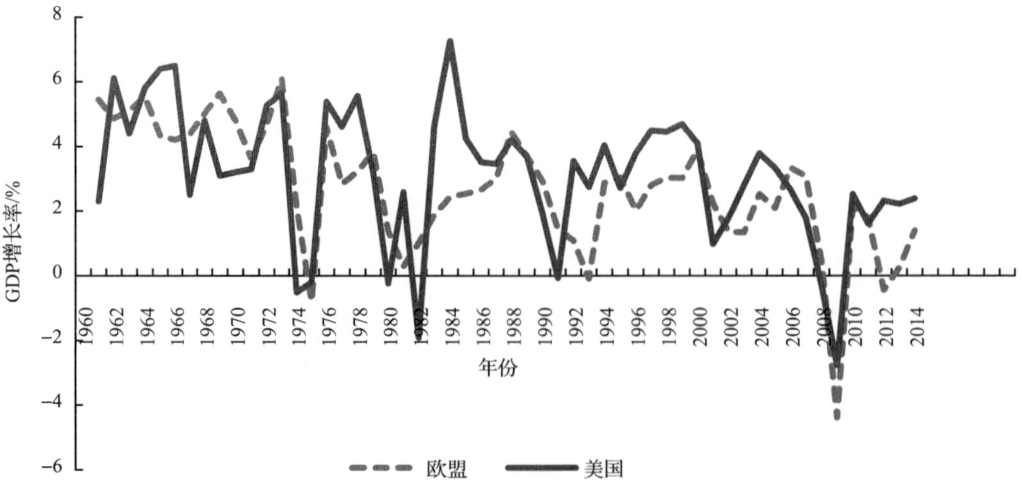

图 4-3　1961～2014 年 GDP 增长率变动情况

数据来源：世界银行数据库

持快速稳定增长态势，但在 2008～2009 年有较为明显的跌势，次贷危机不单单影响了整个金融市场，也给美国经济的发展带来了沉重的打击。在整个次贷危机的过程中，美国经济疲软，总需求下滑，能源需求也出现了较大幅度下降，能源市场承压明显。

金融危机对宏观经济带来较大冲击，经济增长放缓甚至出现衰退。居民生活水平和制造业都处于不景气的状态，消费者和市场的信心指数也同时出现下降。图 4-4 是美国 CPI、PPI 和 PMI 的整体走势，在美国金融危机时期三个指数均大幅下跌。说明工业部门生产与居民部门消费均受到金融危机的严重影响。美国金融危机给世界经济带来的打击还未恢复，2009 年欧洲主权债务危机的爆发进一步打压全球经济。此次欧债危机对欧洲金融市场的影响并不亚于美国次贷危机。例如，美国次贷危机使英国富时 100 指数从 2007 年最高的 6595.87 点狂跌至 2008 年年底的 3780.96 点，跌幅接近 1/2；而欧债危机则使富时 100 指数在 2009～2013 年持续维持低位震荡。从图 4-3 中也可以看出欧洲 GDP 的变化情况，很明显地，在 2008 年美国金融危机后，欧洲经济还未恢复，2009 年 GDP 大幅下跌，2010 年也表现为小幅下降。欧洲整体的经济情况均有较大的下滑。

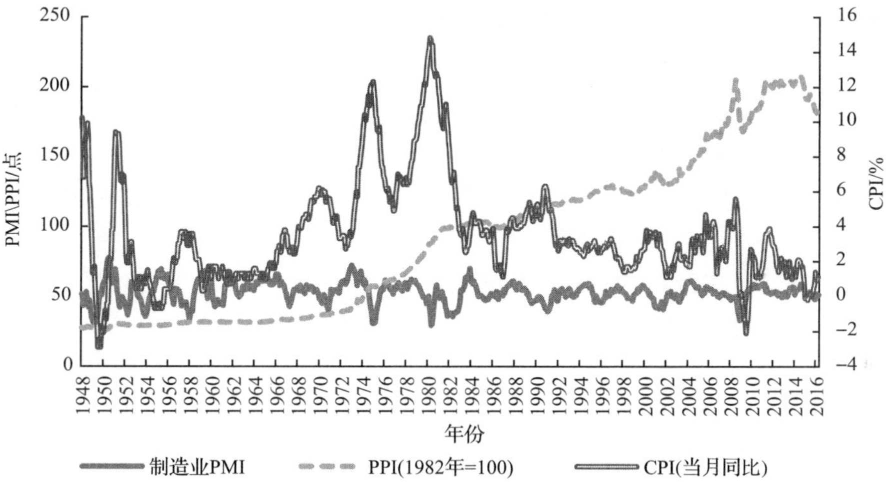

图 4-4　1948～2016 年美国 CPI、PPI 和 PMI 变化情况

数据来源：世界银行数据库

在两次金融经济危机的双重打击下，世界主要能源市场最终未能顶住压力，能源价格出现大幅下挫。图 4-5 包含 Brent 原油期货价格和 WTI 原油期货价格的变动趋势，可以看出在 2008 年 6 月美国金融危机“顶峰”时期，Brent 期货原油价格从 145 美元/桶左右开始“跳水”，一直跌到 2008 年年底的 50 美元/桶，跌幅近 2/3，WTI 原油价格走势与 Brent 油价类似，均出现断崖式下跌，从 2008 年的制高点暴跌至 40 美元/桶以下。除了原油期货市场受到金融危机影响，Henny Hub 天然气价格也从 2008 年 6 月中旬最高价 13.21 美元/百万英热跌至只有 3 美元/百万英热，接近 Henny Hub 天然气价格的最低水平，跌幅超过 77%。能源市场的表现说明金融危机引发宏观经济下行，居民生活水平和工业发展水平随之下降，全球宏观经济总需求不振，能源需求也随之疲软，能源市场均衡被打破，能源价格下滑，能源市场供需出现危机时代再平衡的新状态。

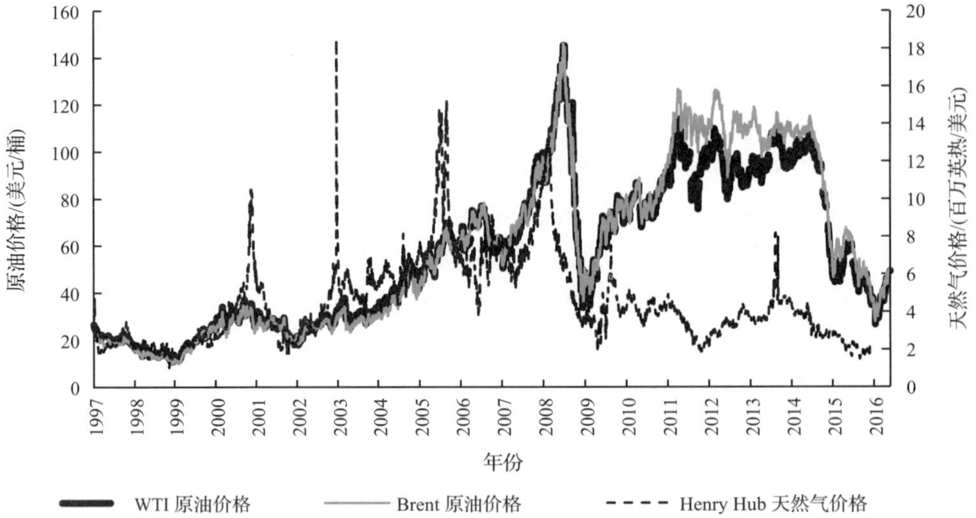

图 4-5　1997～2016 年原油期货价格与天然气价格走势

数据来源：美国能源信息署

具体而言，在金融危机时期，整体能源市场首先出现供大于求、能源价格低位震荡的态势。国际货币基金组织 2008 年 7 月发布的《世界经济前景》指出，由于金融危机的影响，全球经济正面临着增速显著下滑的困难局面，事实证明，这一趋势持续到了 2009 年。2008～2009 年，全球主要国家 GDP 表现较差，很多国家出现 GDP 持续下降和负增长的情况。全球经济的衰退促使各行业发展减速，失业率上升，居民生活水平下降，进一步导致全球能源需求锐减，能源市场供过于求。

其次，美元升值进一步打压世界主要能源品种价格。2008 年 6 月以来由于欧元区国家担心美国转嫁危机，主动迫使欧元相对美元贬值，使得美元较世界其他主要货币表现出升值，进而对能源市场施压。例如，国际原油价格是以美元为计价货币的，美元升值在一定程度上造成原油价格上升，需求量进一步下降，原油市场出现低迷震荡态势。天然气市场与国际石油市场联动效应较强，美元走强同样打压天然气市场。与此类似，国际能源主要能源产品均以美元计价，在金融危机时代，美元汇率走强使得世界主要能源品种价格承压。

最后，金融危机严重打击了能源市场投资者的信心和预期。金融危机爆发以来，能源期货市场交易受到很大影响，投机交易量出现较大幅度萎缩，金融危机对投机行为产生了较大的约束作用。所以，两次金融危机对能源市场的影响十分明显，除了引发能源市场供大于求的失衡状态，金融市场极度不稳定也改变了能源市场的投资预期：市场表现为能源价格大幅下跌，并在历史低位持续震荡。无论是美国次贷危机还是欧债危机都造成了世界性的经济萧条，对居民生活水平、工业及期货市场的影响也十分深远，同时造成世界主要能源期货市场出现了较长时间的疲软态势。由此可见，金融市场与能源市场之间存在着密不可分的关系，两大市场相互影响、互促繁荣。金融市场的安全与稳定会促进能源市场的发展，而金融市场波动则会影响能源供需失衡，引起能源市场波动。

4.2.2　金融危机对能源供需影响效应持续

在 4.2.1 节中已经分析了金融危机对能源市场价格的溢出效应，重点分析短期内金融危机对世界主要能源产品价格的传导机制及影响。长期而言，金融危机进一步传导到实体经济，引发全球经济出现衰退，世界主要能源需求萎靡，能源市场供需失衡，出现大幅震荡。如图 4-6 所示，美国、日本及欧盟的原油消费量在 2008 年均有明显的下降，而这种石油消费量下降持续到了 2009 年。中国作为世界最大的原油进口国及消费国，也受到了金融危机的冲击，自 2008 年 6 月开始原油消费有较为明显的一次下跌，下跌幅度为 60 万桶/天，跌幅近 10%。不难看出，在金融危机时代，世界主要石油消费国需求均有较大幅度下滑，全球石油需求不振。

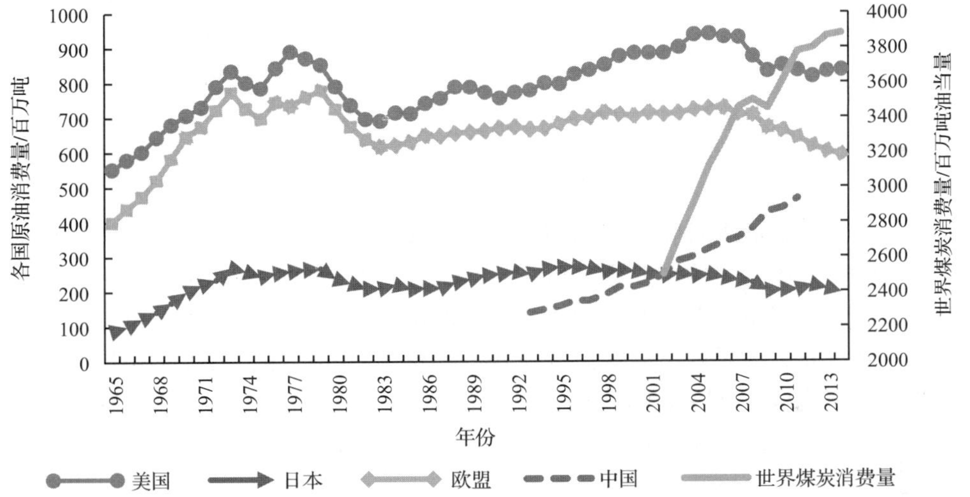

图 4-6　1965～2013 年主要国家原油年消费量变化情况及世界煤炭消费量

数据来源：Wind 数据库

同样，其他主要能源品种也受到金融危机冲击，出现了不同程度的需求量下滑。例如，2008 年世界的煤炭市场，需求同样出现大幅下滑的局面。1990 年后，世界煤炭的消费情况一直保持较为稳定的增长趋势，2002 年之后，几个较大的发展中经济体开始崛起，世界煤炭的消费量有较大幅度的增长，但在 2008 年这种增长趋势戛然而止，整体趋势略有下降（图 4-6）。因此，不难看出，世界经济低迷造成的消费疲软影响的不仅仅是原油市场，也影响到了煤炭等其他大宗商品的市场。

进一步而言，金融危机不仅仅影响了全球能源的总需求，同时也影响了能源市场的供给面。例如，图 4-7 描述了金融危机时代 OPEC 原油产量萎缩的具体情况。2008～2009 年一段时间内，OPEC 的原油产量出现了 10 年内最大的负增长，然而在危机前，OPEC 产量虽有波动，但波动幅度并不大，由此可见 OPEC 成员国作为供给方也受到世界经济疲软的打击，主动降低石油产量。无独有偶，煤炭市场也出现类似的趋势，2008 年煤炭产量的增长率出现了下滑态势，一直到 2015 年也未能恢复到最高时的产量水平（图 4-7）。全球能源市场供给面受到金融危机的沉重打击，产量大幅下滑，各能源企业业绩下滑，出现了大量倒闭现象。

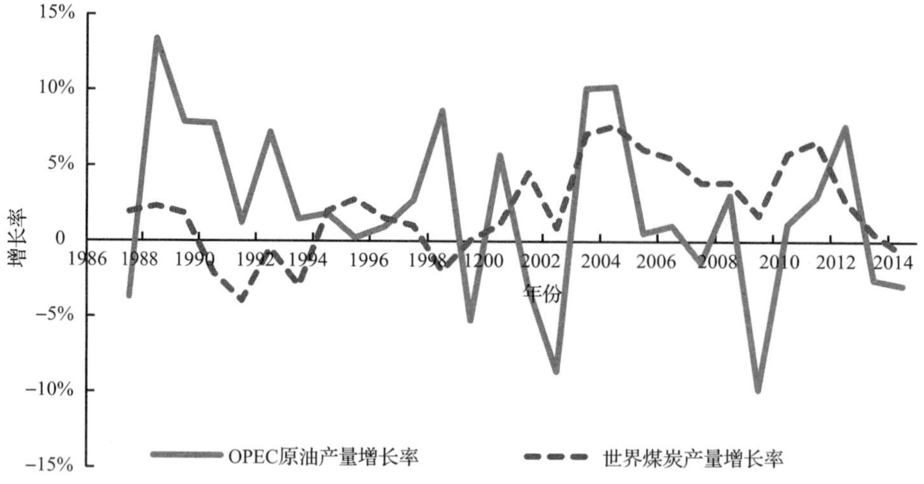

图 4-7 1986～2014 年原油与煤炭产量增长率

数据来源：Wind 数据库

总而言之，金融危机对能源市场的影响是直接而巨大的，一方面，金融危机蔓延到股票市场和债券市场为主的主要资本市场，打击投资者信心，使得能源类大宗商品期货市场持续低迷；在能源消费方面，主要化石能源消费大国和地区，如美国、中国、欧盟和日本等，对石油、煤炭等产品的需求受经济不景气影响有很大程度的下降；但从能源供给面考量，与消费量下降的趋势相比，无论是 OPEC 原油产量还是世界煤炭产量的下降幅度，都远小于能源消费量下降的程度，因此整体能源市场上呈现出供大于求的局面，引发能源市场持续疲软。

4.3 国际能源市场政策溢出风险

4.3.1 各国能源市场政策重点不一但发展方向一致

化石能源一直是人类使用的主要能源，世界各国因发展阶段和资源禀赋结构不同，能源消费的类型也有所不同。大部分发达国家主要使用石油、天然气；而一些亚洲发展中国家则大量使用煤炭。现今，随着世界工业化水平的提升、世界人口的增加，人类对能源的需求越发强烈。化石能源是不可再生能源，并且其使用量的增长会极大增加二氧化碳排放量，二氧化碳增加不仅仅会影响到人类的生产与生活，更会对未来地球的环境造成巨大影响。就这一问题，1992 年，各国达成的《联合国气候变化框架公约》是世界上第一个为全面控制二氧化碳等温室气体排放、应对全球气候变暖的国际公约，其主要目的就是促进各成员国减少二氧化碳排放。

传统能源中石油的供给和消费量最大，是目前世界使用的最重要能源，世界上大部分石油储量集中在以沙特阿拉伯为代表的 OPEC 国家及俄罗斯和加拿大等石油大国。而美国、日本和德国等一些发达国家，和中国在内的一些正在兴起的发展中国家都需要大量进口石油以维持国家的生产、生活和发展。近些年，各国已充分地意识到石油安全就是能源安全，而能源安全就代表着国家安全。为了保证能源安全或者说是国家安全，单一的加大石油储备并不是长久之计。为了解决这一问题，以欧美和日本为先驱，包括中国在内的发展中国家都投入了大量的资金和人力开始发展替代化石能源的清洁能源技术，以期望在一定程度上减少石油的进口、减少对化石能源的依赖，保证国家能源可持续发展和能源安全。

正是基于以上两个目的，世界各国都在积极努力减少对化石能源的使用，并试图找到一种可以替代的、自给自足的、可再生的能源，为了发展这一类清洁可再生的能源，各国出台了不同的政策与法令等，虽然内容不尽相同，但最终的目的指向都是发展新能源与新技术。下面将以美国、日本、德国及我国的新能源政策为例进行总结与分析。

1）日本重点推进太阳能利用

日本国土面积狭小，资源有限，在能源发展计划上日本重视长期的规划。化石能源的使用虽然占能源消费的大部分，但日本在新能源开发及节能技术的应用方面投入了大量的资金，并制订了多项计划，也制定了诸多法律和法案。

早在 1974 年，日本规划出台了专门应对石油危机的“新能源技术开发计划”，也称“阳光计划”。该计划的核心内容是太阳能的开发利用，同时也包括地热能开发、煤炭液化和气化技术开发、风力发电和大型风电机研制、海洋能源开发和海外清洁能源输送技术；1980 年，日本又推出了《替代石油能源法》，设立了“新能源综合开发机构（NEDO）”，开始大规模推进石油替代能源的综合技术开发，主要包括核能、太阳能、水利、废弃物发电、海洋热能、生物发电、绿色能源汽车、燃料电池等；1993 年，日本政府将“新能源技术开发计划”“节能技术开发计划”和“环境保护技术开发计划”合并成规模庞大的“新阳光计划”。“新阳光计划”的主导思想是实现经济增长、能源供应和环境保护之间的平衡。“新阳光计划”的主要研究课题大致可分七大领域，即再生能源技术、化石燃料应用技术、能源输送与储存技术、系统化技术、基础性节能技术、高效与革新性能源技术、环境技术等。其中，再生能源技术研究包括太阳能、风能、温差发电、生物能和地热利用技术等，最受重视的是太阳能。

2）德国以清洁电能为切入点

德国可谓是较早意识到并发展新能源项目的国家之一。在世界各发达国家之中，德国的发展新能源项目虽然不是最早的，但却是发展最好的。无论是在风能、太阳能，还是生物能、地热等领域，其中也包括德国最骄傲的汽车领域，德国的新能源技术发展都非常迅速。德国当前可再生能源占全部能源消耗的比例已经超过 15%，德国新能源企业每年产值达到 250 亿欧元，创造的就业岗位超过 25 万个。近年，全世界每三块太阳能电池板、每两个风力发电机，就有一个来自德国。

2000 年，德国颁布《可再生能源法》，其核心是建立可再生能源发电的固定上网电价制度，对推动风电、太阳能光伏等可再生能源的发展起到了决定性的作用；早在 1989 年，德国的太阳能光伏产业就显出雏形，“千屋顶计划”确定政府为每位安装太阳能屋顶的住户提供补贴，大力度地减少对传统电力的使用；2007 年推出的《能源与气候保护综合方案》及 14 项法律案规定，至 2020 年，将清洁电能的使用率由 12%提高到25%～30%，德国政府仍将继续投入3.5亿～5亿欧元的补贴，大量的资金投入进一步促进了清洁电能的使用与发展；2009年开始实施的新《可再生能源法》，要求电网运营商必须以固定的费率收购可再生能源电力，进一步奠定了德国发展清洁电能的基础。

3）美国注重页岩油（气）发展

美国作为世界上发达国家的代表，在发展新能源技术上也是“领头羊”。2005年的《国家能源政策》提出发展氢能，以摆脱长期以来进口能源的现状；2007年，《能源促进和投资法案》鼓励开放清洁能源和可替代燃料技术；《美国独立能源及安全法》中要求，到2025年，清洁能源技术和能源效率技术的投资规划将达到1900亿美元等，这些法案和规划政策都说明美国极其重视新能源的发展。

美国虽然提出了近百项相关法规来促进新能源的发展，但从实际情况来看，美国更注重页岩油（气）的开发。美国依靠发展难度较大的页岩油（气）开采技术逐渐从石油进口大国摆脱了进口国的“帽子”，能源独立指日可待。

4）中国多种清洁能源齐头并进

中国正处于工业迅猛发展的阶段，对能源的需求量巨大。我国新能源发展晚于欧美等发达国家，从政策上来看，早在2008年的“十一五”规划阶段就提出《可再生能源发展“十一五”规划》，主要内容是逐步提高可再生能源在能源供应中的比例，2015年的“十三五”规划中进一步提出促进绿色能源的发展。我国国土幅员辽阔，各地区有不同的地区特点，例如，珠三角、长三角地区重点发展水力发电；内蒙古等地投入大量资金建设风力发电站。我国各类新能源技术都在不断的进步，可以说形成了按照不同地区因地制宜发展的新能源类型齐头并进。

4.3.2　新能源政策力度大且市场份额逐渐提升

国家大力发展新能源技术必然会造成能源结构的改变，清洁能源在一定程度上可以替代化石能源的使用，加大对新能源的使用量就必然会造成对石油等化石能源的替代，进一步引发对石油的需求量减少。以美国、德国和日本为代表的发达国家，以及最大的发展中国家中国，都在大力发展新能源技术，这些国家也是石油进口和消费的主要国家，其新能源技术的发展会对世界能源需求产生决定性的影响。

图4-8是美国、德国、日本和中国四个主要能源消费国的清洁替代能源消费量占能源总消费量的比例。图中显示，日本发展清洁能源略早，1960年清洁能源消费占能源总消费的比例为6.2%左右，但后10年稍有下降。事实上，四个国家发展阶段是较为相似的，以1970年为起点，各国新能源消费占总能源消费量呈明显的上升趋势。尤其是日本，上升幅度较为明显，美国和德国上升趋势较为相似，在数量上差别也不是很大，始终保持稳定的增长。与其他三个发达国家相比，中国的清洁能源消费占总能源消费的比例虽然也一直呈现出上升的趋势，但在数量上却不足三个发达国家的1/3。图4-8显示，日本在2011年清洁替代能源使用量占能源总使用量的比例迅速下降，主要是因为2011年福岛核电站事故对核能使用的影响，也体现出日本在清洁能源发展计划中虽然希望以太阳能为主，但占大部分的还是核能。从这个角度来看，如果日本除去大部分的核能占比，清洁能源的消费量占比基本上应该与德国和美国数量相似。

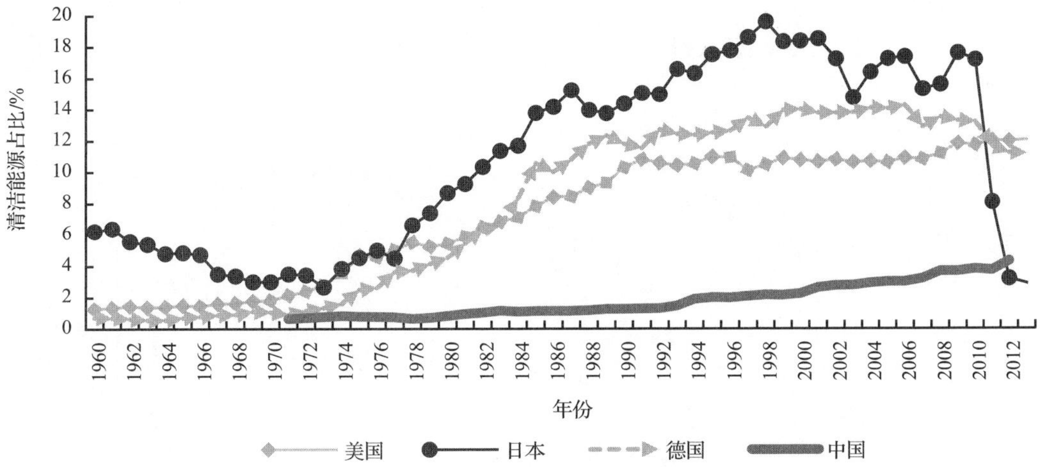

图 4-8　1960～2012 年清洁替代能源消费量占能源消费总量的比例
数据来源：Wind 数据库

发展新能源技术、增加清洁能源的使用是各国能源长期规划的目标，清洁能源对化石能源的替代是“大势所趋”，在 1998 年，日本清洁替代能源的使用就占到了能源消费总量的近 20%，德国和美国清洁能源的替代占比也达到了 15%和 10%。如果按照 2014 年三国一次能源消费水平计算，清洁能源在日本、德国和美国分别能够替代 46.65 百万吨油当量、91.22 百万吨油当量和 229.87 百万吨油当量，这个数量的总和超过了日本 2014 年全年的一次能源消费量。

显而易见，在预计到清洁能源的技术会不断进步、清洁能源的消费量占总能源消费比例不断上升的情况下，石油等化石能源的消费量必然会受到“威胁”。也就是说，按照清洁能源消费占比目前的增长趋势来看，新能源的发展趋势占据长期优势，未来世界主要国家不断减少石油为主的化石能源消费量，世界石油的供需平衡必然会有变动，这对原油价格又是一种新的挑战。

4.3.3　技术进步增大传统能源市场风险

随着科技的不断进步，能源的开采技术取得了巨大的突破，开采和生产成本有较大程度的下降。虽然从整体市场来看，技术进步对能源发展是有益的，但也会给传统能源市场带来不可估量的风险。近些年，美国的页岩油（气）技术发展迅猛，基本已经完成技术开发，正式进入生产和使用阶段。有专家和学者认为，2014 年下半年开始的国际油价大跌与美国发展页岩油（气）技术有密不可分的关系，一方面，美国利用页岩油（气）技术想要摆脱对原油进口的依赖，降低石油对外依存度；另一方面，中东为了阻止美国页岩油（气）的发展而不断拉低油价，目的是使得美国页岩生产和开采企业承受不住低油价的压力而破产。无论这两种言论是否正确，美国页岩油（气）技术的发展确实降低了本国的石油进口量，也在一定程度上给 OPEC 国家带来了压力。美国一直以来是世界上最大的石油消费国，其消费量占世界总消费量的近 20%，美国开发页岩油（气）导致了石油消费量的变化，进一步导致世界石油消费减少，供需不平衡的情况下也会引发油价进一步下跌的风险。图 4-9 显示了美国 2007～2014 年美国页岩气产量变化情况，可以看出美国页岩气自 2007 年开始一直呈现出增长趋势，7 年之间增长了 10 倍之多。

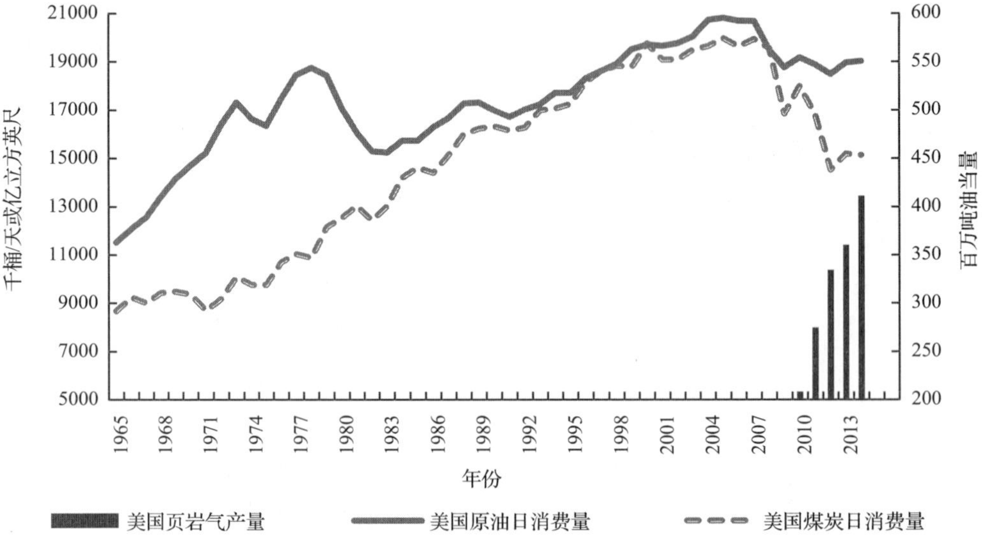

图 4-9　1965～2013 年美国能源产量与消费量变化情况

数据来源：Wind 数据库

根据 EIA 对美国页岩气产量及 2040 年产量预测的报告可以看出，美国页岩气产量占美国天然气总产量的比例不断增大；也可以看出，页岩气自 2005 年开始生产，之后一直直线上升，2015 年页岩气的产量基本成为美国所有天然气生产产品中产量最大的，预计到 2040 年，美国页岩气产量将会占到美国所有天然气产量的 50% 以上。美国发展页岩油（气）的技术主要是为了通过开采较难开采的非常规油气满足自身的能源需求，减少化石能源进口量。在非常规油气中发展最好、产量较大的是页岩气，页岩气是一种较难开采的天然气，其清洁性远大于原油和煤炭。当前美国页岩气储量排名世界第四，最重要的是美国拥有较为先进的开采技术。图 4-9 中显示了美国原油的日消费量变化趋势，与美国的页岩气产量变化对比可以发现，自美国开始发展页岩气的开发技术以来，即 2005 年往后的几年间，美国的原油消费量与 2005 年之前相比都有所减少，也能从侧面说明美国通过页岩技术开发出的页岩气（油）很可能在一定程度上确实代替了原油的消费。图 4-9 中也包含了美国煤炭日消费量的变动情况，煤炭使用量的变化趋势呈现出与原油消费量相似的趋势，自 2005 年以后，煤炭消费量有所下降并保持下降趋势。根据 EIA 数据资料①可以计算出，2004 年美国能源结构中原油消费占总能源消费的比例为 22.4%，天然气占比为 22.9%，煤炭占比为 40.2%；2013 年美国能源结构中原油消费占总能源消费的比例为 18.6%，天然气占比为 27.6%，煤炭占比为 35.6%。其他能源还包括核能和水能，但这两项变化不大。

①详情参见 EIA 网站 2015 年 12 月 *Monthly Energy Review*。

对比 2004 年和 2013 年的美国能源结构，明显看出与前面分析和图表显示内容一致的结果。美国原油和煤炭的消费量在 10 年间有所减少，增加的份额基本上都是天然气，而在天然气中，占比最大的又是页岩气。以上的数据和分析都说明美国的“页岩气革命”是成功的，页岩气（油）的产量是明显上升的，化石能源中石油和煤炭的消费量被页岩气所替代。如果按照这一趋势继续发展，美国通过攻破页岩气（油）为主的非常规油气的开采，从长期角度来看能够实现能源独立，并且页岩气（油）也是能够对其他化石能源的使用量产生替代影响的。

4.4　防范能源市场风险应对措施

4.4.1　应对金融危机对能源市场影响的措施

我国是能源消费大国，世界经济波动和金融危机对我国的影响都很大。能源价格的波动对国内企业的生产和国内居民的生活都会造成不同程度的冲击。能源价格的上涨或下跌，都会对进口贸易、海外勘探及能源产业链上的子行业造成方方面面的影响，为了应对宏观经济波动和金融危机可能对我国能源市场造成的影响，政府或市场机制应有如下措施。

（1）完善国家能源储备。金融危机时期能源价格下跌，这有利于我国以较低价格进口有需要的能源产品，一方面，可达到降低企业生产成本、缓解国内通货膨胀压力的短期目标，另一方面，可适当增加和完善我国国家能源储备的规模，确保能源供给安全的长期目标。

（2）调整能源企业生产行为。中石油、中石化和中海油等大型综合性能源企业的业务囊括了产业链的上中下游，盈利主要靠油气开发和开采，风险和成本都很高。一旦遇到金融危机则能源价格下跌，国内能源供给风险便会上升。所以，我国的能源企业应该扩大“走出去”战略力度，更多地到国外开采原油，并且提高技术，减小成本，做到在其他业务板块的市场化发展。

（3）消费者理性应对能源价格波动。对于投机者来说，实际上金融危机带给期货市场的影响并没有想象中大，原油等能源的价格快速下跌的部分原因正是投资者造成的，需求下降并没有立即造成大面积能源价格的变化，但金融市场的风险已转嫁给了能源期货市场，所以对于投资者来说，在投资过程中应更加理性地看待市场，同时也减少过度投机的行为。

4.4.2　应对能源政策溢出效应风险的措施

事实上，新能源政策的出台和技术革命对传统能源带来的影响都存在利弊两方面。新能源和新技术的发展能够促进整个能源市场的发展，能源结构的调整是必然之势，在各国能源安全和节能减排的压力之下，未来能源消费的趋势应该是向着更清洁的方向发展，实现清洁能源的手段主要是通过能源替代或技术上的突破。

1）提升改造传统能源的开采技术

目前，传统能源除了清洁性不可取，还面临着开采技术不够完善和开采成本过高等问题。例如，页岩油和页岩气，数据显示中国页岩油（气）的储量大于美国，但由于开采技术不成熟，这些页岩储量都暂不能为我国所使用。新能源虽然前期投资建设成本较高，但太阳能、水力发电或其他新能源后期使用成本边际递减。而我国开采传统能源的成本依旧很高。因此，只有在开采技术更进步、成本更低廉的情况下传统能源才能与页岩油（气）等新型能源形成竞争的态势。

2）加速发展传统能源的减排技术

除了技术限制，各国都在不断努力达成节能与减排目标，如果能够实现像IGCC和CCS等减排技术上的突破，此类碳捕捉技术的成本在一定程度上优于使用新能源的成本，在传统能源开采加工技术完善和减排成本很低的情况下，发展新能源也就并不是唯一的道路了。所以，新能源和技术发展对于能源市场来说是一种良性的竞争与促进。传统能源与新能源并不是竞争关系，而在一定程度上是相互协同、优势互补的。

3）能源企业应将长远发展的眼光锁定于多元化布局

在发展以油气为主的传统能源的同时，应更注重能源市场格局的变化，增加新能源开发项目及提升开采非常规油气的技术，事实上我国的页岩气（油）储量很大，重点发展技术也是降低我国石油进口依存度、保证能源安全的重要途径之一。新能源和新技术的发展是能源发展的必然之路，传统能源市场应具有前瞻性，尽早完善新能源开发和实现较难技术的突破，才能在能源结构变革之前掌握发展的主动权，为我国能源市场的发展作出贡献。

第 5 章　中国能源期货市场：金融属性研究

伴随经济全球化与金融自由化的进程，人类社会发展对能源的依赖日益加深。为了规避国际能源价格风险，以能源为标的的各类金融衍生品相继推出，能源的金融属性日益凸显。能源金融是国际能源市场和金融市场相互渗透融合的产物，成为一种能源市场新形态和新趋势。

能源期货是国际能源市场主体的价格发现和风险规避工具。能源期货市场，即能源期货的交易场所，在能源衍生品市场中占有主导地位，它是能源现货市场与期货市场相互联系、融合与渗透而构成的复合金融体系。随着交易需求的不断扩大，各国市场先后推出了不同的品种合约，国际能源期货市场逐渐壮大起来。鉴于中国能源期货市场起步较晚、发展不均衡的问题，本章采用定性分析与实证研究手段，旨在研究以下方面的问题：

- 中国能源期货市场发展现状与新趋势
- 中国能源期货市场的价格发现程度
- 能源期货价格的影响因素
- 对中国能源期货市场的发展与改革提出建议

5.1 中国能源期货市场发展现状

能源期货市场是通过期货合约进行交易的新型金融市场，以轻原油、重原油、燃油、天然气、电力、气温等能源产品为基本标的。国际能源期货的发展以石油期货为主。20世纪70年代，纽约商品交易所（NYMEX，现被美国芝加哥商业交易所集团收购）成为第一家正规的石油期货交易所。1977年，纽约商品交易所开始交易民用燃料油合约，1978年开始热燃油期货交易，随后出现西德克萨斯中质油（WTI）合约。1981年，英国建立伦敦国际石油交易所（IPE，现更名为英国伦敦洲际交易所，ICE），交易所目前拥有的Brent原油期货合约，已成为世界性原油现货市场的定价基准，国际上大约70%的原油市场以Brent合约为基准定价。2002年11月，新加坡交易所（SGX）与东京工业品交易所（TOCOM）推出中东石油期货合约，促进了亚洲地区石油期货市场的活跃。原油期货的成功，不仅对国际石油市场的发展具有重要的意义，还使得能源金融成为国际金融的焦点。

能源期货逐步发展为商品期货的主要交易品种。2011年以来，全球期货市场中的能源期货交易占比不断增加，由2011年的31%上涨为2012年的33%，2013年上升为36%，超过了农产品的交易占比，由此可见能源期货的地位不断上升，重要性日益显著。2007年以来，全球的能源期货交易量呈现持续上升的态势，由2007年的3.99亿手增加到2014年的7.29亿手，实现了83%的增长。但其增长速度却在不断下降，2011年前增速较快，平均增速为15%，2011年实现增速的峰值，2012～2014年有所下降，2014年的增速仅为7.5%。此外，能源期货在全球期货交易中所占比例较为稳定，在5%～7%浮动，2012～2013年有所下降，2014年有所回升，交易地位较为稳固。总而言之，国际能源期货市场在市场比例、交易量规模和交易增速方面，都呈现出较好的发展态势，市场地位有所增强。

国际能源期货市场的发展日益规范与完善，在规避能源价格风险方面发挥着重要作用。中国作为世界第二大经济体，为保障自身的能源安全，更应积极投入能源期货市场的建设与探索。为了更好地规避价格风险，借鉴国际发展经验，我国于20世纪80年代建立中国期货市场。随其交易品种的不断完善与发展，能源期货开始登上我国期货交易市场的舞台。2004年，第一个能源期货品种——燃料油期货在上海期货交易所挂牌上市，交易不断增加且持续波动。随后，更多的能源期货品种挂牌上市及进行上市筹备，如已经上市的焦炭、焦煤、动力煤、石油沥青，还有筹备中的原油、天然气期货。由此，我国的能源期货市场不断发展壮大，规避能源价格风险的作用日益显著。

5.1.1 中国能源期货市场的发展历程

中国期货市场产生于20世纪80年代末。1999年，中国期货市场已基本整顿到位。鉴于上海、大连和郑州三家期货交易所的发展相对规范，国家予以进一步发展，并对交易品种压缩为12个。期货市场的交易规模持续增长，结构发展日益多元化，成为中国现代市场体系中不可或缺的一部分。随着中国成为能源消耗大国，能源需求暴露于剧烈波动的国际能源价格中，让中国更加意识到自身能源期货市场发展的重要性与紧迫性。

20 世纪 90 年代，中国曾经推出过原油期货。1993 年年初，原上海石油交易所推出石油期货交易，涉及大庆原油、90 号与 0 号柴油三个品种，原华南商品交易所和原北京商品交易所也相继推出了石油期货合约。1994 年年初，原上海石油交易所的日平均交易量已超过世界第三大能源期货交易市场——SIMEX。在高涨的交易参与度下，市场秩序逐渐失控，因而在后来的期货行业整顿中，国家取消了原油期货品种。究其失败的原因，一方面是当时中国经济发展地位较弱，市场经济体系不够健全；另一方面是期货市场的运行机制尚不规范，导致新推出的石油期货发育不良，交易最终未能持续。

2004 年 8 月 25 日，燃料油期货在上海期货交易所挂牌上市，填补了中国在能源衍生品市场上的空白。燃料油期货上市以来，市场交易不断增加，在 2009 年实现了交易量的峰值，交易 9150.79 万手。此后受到经济形势和交易单位变化的影响，交易量及交易金额持续波动。2015 年交易 7750 手，成交金额 11.5 亿元。

中国开始探索建立全国统一的电力期货、衍生品市场。2005 年，中国国家电力监管委员会公布《电力市场运营基本规则》，指出“电能交易以合约交易为主、现货交易为辅、适时进行期货交易。”大连商品交易所也表示要积极探索并开展电力及天然气交易。但考虑到国内电力市场存在严重管制、电价波动小的现状，中国目前还不具备推出电力期货的条件。2015 年，随着新电改六大配套文件的出台，为理顺电价机制，电力期货的推行势在必行。

早在 20 世纪 90 年代初，我国就曾经进行煤炭期货交易的大胆尝试，建立上海煤炭期货交易所，开展煤炭现货与远期合约交易。但是受到当时的政策环境和市场条件等诸多因素的制约，交易仅维持一年多就被迫终止。2010 年，中国大连商品交易所推出焦炭期货，2014 年的成交量为 1.27 亿手。2013 年 3 月 22 日，焦煤期货合约正式上市交易，成为中国煤炭市场体系新的里程碑，2014 年成交量为 1.15 亿手。2013 年起，中国取消了电煤重点合同及电煤价格双轨制，动力煤完全走向市场化。2013 年 5 月，郑州商品交易所基本完成动力煤期货合约和相关的制度设计；2013 年 9 月 26 日，动力煤期货正式上市交易，为煤炭期货的发展注入了新动力。

5.1.2　中国能源期货市场建设与主要品种

我国目前拥有上海、郑州、大连三大期货交易所，交易的能源期货品种分别为燃料油、石油沥青、动力煤、焦炭、焦煤。我国期货交易所及其能源期货品种的交易情况如下。

1）上海期货交易所及能源期货品种交易情况

上海期货交易所目前上市交易的有黄金、白银、铜、铝、锌、铅、螺纹钢、线材、燃料油、天然橡胶、石油沥青、热轧卷板、镍、锡等 14 种期货合约。能源期货品种为燃料油和石油沥青。2004 年 8 月 25 日，燃料油（180CST）期货品种上市交易，弥补了我国在能源衍生品市场上的空白。2011 年，上海期货交易所将燃料油合约的交割标准由发电用油调整为船用油，并将标准合约从 10 吨/手修订为 50 吨/手，交割单位从 100 吨修订为 50 吨。2013 年 10 月 9 日，石油沥青期货正式上市交易，合约品种不断增多。详细合约信息见表 5-1 和表 5-2。

表 5-1　燃料油标准合约

交易品种	燃料油
交易单位	50 吨/手
报价单位	元（人民币）/吨
最小变动价位	1 元/吨
每日价格最大波动限制	上一交易日结算价±5%
合约交割月份	1～12 月（春节月份除外）
交易时间	上午 9：00～11：30，下午 1：30～3：00
最后交易日	合约交割月份前一月份的最后 1 个交易日
交割日期	最后交易日后连续 5 个工作日
交割品级	180CST 燃料油或质量优于该标准的其他燃料油
交割地点	交易所指定交割地点
最低交易保证金	合约价值的 8%
交割方式	实物交割
交易代码	FU
上市交易所	上海期货交易所

注：数据来源：上海期货交易所。

表 5-2　石油沥青标准合约

交易品种	石油沥青
交易单位	10 吨/手
报价单位	元（人民币）/吨
最小变动价位	2 元/吨
每日价格最大波动限制	不超过上一交易日结算价±3%
合约交割月份	24 个月以内，其中最近 1～6 个月为连续月份合约，6 个月以后为季月合约
交易时间	上午 9：00～11：30，下午 1：30～3：00 和交易所规定的其他交易时间
最后交易日	合约交割月份的 15 日（遇法定假日顺延）
交割日期	最后交易日后连续 5 个工作日
交割品级	70 号 A 级道路石油沥青，具体内容见《上海期货交易所石油沥青期货交割实施细则（试行）》
交割地点	交易所指定交割地点
最低交易保证金	合约价值的 4%
交割方式	实物交割
交易代码	BU
上市交易所	上海期货交易所

注：数据来源：上海期货交易所。

燃料油期货上市以来获得了一定的成功，成交量与成交额先震荡上升后有所下降。其成交量与成交额的增长率自 2005 年以来呈现下降的态势，这与成交量与成交额的发展趋势相呼应。燃料油的日均成交量由 2004 年的 6.4 万手增加到 2009 年的 37.5 万手。

从 2009 年上半年看，上海期货交易所燃料油期货交易量仅次于 NYMEX 的 WTI 期货和 ICE 的 Brent 期货，成为世界第三大能源期权期货品种。上海燃料油期货价格与国际石油价格和国内现货价格形成了一定的联动，在国际石油市场的影响力逐步显现。之后受经济与全球金融市场的影响，以及我国燃料油期货合约发生修订，燃料油的交易持续走低。2011 年，上海期货交易所将燃料油合约的交割标准由发电用油调整为船用油，标准合约从 10 吨/手修订为 50 吨/手，交割单位从 100 吨修订为 50 吨。这种大合约制度在一定程度上抬高了期货市场交易的门槛，使得众多非产业投资者的积极性有所下降，降低了资本的流动性。因此，中国燃料油期货日均成交量 2010 年开始下跌为 8.8 万手，2013 年以来更是受国际原油价格下行的影响，日均成交量跌至上市以来的最低 8.73 手，年成交量低至 2078 手。而近两年，为了响应国家构建能源储备战略体系的目标，燃料油交易量与交易额又开始呈现大幅增长的态势，2015 年交易量 7750 手，较 2014 年上涨 164%（图 5-1）。总而言之，自燃料油期货上市以来，其在市场运行与稳步发展方面取得了明显的成效，在交割制度、市场监管等方面为推出石油期货新品种积累了丰富经验。

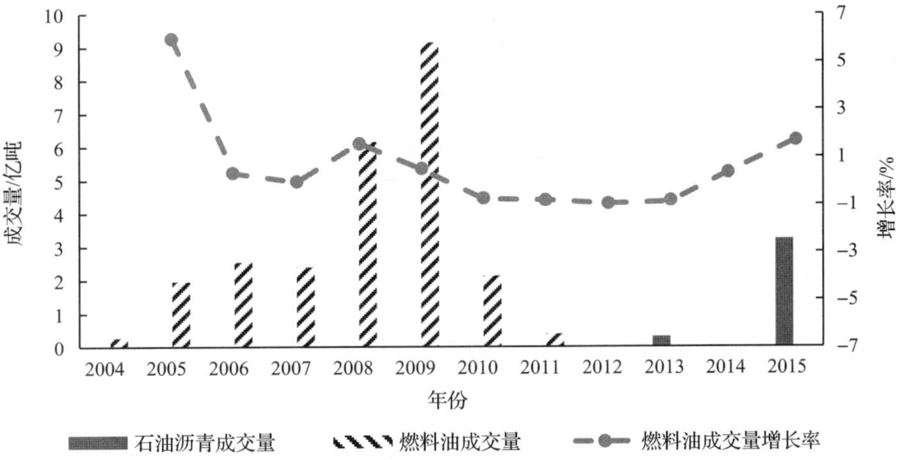

图 5-1　2004～2015 年上海期货交易所燃料油和石油沥青交易情况

数据来源：上海期货交易所及著者的整理计算

而就石油沥青的交易情况而言，2013 年在 60 个交易日内实现成交金额 2741.07 亿元，交易量 626.86 万手，交易程度活跃且交易量相对稳定。2016 年 3 月以来，上海石油沥青价格出现一定幅度上涨。3 月 1 日，主力合约 6 月合约以 1798 元/吨收盘，上涨 36 元/吨，涨幅为 2.04%。全部合约成交 261.10 万手，持仓量减少 3716 手。主力合约成交 252.84 万手，持仓量减少 10224 手。

2）郑州商品交易所及能源期货品种交易情况

郑州商品交易所是经国务院批准成立的我国首家期货市场试点单位，目前上市交易期货品种有普通小麦、优质强筋小麦、早籼稻、晚籼稻、粳稻、棉花、油菜籽、菜籽油、菜籽粕、白糖、动力煤、甲醇、精对苯二甲酸（PTA）、玻璃、硅铁和锰硅。郑州商品交易所交易的能源品种为动力煤期货。从广义上来讲，凡是以发电、机车推进、锅炉燃烧等为目的，产生动力而使用的煤炭都属于动力用煤，简称动力煤。从世界范围来看，动力煤产量占煤炭总产量的80%以上。我国的动力煤消费结构中，65%以上用于火力发电；建材用煤约占动力煤消耗量的20%左右，以水泥用煤量最大；其余占比分布在冶金、化工等行业及民用。由此可见，我国作为煤炭大国，为了自身工业经济的发展，对于动力煤的现货需求较高。秦皇岛港作为我国重要的对外贸易口岸，是目前世界最大的煤炭输出港和散货港。作为我国“北煤南运”的核心枢纽港，秦皇岛港的煤炭价格在一定程度上反映了华东及东南沿海地区电煤市场供求状况，成为全国动力煤价格的风向标。动力煤期货的交割结算价以秦皇岛港5500千卡/千克（1千卡＝4.184千焦）动力煤价格为基准。2005年以来，我国动力煤的价格不断震荡上升。2009年秦皇岛港动力煤价格呈现“先跌后涨”局面，大同优混作为秦皇岛港选取报价的动力煤品种之一，其含税价由8月的610元/吨上涨到12月的840元/吨，涨幅高达37%。因此，在动力煤现货需求较高的发展阶段，为了更好地避免动力煤交易带来的价格风险，动力煤期货的上市交易变得势在必行。

2013年9月26日，中国的动力煤期货合约在郑州商品交易所上市交易。首批上市交易合约为TC312和TC401-409，挂牌基准价均为520元/吨。合约ZC605上市交易后，动力煤合约单位由先前的200吨/手调整至100吨/手，交易门槛进一步降低。详细合约信息见表5-3。

表5-3　动力煤标准合约

交易品种	动力煤
交易单位	100吨/手
报价单位	元（人民币）/吨
最小变动价位	0.2元/吨
每日价格最大波动限制	上一交易日结算价±4%及《郑州商品交易所期货交易风险控制管理办法》相关规定
最低交易保证金	合约价值的5%
合约交割月份	1～12月
交易时间	每周一至周五（北京时间，法定节假日除外）：上午9：00～11：30，下午1：30～3：00；最后交易日上午9：00～11：30及交易所规定的其他交易时间
最后交易日	合约交割月份的第5个交易日
最后交割日	车（船）板交割：合约交割月份的最后1个日历日 仓单交割：合约交割月份的第7个交易日
交割品级	见《郑州商品交易所期货交割细则》
交割地点	交易所指定交割地点
交割方式	实物交割
交易代码	ZC
每日价格最大波动限制	上一交易日结算价±4%及《郑州商品交易所期货交易风险控制管理办法》相关规定

注：数据来源：郑州商品交易所。

2015 年 12 月，动力煤期货震荡上扬。主力合约 ZC1605 当月波动区间为 282～318.6 元/吨，最大波幅 36.6 元/吨，月末报收 305.2 元/吨，较上月末上涨 12.4 元/吨，涨幅 4.23%。2016 年 1 月，我国动力煤期货先抑后扬。主合约 ZC1605 当月波动区间为 291.0～331.4 元/吨，最大波幅 40.4 元/吨，月末报收 324.2 吨，较上月末涨 19 元/吨，涨幅 6.23 %。但是随着政府对于煤炭行业去产能的重视，煤炭库存逐步偏紧，煤价随之上涨，期货交易者大多处于观望态势。2016 年 2 月以来，交易额及交易量呈现大幅同期下降，动力煤 ZC 与动力煤 TC 较上月成交额分别下降 24.52%与 93.94%，成交量分别下降 27.48%和 94.16%。

由此可见，我国动力煤期货价格经历震荡上涨而后呈下降的态势。近年来受政府政策的影响，动力煤期货价格震荡下降。在去产能的政策背景下，投资者鉴于现货交易的低迷走势，纷纷采取观望态势，使得 2016 年第一季度动力煤期货交易寡淡，成交量大幅缩水。

3）大连商品交易所及能源期货品种交易情况

大连商品交易所成立于 1993 年 2 月 28 日，并于同年 11 月 18 日正式开业，是经国务院批准并由中国证券监督管理委员会（简称中国证监会）监督管理的四家期货交易所之一，也是中国东北地区唯一一家期货交易所。目前上市交易的有玉米、玉米淀粉、黄大豆 1 号、黄大豆 2 号、豆粕、豆油、棕榈油、鸡蛋、纤维板、胶合板、线型低密度聚乙烯、聚氯乙烯、聚丙烯、焦炭、焦煤和铁矿石共计 16 个期货品种。能源期货品种为焦炭和焦煤。2011 年 4 月 15 日，焦炭期货合约 J1109 上市，当日开盘价为 2300 元/吨，收盘价为 2225 元/吨，成交量为 57134 手。随着焦炭期货交易量不断上涨，2013 年 3 月 22 日，大连商品交易所推出焦煤合约 JM1307，当天高开低收，成交量为 828 手，成交金额为 6231.6 万元，较焦炭期货而言表现略差。详细合约信息见表 5-4 和表 5-5。

表 5-4　冶金焦炭标准合约

交易品种	冶金焦炭
交易单位	100 吨/手
报价单位	元（人民币）/吨
最小变动价位	0.5 元/吨
涨跌停板幅度	上一交易日结算价的 4%
合约月份	1，2，3，4，5，6，7，8，9，10，11，12 月
交易时间	每周一至周五上午 9：00～11：30，下午 13：30～15：00，以及交易所规定的其他时间
最后交易日	合约月份第 10 个交易日
最后交割日	最后交易日后第 3 个交易日
交割等级	大连商品交易所焦炭交割质量标准
交割地点	大连商品交易所焦炭指定交割仓库
最低交易保证金	合约价值的 5%
交割方式	实物交割
交易代码	J
上市交易所	大连商品交易所

注：数据来源：大连商品交易所。

表 5-5　焦煤标准合约

交易品种	焦煤
交易单位	60 吨/手
报价单位	元（人民币）/吨
最小变动价位	0.5 元/吨
涨跌停板幅度	上一交易日结算价的 4%
合约月份	1，2，3，4，5，6，7，8，9，10，11，12 月
交易时间	每周一至周五上午 9：00～11：30，下午 13：30～15：00，以及交易所规定的其他时间
最后交易日	合约月份第 10 个交易日
最后交割日	最后交易日后第 3 个交易日
交割等级	大连商品交易所焦煤交割质量标准
交割地点	大连商品交易所焦煤指定交割仓库
最低交易保证金	合约价值的 5%
交割方式	实物交割
交易代码	JM
上市交易所	大连商品交易所

注：数据来源：大连商品交易所。

自 2011 年焦炭期货上市以来，成交量的年波动幅度较大，由 2011 年的 302.45 万手上涨为 2013 年的 23061.31 万手。这主要是因为 2013 年年初，在企业限产和停止出口配额制度等因素下，焦炭现货价格一直稳中有涨，而城镇化建设和基础设施拉动需求愈加明显，所以在预计短期焦炭期货价格仍有上冲可能的情况下，交易量大幅上涨；2013 年下半年，钢铁行业旺季需求提振落空，加上冬储炒作遇冷，使得多空博弈当中，空方稍有优势，推动焦炭期货价格震荡下行不断减少，因此交易量仍然居高不下。而 2013 年以来，受我国经济增速不断下降的影响，焦炭期货交易不断偏空，交易量不断萎缩，2015 年成交量为 3132.47 万手。持仓量则跟价格波动密切相关，2013 年与 2014 年看涨与看跌导致的价格剧烈波动，使得持仓量较高，2015 年焦炭看空，使得持仓量减少较多。交易金额则与交易量的波动趋势较为一致（图 5-2）。

2013 年 3 月，焦煤期货合约上市，3 年间的交易量及持仓量均呈现出先上涨后减少的态势，成交量由 2013 年的 6851.89 万手上涨为 2014 年的 11521.09 万手，后下降为 2015 年的 3141.31 万手。这主要是由于 2014 年国家焦煤产量小幅下滑、焦煤港口库存持续下降，加上限产保价政策等利好因素的影响，2014 年出现了交易量及持仓量的峰值；随后中国房地产及钢铁行业持续低迷，加上去产能政策的出台，2015 年受看空势力的影响，焦煤期货交易大幅下降（图 5-3）。

总而言之，大连商品交易所焦煤及焦炭期货品种的交易较为活跃，交易量及持仓量均呈现出先上涨后下降的态势。由此可以看出，中国不断推行限制使用煤炭等高污染能源品种的可持续发展观念，出于煤炭价格看空的影响，交易量大幅下降。

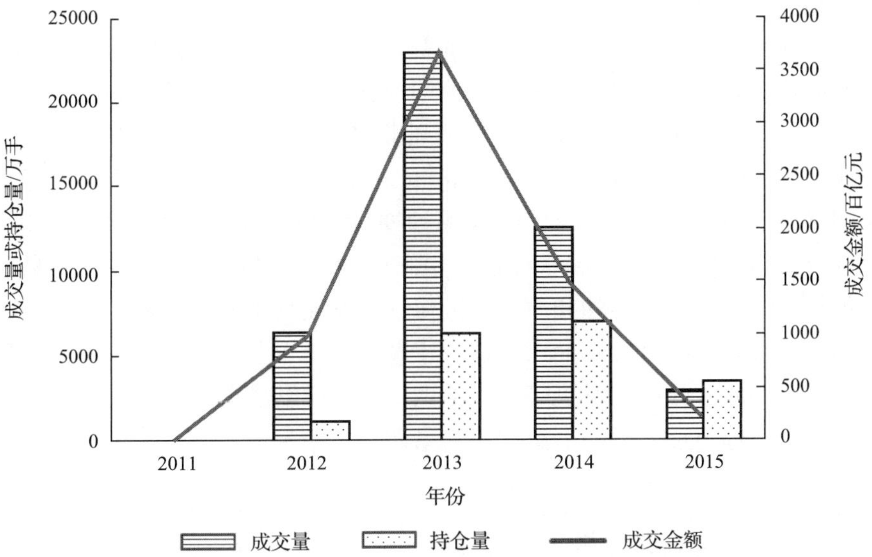

图 5-2　2011～2015 年大连商品交易所焦炭交易情况

数据来源：大连商品交易所及著者的整理计算

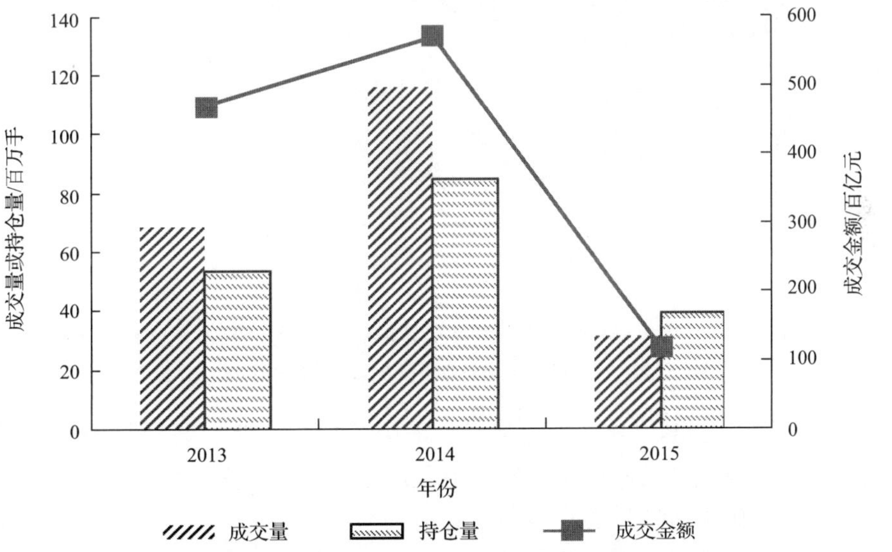

图 5-3　2013～2015 年大连商品交易所焦煤交易情况

数据来源：大连商品交易所及著者的整理计算

5.1.3　中国石油期货市场发展评述

石油是支撑国民经济发展的战略性资源，石油金融衍生品也极具研究价值。为规避国际油价风险，我国早先便开始石油期货市场的建设工作，在积累经验的同时也面临一些问题。

1）石油期货品种少，交易寡淡

北美、欧洲、亚太作为世界三大石油消费地区，与不同的期货交易市场紧密联系，本书将上海期货交易所与世界其他主要石油期货交易所进行多方面比较。

从品种数量来看，纽约商品交易所的石油期货交易品种包括 WTI 原油、Brent 原油、取暖油期货、纽约港汽油期货和纽约港 RBOB 汽油期货。英国伦敦洲际交易所交易的石油期货品种包括 Brent 原油、WTI 原油期货、柴油期货等 26 种石油期货。新加坡期货交易所有高硫燃料油、Brent 原油、中东原油等。日本东京工业品交易所的石油交易品种包括汽油、煤油、柴油和原油。上海期货交易所的石油交易品种只有燃料油。

从市场份额来看，在世界石油期货期权市场上，美国芝加哥商业交易所集团和英国伦敦洲际交易所，所占的份额举足轻重，从图 5-4 中可以看出，就交易量而言，这两大期货交易所的实力远超过中国的上海期货交易所。

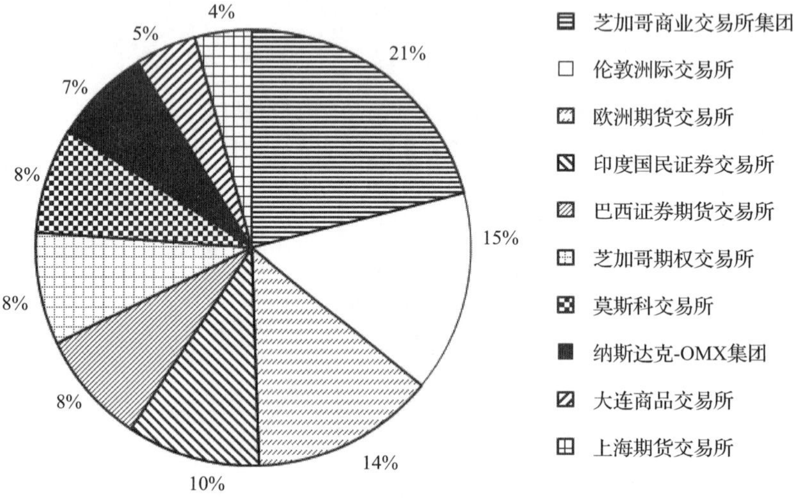

图 5-4　2014 年上半年全球衍生品交易量前 10 名的交易所及交易占比

数据来源：美国期货业协会及著者的整理计算

从表 5-6 中可以看出，2014 年上半年，美国芝加哥商业交易所集团的交易量所占份额最大，其次是英国伦敦洲际交易所，亚太地区交易所的交易量占比较低。但是就同比增长率而言，中国上海期货交易所的交易增长率显著高于其他交易所，由此可见中国石油期货交易的发展潜力。就交易量排名居前的各类衍生品合约而言，中国大连商品交易所的焦炭和焦煤分别以 3992.62 万手和 3430.14 万手的成交量，在全球能源期货交易中位居第 4 与第 6，而中国石油期货交易量却未进入全球前十，由此可以看出中国石油期货交易有待于进一步发展。

表 5-6　2014 年上半年全球衍生品交易量前 10 的交易所及交易量　　（单位：亿手）

2014 年排名	交易所	交易量		
		2014 年上半年	2013 年上半年	同比增长率
1	芝加哥商业交易所集团	16.29	16.67	−2.28%
2	伦敦洲际交易所	11.58	14.04	−17.53%
3	欧洲期货交易所	10.57	12.03	−12.14%
4	印度国民证券交易所	7.76	12.14	−36.08%
5	巴西证券期货交易所	6.48	9.00	−27.94%
6	芝加哥期权交易所	6.47	5.79	11.72%
7	莫斯科交易所	6.14	6.18	−0.63%
8	纳斯达克-OMX 集团	5.57	6.05	−7.87%
9	大连商品交易所	3.58	3.50	2.25%
10	上海期货交易所	3.29	2.76	19.37%

注：数据来源：美国期货业协会及著者的整理计算。

在中国，燃料油期货市场起步最早，发展最快，为维护国家能源安全积累了有益的经验，同时为发展完善石油金融体系创造了条件。但是目前国内石油期货市场的建设仍然存在如下客观约束：第一，石油储备体系尚不完善，中国石油的对外依存度较高，使得期货市场不能反映真实的市场供给需求，这在燃料油期货初期就已出现，价格很长一段时间不能与国际市场同步；第二，石油产品的现货交易量较小，不足以支撑期货交易；第三，最关键的问题仍然是石油行业的高度垄断，国内石油定价缺乏竞争性，从国内原油产出方面看，中石油、中石化和中海油三大石油公司几乎垄断了国内原油产出，特别是中石油和中石化的实力和地位使新的竞争者难以介入；第四，资本项目下的人民币不可自由兑换，影响到未来国际投资者参与国内石油期货市场的意愿，制约了中国石油期货市场国际影响力的发挥。

2）交易场所建设滞后

为争夺中国在国际能源市场的话语权，制定石油天然气的“中国价格指数”，国家先后批准成立了上海石油交易所、上海国际能源交易中心和上海石油天然气交易中心。

2001 年，上海石油交易所由中石油、中石化、中海油、中化集团与申能集团共同组建，基于先进的电子商务交易模式，以石油天然气现货交易为主，创新采用现货竞买交易，同时配有远期交易系统。然而，交易所建成近 10 年内远没有达到预先的设想，国内能源要素市场的种种问题依然存在，由“三桶油”主导的上海石油交易所难以制定一个客观公正的油气价格指数。

2013 年，以筹备原油期货上市为契机，上海国际能源交易中心成立，经营范围主要是与上海石油交易所现货品种相对应的能源金融衍生品的交易、结算和交割。由于原油期货的上市屡被推迟，在制度设计上存在多重问题，交易中心的建设工作尚未取得实质性进展。加之先前成立的上海石油交易所并未完成对现货市场体系的规制，诸多现象表明，目前国内市场还没有做好迎接原油期货的准备。

2015 年年初，由新华中融投资有限公司等 10 家企业出资组建了上海石油天然气交易中心。从上海市政府相关批示可见，中心的经营范围和角色定位与之前建立的上海石油交易所几乎相同，但交易中心所处的中国（上海）自由贸易试验区（简称上海自贸区）基本上具备了建立国际交易平台的条件，成为其取代上海石油交易所的重要优势。另外，两者最大的不同在于股权结构，上海石油天然气交易中心的思路是“由国家发改委协调、新华社主导、上下游企业深度参与”，在股权比例上由新华社占大头，“三桶油”比例大幅下调，以期通过市场合理的竞争，得出一个符合市场需求的真实价格指数。

5.2　中国能源期货市场发展趋势

5.2.1　原油期货上市交易存在不确定性

原油是世界上最重要的大宗商品之一，原油期货也是国际市场上最重要的期货品种。20 世纪 90 年代，中国曾经建立石油交易所，推出原油期货。由于当时市场经济体系尚不健全，石油期货交易发育不良，在后来的期货行业整顿中，国家取消了原油期货品种。根据中国海关数据显示，2015 年 4 月中国石油进口量达到 740 万桶/日，超过美国 720 万桶/日的进口量，首次成为全球第一大原油进口国。在此之前中国已经是全球最大的能源消费国，此次在原油进口领域取代美国，意味着中国几乎是所有大宗商品的头号消费国，这将对全球市场造成深远影响。从国家利益和石油企业套期保值的需求出发，国内各界要求推出原油期货的呼声不断。

1）搭建能源衍生品交易平台，引入境外投资者

2012 年年底，国务院修订了《期货交易管理条例》，其中第二十四条新增第二款：“符合规定条件的境外机构，可以在期货交易所从事特定品种的期货交易。具体办法由国务院期货监督管理机构制定。”从此次修订条例中可以看出，中国已经为重新推出原油期货预留了空间，境外投资者可以直接进入中国的期货交易所进行原油期货交易，通过扩大交易规模来提高中国原油期货交易的国际化程度。

2013 年 11 月 6 日，上海国际能源交易中心于中国（上海）自由贸易试验区注册成立。它经中国证监会批准，由上海期货交易所出资设立。具体承担推进国际原油期货平台筹建工作，全面引入境外投资者参与境内期货交易，以此为契机扩大中国期货市场对外开放程度。2014 年 12 月 12 日，中国证监会批准能源中心开展原油期货交易。2015 年 6 月，中国证监会正式发布了《境外交易者和境外经纪机构从事境内特定品种期货交易管理暂行办法》，确定原油期货为中国境内特定品种。

2015 年 8 月，上海国际能源交易中心在外汇管理局和海关总署的政策支持下，公布第三批核心业务规则并公开征求意见，内容涵盖交易、结算、风控及交割，基本框架已经完成。其经营范围包括组织安排原油、天然气、石化产品等能源类衍生品的上市交易、结算和交割，制定业务管理规则，实施自律管理，发布市场信息，提供技术、场所和设施服务。筹备了近四年的原油期货即将成形，这不仅是全球原油衍生品市场中的首

个“中国标准”，也是中国原油期货迈向构建国际化行业标准的坚实一步。

推出原油期货是中国期货市场对外开放的重要尝试，是贯彻落实《国务院关于进一步促进资本市场健康发展的若干意见》的重要举措。原油期货作为中国第一个国际化的期货品种，将建设国际化交易结算平台，全面引入境内外交易者和经纪机构，在提升国际化水平的同时，维护石油市场稳定，对于中国能源安全和经济安全都具有重要意义。

2）上市进程遭遇不确定性

2015 年 8 月 21 日，《上海国际能源交易中心原油期货标准合约（征求意见稿）》发布，对原油期货交易的品种、交易时间、计价币种、交易席位申请条件、原油期货合约交割等细节给予了详细的规定。原本计划于 2015 年年底推出的原油期货至 2016 年年初仍迟未露面。中国此次重推原油期货，设置了较高的起点，其肩负着争夺国际石油定价权和助推人民币国际化进程的双重任务。这给前期的筹备工作增加了更多挑战，包括通道、结算、报价和交割等。

此次征求意见稿暴露出一些合约设计上的缺陷。首先，规定“每日价格最大波动限值不超过上一交易日结算价±4%”，违反了原油市场波动的基本特征，仅看 2016 年 2 月份，国际油价日波动大于 4%的天数就超过 5 天。另外，交易时间设定为上午 9：00～11：30 及下午 1：30～3：00，这将直接影响境外投资者的参与度，不利于扩大中国原油期货品种的国际影响力。

目前中国原油期货的首要问题是活化市场流动性，期货交易量的增大将对现货市场形成影响，这是期货市场的本质和存在目的，因而监管者需要避免监管过度的问题。在制度设计上，需要迎合投资者已有的关注方式和交易习惯，进一步放开涨跌停限制，并实行夜盘交易。

5.2.2　天然气期货旨在争夺定价权

中国已成为亚洲第一大和世界第四大天然气消费国。根据《2030 年世界能源展望》报告，2030 年的中国天然气消费量将达到 1.3 亿立方米/天，合计年消费量达 4754 亿立方米，天然气在中国一次能源消费中的比例达到 9.5%。但中国天然气产业尚处于起步阶段。自 2007 年开始，中国天然气消费量首次超过国内生产量，成为天然气净进口国。此后，中国天然气供需缺口不断增大，2015 年天然气进口量为 624 亿立方米，对外依存度达 32.7%。面对不断加大的供需缺口，中国不得不签订长期协议定价机制合约，接受天然气供应国无理的价格变动。

参照国际原油价格形成体系可以发现，世界主要的期货市场在很大程度上发挥了价格发现功能，期货价格已成为国际原油现货价格变化的基准。因此，建立天然气期货市场能有效维护中国天然气产业应有的权益，稳定国内市场，并与国际市场形成良性互动，是中国谋取天然气定价权的关键。

1）市场机制缺陷制约发展

虽然建立天然气期货市场势在必行，但是仍然存在天然气期货市场发展的阻碍。第一，天然气相关立法不完善。目前，中国对天然气的认识仅限于能源方面，未能将天然气作为一个产业来发展，因此缺乏政策及法律的保障。第二，天然气市场发展滞后。现阶段而言中国天然气终端用户价格承受力差，天然气与其他替代能源相比，价格缺乏竞争力，从而使天然气这种优质、清洁、高效的能源得不到有效的应用。第三，市场中存在多方面的垄断。国际天然气交易方面，由于天然气特殊的存在形式及运输方式，导致其形成完全竞争的双边垄断，垄断势力控制着天然气整个供应链环节。在中国，长输天然气管道主要属三大石油公司所有，三大公司的管道没有形成互相连通的管输体系，全国性管网仍在建设中。现阶段三大公司对国产气的垄断整合已基本完成。除了三大石油公司对天然气勘探、生产、运输等环节的垄断，还存在各地配气销售部门及政府对本地天然气销售市场形成的经营性垄断。

2）在国际竞争中加快建设步伐

亚洲的多个国家正在快速发展液化天然气（LNG）产业和市场。据美国彭博社（Bloomberg）2013 年 3 月报道，日本将在 2013～2014 年启动 LNG 期货市场，新加坡也希望成为亚洲的 LNG 贸易枢纽。虽然存在竞争，但是中国拥有广大的市场和专业的国家石油公司，在设立天然气（尤其是 LNG）期货市场方面具有更大的优势。国家能源局提出要积极推进石油和天然气期货贸易，搭建油气现货和期货交易平台，打造亚太地区油气交易中心，探索天然气国际贸易人民币计价和结算。2012 年，国家发改委在《天然气利用政策》和《天然气发展“十二五”规划》中分别提出，要“支持天然气贸易机制创新”和“研究建立国家级天然气交易市场问题”。2013 年 11 月成立的上海国际能源交易中心，其经营范围也包括组织安排天然气的衍生品上市交易。页岩气、煤层气、生物质气等非常规天然气资源未来也可以进入天然气期货交易所内交易，增加供给，降低价格。与此同时，还需要进一步健全天然气市场监管的法律法规，做好风险控制，完善天然气价格形成机制，实现天然气市场化改革，创新能源金融。

5.2.3　“互联网+”助推中国能源期货发展

自 2008 年金融危机后，全球经济复苏乏力，中国经济发展也无法延续原有发展模式。进入“十三五”规划时期，中国加快了经济转型升级的步伐，利用“互联网+传统产业”以促进产业升级、战略转型的发展模式应运而生。

继 2015 年政府工作报告正式提出“互联网+”行动计划后，同年 6 月，中国期货业协会互联网金融专业委员会宣告成立，并制定完成《期货行业“互联网+”行动计划》纲要，标志着期货行业正式迈入“互联网+”时代。期货行业“互联网+”行动计划主要内容包括探索“互联网+风险管理”的新模式；利用互联网改造升级传统业务；促进行业互联互通，推进基础设施建设；推动跨界合作，创新体制机制等。

2016 年 2 月，国家能源局发布《关于推进“互联网+”智慧能源发展的指导意见》（以下简称《指导意见》），标志着“互联网+”与能源行业的结合进入理论落实阶段。《指导意见》强调了能源互联网建设的重点任务，包括建设能源互联网的市场交易体系，促进能源互联网的商业模式创新，以及发展能源大数据服务应用和关键技术攻关。在组织实施中要求加快能源行业市场体系建设，加强能源互联网的数据资源共享。

中国能源期货市场的未来发展将扎根于“互联网+能源”的现货市场整合，同时依托于“互联网+期货”的新型业态模式，在两大产业的改革中优化升级。

1）“互联网＋能源期货”主要特征

“互联网＋能源期货”是能源期货对互联网思维和理念的充分吸收，利用云计算、移动互联和大数据等技术，创新行业服务模式、强化基础设施、优化行业生态、重构企业组织，使得能源衍生品服务体系顺应互联网时代的要求，提升对能源行业乃至实体经济的服务能力。此举对重构中国的大宗商品金融生态圈、鼓励行业资源整合与机构平台发展等，都具有引领与推动作用。

综合相关行业行动计划，中国的“互联网＋能源期货”具有以下特征。

第一，以全国统一的能源现货市场为基础。全面实现市场制度的科学性和能源产品的统一性，全面建成服务实体企业、助力供给侧改革的全国能源交易市场体系。

第二，利用互联网和大数据技术，实现能源期货产品的供给侧改革。大数据技术能够完成海量现货和期货交易数据的采集、筛选、分析与挖掘，以实现数据驱动的精准产品、服务供给，满足个性化的用能需求和交易偏好，从而提高市场活跃度。

第三，能源期货与现货平台实现互联互通。打破期现货市场的信息壁垒，市场价格发现程度进一步提升；破除物流、仓储及市场区域壁垒，整体提高能源现货调配和期货交割的效率。

第四，参与主体多元化、国际化，市场门槛进一步降低。中国能源期货市场加强国际化、引入境外投资者是打造具有国际竞争力的原油、天然气期货品种的重要步骤，也符合互联网的全球化特征。

2）“互联网＋能源金融”阶段性成果

在“互联网＋”行动计划正式提出之前，互联网金融早已蓬勃发展起来，具备一定的市场规模与平台基础。随着中国的产业转型，能源问题在国家各项战略计划中均被列为重要内容，结合互联网技术的能源现货交易和金融创新也取得了初步成效。

石化、煤炭行业先行一步，行业性、区域性现货电商交易平台取得阶段性成果。在煤炭行业的“去产能”进程中，异常火爆的煤炭电商也成了整个行业谋求脱困升级的一道风景线。为应对石化行业的“熊市”，以现货交易为主的深圳石油化工交易所创新交易模式，计划建成“互联网＋石油化工＋创新金融”的电子商务平台。2016 年年初，中国首家“石油产业链＋互联网”的能源金融电子商务平台——光汇云油正式上线，计划在未来形成规模现货交易的基础上逐步开展互联网金融业务；平台研发方光汇石油作为民营企业的先行者，积极响应了国家“十三五”规划建议对于鼓励行业竞争、业务创新的要求。

能源金融产品不断加大创新力度。2013 年 3 月，中国工商银行在国内同业中率先推出账户原油。这种新型金融产品通过做多或做空的方式用人民币或美元买卖原油份额，交易品种覆盖了挂钩 WTI 原油期货的账户北美原油和挂钩 Brent 原油期货的账户国际原油。由于原油价格与个人日常消费的汽、柴油价格等具有一定相关性，个人买卖账户原油除了可以赚取投资收益，还可在一定程度上对冲原油相关商品的价格波动风险，起到套期保值的作用，进入 2016 年以来交易量屡创新高。该项能源金融创新服务属于“电子平台＋能源衍生品”模式，依托中国工商银行强大的电子银行系统，将国际上成熟的油气期货合约作为交易标的，实现对个人投资者全面开放。

3）“互联网+能源期货”亟待解决的若干问题

第一，能源期货交易所缺位。截至2016年第一季度，中国还没有正式投入运营的能源期货交易所，现有的五种能源期货分散在不同的商品期货交易所，在各自独立的交易系统内，这十分不利于未来国家对能源期货市场的总体设计和统一管理。为推出原油期货而设立的上海国际能源交易中心，未来可考虑扩张经营范围，作为所有能源期货品种的交易场所。

第二，电商平台定位模糊，存在监管漏洞。中国目前只有四家机构属于正式批准的期货交易所，分别为大连、郑州、上海和中国金融期货交易所。近两年众多能源电商交易平台如雨后春笋般纷纷上线，其中一些顶着现货名义在打期货的擦边球，并不是真正的现货交易，甚至不属于真正的电子交易平台。2016年3月经由媒体曝光的北京石油交易所违规事件，涉嫌设局对赌，使得投资者血本无归。

第三，现有的平台设计缺乏国际化定位。互联网不同于局域网，互联网能源金融平台应具有广泛的、全球化的定位。当前的大型的能源交易平台，在制度设计上欠缺国际化和标准化。例如，中国工商银行的账户原油未实现全天交易，断点时段内的行情会与国际市场脱节，这给基于国际行情进行交易的客户增添了操作难度，更不利于引进境外投资者；在交易规则上也受制于国家监管，设置持仓限值等要求，不利于机构投资者的参与。因此，迎合“国际标准”是能源金融创新的首要任务。

5.3 能源期货与能源现货市场中的价格发现

2004年，燃料油期货合约在上海期货交易所的上市，开启中国石油期货市场体系的建设步伐。2013年上市的石油沥青期货进一步充实了中国油品期货种类。但受限于合约设计等多方因素，中国原油期货的上市一推再推。本节旨在通过对中国燃料油和石油沥青期货市场的研究，厘清期货市场价格与现货市场价格之间的相互关系，在评价期货市场运行效率的基础上，为中国原油期货市场的建设发展提出建议。

5.3.1 能源期货市场的价格发现功能概述

1）价格发现是期货市场的基本功能

价格发现与风险转移是期货市场的两大主要功能，而价格发现作为其基本功能，是风险转移功能发挥作用的前提。价格发现是指采用期货价格为现货市场交易进行定价，这一过程依赖于期货合约与现货商品间的紧密关系。期现货市场中存在的共同有效信息促成了共同的有效价格，这一价格随着信息的更新而持续波动。从有效信息的来源看，既有可能产生自现货市场，也可能来自期货市场，或者同时来源于两个市场。当其中一个市场的信息对资产价格产生影响时，认为该市场对资产的价格发现作出了贡献（王群勇和张晓峒，2005）。

在国际大宗商品的贸易定价中，期货市场的价格发现功能起着至关重要的作用。发展成熟的期货市场具有高杠杆、低成本的特征，其价格能够领先标的现货价格，从而反映出最新的市场信息，并将信息及时有效地融入资产价格。因此，期货的价格发现水平成为衡量期货市场效率的一项重要指标（顾京和叶德磊，2013）。

2）对国际能源期货市场价格发现的研究进展

国际上对于期货市场的价格发现功能的研究已较为深入，研究对象也由最初的粮食期货逐步扩展到更多品种，特别是作为全球主要大宗商品的能源，在价格发现的研究中占有重要地位。目前的研究思路主要有三种。

（1）检验能源期货价格对现货价格的预期作用。

Bigman 等（1983）最先提出了一种检验期货市场有效性的模型，以交割日的现货价格对之前某一时间的期货价格进行回归。但该方法引起了广泛的争议，Maberly（1985）认为，应用普通最小二乘法"删除样本数据"所拟合的参数存在问题；Elam 和 Dixon（1988）认为由于价格数据的非平稳性，模型回归的 F 统计量是有偏的，并且可能产生虚假回归。

传统回归分析通常假定期现货价格对新信息作出及时且相同的反应，而协整理论（Engle et al.，1987；Johansen，1988；Johansen et al.，1990）则从另一种视角来研究非平稳经济变量间的均衡关系，优势在于允许期现货价格对新信息作出不同反应。协整理论认为，价格可能在短时间内偏离均衡状态，但由于套利的作用，长期来看期现货价格之间仍有可能存在均衡关系。Moosa 和 Al-Loughani（1994）基于协整理论分析了 WTI 期现货价格的月数据，认为期货价格对于现货价格的预测既非无偏也非十分有效。Cornett 等（1995）运用协整方法检验原油、取暖油和无铅汽油的价格发现水平，认为对于这三个油品存在期货市场引导现货市场。该类研究成果多证实了期现货价格之间的协整关系，且期货价格对交割日现货价格具有预测作用。

（2）研究能源期现货价格间的超前与滞后关系。

这类研究以协整理论为基础，进一步采用其他模型方法来分析价格发现问题。Garbade和 Silber（1983）建立的 Garbade-Silber 动态模型，首次分析出期货价格与现货价格的相互关系，利用前一期基差变动对后一期期现货价格变动的影响来定量表示期现货价格在价格发现中的作用比例。Ripple 和 Moosa（2005）基于 Garbade-Silber 模型评价了原油期货市场的价格发现和风险转移功能，认为期货价格发挥了 60％的价格发现，其引导作用大于现货价格。

（3）精确刻画能源期现货市场的价格发现贡献度。

此类研究将协整时间序列在价格发现中的相对贡献度进行定量化。主要方法为公共因子模型，假设序列间存在协整关系，因而存在共同的随机趋势即共同因子，以各市场的共同因子所占比例来度量价格发现的贡献程度。比较著名的模型包括 Hasbrouck（1995）提出的信息份额（Information Share）模型和 Gonzalo 和 Granger（1995）提出的长期-短期（Permanent Transitory）模型。该两种模型将冲击分解到各个市场，以分析不同市场的贡献程度，而对于价格发现的定义则是两模型的主要区别。Baillie 等（2002）、Roope 和 Zurbruegg（2002）利用该方法对期货市场价格发现程度进行了实证研究。宋玉华和林治乾（2007）基于误差修正模型，分析了纽约商品交易所四种 WTI 期货合约价格与现货价格之间的动态关系，发现期现货价格间存在协整关系，并且期货价格单向引导现货价格。

从实证研究的进程来看，关于期货市场价格发现功能的研究，大多从时间序列建模的角度出发，基于计量分析方法，如最小二乘法、协整分析、误差修正模型等，从不同的角度丰富了研究成果。

3）对中国燃料油期货市场的价格发现功能研究

李海英等（2007）基于Garbade-Silber模型，分析了上海燃料油期货市场价格发现功能水平，发现现货价格在价格发现中占主导地位。唐衍伟等（2007）利用协整检验等方法，证实了上海、新加坡和美国的燃料油期货市场之间存在稳定的均衡关系，且新加坡市场对中国市场的影响更大。焦建玲和廖华（2008）基于协整方法和信息份额模型，分析了中国燃料油期现货价格的关系，发现燃料油期货市场已初步具备价格发现和套期保值功能。张宏民和廖肇黎（2009）通过协整检验、Granger因果检验等方法，分析了上海燃料油市场的期现货价格关系和价格发现水平，认为期现货价格存在强相关性及协整关系。王菲菲（2011）运用平稳性检验、协整检验、Granger因果检验、向量误差修正模型、脉冲响应及方差分解等方法，研究了国外燃料油期现货价格变化对中国燃料油期现货价格的影响，结果表明，中国燃料油期货市场的价格发现功能得到初步体现，但表现仍远低于国外期货市场。

从以往的实证研究来看，以原油期货为研究对象的实证结果大多支持期货的价格发现功能。对于中国的燃料油期货的研究，大部分结论认为其具有一定的价格发现功能，但表现不佳，也存在研究表明燃料油现货价格主导价格发现功能；而由于石油沥青期货上市时间短，尚无相关研究。对中国的燃料油和石油沥青期货受季节、气候等因素影响，加上交易量与流动性皆小于Brent、WTI等成熟的国际原油期货品种，其价格发现功能仍需进一步验证。本节在已有研究的基础上，采用协整检验、Granger因果关系检验和Garbade-Silber模型等研究方法，以中国燃料油和石油沥青两种期货品种为研究对象，进一步检验其价格发现功能。

5.3.2 价格发现程度的评价方法

本节以石油沥青市场为例，对价格发现功能的评价方法进行说明。自2013年上市以来，石油沥青的现、期货价格如图5-5所示，显示出一定的共同趋势。

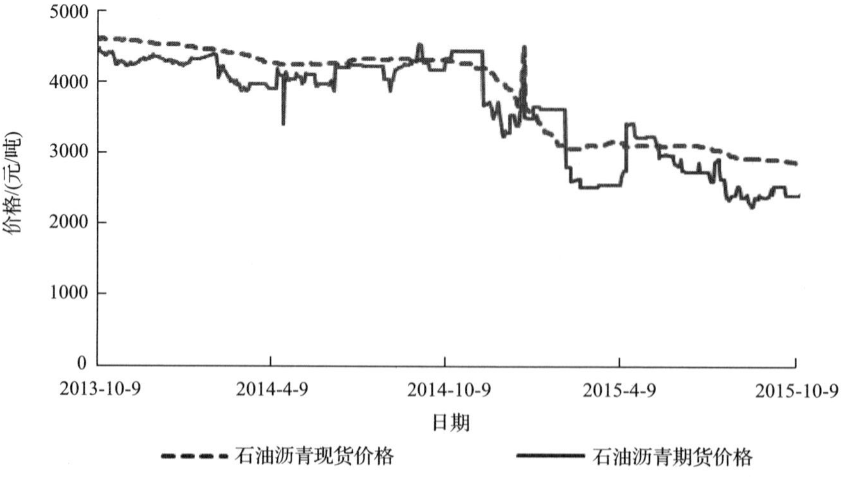

图5-5　2013～2015年上海期货交易所石油沥青期货与现货价格

数据来源：RESSET金融数据库、生意社网站在长期均衡关系与因果关系考察的基础上，运用 Garbade-Silber 模型（Garbade et al.，1983）分析在信息传递与价格发现中起主导作用的价格因素，进一步定量化石油沥青期货市场的价格发现功能，其模型形式如下：

$$\begin{bmatrix} bs_t \\ bf_t \end{bmatrix} = \begin{bmatrix} \alpha_{bs} \\ \alpha_{bf} \end{bmatrix} + \begin{bmatrix} 1-\beta_{bs} & \beta_{bs} \\ \beta_{bf} & 1-\beta_{bf} \end{bmatrix} \begin{bmatrix} bs_{t-1} \\ bf_{t-1} \end{bmatrix} + \begin{bmatrix} e_t^{bs} \\ e_t^{bf} \end{bmatrix} \tag{5-1}$$

其中，bs_t 与 bf_t 分别表示 t 时刻石油沥青现货与期货价格序列的自然对数；常数项 α_{bs} 与 α_{bf} 表示价格序列变动的长期趋势与期现货价格间的固有差异；系数 β_{bs} 反映了石油沥青的期货滞后一期价格对现货当期价格的影响，β_{bf} 则反映的是石油沥青现货滞后一期价格对期货当期价格的影响；e_t^{bs} 与 e_t^{bf} 为随机误差项。

为了对 Garbade-Silber 模型进行估计，这里将式（5-1）改写成如下形式：

$$bs_t - bs_{t-1} = \alpha_{bs} + \beta_{bs}(bf_{t-1} - bs_{t-1}) + e_t^{bs} \tag{5-2}$$

$$bf_t - bf_{t-1} = \alpha_{bf} - \beta_{bf}(bf_{t-1} - bs_{t-1}) + e_t^{bf} \tag{5-3}$$

定义变量 $\delta = |\beta_{bs}| / (|\beta_{bs}| + |\beta_{bf}|)$ 来刻画石油沥青期货市场的价格发现功能。0～1 的取值表示两个市场间的相互调整及反馈效应：$\delta > 0.5$ 说明期货价格的价格发现作用大于现货价格；$\delta < 0.5$ 说明现货价格的价格发现作用大于期货价格。

对于燃料油市场，定义 fs_t 和 ff_t 分别为其现货和期货价格序列的自然对数，其他变量同理。燃料油自 2011 年进行期货合约修订后，现、期货价格如图 5-6 所示。

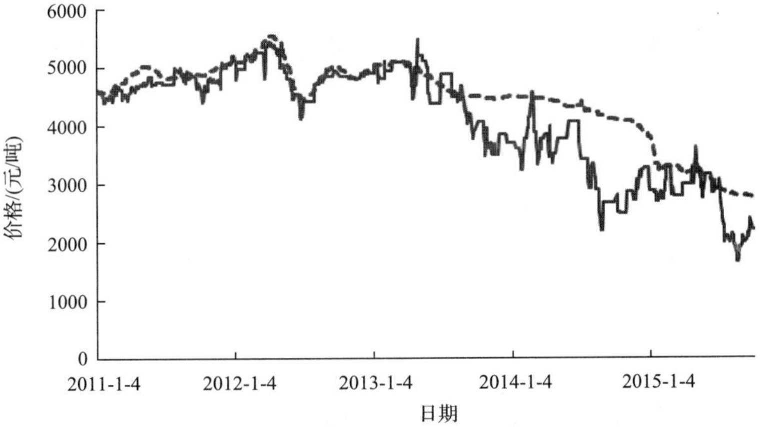

图 5-6　2011～2015 年上海期货交易所燃料油期货与现货价格

数据来源：RESSET 金融数据库、生意社网站

5.3.3　中国燃料油与石油沥青期货市场的价格发现功能评价

燃料油和石油沥青价格序列的平稳性检验显示，原序列的一阶差分序列均平稳。协整检验结果显示，燃料油的期现货价格存在两个协整关系，石油沥青的期现货价格存在

一个协整关系。因此，两组期现货价格间均存在长期稳定的均衡关系。为进一步明确期现货价格间的影响方向，分别对两组价格变量进行 Granger 因果关系检验。结果显示：燃料油现货价格是期货价格的 Granger 原因，期货价格并不显著为现货价格的 Granger 原因；石油沥青现货价格是期货价格的 Granger 原因，期货价格为现货价格的 Granger 原因，但随着滞后期数的增加这种因果关系逐渐减弱。因此，燃料油和石油沥青的现货价格是引起期货价格变化的原因之一。

1）价格发现功能度量

由式（5-2）和式（5-3）进一步度量燃料油和石油沥青市场的价格发现程度，见表 5-7。

表 5-7　Garbade-Silber 模型估计结果

方程系数		估计结果	P 值	δ 系数
石油沥青市场	β_{bs}	−0.0027	0.1442	0.0478
	β_{bf}	0.0547	0.0002	
燃料油市场	β_{fs}	0.0032	0.0005	0.1679
	β_{ff}	0.0157	0.0054	

从表 5-7 可知：（1）在石油沥青市场中，$\beta_{bs} < \beta_{bf}$，并且 β_{bf} 在 1% 的水平下显著，表明石油沥青现货价格引导石油沥青期货价格；$\delta = 0.0478$ 进一步说明现货价格执行了 95.22% 的价格发现功能，在信息传递和价格发现中起主导作用，而期货价格的作用极弱。

（2）在燃料油市场中，$\beta_{ff} > \beta_{fs} > 0$，并且两系数均在 1% 水平下显著，即燃料油现货与期货都执行了价格发现功能，但现货价格的引导作用更强；$\delta = 0.1679$ 也表明现货价格执行了 83.21% 的价格发现功能，而期货价格的影响较弱，但相对来说要强于石油沥青期货的价格发现程度。

这一现象与期货市场的建立初衷显然背道而驰，也有悖于一些燃料油现货贸易商采用期货价格作为交易指引的共识做法。究其原因，本书认为：第一，国际上较为成熟的期货品种大多有几十年的历史，而中国燃料油和石油沥青期货上市时间不长，受制于市场分割、辐射范围有限、信息不对称等因素，期货价格往往不能完全反映市场供求与资源稀缺程度，因此价格发现与引导功能较弱；第二，燃料油和石油沥青现货的交易量较大，市场较为成熟，因而现货价格对期货价格的影响力相对较大；第三，期货市场的价格发现功能需要以市场经济为基础，要求具备高流动性的现货与资金，对通信设备、自动报价系统、市场交易场所等设施与制度的要求很高，而燃料油现货市场如今的条件不足以完全支持期货市场实盘的仓储、运输和顺利交割，从而不利于期货市场运行其价格发现功能。

2）石油沥青期货上市对燃料油期货市场的影响

新期货品种的上市必然会对原有期货品种的交易量产生影响。Pennings 和 Leuthold（2001）采用多品种对冲模型研究了此类效应，发现品种间的不同对应关系使得新品种引进的影响并不一致，可能强化或者削弱原有期货品种的活力。为了进一步分析燃料油市场的价格发现功能在石油沥青期货上市前后的变化，首先以 2013 年 10 月 9 日石油沥青上市日期为断点，对燃料油市场进行邹氏断点检验，继而对前后两个子样本区间分别建立 Garbade-Silber 模型，考察燃料油市场的价格发现程度变化。

邹氏断点检验结果表明，石油沥青期货上市前后，燃料油的期现货价格关系产生显著变化，即石油沥青期货上市对燃料油市场价格发现功能产生了实质影响。Garbade-Silber 模型结果显示，石油沥青期货上市前后的两个子样本区间内，燃料油现货价格均引导期货价格，其主导地位并未因石油沥青期货的上市而改变；但现货市场的价格发现程度在石油沥青期货上市后提高了 5.03 个百分点。

燃料油期货较低的价格发现水平在石油沥青期货上市后进一步减弱，原因可能在于：一方面，从供给角度看，炼厂进口原油后，如果燃料油的价格较高，则通常直接销售燃料油，只有沥青的价格看涨，才会再次提炼生产沥青，因而对于两个品种的套期保值需求近乎于此消彼长的关系，石油沥青期货的交易也会挤占一部分燃料油期货市场的流动性；另一方面，燃料油期货市场近 10 年的运行状况鲜有起色，甚至在连续多个月份出现零成交，市场机制不健全与功能效率的缺失未能有效解决，因此对于石油沥青期货上市的冲击表现出消极反应。

5.3.4　燃料油和石油沥青期现货市场具备价格发现功能

利用 Garbade-Silber 模型等方法，对中国的燃料油和石油沥青市场的价格发现功能进行评价，得到以下主要结论。

（1）燃料油与石油沥青的期现货价格间均存在长期稳定的均衡关系。在选取的样本区间内，两组期现货价格的对数序列均存在协整关系，表明期现货价格因受到某类共同因素的作用而显示趋同的变化趋势，从而具备长期均衡关系，此为市场具备发现功能的基础。

（2）燃料油与石油沥青的期现货价格间均存在一定的因果关系，现货价格是期货价格变化的原因之一。借助 Granger 因果检验，在协整关系的基础上进一步明确了期现货价格的互动关系，这是从因果关系的角度来定性描述期货市场的价格发现功能。

（3）在燃料油与石油沥青市场中，现货价格执行了大部分价格发现功能。在这点上，Garbade-Silber 模型的结果与 Granger 因果检验结果得到相互印证，在两个市场中仅存在现货价格对期货价格的单向引导关系，表明在价格发现功能中现货价格起着决定性的作用，并且石油沥青期货的价格发现功能更加弱于燃料油期货。从品种间影响的角度来看，石油沥青期货的上市进一步削弱了燃料油期货的价格发现水平。

（4）促进期现货市场的和谐互动是现阶段机制设计的主要方向。为了争取亚洲原油定价权，要在提高国家软实力的基础上，不断完善能源期货市场价格发现体系，使得中国的油品期货价格走向成为现货交易的指引，形成期现货交易的和谐互动。中国成品油期货体系的完善和原油期货的推出，必将为中国积极争取国际石油定价，保障国家能源安全打下坚实的基础。

5.4　燃料油期货价格影响因素

燃料油是中国市场化程度最高、政策最为开放、价格波动最贴近国际市场的成品油，为此，中国最早推行了燃料油期货品种，为中国能源期货市场的建设不断积攒着成功的发展经验。燃料油期货从市场交易规模、交易持续性、市场完备性、国际性等方面均优于其他能源期货品种，且为人们带来较大的研究价值。于此，本节选取中国能源期货市场中的关键及核心组成部分——燃料油期货为研究对象，进行其期货价格的影响因素分析。近年来，受国际燃料油价格剧烈波动的影响，国内燃料油期货市场波动频繁，这为国民经济的稳定运行带来了较大的冲击，因此，关于国内燃料油期货价格的影响因素的研究分析变得迫切且意义重大，能为生产者和投资者规避交易风险提供有效的理论指导和实践帮助。

5.4.1　政治与宏观经济因素影响价格走势

1）政局稳定性

政治是经济发展的重要基础，政治稳定才能为经济发展提供保证，一些突发性的政治事件则会冲击国家经济，造成巨幅的物价波动。能源作为国家战略物资，并不能摆脱大国政治的影响，由此衍生出的能源期货等金融产品的发展也不例外，如石油资源在世界范围分布不均，石油运输作为必不可少的贸易环节，其途经国的政治环境则会影响石油的供给稳定，对油价稳定形成一定的威胁。例如，伊拉克 1990 年入侵科威特，原油期货价格在两个月内便从约 20 美元/桶涨到 40.4 美元/桶，美国插足将伊拉克成功赶出科威特后，石油价格又出现回落（郑亚秋，2011）。2015 年 3 月，中东地区也门局势紧张，使得油价大幅上涨，原油期货价格实现了约 3%的涨幅，随后局势缓和，油价回落。而燃料油作为重要的石油品种，必然也会因此受到影响。

2）中国宏观经济与发展政策

工业作为国民经济的支柱产业，其发展在很大程度上依附于能源消耗。能源是国家经济发展、推动工业化进程的主要动力，随着中国经济的发展和工业化进程的加深，能源消耗也在不断增加。而燃料油作为石油能源的重要品种，在国家工业化进程中必不可少。2010～2013 年，国内燃料油的消耗逐步加剧，尤其是在国民经济中至关重要的石化等工业行业及交通运输行业，高水平的消费需求推动燃料油价格上涨到高位；2008～2009 年受全球金融危机的影响，经济衰退萎靡，燃料油的消费需求急速下跌，形成了自 2005 年以来的新低点，跌至 2400 元/吨左右。燃料油能源市场主体通过预估未来经济的发展水平，来决定自身未来的需求与结构，进而影响到其现货和期货的价格波动。随着市场交易者对未来世界经济增速的预期向好，期货交易便随之增加，进一步推高期货价格。因此，重视宏观经济走势、产业结构调整及能源发展政策，对把握燃料油期货价格的走势非常重要。此外，资本市场日益活跃，投机者的大量资金注入也会抬升期货价格（郑亚秋，2011；刘作，2013）。

3）国家宏观调控手段

各国为了维持自身的可持续发展及积极应对能源安全问题，纷纷建立自己的战略石油储备。战略石油储备政策的实施有助于通过稳定的石油库存，来缓解国际原油现货价格或期货价格的波动带来的损失，这是国家从量的角度来对燃料油期货价格提供的相应保障。中国也试图从价格的角度来对燃料油进行市场化的调控，于 2001 年放开了燃料油的价格，但是受制于成品油价格管控的影响，燃料油价格市场化出现波折，有效信息缩水。因此，中国仍然有待于从量与价格的角度，做好调控，稳定价格。

5.4.2　基本面因素支撑期货价格水平

1）中国燃料油的供求关系

国内燃料油的供给与需求决定着燃料油的现货情况，进而影响燃料油期货价格的波动；而燃料油的现货价格又与期货交易息息相关，期货交易量受现货价格的影响，进而影响着期货价格的波动（刘作，2013），因此燃料油的供需间接地影响着其期货价格的波动。中国燃料油的主要供给行业为工业和交通运输、仓储和邮政业。随着工业经济的发展与交通运输行业的进步，自 2005 年以来，燃料油消费量呈现出震荡上升的态势；2008～2009 年受全球经济萎靡的影响，消费需求低迷；随后伴随着经济的不断复苏与发展，燃料油消费不断增加，由 2009 年 2827.8 万吨的消费量上涨为 2013 年的 3953.97 万吨，实现了近 40%的增长。而国内的燃料油生产量虽然近年来也在不断增加，由 2005 年的 1767.4 万吨增长为 2012 年的 2253.2 万吨，但是生产量远低于消费量。燃料油进口量平稳攀升，2012 年的进口量为 2683 万吨，占据我国燃料油消费总量的 50%以上，2013 年进口量达到 3352.95 万吨，为国内燃料油消费总量的 85%，2014 年消费量与进口量均有所减少，但是进口量仍为消费量的 85%。由此可见，中国燃料油的对外依存情况是较高的。此外，中国燃料油年初年末的库存差额持续呈现负值，自身供求情况较为紧张，对国外燃料油市场形成一定的依赖。因而，国际燃料油价格的波动势必会影响国内燃料油的情况，进而影响到我国的燃料油期货价格的波动（图 5-7）。

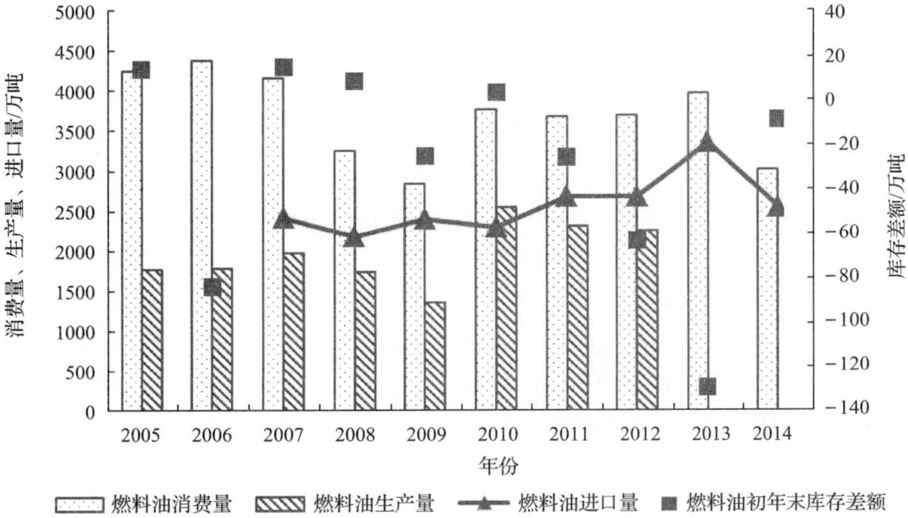

图 5-7　2005～2014 年中国燃料油消费、生产、进口、库存差额情况

数据来源：国家统计局、国家能源局及著者的整理计算

2）燃料油的现货价格

美国于2001年上市中部阿巴拉契亚煤炭期货合约，其成交价格建立在中部阿巴拉契亚煤炭交割价格基础上，由此可以看出，中部阿巴拉契亚煤炭现货价格决定了其期货价格。殷孟波和马瑾（2008）的研究也认为原油现货价格决定期货价格。顾功（2006）研究上海期货交易所燃料油期货价格形成机制，对期货价格与现货价格进行了相关性分析。王怡文和陈奕播（2009）通过实证研究，证实了中国燃油期货价格与现货价格互为影响而走高。张天宇（2011）采用平滑转换回归模型，考察了燃料油期货价格与现货价格之间内在的联动关系。由此可见，现货价格与期货价格存在着一定的相关关系，往往互为引导作用。

3）相关能源品种的影响

燃料油作为原油的直接下游产品，其供给状况自然还受到原油的供给及价格走势的影响。而原油的供给则与产油国供给政策、石油储备和库存、地质条件密不可分。原油的价格走势则会受到政治因素，如OPEC等石油盛产国家的政策及政局稳定性和地缘政治事件、原油供需情况、经济发展状况、汇率、石油石化行业的发展态势等的影响，原油价格的波动进而影响到燃料油价格。2015年8月中上旬，OPEC国家持续不减产，美国库存较大，使得国际原油价格震荡下跌，出现自2008年以来的新低点，从而影响燃料油的现货交易，期货价格也形成波动。另外，燃料油价格还会受到包括天然气在内的替代能源供求和价格变化的影响（刘作，2013）。

5.4.3 市场交易因素主导期货价格波动

1）成交量与持仓量

大量研究表明燃料油的期货价格与成交量、持仓量有关。Karpoff（1987）、McCarthy和Najand（1993）、Lamoureux和Lastrapes（1990）、Wang和Yau（2000）、Kocagil和Shachmurove（1998）等学者均通过实证的方法，论证了期货价格的波动与成交量存在相关关系。Foster（1995）的研究表明原油成交量和价格波动正相关；Fujihara和Mougoue（1997）也考察了原油、燃油和无铅汽油期货市场的价格波动与成交量的关系，发现在方差方程中成交量是显著的解释变量。华仁海和仲伟俊（2003）深入分析了中国期货市场上最为活跃的3个能源期货品种的价格波动与成交量的关系；刘庆富等（2005）研究了成交量的变动对期货价格波动的影响。而就作为衡量期货市场活跃深度的另一个指标——持仓量而言，Bessembinder和Seguin（1993）研究发现，成交量和持仓量对于期货价格的波动均有显著的影响。Ragunathan和Peker（1997）也得出了类似的结论。Girma和Mougoue（2002）发现成交量、持仓量对价差的波动性具有较强的解释力。华仁海和仲伟俊（2004）详细地分析阐述了更多合约种类的价格波动与成交量和持仓量之间的相互关系；钱瑞梅（2007）研究发现，当期成交量和当期持仓量对于燃料油期货价格的波动性具有很好的解释力。戴毓（2009）通过建立动态计量模型、含有交易行为变量的GARCH模型，研究成交量、持仓量与燃料油期货市场价格波动之间的关系。

综合而言，成交量与持仓量作为衡量期货市场交易活跃度的重要指标，与期货价格具有一定的相关性。较高的成交量与持仓量则意味着市场交易较为活跃，市场价格的波动会较为频繁，受到外部冲击的反应也会较为灵敏，对于期货价格波动具备良好的解释作用。

2）期货市场投机因素

期货市场中既存在企图套期保值的交易者，也存在逐利的投机者。重要战略物资原油在世界经济发展中拥有无可比拟的地位，使得在其基础上衍生出重要的金融衍生工具，吸引了大量机构投机者的热捧，导致国际原油期货价格波动剧烈。例如，2008 年 7 月，在国际投机资金的操纵下，国际原油价格出现了罕见的大幅度波动，美国纽约 WTI 原油期货疯涨到 147 美元/桶的历史巅峰。而上海燃料油期货市场与国际原油市场具有高度相关性，加上中国金融市场对外开放程度的增强及国际金融一体化的加速，国际投机力量不可避免地对上海燃料油期货价格波动造成影响（刘作，2013）。

3）通货膨胀率、美元汇率与利率、风险事件

曾林阳（2008）从理论和实证的角度，对石油期货价格波动和通货膨胀率之间的关系进行了研究。Sadorsky（2000）应用协整分析方法，对能源期货价格和汇率之间的关系进行了检验，发现原油、燃料油和无铅汽油的期货价格和贸易加权汇率指数之间呈现协整关系。国际燃料油市场主要以美元标价交易，燃料油价格必然会受到美元汇率影响。燃料油价格和美元价格之间通常表现为一种反向互动的关系。利率是政府对经济进行宏观调控的一种重要工具，从利率变化角度，可以预测政府的经济政策，大致把握经济走向和发展情况，从而有助于判断燃料油的需求和价格走势，因此，利率也是影响燃料油期货价格波动的重要因素之一（郑亚秋，2011）。王帅（2014）对风险事件影响因素进行了分析，发现风险事件在影响期货价格出现跳跃方面具有重要作用，基于风险事件视角对能源期货市场的考察，发现风险事件对能源期货市场的冲击具有重要影响，甚至造成整个市场的持续波动。

4）其他能源品种或期货市场的期货价格

其他能源品种或期货市场的期货价格影响着燃料油期货价格的波动。Tse 和 Booth（1995）研究发现两个不同的期货品种价格存在协整关系；Booth 等（1996）发现不同交易所交易的日经 225 股指期货之间存在协整关系；Tse 和 Booth（1997）通过协整理论检验了纽约燃料油期货市场与伦敦汽油期货市场之间的信息传递作用。Girma 和 Paulson（1999）发现原油、燃料油、无铅汽油价格序列之间存在一定的协整关系；Sequeira 和McAleer（2000）对同时在 IPE 和 SIMEX（新加坡国际金融交易所）交易的 Brent 原油期货合约进行了研究，结果表明 SIMEX 的原油期货价格、IPE 原油期货的滞后期价格与 Brent 现货价格具有协整关系；Bekiros 和 Diks（2008）利用非参数检验，研究 WTI 原油期货价格与现货价格的线性和非线性的因果关系，研究表明不同期货市场之间的价格引导和滞后关系会随着时间的推移而变化。中国关于期货市场与国际期货市场同种期货品种价格之间关系的研究比较匮乏。华仁海和陈百助（2004）首次对国内与国际期货市场期货价格的动态关系进行了实证分析，结果表明，上海期货交易所的铜、铝和大连商品交易所的大豆均与国际市场存在均衡关系及相互引导关系，并且国外期货市场的影响力较大。焦建玲（2004）发现中国原油价格与国际原油价格之间存在

双向因果关系，国际原油价格对中国原油价格的影响迅速而长远，但中国油价对国际油价的影响相对迟缓。唐衍伟等（2007）对上海、美国与新加坡燃料油期货市场日收盘价的相互关系进行了实证研究，结果表明三地互为Granger成因。综合前人的研究结果表明，其他能源品种或期货市场的期货价格与国内的期货价格存在着一定的相关关系。

综上所述，为了更好地把握我国燃料油期货价格的波动情况，全面分析我国燃料油期货价格的影响因素十分必要，本节从我国的政治稳定及宏观经济环境；我国燃料油市场的基本面分析，市场供求、现货价格及替代能源；燃料油期货市场的市场交易因素，如成交量与持仓量、投机因素、通货膨胀率、美元汇率与利率、风险事件及其他期货价格等全面地分析我国燃料油期货价格波动受哪些因素的影响。立足于宏观结合微观的影响因素发掘角度，从作为市场建设基础存在的稳固的宏观大环境，到支撑市场活跃交易的基本面状况，进而细化到密切影响着期货价格波动的市场交易因素，都不同程度地作用于燃料油期货价格的波动。总之，为了全面系统地辨明燃料油期货价格的影响因素，宏观背景结合微观市场的因素分析都十分必要。而就宏微观的这些影响因素而言，因素自身的多变性对于燃料油期货价格波动频率影响较大，因此，在稳定的发展背景下，更需要多关注一些灵敏的影响因素，如基本面的现货价格及市场因素中的成交及持仓量、投机因素等对于燃料油期货价格波动频率造成的即时影响。

目前，就我国的发展及市场建设而言，稳定的政治经济环境已经奠定了燃料油期货市场进一步发展的环境基础。而在燃料油市场建设及市场交易中，燃料油现货价格、替代品种及市场目前的成交与持仓量、投机因素等会频繁地影响到燃料油期货价格的波动，所以在我国未来的燃料油期货市场建设及价格波动探索中，应该更多地关注于这些敏感的影响因素。

5.5 激发能源期货市场活力的措施

石化企业作为能源期货市场的主要套期保值者，急需有效的反馈信息以调整生产，这取决于能源期货市场的价格发现功能是否有效发挥。目前，中国能源期货市场特别是油品期货存在套期保值者的缺位情况，市场活跃度不高，主要受制于以下因素：一方面，国内期货市场交易机制不完善，特别是成品油合约种类过于单一，国内石化生产商主要在国际市场上进行套期保值，而其市场预期、套保技术、法制经验等方面的欠缺也严重制约着套期保值效果；另一方面，目前受到政府规制模式的约束，现货市场上存在不合理的垄断格局，能源企业的参与度受到市场准入门槛的制约，同时具备资格的中小市场主体的套保动机严重不足。

5.5.1 扩充能源期货品种来完善现货市场有效性

中国目前的能源期货品种较少，与全球主要能源期货交易所的差距较为显著（表5-8）。中国在天然气、电力等领域均存在期货市场的交易空白，理应加速推出原油期货、天然气期货和电力期货等，扩大中国能源期货市场的交易规模并活跃市场交易，以提供更加完善的套期保值环境。

表 5-8　全球主要能源期货交易所的期货能源交易品种

交易所	期货品种
NYMEX	低硫原油、柴油、取暖油、天然气、丙烷、Brent、煤炭、电力
ICE	柴油、Brent、煤炭、天然气、WTI、电力
TOCOM	汽油、煤油、原油、天然气
SGX	原油、燃料油、成品油
上海期货交易所	燃料油、石油沥青
大连商品交易所	焦炭、焦煤
郑州商品交易所	动力煤

市场交易的活跃度是期货合约推出的关键所在。中国的油品期货种类单一，仅上海期货交易所开展了燃料油期货和石油沥青期货的交易。在中国原油期货缺位的情况下，国际市场参与主体的决策参考信息大多以燃料油期货价格为准，这也是中国燃料油期货市场价格发现功能欠佳的原因之一。中国的燃料油现货市场存在严重的寡头垄断现象，目前仍采用政府定价机制，这与市场经济规律相背离。但如果不考虑市场成熟度而强行推出原油期货，则上海证券交易所的石油沥青期货就是前车之鉴。借鉴国外石油期货上市的经验，考虑到中国石油市场竞争还不够充分，本书认为：应该先建立合理有效的现货市场基础，设计出能够准确反映中国石油现货市场供需特点的期货产品，适时推出更丰富的石油期货品种；在推出顺序上，应以较为成熟的成品油现货市场为基础，结合现货市场的具体发展情况，适时推出符合标准的原油期货合约。

5.5.2　保障基本能源战略储备以维护能源期货市场价格机制

随着社会经济的发展与工业化进程的加深，中国的能源消耗日益加剧，石油、天然气等能源品种的对外依存度居高不下。中国的能源供给受限于国际市场，现货价格受国际市场价格波动的影响而偏离国内供求基本面，进而波及国内期货市场的交易量与交易价格，对期货市场的价格机制产生冲击。因此，应该保障基本的能源战略储备，维持本国能源供需的平衡，避免国内价格机制受到国际市场的剧烈影响，从而为中国能源发展争夺一定的话语权。

5.5.3　改进制度设计以促进市场活跃

国际上成熟的石油期货多数具有较为灵活的交割方式，允许实物交割与现金交割两种形式。中国目前上市交易的五种能源期货均仅允许实物交割方式，未来可以考虑增加现金交割、协商交割或声明交割等方式，使交易更加主动灵活。在金融创新方面，可借鉴国际上的期货转现货交易模式，增强市场流动性，促进期货价格发现功能的发挥。

在保证金制度方面，其比例的制定与调整需要维持风险控制与交易成本之间的平衡。目前中国各能源期货品种的保证金水平为燃料油 8%，石油沥青 4%及动力煤、焦煤和焦炭 5%。其中燃料油的保证金比例明显过高，对其市场规模的扩大将产生不利影响。

目前中国原油期货正在紧张的上市筹备阶段，在合约设计方面应优先考虑流动性问题。为吸引更多不同类型的投资者参与，应对同一油品期货设计不同单位的合约；在交割制度方面，应本着方便交易者交易的原则，设计创建灵活便捷的交易交割模式；在风险控制方面，应就不同的油品期货设定合适的保证金比例，以避免交易成本过高导致的市场投机不足。

5.5.4 完善交易所内部监控机制以切实降低交易风险

交易所作为期货交易的直接管理者与风险承担者，为保证市场的平稳运行，应根据业务发展需要和运行过程中可预见的各种情况，健全交易规则和风险监控制度：①进一步完善细化现有的保证金制度、涨跌停板制度、投机头寸限仓制度、大户报告制度、强行平仓制度、异常情况处理细则等交易规则；②完善风险准备金制度，并对具体实施情况的实施条件细则化，确保能应对由于会员或者交易所不可抗拒的因素及会员的破产、倒闭等紧急事件导致的无法履约的风险，提高市场整体抗风险能力；③建立对交易行为的动态风险监控机制，建立一套较为合理的市场数据分析指标；④加强与证监会的信息共享与沟通。

5.5.5 引入做市商制度来活化市场流动性

在证券交易制度中，做市商作为一种市场交易的中介，向市场提供双向报价，交易者自愿选择与做市商成交，而交易者之间不直接配对成交。作为金融市场制度创新的产物，做市商制度在国际市场上已运行 40 多年。在国际能源价格剧烈波动的条件下，为中国企业提供避险工具的国内能源期货交易却不甚活跃，这为做市商的发挥提供了空间。

在中国能源期货市场引入做市商制度的优势主要表现在：①提供流动性，缩短交易者的时间成本，该优点在燃料油、石油沥青等交易寡淡的品种上将有更明显的体现；②促进价格发现，通过循环报价使市场达到出清，获得市场定价者的地位；③提供个性化产品服务，做市商利用“商人”的属性为投资者提供个性化报价。

由于中国欠缺明确的法律规定，许多以做市商为名的现货与衍生品交易平台相继沦为“对赌”交易的操手，并不实际执行客户指令，所有交易单都没有放到交易池中进行交易。因而该制度于 2011 年被国家叫停。未来欲重新引入做市商，首先必须明确立法，对做市商的资质审查、业务范围、操作规范等方方面面予以规制。同时必须明确监管主体，划分监管职责，以防做市商处于灰色地带逃避监管、滋生风险。在引入方式上，建议学习 NASDAQ 经验，将做市商制与竞价交易制相结合，将具有竞争力的客户委托引入做市商报价，使其更具竞价撮合交易制度的特征，有效降低投资者交易成本，提升市场透明度。从这个角度来讲，做市商制度未来可作为建立定价机制的一项尝试。

5.5.6 借助互联网金融平台推动能源产业转型创新

“互联网+”行动计划的提出，是中国能源期货市场建设的一项新的挑战，同时也是新的机遇。能源期货需要实现角色转变，从商品期货市场的“小配角”转变为服务能源产业转型、牵引实体产业革命的“主角”，以适应及引领互联网的时代潮流，发挥规模效应，提升行业效率。能源期货品种将告别单一化、同质化，加强差异化竞争。市场将走向集约化，形成新格局。

5.6　健全能源期货市场的市场监管模式

5.6.1　建立石油基金体系以增强风险管理机制

国际政治及突发事件往往引起投资、避险资本的大规模进入和退出，会使中国的能源期货价格产生剧烈的波动，对市场环境造成一定的冲击，不利于期货市场的稳定发展。为了避免政治及突发事件对中国能源期货价格造成的剧烈冲击，应该进行相应的风险预警管理，把握传导机制以管控风险，避免国际能源价格及其他替代能源价格的连带巨幅冲击。

国际能源期货市场的成功经验充分表明，科学合理的市场监控手段与风险防范措施具有重要意义。参照国际经验，在当前的能源金融化趋势下，中国十分需要建立与完善能源基金保障体系，加强政府的监管与宏观调控职能。考虑到目前中国的能源政策导向，可以考虑优先建立石油基金体系，由财政部统一管理；在交易所的风险基金出现危机时提供金融支持，并在石油储备建设与石油现货市场的建设工作中提供资金支持。

5.6.2　鼓励市场竞争以充分发挥现期货市场功能

中国能源行业应该鼓励更多类型的市场主体参与竞争，如组建陕西延长石油集团，允许外资和私企加入成品油批发市场等，改革现有的石油产业管理体制和市场准入机制，加快推进对民营资本开放炼化、勘探开采等上游业务；有计划地削弱国有石油、石化企业的特权，形成一个规范透明的石油市场；推进能源期货市场自由竞争平台，例如，引入“互联网+”的竞争发展模式，打造在大数据背景下的能源期货市场平台，使得竞争透明化、多元化。加强全行业避险意识，使更多的石油石化企业参与国内期货市场，国家也可以通过现货和期货两个市场综合对石油行业进行宏观调控。推进天然气行业的市场化和良性竞争，对于产业链各环节应制订相应的发展改革方案，例如，在天然气上游的勘探开发环节，有条件地允许中外企业参与，鼓励市场竞争以充分发挥现期货市场功能。

5.6.3　降低期货交易门槛以完善市场准入制度

在完善风险监控体系与政府调控手段的前提下，降低期货市场的准入门槛，鼓励符合条件的能源企业积极参与期货市场交易。具体地，需要进一步完善 QFII 制度以引导境外机构投资者进入中国能源期货市场，提升市场活跃度。另外，加速推进人民币资本项目自由兑换试点及全面推行相关工作，有效利用国际资本来助推中国能源期货市场尤其是石油期货市场的建设工作。

第 6 章　跨区域能源贸易

当今世界，能源作为一个社会和国家赖以生存和发展的物质基础，在国民经济中的战略地位与日俱增，全球间的能源贸易推动了世界经济发展，同时各国内部跨区域间的能源贸易也在一个国家的经济发展中发挥着日益重要的作用。我国能源资源储量丰富但总体分布不均，能源的供给与需求存在明显的地缘差异。煤炭、水能、风能、原油和天然气等一次能源都呈现集中性分布特点，而能源需求量较大的省份主要集中在东、中部工业发达地区，不均衡的产销格局促使我国各省份之间进行跨区域的能源贸易，能源的运输网络和基础设施建设工程应运而生。但我国现阶段仍存在油气矿产资源对外依存度高等问题，对此国家大力发展“一带一路”战略，深化与中亚、南亚、西亚等国家交流合作，加强基础设施的互联互通建设，进一步巩固能源安全，并为我国的能源贸易注入新的活力。在此发展背景下，本章通过考察能源资源禀赋与能源贸易的发展情况，对以下方面的内容展开研究：

- 中国能源资源禀赋的区域分布特征
- 中国能源的跨区域消费特点及各区域间的能源贸易
- 中国能源的跨区域运输、交通网络与能源基础设施建设
- “一带一路”背景下的大区域能源市场间贸易结构及变化趋势

6.1　中国能源资源禀赋的区域分布特征

6.1.1　煤炭资源呈“北富南贫，西多东少”的分布特征

我国煤炭资源空间分布具有明显的区域特征，具有“北富南贫，西多东少”的分布特点，但总体表现为集中度较高的特点。据第三次全国煤炭预测资料，昆仑山—秦岭—大别山以北的地区集中了我国 90%以上的煤炭资源，其中 65%以上的北方煤炭资源分布在太行山—贺兰山，以烟煤和无烟煤为主，形成了山西、陕西、宁夏、河南及内蒙古中南部的富煤地区。南方地区资源储量不足 10%，主要是无烟煤和贫煤，而其中 90%以上集中在贵州、四川、云南三省，形成以黔西、川南和滇东为主的富煤地区。在东西分带上，大兴安岭—太行山—雪峰山以西地区，资源储量占全国的 89%，分布着各种变质程度的烟煤和无烟煤，而以东的地区煤炭资源量仅占 11%，以褐煤和低变质烟煤为主。具体如图 6-1 所示。

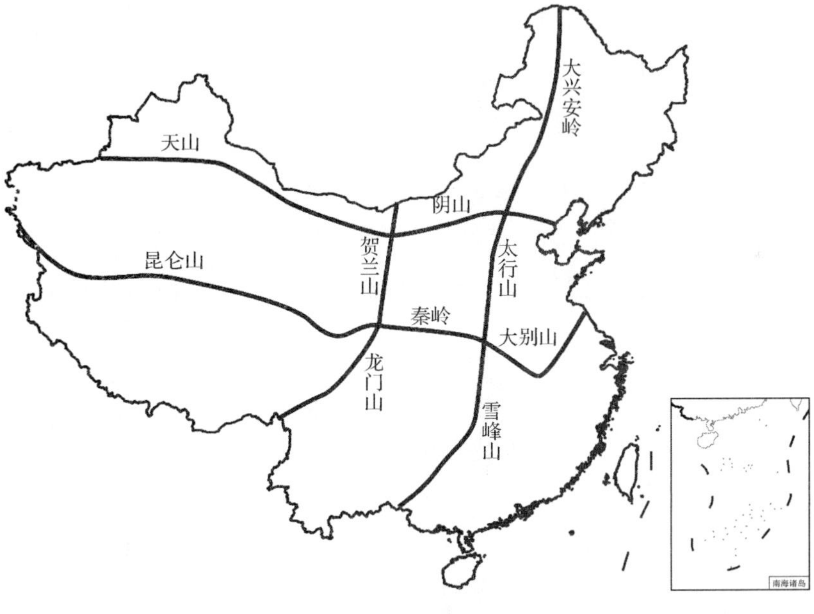

图 6-1　我国煤炭资源分布结构

资料来源：国家发改委《大型煤炭基地建设规划》(2006)

我国煤炭资源主要集中分布在大型煤炭基地，具有集中性的分布特点，下面将从十四大煤炭基地的角度对煤炭资源的分布和赋存特征加以概述。十四个大型煤炭基地主要位于中央造山带以北的地区，只有云贵基地位于南方地区，而北方地区的八个基地位于太行山以西的中西部地区，煤炭基地的详细分布见图 6-2。

蒙东（东北）大型煤炭基地位于我国东北地区，主要包括内蒙古东部和黑龙江、吉林的部分矿区，该基地的煤炭资源主要集中于蒙东地区，吉林和黑龙江的煤炭资源较少，且东北三省勘查开发程度高，蒙东地区则较低，勘查开发重点正逐步向蒙东地区转

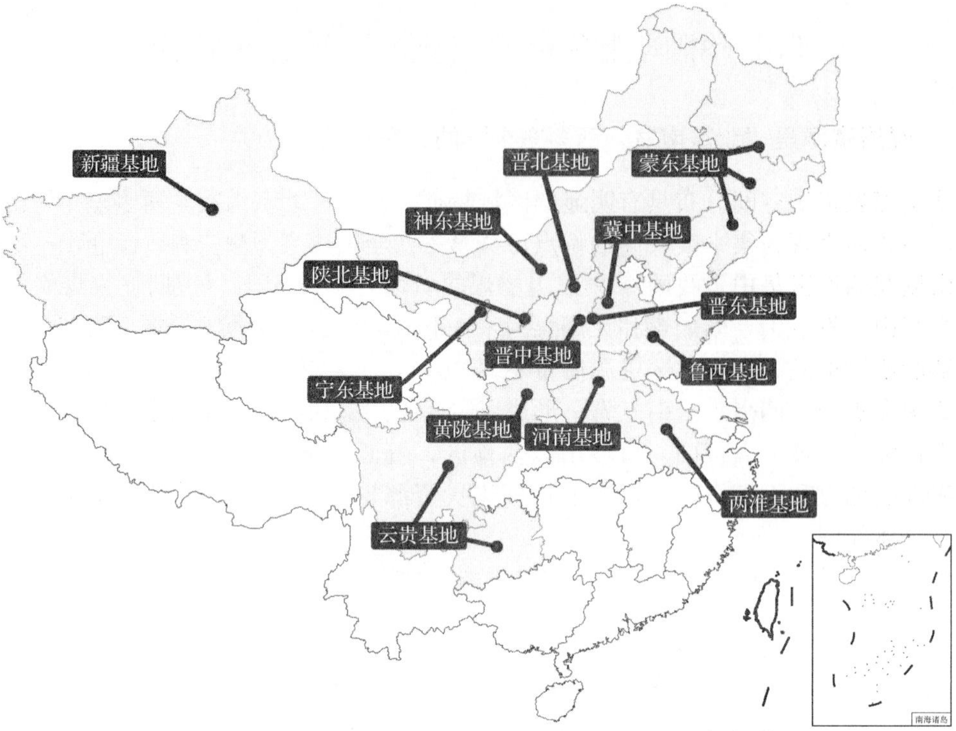

图 6-2　我国大型煤炭基地分布结构

资料来源：国家发改委《大型煤炭基地建设规划》（2006）

移，该基地主要承担东北三省和内蒙古东部煤炭资源的供需平衡，以减轻山西煤炭调入东北的铁路运输压力。

鲁西、两淮、河南、冀中四大煤炭基地位于黄淮海分区，这四个煤炭基地因位于煤炭需求量较高的东部地区，并且其较高的勘探开发程度导致煤炭产量已远不能满足自身的需求，因此黄淮海分区是“西煤东运”的主要目的地，同时它们也担负着向京津冀、中南、华东地区供应煤炭的重任。

神东、晋北、晋东、晋中、陕北、黄陇（华亭）、宁东七大煤炭基地位于晋陕蒙宁分区，该分区煤炭资源丰富且勘查开发程度相对较低，是“西煤东运”和“北煤南运”的调出地，也是“西电东送”北部通道的始发地，负责向华北、华东、中南、东北、西北等地区供应煤炭。

云贵基地位于云贵川渝分区，该基地包括贵州、滇东及四川的部分矿区，该分区煤炭资源相对丰富，勘查开发程度也较低，但其产能较小，不能满足需求，需要大量调入，是“北煤南运”的主要目的地，也是“西电东送”南部通道煤电基地，负责向西南、中南地区供应煤炭。

新疆基地主矿区位于北疆分区，该分区煤炭资源丰富，勘查开发程度最低，资源前景非常广阔。“十二五”规划中指出新疆基地将被建设成为我国集煤炭、煤电、煤化工为一体的大型综合化基地，可见其未来的发展潜力巨大。

6.1.2　电力资源呈“火电为主，水电为辅”的结构特征

我国资源的整体特点是“煤多、气少、油缺”，电力市场的电源结构是以火力发电为主，其次为水电，风电、核电、气电占比较少，电力资源的发展呈结构不平衡的格局，2014 年我国的电力结构如表 6-1、表 6-2 和图 6-3 所示。

表 6-1　2014 年我国发电结构

类型	发电装机容量万千瓦	占比/%	比 2012 年增长/%
火电	92363	67.41	6.15
水电	30486	22.25	8.17
风电	9657	7.05	26.20
太阳能发电	2486	1.81	56.20
核电	2008	1.47	36.97
其他	19	0.01	128.45
合计	137019	—	8.95

数据来源：中国电力企业联合会（2014）

表 6-2　2014 年分省区的发电量及电力结构

地区	发电量/亿千瓦时	火力发电量/亿千瓦时	火力发电比/%	水力发电量/亿千瓦时	水力发电比/%
华北地区	9995	9220.77	92.26	85.52	0.86
北京	364	354.05	97.27	6.80	1.87
天津	626	618.44	98.87	0.20	0.03
河北	2500	2292.92	91.72	10.97	0.44
山西	2647	2546.03	96.18	32.93	1.24
内蒙古	3858	3409.33	88.37	34.62	0.90
东北地区	3301	2773.13	84.01	134.77	4.08
辽宁	1648	1364.11	82.78	42.46	2.58
吉林	772	626.67	81.20	72.45	9.39
黑龙江	881	782.35	88.77	19.86	2.25
华东地区	16496	14617.57	88.61	782.76	4.74
上海	792	787.17	99.35	0.00	0.00
江苏	4348	4049.84	93.15	11.28	0.26
浙江	2885	2314.72	80.22	176.24	6.11
安徽	2034	1956.08	96.17	41.51	2.04
福建	1873	1246.13	66.52	415.08	22.16
江西	873	729.19	83.50	133.50	15.29
山东	3691	3534.44	95.76	5.15	0.14
华中地区	6426	4296.51	66.86	2041.24	31.77
河南	2730	2613.12	95.72	94.87	3.48
湖北	2382	933.34	39.18	1410.50	59.21
湖南	1314	750.05	57.09	535.87	40.79

续表

地区	发电量/亿千瓦时	火力发电量/亿千瓦时	火力发电比/%	水力发电量/亿千瓦时	水力发电比/%
华南地区	5503	3822.22	69.46	1035.93	18.83
广东	3948	2961.43	75.01	381.98	9.68
广西	1310	647.32	49.41	629.36	48.04
海南	245	213.47	87.29	24.59	10.06
西南地区	8085	2454.43	30.36	5524.57	68.33
重庆	676	430.55	63.71	240.77	35.63
四川	3079	581.64	18.89	2490.00	80.86
贵州	1748	1047.21	59.92	680.66	38.95
云南	2550	391.41	15.35	2087.67	81.87
西藏	32	3.62	11.22	25.47	78.98
西北地区	6690	5152.87	77.03	1038.63	15.53
陕西	1621	1490.86	91.98	112.98	6.97
甘肃	1241	730.96	58.89	354.74	28.58
青海	580	129.86	22.38	392.07	67.56
宁夏	1157	1041.60	90.06	17.46	1.51
新疆	2091	1759.59	84.15	161.38	7.72
合计	56496	42337.50	74.94	10643.42	18.84

数据来源：国家统计局（2015）

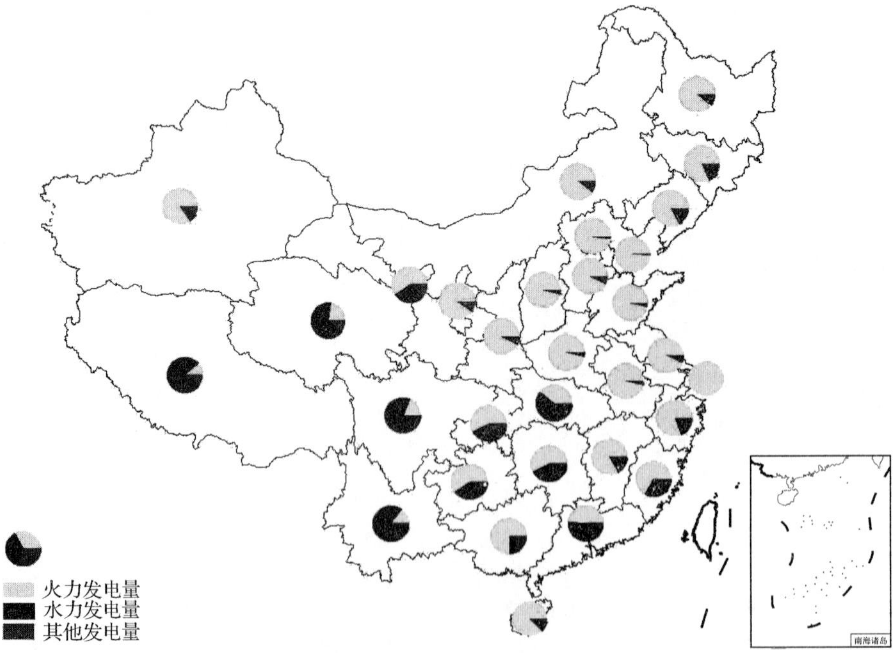

图 6-3　2015 年我国各省份电力结构

数据来源：国家统计局（2015）

从各省份的电力结构来看，东北、华北地区以火力发电为主，除吉林外，其他地区的水电很少或几乎没有。水电比例较大的地区主要分布在我国西南及西北、华中地区，有青海、四川、云南及湖北等省份，总体来说，水电与火电的比例大致呈现出自西南向东北递减的趋势。

从我国 2014 年的电力统计数据来看，我国发电最主要的方式依旧是火力发电，火力发电量占总发电量的 74.94%，其次是水力发电量，占比达 18.84%，再次是风电、核电和太阳能发电等。火力发电所用的一次能源主要为煤炭，而水电和风电则主要通过水能和风能等一次能源进行发电，因此本书主要从煤炭、水能和风能资源的分布对一次发电能源的分布加以论述。

2014 年燃煤发电装机容量占火电总容量的 90.12%，燃煤发电量占火力总发电量的 93.46%，而我国 50%以上的煤炭资源用于电力生产，煤炭无疑是中国电力供应的核心资源，其主要分布在中国西部与北部地区。煤炭资源的分布在 6.1.1 节中已进行详细叙述，本节便不再赘述。

除了火力发电，水力发电是我国的又一大主要的发电方式，水力发电的规模主要取决于水能资源的丰富程度。我国水能资源总量居世界首位，主要得益于我国地形高差大，河流落差大，因此绝大部分的水能资源都分布在海拔差异较大的河流地带。从河流方面看，我国水力资源主要集中在长江、黄河的中上游，雅鲁藏布江的中下游，珠江、澜沧江、怒江和黑龙江上游，这七条江河可开发的大、中型水电资源总量约占全国大、中型水电资源量的 90 %以上。从地域方面看，我国西部地区省份水能资源丰富，东部省份较匮乏。按照技术可开发量统计，我国的云、川、贵、藏、渝、陕、甘、宁、青、新、桂、蒙等西部地区 12 个省份的水能资源占全国水能资源总量的 80%以上，特别是云、川、贵、渝和藏 5 个省份就占了 66.7%，其次是中部的黑、吉、晋、豫、鄂、湘、皖、赣等 8 个省份占 13.66%，而东部地区的辽、京、津、冀、鲁、苏、浙、沪、闽、琼等 10 个省份仅占 4.48%，水能资源空间分布不均衡程度较大。

虽然我国水能资源蕴藏量丰富，但从近年来水力发电的数据便可看出，水能资源的开发利用程度较低，地区间的水力发电量与水能资源的蕴含量之间存在不平衡，如我国水能资源蕴藏量丰富的西藏地区，水力发电量只有全国水力发电总量的 0.23%。从图 6-4 可以看出，西南地区是我国水力发电量最大的地区，水力发电量排名前两位的四川和云南都位于该分区，2014 年西南地区的发电量为 5524.57 亿千瓦时，占全国水力发电总量的 51.91%，这与西南地区是我国水能资源最丰富的地区保持一致。其次为华中地区，水力发电量为 2041.24 亿千瓦时，占我国水力发电总量的 19.18%，这主要得益于位于长江中游的湖北省，其水力发电量位居全国第三。华南地区、西北地区及华东地区的水力发电量相差不大，分别占比 9.73%、9.76%和 7.35%。华北地区是水力发电量最少的区域，只有 85.52 亿千瓦时，为全国水力发电总量的 0.79%。

风力发电是我国占比第三的发电方式，它主要依赖于风能资源进行发电。我国风能资源蕴藏量丰富，2014 年，累计风电装机容量 9657 万千瓦，比 2013 年增长 26.2%。我国的风能资源分布广泛，较为丰富的地区主要集中在北部（东北、华北、西北）地区及东南沿海地区。西北地区由于地处高原，加上地表起伏较小，风能资源相当丰富，是

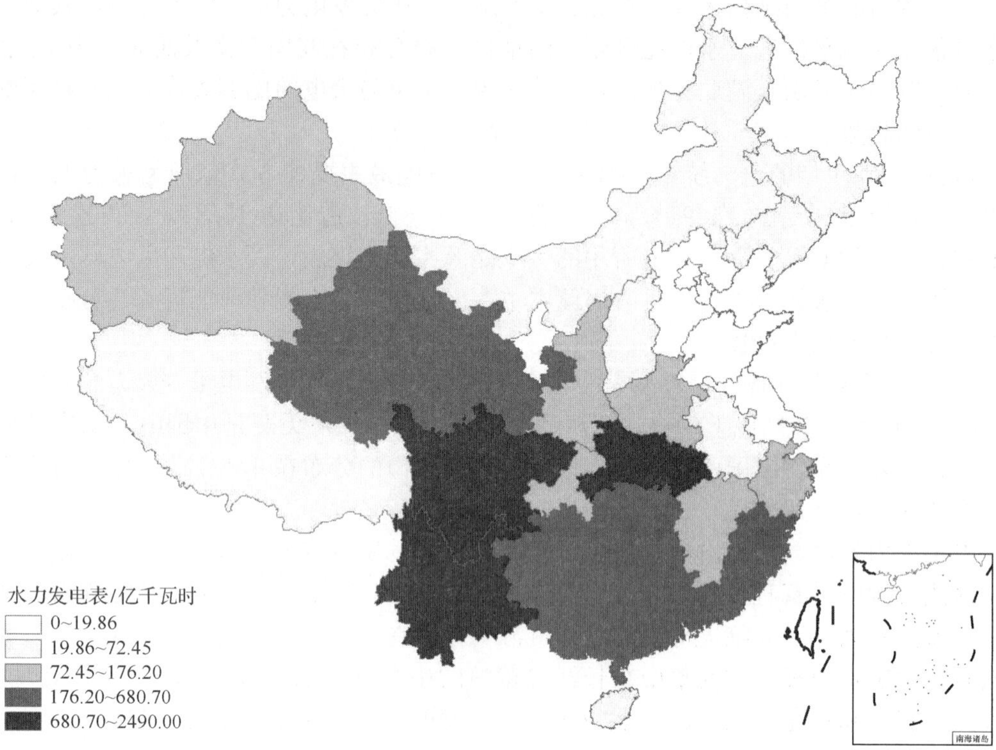

图 6-4　2014 年我国水力发电量
数据来源：国家统计局（2015）

全国风能资源最丰富的区域；东南沿海地区风能较丰富的省份主要有山东、江苏、上海、浙江、福建、广东、广西和海南等。

我国西北部地区风能资源丰富但利用困难，东部地区需电力大却聚风面积小。目前我国风电装机的开发主要集中在北部与西部地区，截至 2014 年年底，内蒙古自治区、河北省与甘肃省累计装机容量位列全国前三位，而用电需求最高的广东、江苏及山东 3 个省份，其风电装机容量占全国装机容量比例均较低。西北部的风能资源丰富，但距离电力负荷量大的东部经济发达地带较远，电网建设薄弱，这也给我国风电资源的经济开发与合理利用带来了一定的困难。

6.1.3　油气资源呈“北多南少”的分布特征

中国油气资源分布不均，现有的大型油气田都分布在长江以北地区，主要在华北、西北和东北等北方地区，其油气产量占全国的 90%以上，长江以北东部地区油多气少，中部地区气多油少，西部地区油气平衡，总体呈“北多南少”的分布特点。下面将通过介绍 2014 年我国十大油气田的情况（图 6-5 和图 6-6），概述我国油气资源的主要分布特征。

我国大型油田主要集中在北方地区，南方地区分布油田较少，仅有排名第八位的西南油气田。十大油气田中的九个大型油田都位于北方地区，2014 年在北方的九大油气

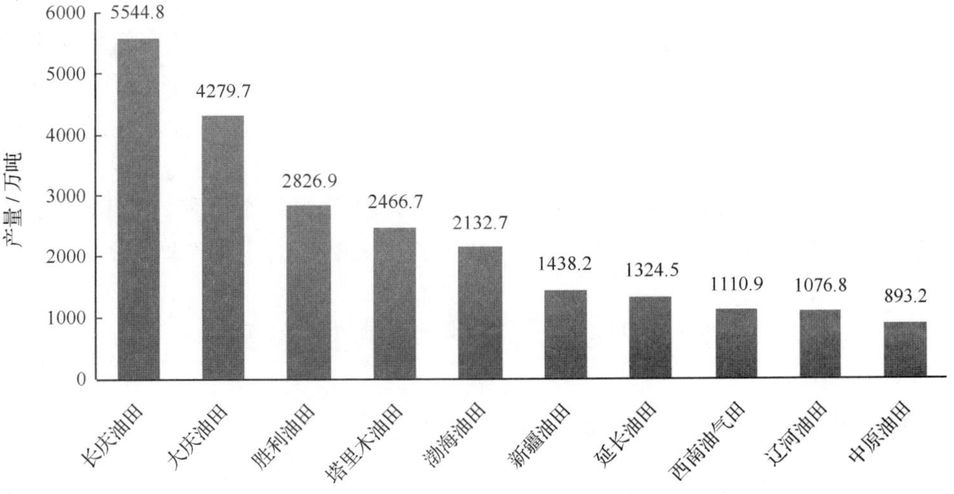

图 6-5　2014 年中国十大油气田

数据来源：中国社会科学院数量经济与技术经济研究所（2015）

油气当量是指天然气产量按热值折算为原油产量的换算系数，一般取 1255 立方米天然气相当于 1 吨原油

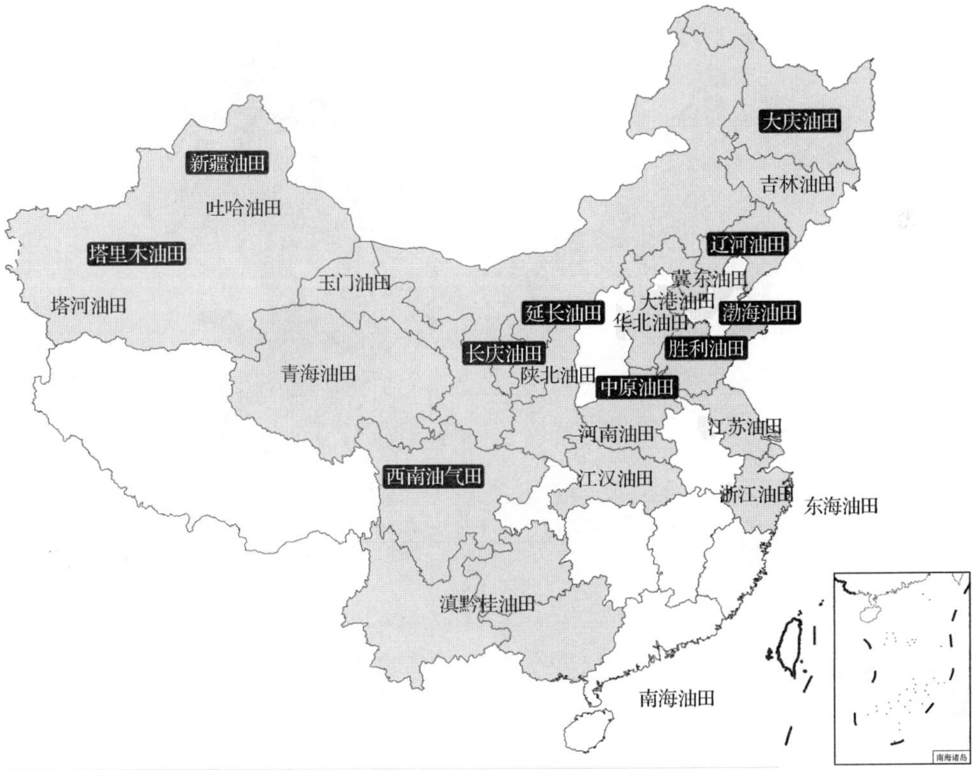

图 6-6　我国大型油田分布图

数据来源：国家能源局（2015）

田的产量为 21983.5 万吨，占十大油气田总体产量的 95%，西北地区油气资源尤其丰富，产量排名第一的长庆油田和第四的塔里木油田都位于此，此外还有新疆油田和有着“中国陆上第一口油井”之称的延长油田；东北地区有老牌的大庆油田，还有位于辽宁省的辽河油田；中石化的第一大油田胜利油田和国内最大的海上石油基地渤海油田都位于华北地区；中原地区的中原油田也为河南省带来了较为丰富的油气资源。位于南方地区的西南油气田主要分布在四川盆地和西昌盆地，是我国首个天然气产量超百亿的气区，早在 1950 年就开始生产天然气，现已成为我国天然气的主力产区之一。

6.2　中国能源的跨区域消费特点

6.2.1　煤炭消费呈“东多西少，北多南少”的特点

我国煤炭消费量大，主要集中在东部和北部地区。我国煤炭的消费如图 6-7 所示，山东、山西和内蒙古的消费量最大，均超过 3 亿吨，其次是河北、江苏、河南，消费量也都超过 2.5 亿吨，这六省的消费量就占全国消费量的 45%，而青海、北京、海南消费量最少，不足 3000 万吨。

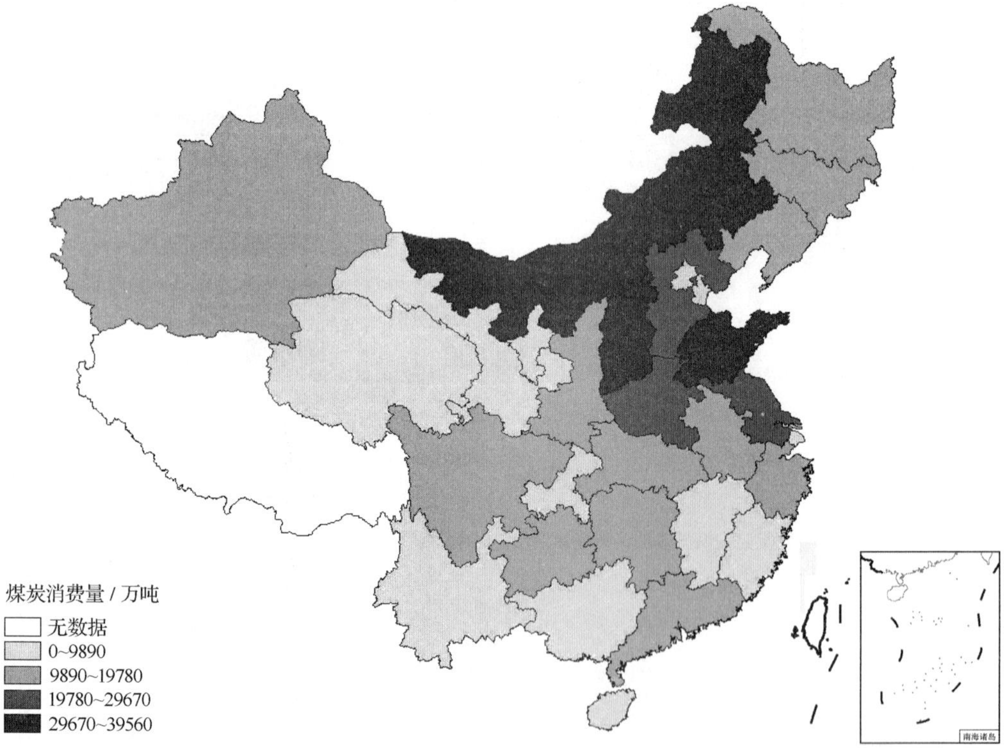

图 6-7　2014 年我国煤炭消费量

数据来源：国家统计局（2015）

煤炭资源生产与消费的不均衡性决定了我国煤炭资源的供需格局。我国煤炭生产集

中于北方的山西、内蒙古、陕西、黑龙江，中部的河南、山东、安徽，西南的贵州、四川、云南，西北的陕西、甘肃、宁夏、新疆等四大生产集聚区。其中内蒙古、山西、陕西、贵州、山东、新疆、河南和安徽是中国主要的煤炭生产省份，它们2014年的煤炭生产量都在1.3亿吨以上，生产量占全国总产量的80.2%。

煤炭消费地区呈现东南多、西北少的特点，集中于北方的山西、河北、内蒙古、辽宁、黑龙江，东中部的山东、河南、江苏、浙江、安徽、湖北、湖南，东南部的广东，西南部的四川、贵州等地区，这些省份占2014年中国煤炭消费总量的80%以上。与煤炭生产相比，山西、内蒙古、陕西地区生产盈余，西部的煤炭产消基本平衡，而华东、中南部在全国消费中的比例较大，江苏、河北、山东、广东、浙江煤炭产消亏缺严重，如图6-8所示。

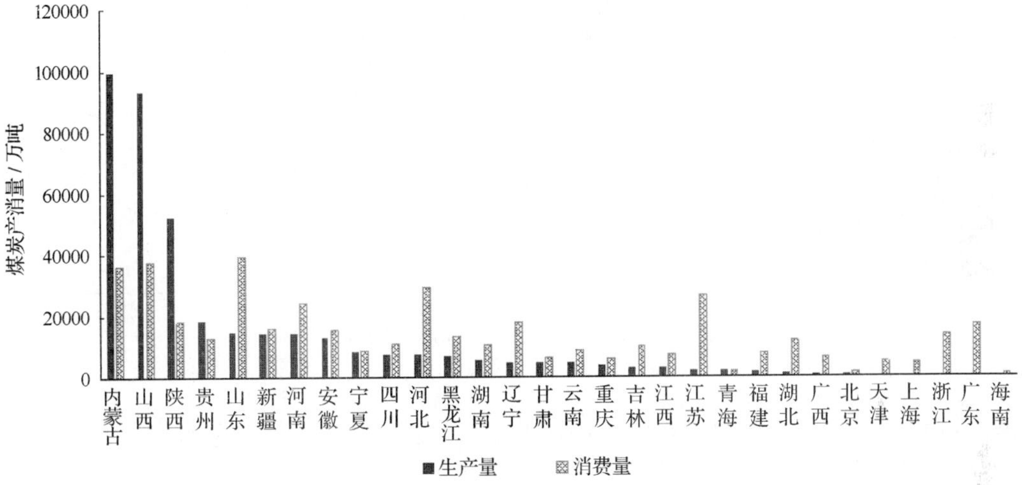

图6-8 2014年我国各省份煤炭生产消费结构

数据来源：国家统计局（2015）

6.2.2 电力消费呈“东部为主，其他次之”的特点

我国电力资源的消费主要集中在东部沿海地区，中西部地区用电量相对较少，如图6-9所示。2014年我国的电力消费总量达到56186.48亿千瓦时，从省级层面上看，2014年广东、江苏和山东是我国电力消费量居前三位的省份，分别为5235.23亿千瓦时、5012.54亿千瓦时和4223.49亿千瓦时，占全国消费总量9.3%、8.9%和7.5%，浙江、河北、河南电力消费量也都超过了3000亿千瓦时，这六个省份的电力消费量占全国消费量的43.5%。电力消费量最少的省份为海南，仅有251.88亿千瓦时，吉林和青海的电力消费量也都低于800亿千瓦时。

从各省份来看，我国电力资源的产消结构与煤炭资源相比总体呈现较均衡的状态，消费量较大的省份也伴随着较高的生产量，但大部分省份仍存在一定的生产消费不平衡。江苏、广东、内蒙古、山东、浙江和河南是我国发电量最高的六大省份，但其中只有内蒙古的生产量大于消费量，其他省份均存在生产消费不平衡的情况，产消量基本持

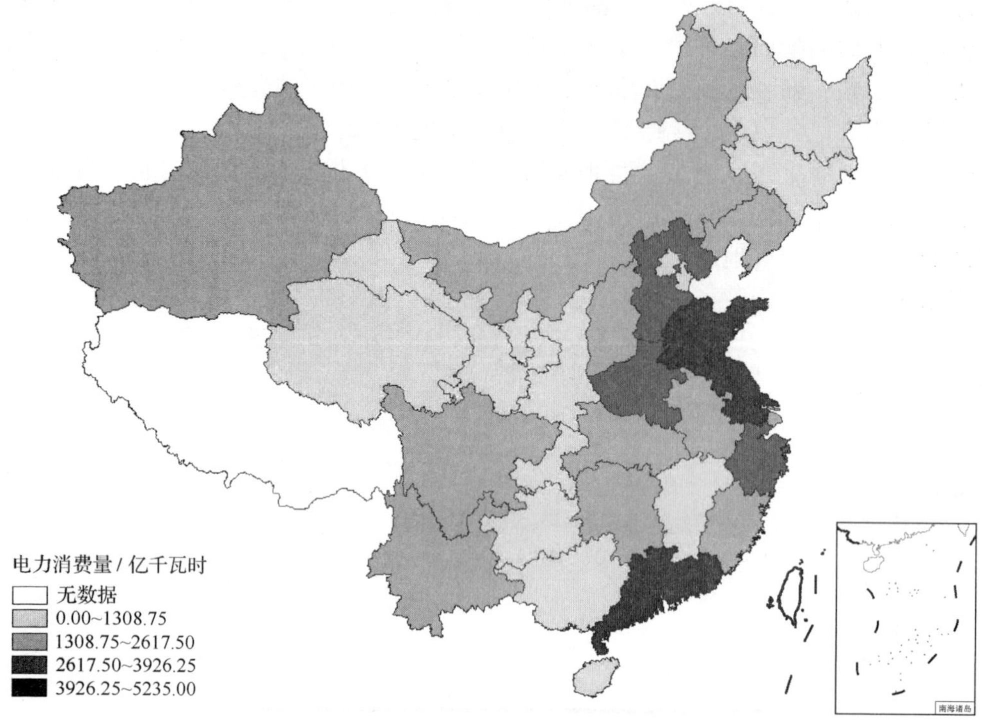

图 6-9　2014 年我国各省份电力消费量

数据来源：国家统计局（2015）

平的省份有福建、新疆、湖南、广西、甘肃、江西、黑龙江和海南等省份，而北京、上海、辽宁、河北则可以看出明显的生产低于消费的不均衡性，如图 6-10 所示。

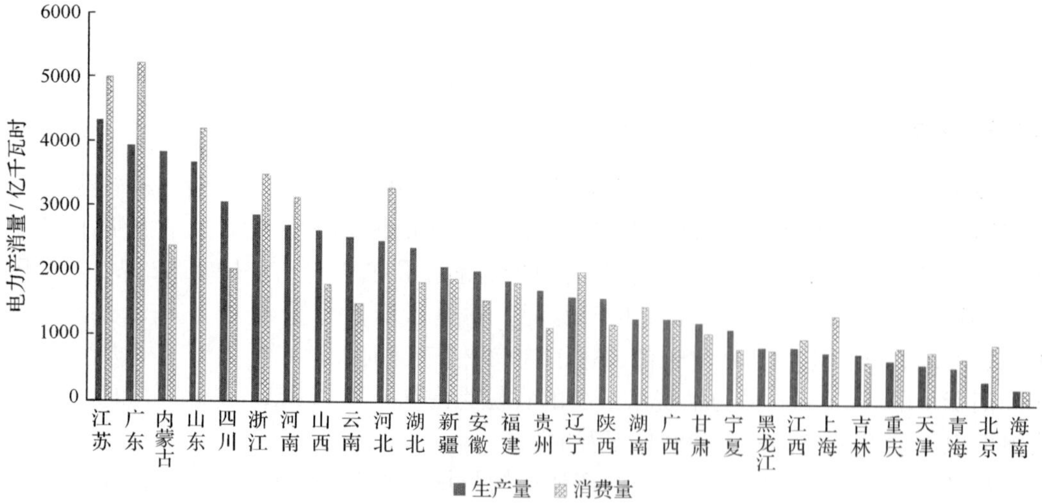

图 6-10　2014 年我国各省份电力生产消费结构

数据来源：国家统计局（2015）

6.2.3　石油消费呈"东部为主，产消不均衡"的特点

我国的石油消费特点为东部发达地区用油较多，中西部地区用油少。截至 2014 年，我国石油消费量较大的省份有广东、辽宁、山东、上海、江苏、浙江和四川，其中，广东和辽宁消费量最高，分别为 5319.57 万吨和 4083.52 万吨，山东、上海和江苏的石油消费量也都在 3000 万吨以上；消费量较小的省份有宁夏、青海和海南，消费量均低于 500 万吨，如图 6-11 所示。

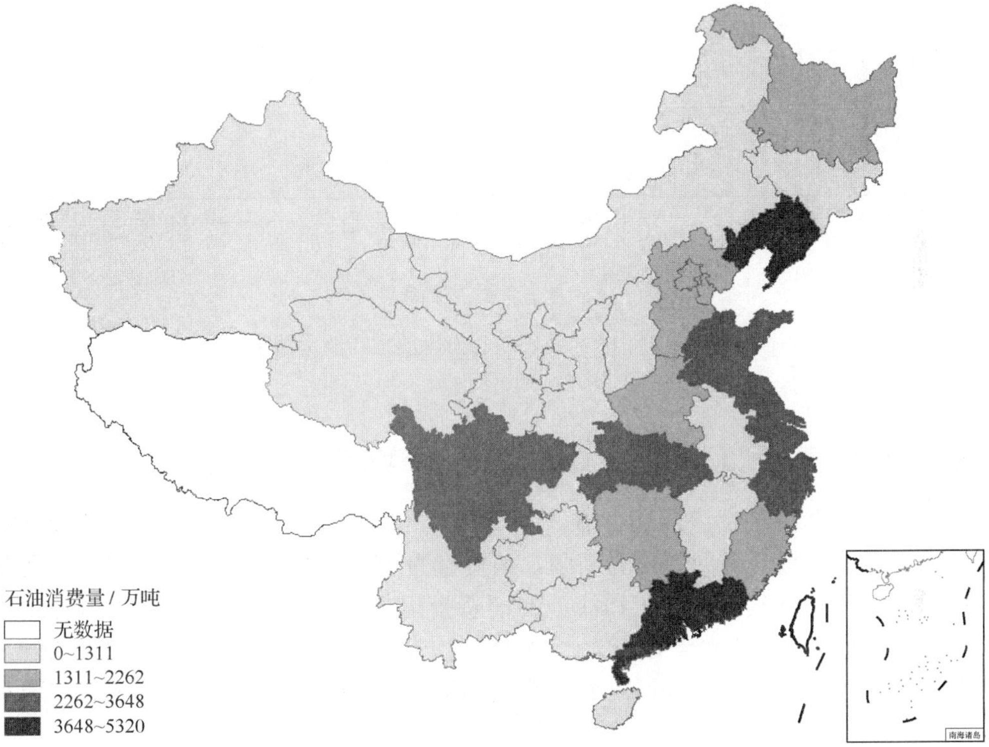

图 6-11　2014 年我国各省份石油消费量

数据来源：国家统计局（2015）

从石油的产消结构来看，我国石油生产的主要省份有东北地区的黑龙江、辽宁；华北地区的天津；华东地区的山东、江苏也有少量生产；华中地区的河南、湖北也有少量生产；此外还有西北地区的陕西、甘肃、青海和新疆，华南地区的广东。由此可看出我国石油生产主要集中在长江以北地区，长江以南地区除广东外的省份石油产量较少。我国石油消费较多的省份有东北地区的辽宁和黑龙江，华东地区的山东、江苏、浙江及上海，西北地区的陕西、甘肃和新疆，华南地区的广东，其中尤以东南部沿海省份石油消费量最高。

从图 6-12 可以看出，2014 年生产量大于消费量的省份只有黑龙江、陕西、天津、新疆和青海 5 个省份，而我国除了山西、重庆、贵州三省没有炼油能力，不消费原油，其他省份的石油消费量均大于石油生产量，而这些省份都需要外部调入石油，才能实现

平衡。

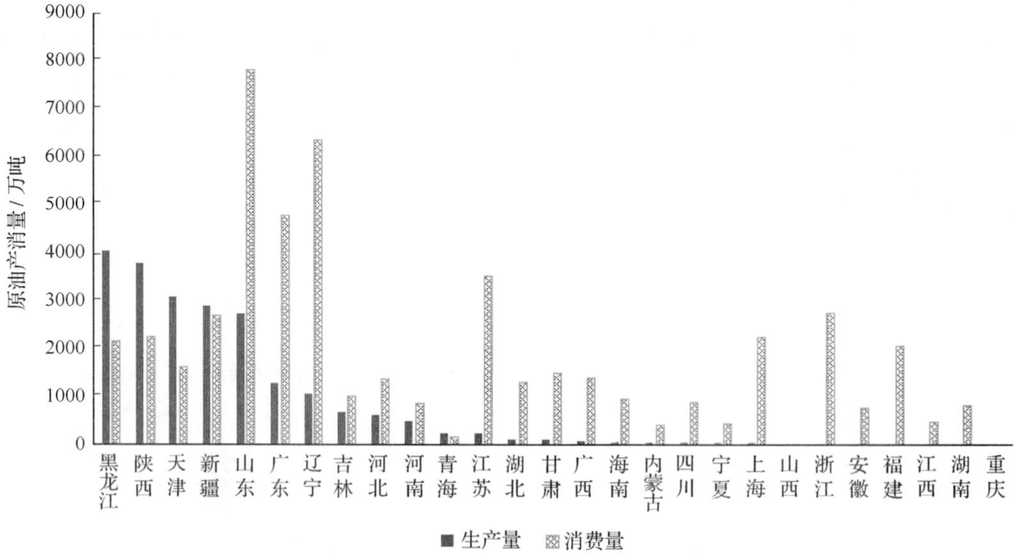

图 6-12　2014 年我国各省份原油生产消费结构

数据来源：国家统计局（2015）

6.2.4　天然气消费呈“集中于部分省份，区域间不均衡”的特点

近年来，天然气作为清洁能源在“西气东输”工程的引导下，消费量迅速增加。2014 年天然气消费量最高的省份为新疆，消费量为 169.87 亿立方米，四川的消费量以 165.17 亿立方米紧随其后，广东和江苏的消费量也都超过 120 亿立方米，另外北京作为首都城市，其天然气消费量也较大，为 113.70 亿立方米，这五个省份的天然气消费量便占到了全国消费量的 38.9%，而消费量低于 10 亿立方米的省份有云南、广西和贵州，如图 6-13 所示。

从我国天然气的生产状况来看，我国天然气生产较为集中，主要集中在陕西、新疆、四川、广东和青海等省份。2014 年五省的总产量占全国的 85%，天然气生产总体呈现西北地区产气多，东南地区产气少的局面。我国天然气的消费状况自“西气东输”工程运营以来，消费范围不断扩展，许多中东部省份已成为天然气的主要消费区。四川省在 2013 年之前一直稳居消费量第一，2014 年新疆以 169.87 亿立方米的消费量赶超上来，暂居消费第一，我国天然气消费较多的省份有华中地区的江苏、上海、浙江、山东，西南地区的广东、重庆，西北地区的新疆、陕西，华北地区的北京，东北地区的辽宁和华南地区的河南。

从图 6-14 可以清晰地看出我国天然气产量大于消费量的省份只有陕西、新疆和四川，而其他省份的消费量均大于生产量，这也就决定了我国天然气跨区域间输送的必要性。

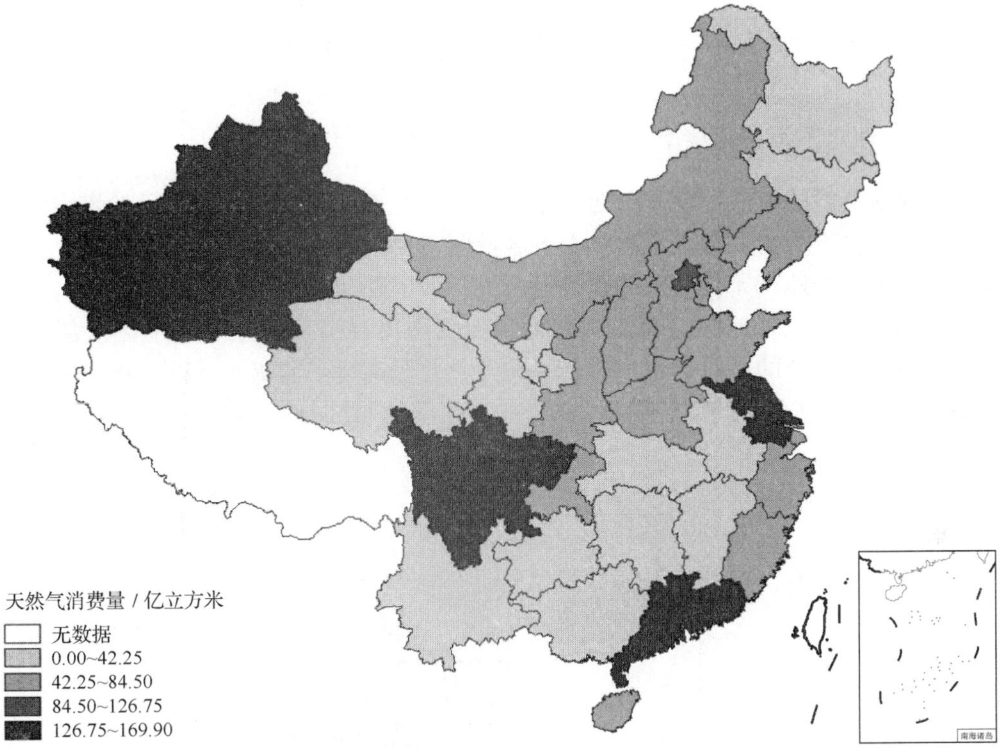

图 6-13　2014 年我国各省份天然气消费量

数据来源：国家统计局（2015）

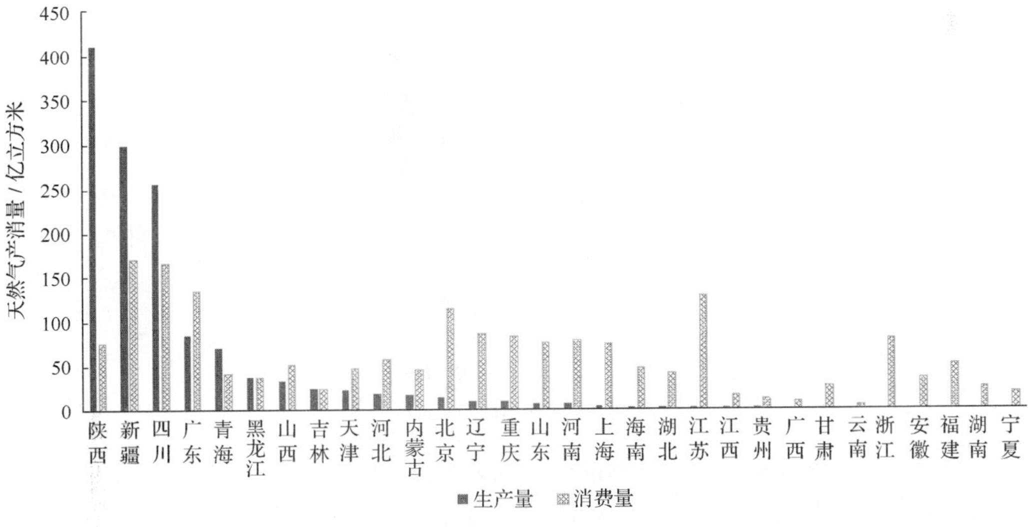

图 6-14　2014 年我国各省份天然气生产消费结构

数据来源：国家统计局（2015）

6.3　中国跨区域间的能源贸易

6.3.1　以“西煤东运、北煤南运”为主导的煤炭贸易

我国煤炭资源的贸易主要是由西部运往东部，北部运往南部。我国虽然煤炭资源丰富，但分布却极不均衡，这也就意味着各区域间需要进行煤炭贸易互相补充。北部地区是我国煤炭主要产地，尤其是“三西”地区（山西、陕西和内蒙古西部）一直以来都是我国重要的煤炭生产基地和综合能源基地，而我国煤炭消费地主要集中在东部沿海地区，煤炭消费和生产的逆向分布，决定了我国“北煤南运、西煤东运”的格局和以“三西”煤炭基地为核心，向东、向南呈扇形分布的运输网络结构，如图 6-15 所示。

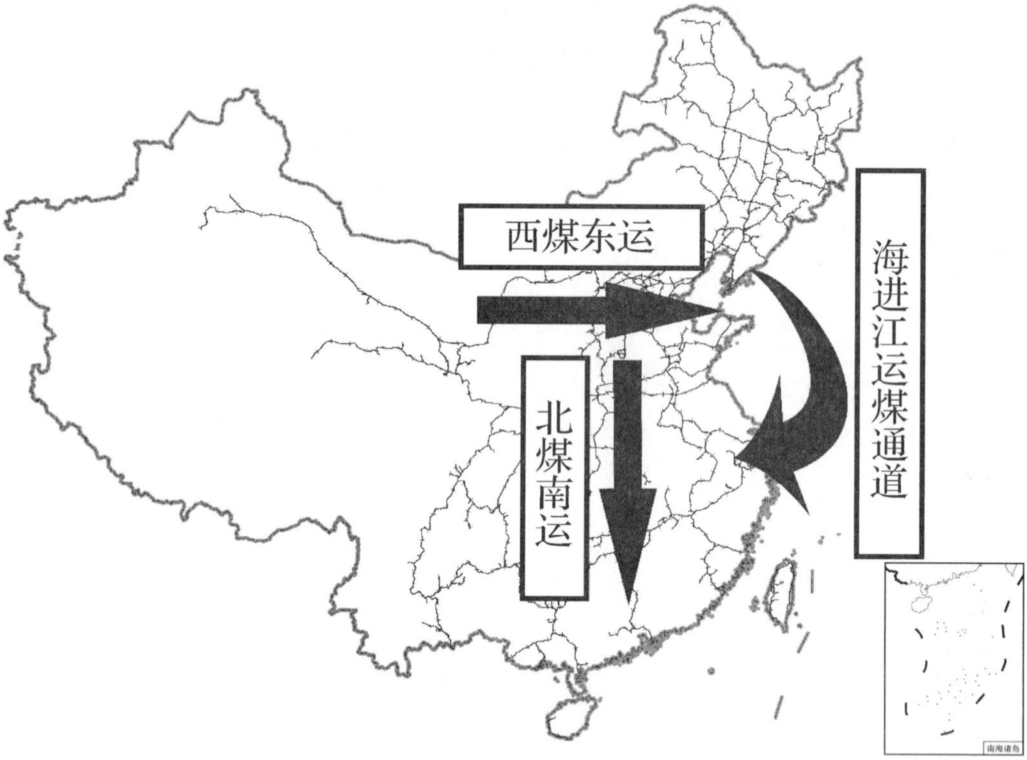

图 6-15　我国煤炭流向

资料来源：根据国家能源局资料整理

煤炭贸易的输出和输入中心基本涵盖了我国煤炭资源重点生产和消费的省份。华北地区煤炭消费量较大的省份和山东、江苏、河南等是山西煤炭的主要贸易运输地；内蒙古的煤炭资源主要运往东北的辽宁、吉林等地；而贵州的煤炭除了运往整个西南地区，还服务于广西、广东等省份；宁夏、新疆的煤炭资源流向中东部的较少，主要服务于西北地区的甘肃等省份；河南、安徽等交汇中心则充当煤炭远距离运输的桥梁，输出大量资源到邻近省份，还从源地输入了大量煤炭资源，中南部的湖北、湖南两个煤炭消费大

省是河南煤炭资源的主要服务对象，安徽煤炭资源主要输给了江苏、浙江、江西等省份；而广东因远离煤炭输出源地，主要依赖进口的煤炭资源。

我国现阶段的煤炭贸易主要依托于铁路运输，贸易路线主要呈现“三横四纵”的分布格局。“三横”是指三西地区（山西、陕西和内蒙古西部）将煤炭输出的主要通道，包括北通道、中通道和南通道，其中，北通道包括大秦铁路、朔黄铁路、丰沙大铁路、集通铁路和京原铁路，约承担西煤东运总运量的 66%；中通道包括石太铁路、石德铁路、邯长铁路、胶济铁路和太焦铁路，约承担西煤东运总运量的 14%；南通道包括陇海铁路、侯月铁路、新焦铁路、新菏铁路、兖石铁路、西康铁路和襄渝铁路，约承担西煤东运总运量的 20%。“四纵”则是指由焦柳铁路、京九铁路、京广铁路和包西铁路组成的四大纵向铁路通道。

6.3.2　以“西电东送”为主导的电力贸易

我国各省份电力资源的供需情况总体仍呈现“东部消费量大、西部产量大”的特点，这也就意味着电力的贸易主要是从西部向东部地区输送。从输送介质来看，电力资源的跨区域平衡主要依赖于输煤和输电两种方式。目前我国的电力资源跨区域配置仍以输煤为主，但随着煤炭铁路运输的紧张状况和远距离输电技术的不断发展，输电的比例也将进一步扩大。由于 6.3.1 节已对煤炭的输送情况进行了介绍，本节只对输电情况加以概述。

自从第一条晋东南—南阳—荆门的特高压输电线路运营以来，中国正逐步形成纵横交错的交、直流特高压输电网络。“十二五”规划期间，中国将进一步扩大特高压输电线路的建设，通过特高压输电技术的推广应用，形成以特高压电网为骨干网架的电网架构，在华北、华东、华中地区形成“三横三纵”的特高压主网架；在西北地区建设覆盖西北重要负荷中心及电源基地的 750 千伏电网；在南方地区形成“九直八交”的送电通道，促进云贵地区西电东送。

我国东部沿海地区经济发达，对电力的需求量较大，但其主要依赖的火力发电不足以满足其巨大的用电量，而我国水电资源分布不均，具有较强的集中性，水电生产分布的错位也就使西电东送工程成为一种必然。“西电东送”示意图如图 6-16 所示。

西电东送是将水电从西部地区的贵州、云南、广西、四川、内蒙古、山西、陕西等西部省份输送到东部地区电力紧缺的广东、上海、江苏、浙江和京津唐地区，是我国西部大开发的标志性工程之一。目前西电东送工程的运输通道主要分为北通道、中通道和南通道，如图 6-16 所示，其中，北通道是将甘肃、青海的水电沿途经过宁夏、陕西送往北京、天津、河北、山东等华北地区；中通道是将四川、湖北的水电送往重庆、河南、安徽和江苏等华东地区；南部通道是将贵州、广西、云南的水电资源送往广东、海南等西南地区。此外，吉林、福建的水电资源也较为丰富，两者主要为电网内部的水电输送，吉林主要送往黑龙江、辽宁两省，福建的水电主要输送供给江西省使用。

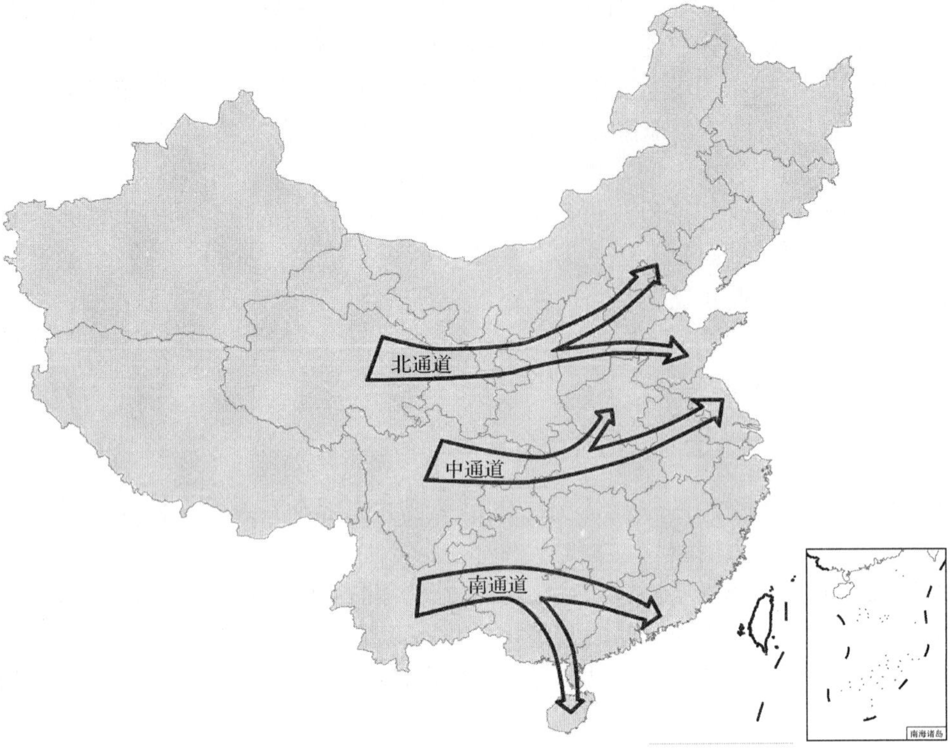

图 6-16　“西电东送”示意图

资料来源：根据国家能源局资料整理

6.3.3　以“北油南调、西油东输”为主导的石油贸易

我国石油生产主要集中在长江以北地区，且东部石油需求缺口较大，而西北部地区的石油盈余，因此我国存在“北油南调、西油东输”的运输格局。“西油东输”主要采用管道运输的方式，“北油南调”则主要采用管道运输的方式运往华北地区，采用油轮运输的方式运往华东、华南地区。

从对我国石油跨区域间的贸易格局进行分析来看，我国石油净输出省份有黑龙江、天津、新疆、山东、陕西、内蒙古和青海，除此之外我国其他省份均为石油输入省份，其中以河北、江苏、浙江、湖北、湖南、广东和甘肃输入最多。这些省份都是中东部经济发达、石油化工业产值较高的省份，甘肃省虽然地处西部，经济相对落后，但是我国在西北地区的重要石化产业基地，石油石化是其主导产业，对石油的需求量较高。

石油的运输主要分为输出、中转和输入等环节。新疆和青海的石油主要通过西部原油管道运往甘肃兰州炼油厂，经过甘肃内部留存一部分之后，盈余的原油再运往华北和华东地区；山东和天津是东部的输出核心，它们本身是产油大省，又接收西部的原油进行中转，自身也是石油的消费区，盈余的石油通过管道运往江苏、上海、浙江等地和通过海上油轮运往广东；黑龙江通过大庆—铁岭—葫芦岛输油管道将石油输往东北内部。

6.3.4　以“西气东输”为主导的天然气贸易

从天然气的贸易格局来看，我国目前主要通过管道运输方式，将天然气从西部地区向东部沿海地区和中部地区运输。天然气净输出省份主要有西北地区的新疆、青海和陕西，西南地区的四川和重庆，华北地区的内蒙古。天然气的净输入省份主要有华北地区的北京和河北，华东地区的江苏、山东、浙江和山西，华中地区的河南和湖北，西北地区的甘肃和宁夏，这些省份大多位于中东部经济发达地区，对清洁能源的需求较高。从产消格局来看，我国天然气面临着“西气东输”的运输格局。

在天然气运输中，新疆、青海、陕西是全国性的天然气输出核心，新疆、青海的天然气通过西气东输管道运往中东部地区；陕西省的天然气通过陕京线运往华北地区，并通过陕京二线与西气东输工程连接线运往长三角地区。四川、重庆是区域性的输出核心，主要通过西南管网和忠武线将天然气输往西南各省和两湖地区，也有一部分输往东部地区。甘肃和宁夏是全国天然气的转运中心，主要接收从新疆和青海输送的天然气，并通过“西气东输”的管道将其运往中东部各省份。

“西气东输”是我国天然气输送的重大工程之一，也是拉开“西部大开发”序幕的标志性建设工程。西气东输一线工程途经新疆、甘肃、宁夏、陕西、山西、河南、安徽、江苏、上海等省份；二线工程途经新疆、甘肃、宁夏、陕西、河南、湖北、江西、广东等省份；三线工程途经新疆、甘肃、宁夏、陕西、河南、湖北、湖南、江西、福建、广东等省份，如图 6-17 所示。

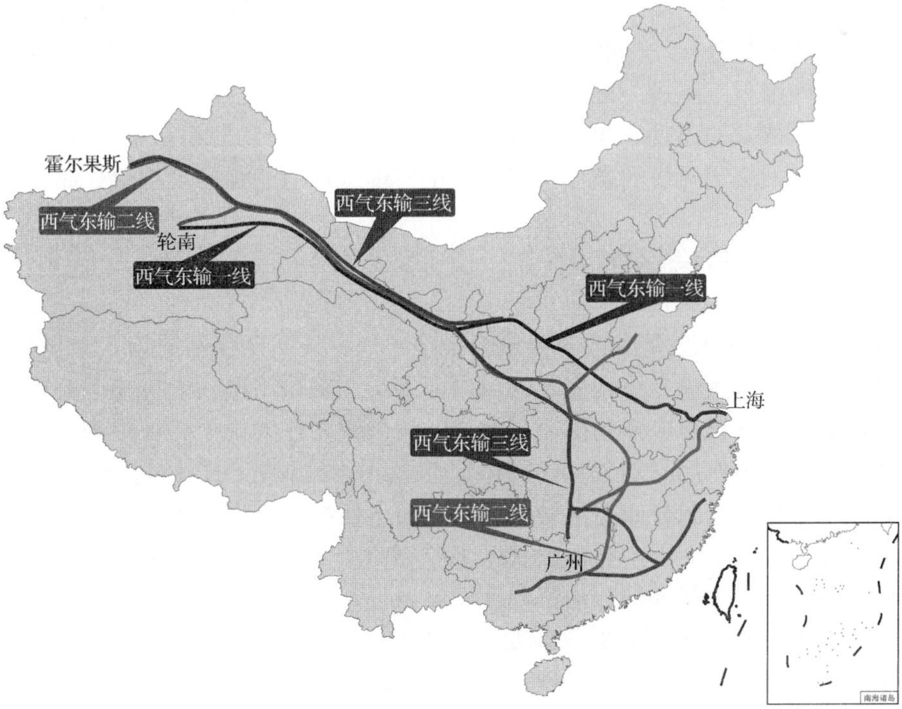

图 6-17　“西气东输”示意图

资料来源：根据国家能源局资料整理

6.3.5　针对跨区域间能源跨贸易的政策建议

目前我国能源资源的分布是西北部地区能源丰富但需求量小、东部地区能源匮乏但需求量大，面对这样的形势，我国政府在已有的能源贸易格局上仍需继续改进与创新，努力实现能源合理配置与利用的最大化。

1）发展煤电一体化，同时加大输电比例

发展煤电一体化有利于煤水资源的综合利用，通过煤矿与电厂在资源的配置上实现互补和综合利用，同时煤电一体化可以将煤炭的开发与利用结合起来，形成协同效应促进经济的循环发展。加大输电的比例可以减少煤炭在输送过程中的损耗，提高能源的利用效率；而且，在煤炭产地附近建设电厂的落地费用必然要低于重负荷的中东部地区，因而可以节约电力供应成本，提高综合的经济效益。

2）加大对西部地区的技术投入，促进风电的发展与利用

目前我国风电的利用效率仍然不高，要促进风电的发展便要加大对高压、大容量输电技术的投入，统筹和规划风电电网的建设，通过高压等级输电将内蒙古、贵州、宁夏和新疆的风电运送到东部地区，促进西部地区风电的消纳，同时缓解东部地区电能紧张的状况。

3）促进能源互联网的建设，加快电力与天然气网络的融合

当前，以化石能源集中式利用为特征的传统经济和社会发展模式正在逐步发生变革，以新能源技术和互联网技术为代表的第三次工业革命正在兴起。作为第三次工业革命的核心技术，能源互联网力图结合可再生能源技术与互联网技术，推动分布式可再生能源的大规模利用与分享，促进电力、交通、天然气等多种复杂网络系统的相互融合，最终实现改变能源利用模式、推动经济与社会可持续发展的目的。随着页岩气开采技术的进步和电转气技术的出现，电力网络与天然气网络之间的能量流动将由单向变为双向；通过电力与天然气网络的融合，有望真正实现可再生能源的大规模存储。

6.4　能源的跨区域运输、交通网络与能源基础设施建设

2008年10月，国家发展和改革委员会批准了《中长期铁路网规划（2008年调整）》，提出新建跨区域煤炭运输专线，完善区域内部煤炭运输铁路网。中国能源的跨区域运输规模庞大，对经济增长形成强劲推动。例如，我国铁路在大规模、长距离、跨区域的煤炭运输中发挥着骨干作用（刘敬青，2010）。但是中国能源交通网络仍然存在一定的问题。例如，中国石油资源分布与消费布局的空间不匹配，表现为国内石油生产集中于北部和西部的大型油田，而国内石油消费则主要集中于东中部和南部沿海地区，因而在国内各区域之间形成了大规模的石油资源流动，出现了石油资源分布与消费布局空间不匹配、石油管网布局不合理等问题（杨足膺，2013）。本节探讨中国能源的跨区域运输、交通网络与能源基础设施建设，从理论上优化我国能源资源流动的空间配置。

6.4.1　能源的跨区域运输原因及现状

2009 年 3 月，国务院审议通过了《物流业调整和振兴规划》，加强石油、煤炭、重要矿产品及相关产品物流设施建设，建立石油、煤炭、重要矿产品物流体系，煤矿、电力、铁路、港口、煤制油煤化工一体化开发。能源的生产和销售与物流服务业密切相关，高效、快捷的物流业是能源产业健康发展的必要保障（刘斌，2013）。

总的来说，在自然条件方面，首先，我国自然资源的区位分布不均，部分地区资源能源较为富集，而一些地区资源能源则较为匮乏。其次，自然资源在区域之间一般不具有天然的流动性。在经济因素方面，由于我国区域间发展不平衡，不同地区对自然资源的需求差异较为明显。因此，一些地区的能源需求与能源供应之间有较大差异。例如，我国西部地区部分省份（青海、西藏、新疆等）能源储备较为充裕，能源产量高；但由于经济发展水平偏低，能源需求量较小。而东部沿海地区（包括山东、江苏、浙江、福建、广东等省份）经济较为发达，能源消费量较高；但这一区域内能源相对贫乏，能源生产量较低（梁育填等，2015）。因此，西部地区能源供需的格局基本是供过于求，而东部地区则是供不应求。以油气资源为例，中国已探明石油和天然气储量绝大部分集中在北部和西部的几个大型油气田，而石油和天然气消费的主要区域在东部和南部沿海地区。因此，石油和天然气资源主要从西部、北部主要生产区向东南部主要消费区域流动。我国东部、中部和西部地区能源建设和能源消费量占比如图 6-18 所示。

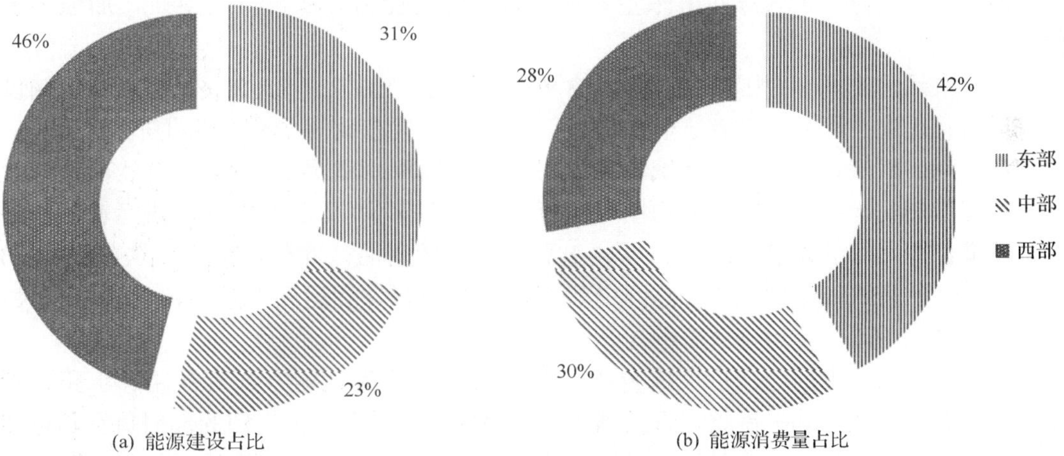

图 6-18　我国东部、中部和西部地区能源建设和能源消费量占全国的比例（2014 年）

数据来源：国家统计局（2015）、各省统计年鉴及著者计算

能源建设用分地区国有经济能源工业固定资产投资额计算；此图不包含西藏

东部与中、西部地区比较，在能源消费量与能源生产量方面，从能源消费来看，东部地区大于中部地区，更大于西部地区；从能源生产量来看，东部地区在原油生产方面比西部和中部地区量都大，但原煤生产量小于西部和中部地区，天然气生产量更是远小于西部地区。总体来说，东部地区能源消费量大于生产量，中部和西部地区能源生产量大于消费量。为了调整能源消费结构，需要实现能源的跨区域消费和运输。

6.4.2 能源的跨区域运输和能源基础设施建设存在的问题

从品种、产业、行业和区域等角度看，中国能源消耗结构发生了巨大变化，对能源基础设施建设提出了新的要求。以北京市为例，杨松（2014）认为，由于目前北京能源消耗结构存在能源消费增速过快、供需长期失衡，能源严重依赖外部、供应体系脆弱、运行调控难度大等问题，必须从能源结构、产业调整、区域分布和能源运行等方面加强能源基础设施的建设。

这方面文献研究主要分为两种。第一种研究分析了我国能源产业现状及能源产品配送存在的问题，深化对完善能源物流的重要意义的认识。例如，刘斌（2013）指出，能源运输企业应当建立成为跨地区、跨行业、多元化经营的企业，建成由集运铁路、联络线、大通道、港口、输运铁路、航运、煤码头和储运集散基地构成的大物流网络。发展大物流立足于服务集团内部，拉动地方经济，把物流建成集团的优势主业。第二种是研究能源铁路运输网络的因素方面。归纳看来，现有文献认为既有来自铁路内部的因素，也有来自铁路外部的因素。内因包括煤运铁路的等级与技术标准、铁路客运需求与煤炭运输的矛盾、铁路自身管理体制等，外因包括煤矿生产量、消费量及其空间格局的变化，国家对铁路建设运营政策的调整等。以北煤南运为例，北煤南运的运输方式如下：用铁路、公路输送到市场；用运煤专线运输到沿海港口，再通过海运转运到市场；在煤炭产地附近建火电站（坑口电站）转换为电能输送（高压输电）。应该加强以山西为中心的能源基地建设，扩大煤炭开采量，提高晋煤外运能力，注重安全生产，加强环境保护。

在煤炭运输方面，中国煤炭铁路运输网络发展历史已逾百年，在路网密度、运输设备和运营管理水平等方面都有了显著提升，目前已形成东北、华北和西北东部、华东、中南和华南、西南、新疆六个区域性的煤炭铁路运输网（嵇昊威，2014）。然而，与欧洲发达国家相比，我国铁路线人均里程偏短、路网分布不均，区域间供煤炭运输的铁路网络通道偏少，部分铁路等级低、运载工具技术较为落后。此外，由于高铁建设2008年以后才开始进入加速期，传统路网仍然客货列车混行，货运种类繁多，运输压力大。这些缺陷都制约着煤炭运输效率的提升。

在成品油运输方面，从广义来分类，我国成品油物流运输方式有铁路、水路、管道、公路四种类型，其中铁路、管道属于国家整体战略投资，由专门的部门负责建设和管理，服务主体比较单一；而海上运输中的大中型船只成本高、投资回报期长。

归纳来看，能源的跨区域运输和能源基础设施建设存在的问题主要表现在以下三个方面。

（1）能源储备有待强化，消费结构不合理（Gu et al.，2016）。能源储备对我国有着重要的战略意义。和国际上其他国家相比，我国目前的石油能源储备进度滞后，调节国内市场供给和需求的能力较弱。随着石油消费的增加，国内有效供给相对不足，我国往往依赖进口以弥补国内需求缺口，使能源进口的依存度不断提高，石油安全问题会日益凸现。

（2）与国外相比管理水平差距较大，企业规模与装备水平相对偏低（Li et al.，

2015；Li et al.，2016）。过去我国成品油的输送带有浓厚的计划经济色彩，没有完善的基于现代物流理论的成品油物流。与发达国家的物流企业相比，国内物流的差距主要表现在理念落后、现代化管理手段和技术应用普遍性低，缺乏精细化、科学化管理；物流企业的组织架构、运行机制不能适应现代成品油物流快速发展的要求（唐志鹏等，2010），也难以适应经济快速发展的需求。

（3）物流专业管理人才缺乏，发展资金压力大。第三方物流、第四方物流①的出现，互联网、物联网技术的逐步普及，要求成品油物流企业必须拥有掌握现代物流理论、具有现代物流理念、熟悉物流市场运作规律的专业人才。目前国内成品油企业，掌握先进物流理论技术，可以进行物流分析预测、物流软件设计和物流系统工程设计的人才明显不足（Weng et al.，2015）。另外，成品油具有易燃、易爆的特点，其存储、运输需要专用设备并经过相关部门严格审批。因而，成品油物流企业需要投入大量资金，购置专用设备、建设相应设施，在保证安全的前提下开展成品油的运输业务。大量的流动资金占用、较长的成本回收周期和融资成本上升，众多因素加大成品油物流企业发展资金的压力，需要更多地获得银行信贷支持。

6.4.3　优化能源运输空间格局的建议

针对能源的跨区域运输和能源基础设施建设存在的问题，提出如下建议。

（1）沿江河产业带的形成、发展、壮大及环境、能源问题日益严重，这决定了内河水运必将发挥越来越重要的作用。蒙东、贵州煤炭不宜跨区域调运，宁夏宁东、内蒙古鄂尔多斯、陕西榆林形成的能源金三角煤炭，应该重点保铁水联运，以长江干线为骨架、支流为网络，构建北装南卸的煤炭运输格局。

（2）以提升竞争力为突破口，建立现代企业治理结构，完善物流网络，实行能源物流的集约式经营，创新服务模式和物流运作方式，扩大原有市场，开拓新市场，提升企业运行效率和盈利能力，打造国内能源物流的品牌。

（3）抓住国家西北、西南、东北三大油气通道建设不断完善的契机（孙守强等，2011），优化能源物流企业配送中心和网点布局，与炼油企业发展战略合作关系，形成油品来源多元化，保障上游油品供给。同时要积极贯彻落实《物流业调整和振兴规划》及国家相关政策，改善能源物流企业的外部环境。

（4）对我国煤炭铁路运输网络，应该继续完善优化煤炭铁路运输网络。首先，重点建设西北东部和新疆地区的煤炭铁路运输网络，以满足地区日益增长的煤炭运输需要。其次，坚持客货分线，优化客运组织，为煤炭列车腾出更多运行空间。再次，继续推广煤炭列车直通运输和机车长交路，开展国铁和企业煤炭铁路联运。最后，充分利用煤炭列车的回空车，开展钟摆式运输。

---

①第四方物流是供应链的集成商。第四方物流是 1998 年美国埃森哲咨询公司率先提出的，专门为第一方、第二方和第三方提供物流规划、咨询、物流信息系统、供应链管理等活动。第四方并不实际承担具体的物流运作活动。

6.5 “一带一路”背景下的大区域能源市场间贸易结构及变化趋势

改革开放以来，我国已成为世界第二大经济体，经济平稳快速发展，其中能源、交通等基础设施提供的基础服务发挥了重要的推动作用。中国作为世界第二大经济体，成为了推动世界、亚欧经济增长的重要驱动力。为此，我国提出了“一带一路”发展构想，既与我国能源贸易的运输通道相吻合，加强了我国与其他沿线国家的能源互联；又通过能源、交通的基础设施建设，金融与投资合作等，促进区域协调发展。在此背景下，区域能源市场间的贸易结构将表现出新的特点和趋势。

6.5.1 “一带一路”背景及主要能源区域

如今，世界能源格局正在发生深刻变化，世界能源贸易中心正逐渐从大西洋盆地向亚太地区转移。如果“一带一路”的构想能够有效实施，将给世界带来超出预想的共同利益。中国的“一带一路”战略，目的是形成以油气管道网络为依托的多条经济走廊（张茉楠，2015）。此外，在国际上，以往各国的竞争主要集中于资源占有，而随着市场地位的凸显，各国争夺的重点已经从争夺资源转变为占领市场。

在亚洲能源分类中，位于中国北方的蒙古国拥有丰富的风能和太阳能，但是缺乏足够的技术支持；而我国在风能、太阳能方面已经具备比较充足的技术及资金，两国之间可以就此展开合作，未来可供发展的方向还包括新能源等方面（公丕萍等，2015）。作为现代经济发展的基础，能源基础设施与一般商品相比，具有更强的贸易互补性、更低的贸易难度，同时贸易摩擦数量显著降低，因此在“一带一路”战略布局中，推动区域能源市场一体化建设，将成为推进区域协调发展的重要一步。

综上，根据区域经济构成和能源要素的特点，推动建设东亚、中亚和东南亚三个区域的能源一体化市场，是研究的重要结论之一。实际上，能源基础设施建设是亚洲各国和“一带一路”沿线国家合作的重要内容（梁育填等，2015），但“一带一路”沿线国家大多是发展中国家，基础设施建设落后，并且受到财政等各方面限制，短期内无法大力投资基础设施建设。据初步估计，“一带一路”沿线涵盖 60 多个国家，占全球人口总数的 2/3 以上，占全球经济总量的 1/3，因此基础设施建设处于高速发展期，投资潜力巨大。

6.5.2 “一带一路”背景下主要能源区域间贸易结构

我国与“一带一路”线路上国家之间除了有直接的能源贸易，还积极开展了各种合作项目（张生玲等，2015）。

中东石油资源的开采合作方式也日趋多元化，海湾六国（阿联酋、阿曼、巴林、卡塔尔、科威特和沙特阿拉伯）是中国最大的石油进口来源地，而中国也是海湾六国的第八大贸易伙伴。

天然气作为一种清洁能源越来越受到重视。中亚地区如土库曼斯坦、哈萨克斯坦、乌兹别克斯坦等国家的天然气资源丰富，我国和这些国家之间建设了中亚天然气管道，将进口天然气输送到国内，再经由西气东输管线运输到全国各地。此外，我国也和俄罗斯签订了长达 30 年的供气合同，增加了进口天然气的来源，深化了两国之间油气的合作。

对能源、交通等设施进行互联，有助于发展更加密切、运输更加便利、成本更加低廉的区域共同市场。业内人士建议，除了能源、交通等基础设施建设，还要考虑到资本、贸易、文化方面的交流合作，以推动亚洲能源市场一体化的形成。

6.5.3 “一带一路”主要能源区域间贸易的新格局正在形成

目前，“一带一路”覆盖地区的国家，如中国、印度、东南亚国家等，是目前世界上最大的能源消费区域，能源消费持续快速增长。然而，目前亚欧能源市场的现状是市场分散、基础设施陈旧，各国能源政策力度小、透明度低。而推动区域能源市场的交流合作，既要重视能源、交通等基础设施互联，还要制定一整套全球能源治理原则，并考虑资本、贸易等问题的合作，形成消费国、生产国平等协商、共同发展的合作新格局。尤其是，中国、俄罗斯、中亚国家间的能源合作是“一路一带”战略的重要内容，有望形成区域能源合作新格局（刘慧等，2015）。

“在一带一路”背景下，主要能源区域间贸易对于中国的能源安全方面将产生有利的影响。其能够确保能源的供应来源安全，保障输送能源的通道安全。具体来说，我国现在石油主要来源于沙特阿拉伯、俄罗斯等国家，而从中东输送的石油都必须经过马六甲海峡。因为各种政治因以素，这条路线受到诸多限制，这对于我国的石油运输是极为不利的。而在“一带一路”的背景下，我国将在缅甸和巴基斯坦建设石油管道，如中缅的管道网线连接了昆明和印度洋，从而绕过了马六甲海峡，这极大地降低了我国进口石油的风险（刘艳和黄翔，2015）。同时，我国还和俄罗斯签订了长期供应原油的协议，俄罗斯方向的原油供应量也在过去的基础上增加了。这点也加强了我国能源的安全。由于“一带一路”涵盖多个国家，区域内的能源通道将面临很大的政治、军事、社会秩序等风险。因此，沿线各国应当鼎力合作，维护能源运输通道与网络安全，确保“一带一路”沿线各国的能源安全稳定。

第 7 章　中国煤炭市场

受资源禀赋特征影响，长期以来煤炭在我国能源生产和能源消费中占据绝对主导地位，2015 年煤炭消费量占能源消费总量的 64%，原煤生产量（37.5 亿吨）占一次能源生产总量（36.2 亿吨标准煤）的比例将近 74%。全国煤炭消费占世界煤炭消费的半壁江山，然而，自 2012 年下半年以来，受经济增速放缓、内需不足、国际能源市场格局转变等影响，煤炭价格持续下降，秦皇岛港 5500 大卡煤炭价格从 2012 年 4 月的 780 元/吨下降到 2016 年 6 月的 386 元/吨。我国煤炭供需矛盾转为严重过剩，煤炭行业面临困境。立足于我国国情，本章通过考察我国煤炭市场的发展变化特征，探讨以下方面的内容：

- 我国煤炭市场供给与需求特征
- 我国煤炭市场供需平衡及煤流图
- 煤炭市场价格市场化历程及影响因素
- 我国煤炭市发展面临的挑战及对策

7.1　我国煤炭市场供给特征

7.1.1　我国煤炭资源储量丰富但储采比偏低

我国是世界上最大的煤炭生产国。据 BP（2016）数据，世界煤炭生产总量由 2005 年的 61.03 亿吨增长到了 2015 年的 78.61 亿吨，年均增长 2.6%。煤炭生产主要集中在中国、美国、印度、澳大利亚和印度尼西亚，五国 2015 年煤炭产量占世界总生产量的 80.48%以上（图 7-1)。其中 2015 年中国煤炭生产量占据了世界总生产量的 47.7%。

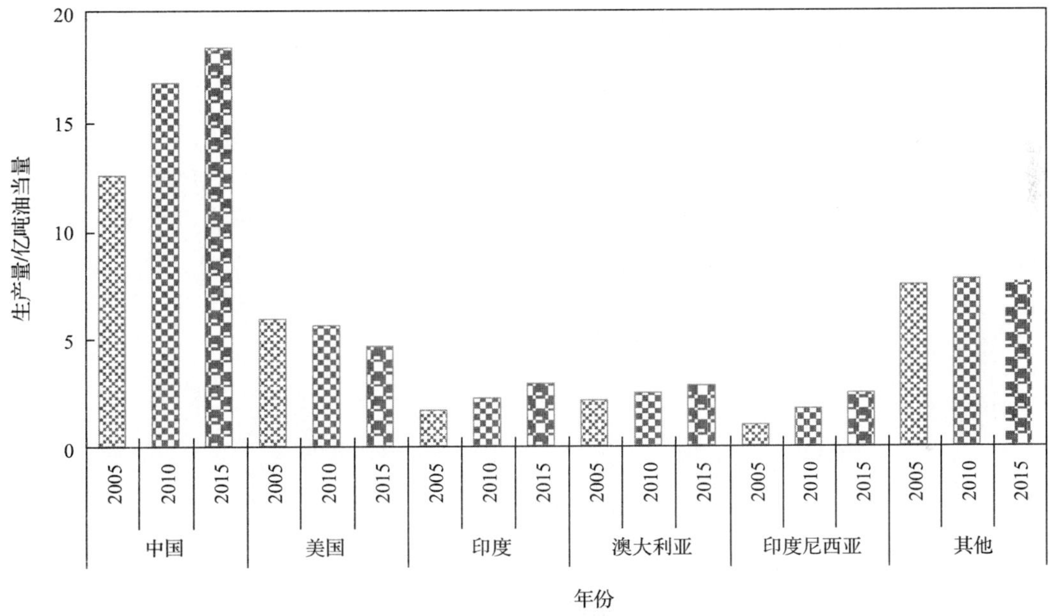

图 7-1　世界主要国家煤炭生产量

数据来源：BP（2016）

与其他化石能源相比，我国煤炭资源储量丰富。BP（2016）统计数据显示，2015 年煤炭、石油和天然气探明可采储量分别为 1145 亿吨、185 亿桶和 3.8 万亿立方米（表 7-1)，但折合标煤分别为 817.9 亿吨标煤、35.72 亿吨标煤、47.17 亿吨标煤，表现出明显的“富煤、贫油、少气”的禀赋特征，这也是我国能源消费结构以煤炭为主体的主要原因。另外，我国各种能源储采比远小于世界平均水平，其中石油仅为世界平均水平的 23.08%，说明为了满足我国经济发展的能源需求，各种能源开采力度都远大于世界平均水平。中国的煤炭储量相对丰富，探明可采储量为 1145 亿吨，占世界总储量的 12.8%，而且煤质较好，但是人均储量仍然低于世界平均水平。2015 年世界煤炭资源的平均储采比为 114 年，但由于巨大的开采力度，中国仅为 31 年。

表 7-1 中国主要化石能源储量及储采比（2015 年）

能源种类	煤炭/亿吨	石油/亿桶	天然气/万亿立方米
探明储量	1145	185	3.8
占世界份额/%	12.8	11	2.1
储采比/年	31	117	27.8
世界储采比/年	114	507	52.8

注：数据来源：BP（2016）。

7.1.2 煤炭在我国能源供应中居基础性地位且有增强趋势

我国能源生产结构中煤炭占比基本在 70%以上，且有增加趋势。我国能源结构受能源禀赋、经济发展阶段和能源安全战略的影响，一直保持着煤炭的主体地位。如图 7-2 所示，由于经济发展的需要及资源禀赋特征的限制，我国煤炭生产在能源生产结构中的比例一直处于高位，基本在 70%以上，特别是 2003 年以来，持续保持在 75%以上，但 2011 年之后，有小幅降低。石油由于受到储量等限制，产量难以大幅提高，在能源生产结构中从 1980 年的 23.8%降到了 2014 年的 8.4%。随着投资、开发力度的加大，天然气、水电等在能源生产结构中的比例逐年增加，分别从 1980 年的 3.0%、3.8%增加到了 2014 年的 4.7%、13.3%（图 7-2）。

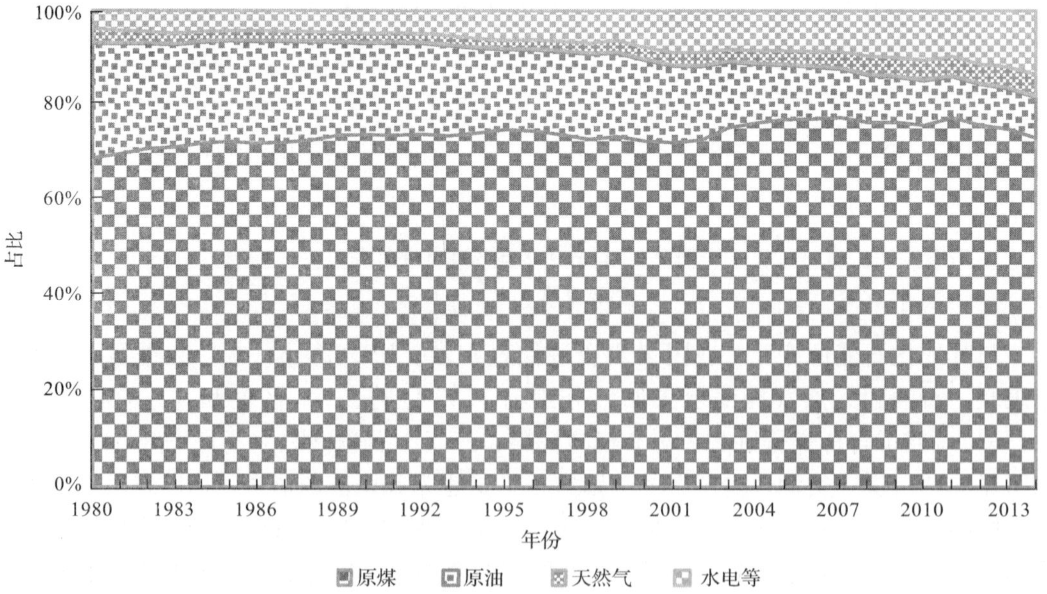

图 7-2 中国能源生产结构

数据来源：国家统计局（2015）

7.1.3　我国煤炭供应主要集中于山西和内蒙古等九大省份

由于巨大的煤炭需求，我国煤炭产量也居高不下，2014 年产量高达 38.76 亿吨。而煤炭储量的分布极不均衡，煤炭主要集中在部分地区。如图 7-3 所示，2014 年各省煤炭产量按等级划分，产量占比超过 2%的有九个省份，分别是山西、内蒙古、安徽、山东、河南、贵州、陕西、宁夏、新疆，而国家《煤炭工业发展“十二五”规划》提出的“十二五”规划期间要重点建设 14 个大型煤炭基地，晋东、晋中、晋北、陕北、黄陇、宁东、神东、蒙东、新疆、冀中、鲁西、河南、两淮和云贵也主要集中在这九个省份。占比在 1%～2%的有河北、辽宁、四川等八个省份；而其他 13 个省份，占比都在 1%以下。

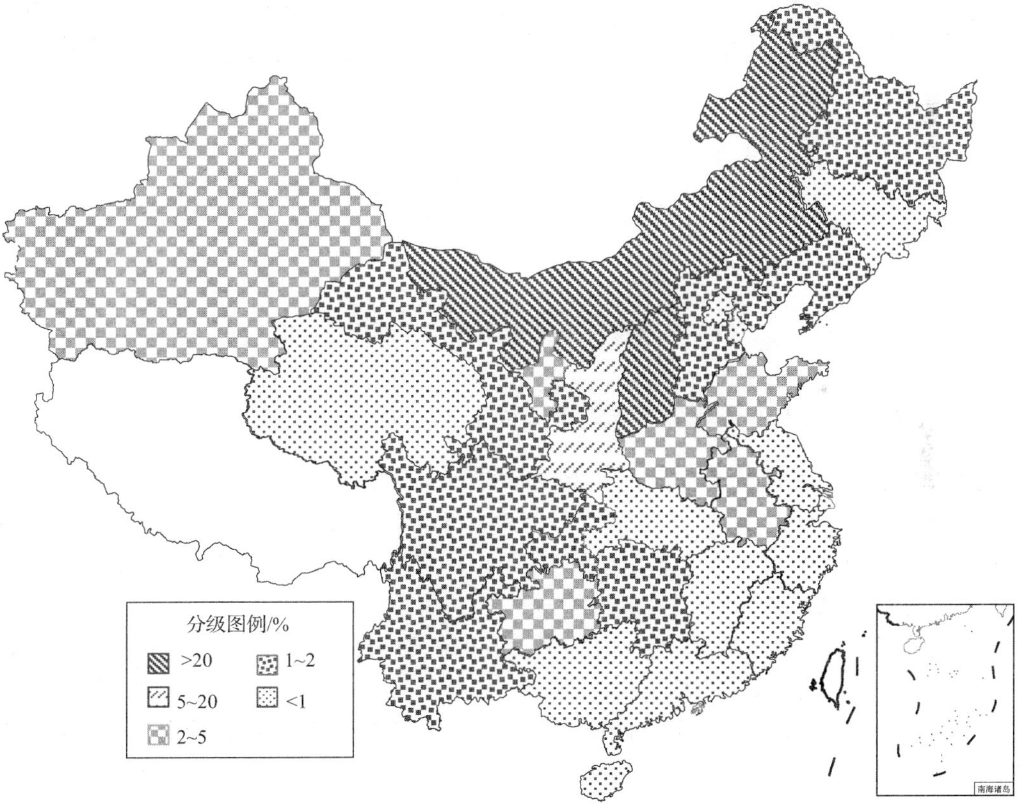

图 7-3　分省份煤炭生产量占全国总生产量比例分级图（2014 年）

数据来源：国家统计局（2015）

缺少西藏数据

具体看九大省份的历史煤炭生产量，九省总产量占比从 1990 年的 57.59%增加到了 2014 年的 84.65%。九大省份中各省份产量增加明显，自 1990 年以来，增加了 26.59 亿吨，占全国增量的 95.07%，其中山西、内蒙古和陕西增量特别明显，分别增加了 6.42 亿吨、9.46 亿吨和 4.89 亿吨，占全国增量的 74.26%（图 7-4）。

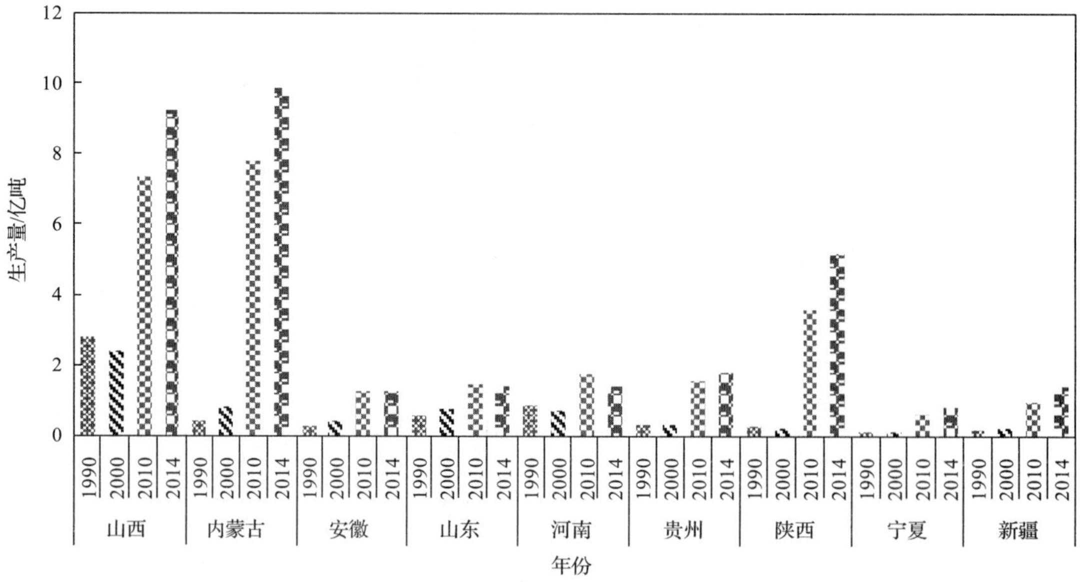

图 7-4 九大产煤省份主要年份产量变化特征

数据来源：国家统计局（2015）

7.2 我国煤炭市场需求特征

7.2.1 我国煤炭需求占全球总需求的 1/2 以上

煤炭是地球上蕴藏量最丰富、分布最广的化石能源，也是人类开发利用最早的能源之一，被誉为“工业的粮食”，是钢铁、电力等工业部门的重要原料和燃料，至今仍在全球能源消费结构中占有重要地位。BP（2016）数据表明，2015 年全球煤炭消费占世界化石能源消费总量的 33.96％。

中国是世界上最大的煤炭消费国。据 BP（2016）数据，世界煤炭消费总量由 2005 年的 62.61 亿吨增长到了 2015 年的 76.80 亿吨，年均增长 2.1％。煤炭消费主要集中在中国、美国、印度和日本，四国 2015 年煤炭消费量占世界总消费量的 74％以上（图 7-5）。

中国、印度作为世界第一、第二大发展中国家，由于其以煤为主体能源的巨大能源消费基数、快速的工业化和城市化进程，煤炭需求量巨大，且需求增量分别居世界第一、第二位。其中，2015 年中国煤炭消费量占据了世界总消费量的 50.0％。2012 年之后中国进入了经济增速放缓、结构调整，淘汰落后产能，加强环境保护和碳减排政策实施的新时期，而作为污染物和二氧化碳排放的主要来源，煤炭消费增速下降。

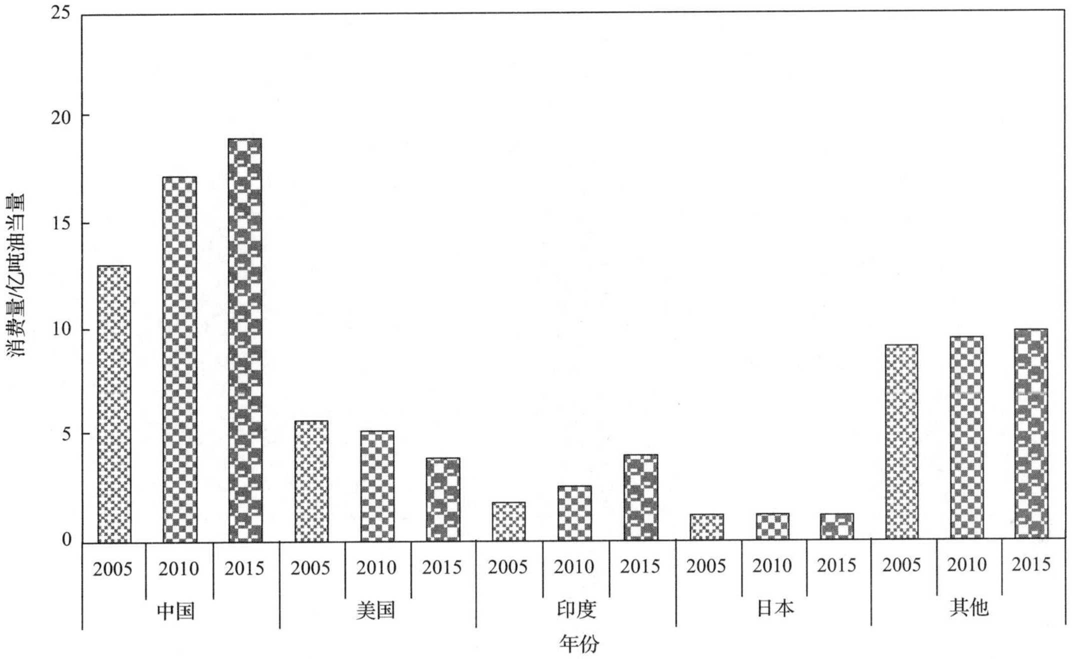

图 7-5　世界主要国家煤炭消费量

数据来源：BP（2016）

7.2.2　我国能源需求中煤炭占比持续在 65%以上

我国煤炭消费占能源消费总量的比例持续在 65%以上。从消费端来看（图 7-6），煤炭消费比例一直处于 70%左右，天然气和水电等清洁能源占比较小，但比例逐渐增加。2009 年以后，随着经济增长方式的转变、环境保护和碳减排政策的影响，污染严重的煤炭消费比例逐步下降，由 2009 年的 71.6%降到了 2014 年的 65.6%。由于巨大的进口量，石油消费在消费结构中的比例自 1993 年之后一直高于生产比例，保持在 16%～21%。天然气、水电等清洁能源随着环境保护意识及力度的加大，消费比例逐年增加，分别由 1980 年的 3.1%、4.0%增加到了 2014 年的 5.7%、11.3%。随着低碳经济和低碳生活的推广，煤炭生产、消费比例会进一步下降，天然气和水电等清洁能源生产、消费比例会进一步增加。

7.2.3　我国煤炭需求集中于工业部门尤其是能源的加工转换部门

煤炭消费结构向工业集中化演变，中间转换比例加大。煤炭消费结构可从多方面来考察，首先从大的行业（部门）来看（图 7-7），2013 年之前，工业部门占煤炭消费的比例越来越大，从 1995 年的 85.4%增加到 2013 年的 95.0%，而 2014 年出现小幅度下降，为 94.9%。其中，电力、煤气及水生产和供应业与制造业占绝大部分，基本上占全国煤炭消费的比例均在 40%以上。相应地，以生活消费为主的其他行业用煤比例减少，2014 年生活消费煤炭量占煤炭消费总量的比例不足 3%。从消费类型来看，由于煤

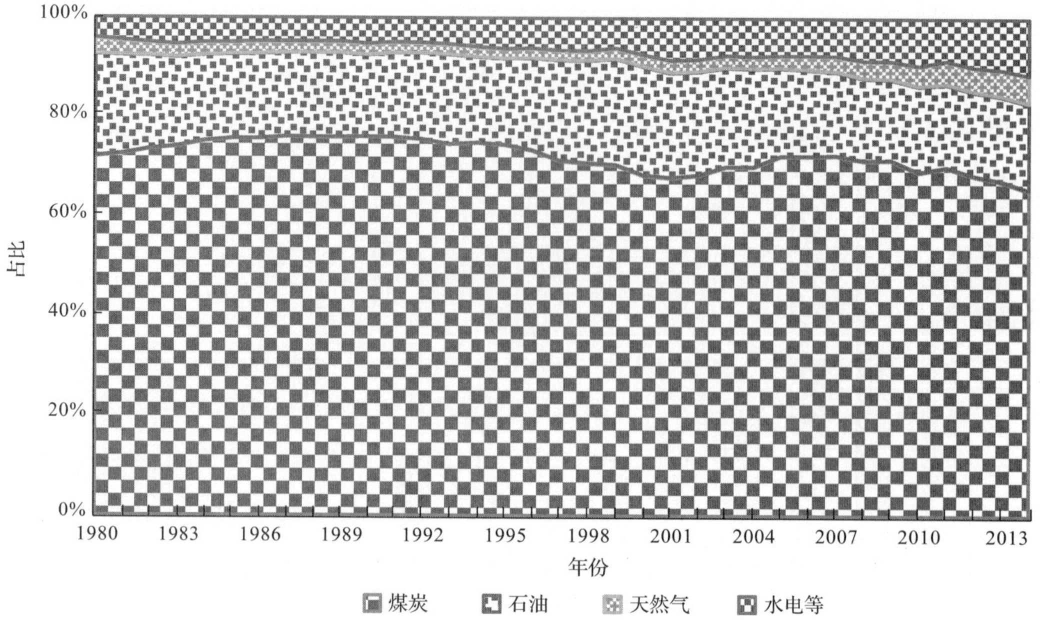

图 7-6　中国能源消费结构

数据来源：国家统计局（2015）

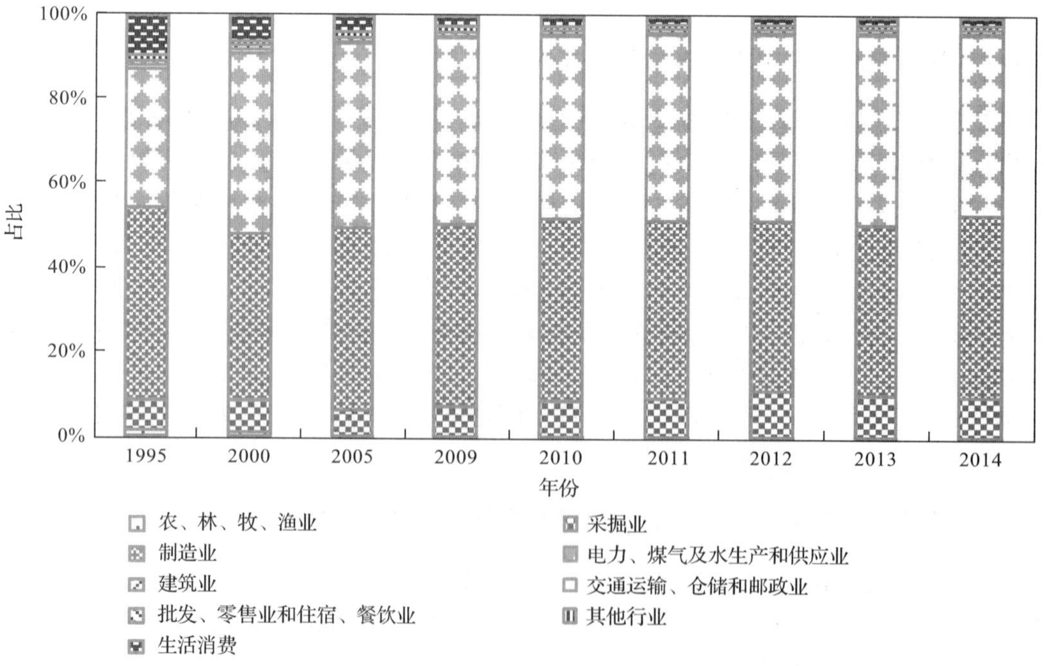

图 7-7　分行业煤炭消费量占总消费量比例

数据来源：国家统计局（2015）

为便于展示更多信息，工业分为采掘业，制造业，电力、煤气及水生产和供应业炭是能源中间转换过程（如火力发电）的重要投入品，煤炭用于中间消费的部分逐年增加，占煤炭消费的比例从 1980 年的 63.6%增加到 2014 年的 66.1%（图 7-8）。

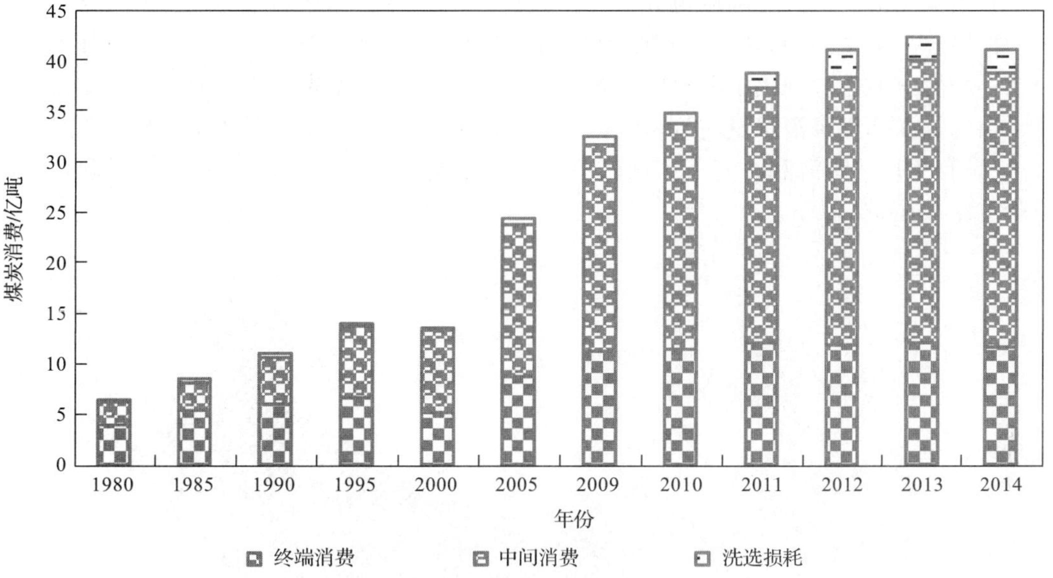

图 7-8　按消费类型分煤炭消费变化

数据来源：国家统计局（2015）

从细分行业的能源消费比较看，我国主要耗煤行业是电力、热力生产和供应业，石油、炼焦和核燃料加工业，非金属矿物制品业，黑色金属冶炼和压延加工业，煤炭开采和洗选业，化学原料和化学制品制造业六大行业，占全国煤炭消费量的 86%（图 7-9）。这六大行业属于高耗能工业部门，六大行业的高效生产、清洁能源利用将是我国节能减排的重要突破口。

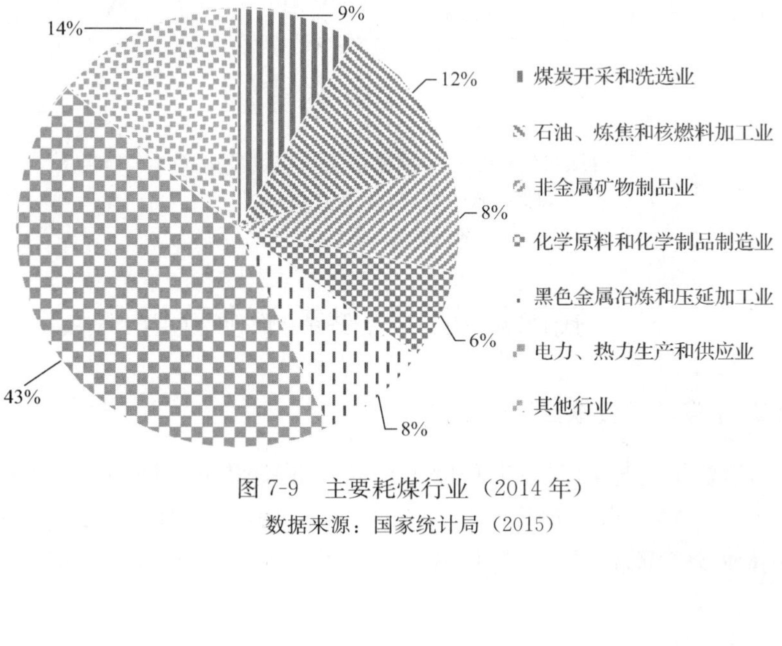

图 7-9　主要耗煤行业（2014 年）

数据来源：国家统计局（2015）

7.2.4　我国重工业发达省份成为煤炭需求的重点区域

我国煤炭消费巨大，高居世界第一位，据 BP（2016）数据，2015 年我国煤炭消费量为世界总消费量的 50.0%。从国内各省份消费格局来看（图 7-10），虽然没有生产量那么不均衡，但也表现出了明显的地域差异，其中重工业较为发达的山西、内蒙古、河北、山东、江苏煤炭消费量占到了全国的 5%以上；大部分省份消费量占比都在 1%～5%；只有北京、青海和海南三个地区由于其环境要求或者经济发展程度的限制，煤炭消费占比都在 1%以下。

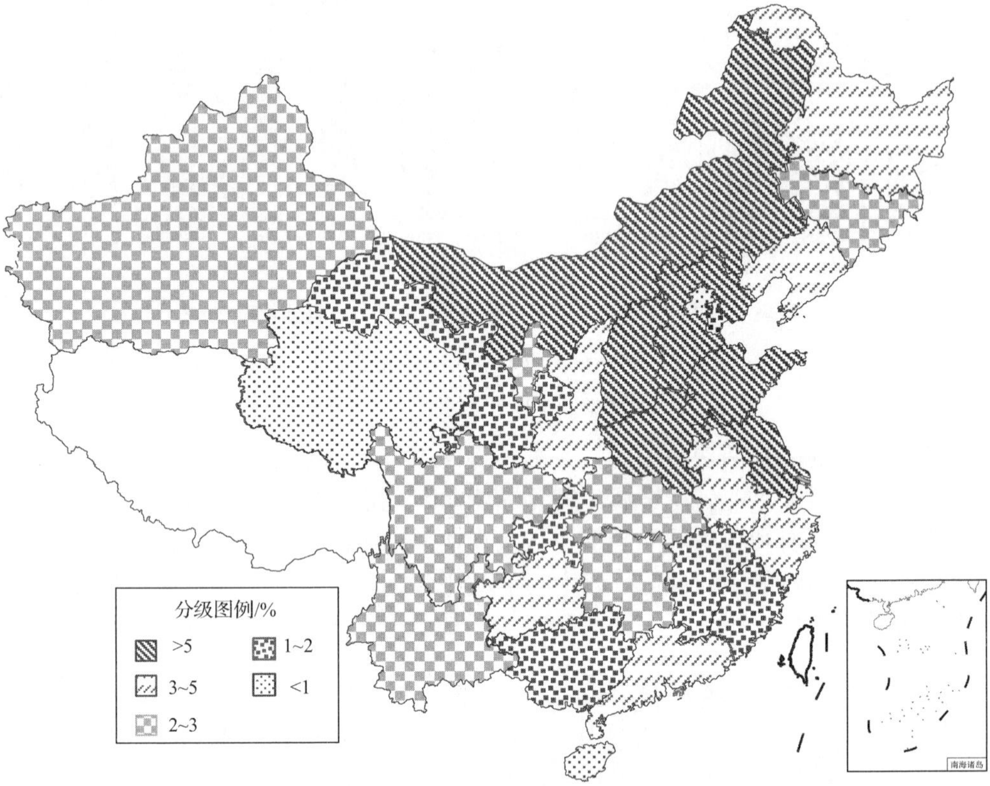

图 7-10　分省份煤炭消费量占全国总消费量比例分级图（2014 年）

数据来源：国家统计局（2015）

缺少西藏数据

7.3　我国煤炭市场供需平衡分析

7.3.1　国内煤炭市场需求疲软且投资下降

煤炭生产和消费量的比较在一定程度上反映了我国煤炭市场的供需平衡特征。如图 7-11 所示，1981～1996 年我国煤炭生产和消费量基本保持以 5%增速增长，1996～2001 年，受东南亚金融危机的影响，经济增速放缓，煤炭需求出现了停滞、甚至负增长的现象。2002～2011年，由于我国进入了一个新的增长周期，经济增长加快，煤炭需求巨大，社会投资力度加大，生产和消费量急剧增加，尽管2008年经济危机带来经济增长放缓，中国政府大力度投资"四万亿"使煤炭需求保持高增长。2011年之后，随着"四万亿"效应的消失和经济的转型，经济增速放缓，环境和碳减排政策的施压，煤炭需求疲软，其生产、消费增速下降。2012年以来，煤炭生产和消费将进入一个较长的"寒冬期"，2014年煤炭生产和消费量出现了"双降"。另外，从生产、消费关系来看，基本呈现出消费量逐渐超过生产量的趋势，这主要是国内煤炭市场竞争力下降所致。

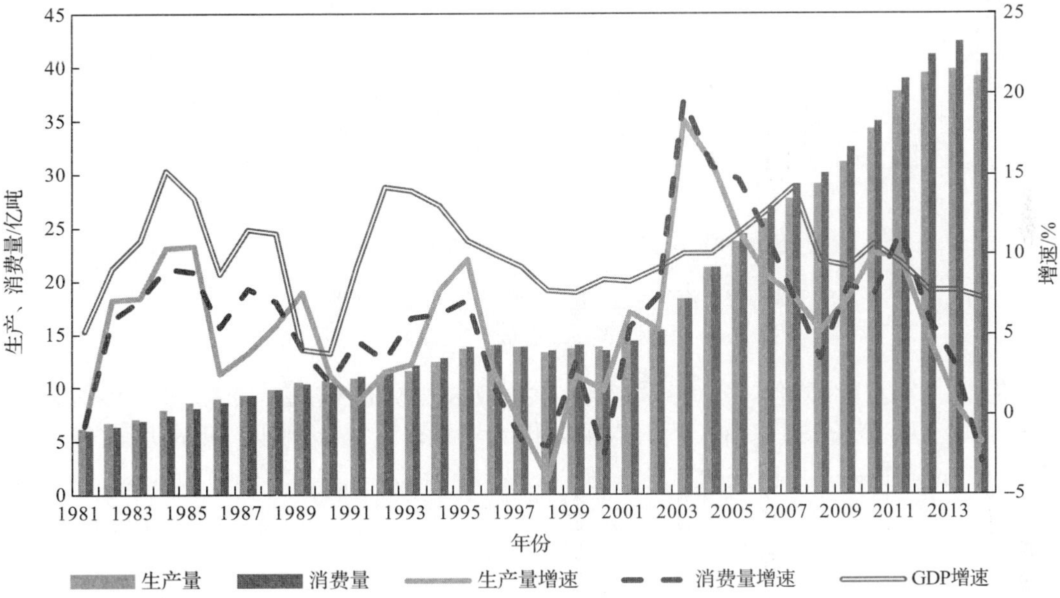

图7-11　煤炭资源生产、消费量及增速（1981～2014年）

数据来源：国家统计局（2015）

受供求关系、行业利润的影响，1996～2014年我国煤炭投资额变化明显。1996～2002年我国煤炭洗选业投资额一直保持在低位，且投资增速出现了剧烈的波动，1998年和1999年由于受东南亚金融危机影响，国内经济增速放缓，煤炭需求疲软，加上供给与需求端的信息不流通，造成了供大于求、行业大面积亏损的局面，进而出现了30%负增长现象；2000年煤炭行业大规模整改，促使了行业投资的增加。2002～2012年煤炭需求快速增长，利润率居高不下，造成了全社会的煤炭投资浪潮。2012～2014年，煤炭市场供大于求，价格跌至成本以下，行业大面积亏损，投资出现负增长（图7-12）。

7.3.2　煤炭净进口代替净出口意味着国内煤炭产品竞争力下降

中国煤炭进出口贸易变化差异大。如图7-13所示，1980～2001年煤炭出口呈上升趋势，净出口量持续增加；2002年之后国内需求急剧增加，价格逐渐高于国际煤炭价格，出口增速放缓，并呈下降趋势，进口量逐年增加，2009年开始从净出口国转变为净进口国。2002年之前库存量基本保持稳定，2001～2006年煤炭生产和净进口量难以

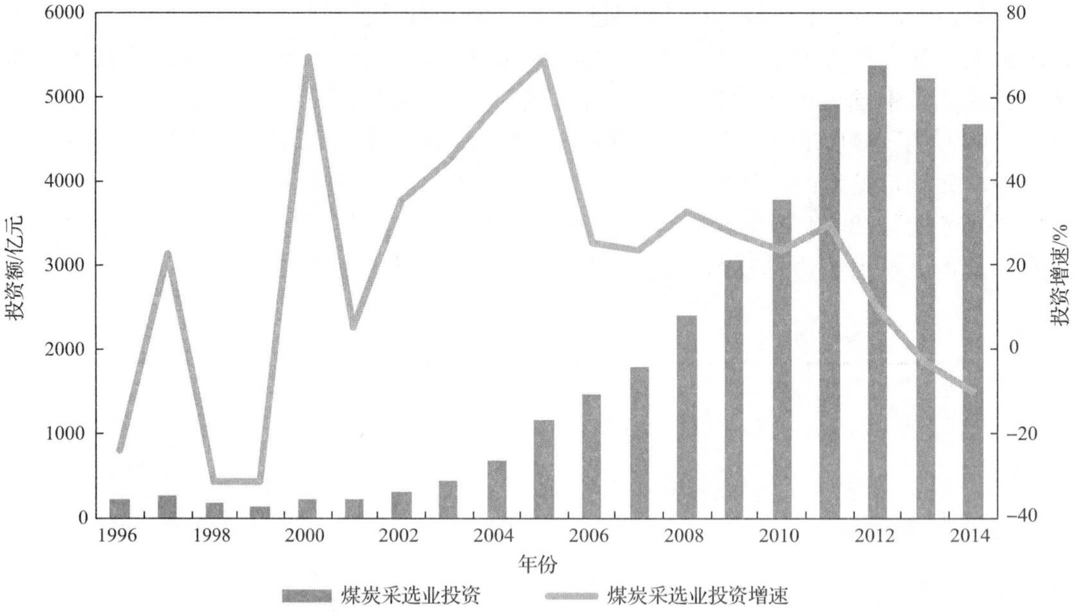

图 7-12　煤炭采选业投资额变化（1996～2014 年）

数据来源：国家统计局（2015）

满足需求，库存持续降低，2006～2009 年供不应求现象依然存在，但正逐步得到缓解；2009～2014 年持续出现正值，供不应求向供大于求转变，表现出严重市场过剩现象。因此，2009 年以来，中国煤炭市场呈现出高进口和库存增加的矛盾特征。

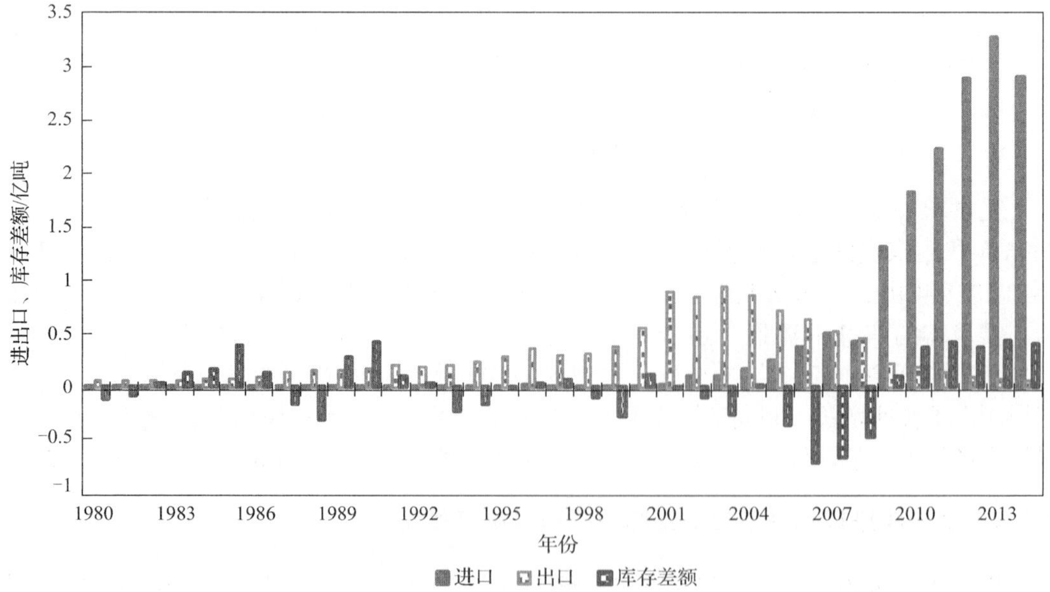

图 7-13　煤炭进出口、库存变化（1980～2014 年）

数据来源：国家统计局（2015）

库存增加库存差额为正，库存减少库存差额为负自 2002 年以来我国煤炭需求大幅度增加，国内产量难以满足需求，进口量急剧增加，由 2001 年的 0.03 亿吨增加到了 2014 年的 2.92 亿吨；出口量自 2003 年以来，持续下降，2014 年出口量仅为 559.6 万吨。我国煤炭进口主要来自印度尼西亚、澳大利亚和俄罗斯，以 2014 年进口量为例，来自三国的煤炭进口量占我国煤炭进口量的 77.40%（图 7-14）。2013 年以来，国际煤炭市场进入一个需求增速相对疲软的阶段，作为全球最大的买方市场，可以利用这个机遇增加我国的国际煤炭市场的话语权和定价权。

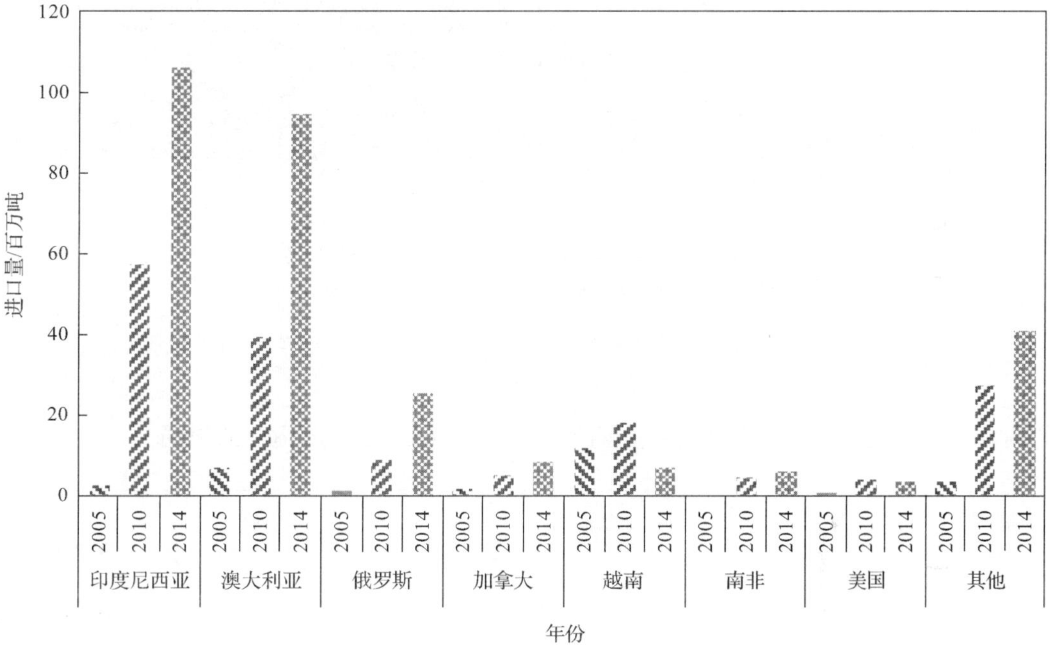

图 7-14　中国煤炭主要进口国及进口量

数据来源：IEA（2015）

世界煤炭贸易以动力煤、焦煤为主，据 IEA（2015）数据，进入 21 世纪以来，世界煤炭贸易增长较快，特别是动力煤，自 1995 年以来增长了近 2.52 倍之多；焦煤增长也较大，增长了 65%；而褐煤贸易量一直保持在低位，基本在 0.1 亿吨以下（图 7-15）。由于海洋运输量大、成本低的特点，煤炭贸易以海洋运输为主，特别是进入 21 世纪，占比达到了 90%左右（图 7-15）。

7.3.3　煤炭调出大省晋蒙陕与调入大省冀苏鲁形成对比

就各地区煤炭调入量和调出量而言，各省煤炭调入和调出现象差异明显（图 7-16），也从侧面反映了各省存在的生产和消费的不均衡性。其中主要调出省份是山西、内蒙古和陕西三省，占全国总调出量的 80.14%，远大于其调入量；而除山西、陕西、内蒙古、贵州、新疆外，其他省份调入量均大于调出量，特别是河北、江苏和山东三个耗煤大省，其调入量占全国总调入量的 34.24%。而全国煤炭生产和消费不均衡是明显

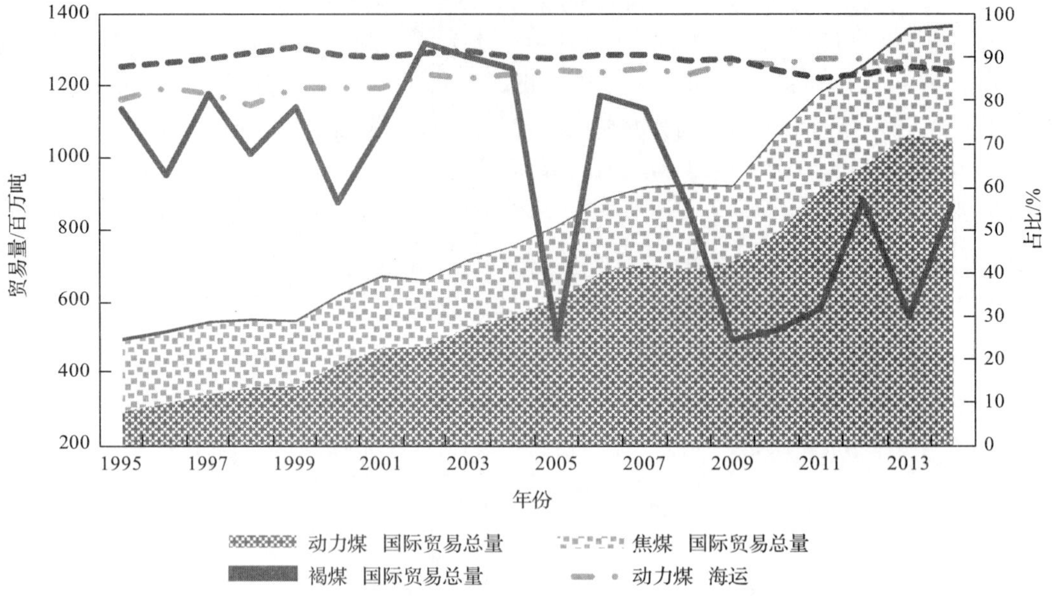

图 7-15 世界煤炭分煤种贸易量及海运占比（1995～2014 年）

数据来源：IEA（2015）

的调入和调出的主要原因，致使我国存在“北煤南运、西煤东运”的格局。

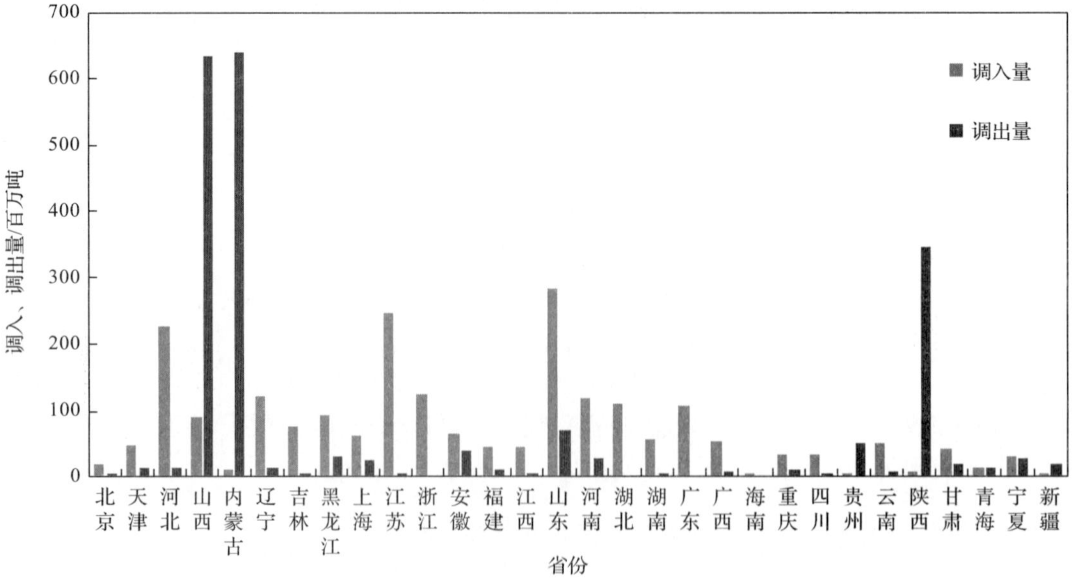

图 7-16 各省份煤炭调入、调出量（2014 年）

数据来源：国家统计局（2015）

缺少西藏数据

7.3.4　2014 年中国煤流图分析

本书根据中国能源平衡表绘制了中国 2014 年煤流图（图 7-17）。煤流图分为五个部分，分别是原煤供应、原煤运输与加工、煤炭转换、发电转换和终端消费环节。

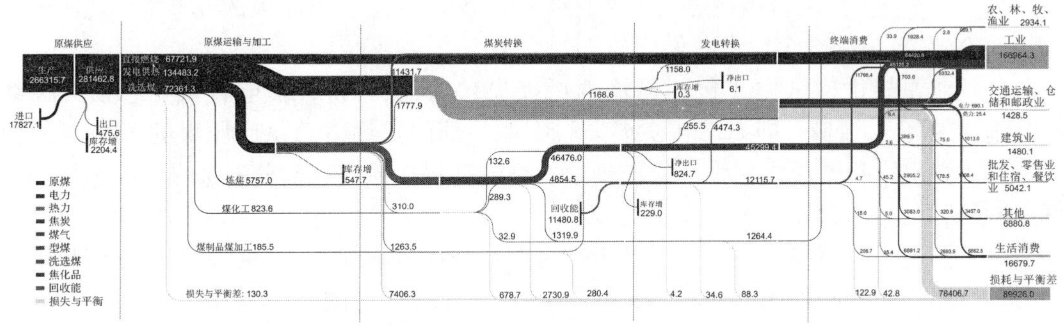

图 7-17　中国煤流图（2014 年）

按电热当量法绘制；单位：万吨标准煤

在原煤供应环节，2014 年我国原煤的国内生产量为 26.63 亿吨标准煤，进口量为 1.78 亿吨标准煤，这些可供使用的原煤中有 475.6 万吨标准煤用于出口，2204.4 万吨标准煤构成库存增加量，剩余的 28.15 亿吨标准煤成为国内煤炭总供应量。

在原煤运输与加工环节，包括直接燃烧、发电供热、洗选煤、炼焦、煤化工和煤制品加工六部分。其中直接燃烧部分，总计 6.77 亿吨标准煤，占原煤供应总量的 24.1%，发电供热消耗原煤 13.45 亿吨标煤，占原煤供应总量的 47.8%，洗选煤消耗原煤 7.24 亿吨标煤，占原煤供应总量的 25.7%，其他炼焦、煤化工和煤制品消费原煤共计 6896.4 万吨标准煤，占原煤供应总量的 2.4%。

在煤炭转换环节，主要指用原煤和洗煤通过炼焦和煤制气等过程来生产各种煤基产品。其中，主要产生焦炭 4.65 亿吨标准煤当量，煤制气 4854.5 万吨标准煤当量。在发电转换环节，由原煤 13.4 亿吨标准煤，洗煤 1777.9 万吨标准煤，焦炭 255.5 万吨标准煤，煤制气 4474.3 万吨标准煤，用来发电供热。总计产生电力约 5.1 亿吨标准煤，热力 1.2 亿吨标准煤，发电供热总效率约 45.9%，与国家统计局统计的效率数据基本相符。

原煤在煤炭转换、发电转换环节后，最终以原煤（包含部分洗选煤）、电力、热力、焦炭、煤气、其他焦化产品这六种产品供给各行业的终端消费。在终端消费环节，依据《中国能源统计年鉴 2014》将煤炭终端消费部门划分成农、林、牧、渔业，工业，建筑业，交通运输、仓储和邮政业，批发、零售业和住宿、餐饮业，生活消费及其他七大部分，还有一项是最终转换损耗与平衡差项。按各行业在终端部门消耗各能源的比例，将煤炭中间转换后的能源产品分别分配到各行业中。由煤炭平衡流计算可得，工业行业占煤炭及煤基产品消费比例最大。其中，直接燃烧与部分洗选后的原煤有 80.3%，电力有 70.8%，热力有 71.7%，焦炭有 99.7%，煤气有 97.1%供给在工业上。

由图 7-17 可得，从煤炭利用的全生命周期来看，剔除转化损失平衡差，工业消费煤炭 1.67 亿吨标准煤，约占总原煤供应量的 59.3%。农、林、牧、渔业消耗煤炭 2934.1 万吨标准煤，约占总原煤供应量的 1%。建筑业消耗煤炭 1480.1 万吨标准煤，占总供应原煤的 0.5%。交通运输、仓储和邮政业消费 1428.5 万吨标准煤，占总供应原煤的 0.5%。批发、零售业和住宿、餐饮业消耗煤炭 5042.1 万吨标准煤，占总供应原煤的 1.8%。生活消费消耗煤炭 1.7 亿吨标准煤，占总供应原煤的 5.9%。其他消耗煤炭 6880.8 万吨标准煤，占总供应原煤的 2.4%。

此外在原煤供应（主要包括运输消耗损失）、煤炭转换、发电转换，总损失掉约 8.99 亿吨标准煤当量，即终端转换损失与平衡差部门，约占总供应原煤的 31.9%。由图可以计算出，我国原煤从生产供应到消费终端（包括原煤与部分洗选煤直接燃烧消费部分）的利用率约为 68.1%。

为了直观了解原煤去向，不再考虑煤炭在各个环节的损失与消耗，以便更清晰地看出各终端部门消费原煤比例，本书又绘制了 2014 年煤流简图（图 7-18）。

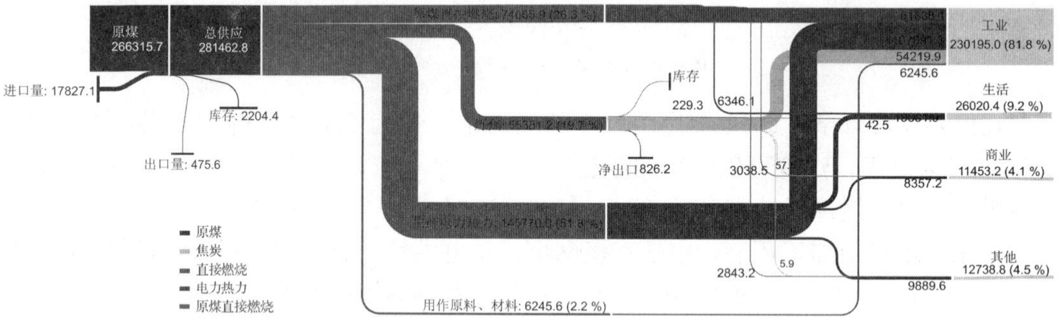

图 7-18　中国煤流简图（2014 年）

按电热当量法绘制；单位：万吨标准煤

与细化煤流图相比，图 7-18 省去了中间转换细节，煤流简图主要思路是按煤炭的用处来划分。如图 7-18 所示，原煤主要有四大用途：直接燃烧、发电供热、炼焦煤化工、工业原材料。将《中国能源统计年鉴 2014》中煤炭终端消费行业，农业、工业、建筑业合并为工业；将交通运输、仓储和邮政业，批发、零售业和住宿、餐饮业合并为商业；生活与其他两部分与年鉴中保持一致。同时，去除了平衡表里的损失量与平衡差额。

在煤流简图中没有考虑转换的损失量，而是默许在消耗电力热力及各种煤基产品时，包含了损失量与平衡差值。这样根据原煤四种用途，按各种能源在各终端行业消费比例，分配出了工业、商业、生活与其他的原煤占有量。由图可算得，在终端消费中农业、工业、建筑业占原煤总供应量的 82.1%，生活占原煤总供应量的 9.3%，商业占原煤总供应量的 4.1%，其他占原煤总供应量的 4.5%。可见，从全部生命周期看，工业消耗原煤比例非常大，下面重点分析工业耗煤。

工业中直接燃烧原煤 6.2 亿吨标准煤当量，占直接燃烧原煤的 83.5%。原煤产出的电力热力在工业中消耗 10.8 亿吨标准煤，占电力热力的 74%。炼焦煤化工在工业中消耗 5.4 亿吨标准煤当量，占炼焦煤化工的 98%。而作为原材料的仅占总供应原煤的

2.2%左右，且都用在了工业。除此，值得关注的是我国净出口焦炭 826.6 万吨标准煤，比 2013 年有所下降但仍为世界第一。

7.4　煤炭价格市场化改革历程及影响因素分析

7.4.1　煤炭价格市场化改革历程

新中国成立以来，我国煤炭价格形成机制大致经历了 4 个阶段，从 1949 年的完全计划价格阶段逐步进入煤炭价格完全市场化阶段。参考刘艳敏（2012）、吴学旭和杨晓龙（2015）、孟岩（2007）、Burke 和 Liao（2015）等的研究，将各阶段的特征总结如下。

1）完全计划价格阶段（1949～1985 年）

自新中国成立初期到 1985 年，我国煤炭价格机制处于完全计划定价阶段。该时期，国家将煤炭定为国家一级统配物资，实行统购、统销政策。国家按照当时煤炭企业的开采成本和国家需要来确定煤炭的价格。尽管随着煤炭生产成本逐步提高，1979 年后国家几次调整了煤炭价格，但调整幅度较小。由于煤炭价格较低，煤炭企业大多处于亏损状态，依靠政府补贴来生产经营，煤炭企业的扩大再生产也依赖于国家投资。

2）多层次计划价格阶段（1985～1992 年）

从 1985 年年初，经国务院批准，凡未纳入计划的乡镇煤矿，放开价格管制自行销售。以后又实行各种加价按统配矿计划销售平均分摊和分区核对加价制度，煤炭价格逐渐放开上调，从而形成了“统配煤”和“非统配煤”差别定价机制。其中，对于国家重点煤炭企业生产的统配煤由政府制定价格，而对于国家规定产量以外的非统配煤企业可以在政府定价基础上加价，对于缺煤严重的地区也可以上调煤价，对特殊煤种可以由供需双方商讨定价。差别定价机制意味着我国煤炭价格市场化改革方向初步确定，但仍由国家控制，1990 年开始对计划外煤炭实行最高限价。

3）价格双轨制阶段（1993～2012 年）

1993 年，国家提出了三年放开煤价、三年抽回财政补贴的新政策，煤炭价格市场化改革进入实施阶段。但是，由于电价管制，电煤价格的市场化改革遇到问题，为了确保电价稳定，国家设定国有大型电厂的电煤价格，电煤价格和非电煤价格之间出现双轨制。在电煤中，部分电煤即非重点订货合同煤依靠市场手段配置，而其他重点合同订货煤价由计划手段确定，此时，政府干预下的重点合同煤价通常比市场价格低 10%～30%。2002 年 1 月开始取消电煤指导价，但 2003 年国家又恢复“双轨制”；值得注意的是，煤炭价格双轨制也带来了一系列的问题，如煤炭企业额外征收附加费用、出售低质煤炭、延迟发货等。

2004 年，确定煤炭价格不分重点合同内外，均由供需双方协商确定电煤价格控制在 8%的涨幅上限范围内，但在 2006 年，涨幅上限取消。从 2005 年开始，启动煤电价格联动，以大于或等于六个月为一个联动周期，如果周期内比前一个周期变化幅度不少于 5%，则相应调整电价，预示着市场影响力进一步增强。2006 年年底，原本的煤炭订货会更改为“煤炭产运需衔接视频会议”，国家对电煤价格的干预有所弱化。尽管如此，中央政府仍在干预，如 2011 年命令煤价固定在通货膨胀水平。2012 年，仍有部分电煤供应按照市场价格以下的政府指导合同价。

4）煤炭价格机制市场化形成阶段（2013 年至今）

2012 年 12 月，国务院发布了《关于深化电煤市场化改革的指导意见》，提出以取消重点电煤合同、实施电煤价格并轨的电煤市场化改革核心，并确立了改革的主要任务和方向。这意味着，历时 16 年的煤炭价格双轨制和历时几十年的煤炭订货会从 2013 年正式退出历史舞台，煤炭价格全面实现市场化。电煤价格彻底并轨，由原来的“重点（合同）煤”和“市场（交易）煤”合二为一，都并到“市场煤”轨道上，变成“市场煤”进行交易，这是煤炭价格彻底市场化的一个重要标志。从更大层面看，2015 年 11 月，国务院发布《国务院关于推进价格机制改革的若干意见》指出，到 2017 年，竞争性领域和环节价格基本放开，政府定价范围主要限定在重要公用事业、公益性服务、网络型自然垄断环节。

7.4.2 煤炭价格的影响因素分析

由于煤炭自身的资源属性，煤炭价格的影响因素包括两部分，内部因素和外部因素。内部因素是指煤炭成本构成的各种要素，包括煤炭的生产成本、运输成本和销售成本等；外部因素是指除煤炭价格构成因素之外的其他影响因素（刘艳敏，2012）。

1）煤炭价格的内部影响因素

内部因素指的是煤炭从生产、流通、销售等不同环节产生的各项成本，属于阶段性成本构成。生产阶段主要包括生产企业的采煤成本，生产环节产生的资源税费等，生产过程产生的环境生态、健康、安全成本等。流通环节产生的煤炭价格增值成本，经销商与生产商之间产生的价格增值，也称为交易成本或流通成本。煤炭价格的成本构成要素在多大程度上影响煤炭价格，主要取决于成本构成的价值体现程度，如安全成本、环境成本等是否完全反映在煤炭价格上直接影响煤炭价格。当前我国的不完全成本制度便阻碍了这种价值体现。

2）煤炭价格的外部影响因素

影响煤炭价格的主要外部因素可概括为煤炭的供需因素、国家相关政策、煤炭运输能力、上下游产品价格和重要突发事件等。

（1）供需因素。

供需因素是影响煤炭价格的基本面因素，反映了市场经济条件下商品价格决定理论。煤炭供给的增加有利于稳定和降低煤炭价格，例如，煤炭资源储量增加、煤炭生产能力扩大都可能使煤炭供给量增加，从而使煤炭价格降低，反之煤炭生产能力下降（如关停小煤矿），将使煤炭供给量降低，从而使煤炭价格增加。煤炭需求的变化对煤炭价格起同向作用，需求增加煤炭价格上升，需求减少煤炭价格下降。社会经济因素如投资增加、GDP 增长也可以通过影响煤炭需求进而影响煤炭价格。

（2）国家相关政策。

国家相关政策对煤炭价格的影响很大，最主要体现在政府控制下的计划价格和供需调节下的市场定价。此外，国家的产业政策、货币与投资政策、财税政策、煤炭资源政策、矿产安全政策、煤炭进出口政策等，都直接或间接地对煤炭价格产生影响。

（3）煤炭运输能力。

煤炭运输能力对煤炭价格的影响主要体现在煤炭从坑口到消费地的运输成本，运输能力的加大或者运输系统市场化增强会降低运输成本，有利于稳定煤价，反之则抬高煤价。此外，运输方式的选择也影响到煤炭价格，国际煤炭调运 90%以上采用海上运输方式，我国则主要采用铁路运输或铁路加水路运输，公路运输由于成本过高较少使用。

（4）上下游产品价格。

由于煤炭的资源性产品特点，影响煤炭价格的上下游产品主要在于煤炭下游产品，主要包括利用煤炭的重要部门，最主要的是工业各部门，如钢铁、化工、电力等。由于越来越多的煤炭用于电力生产，所以电价对煤炭价格产生影响，电力价格上涨使电力企业获利空间增大，从而促进煤炭价格增加，电力价格管制下电力企业利润空间减小，对煤炭的需求减小，使煤炭价格难以上调。

（5）重要突发事件。

煤炭作为一种市场化程度最高的能源产品，其价格容易受到重要突发事件的影响，包括天气骤然变化（变冷或变暖）、经济危机的降临、奥运会、节假日、春节等都会不同程度地影响煤炭价格。当然，这些重要事件对煤炭价格的影响，大多是通过影响煤炭的供给和需求来进一步影响煤炭价格的。

7.4.3　我国重要历史事件对煤炭价格的影响

回顾我国煤炭行业发展的历史，煤炭价格也经历过大起大落，一些重要事件对煤炭价格造成了较大影响。本书引入秦皇岛港山西优混 5500K 动力煤月平仓价格作为考察对象（图 7-19），分析重要事件对煤炭价格的影响。

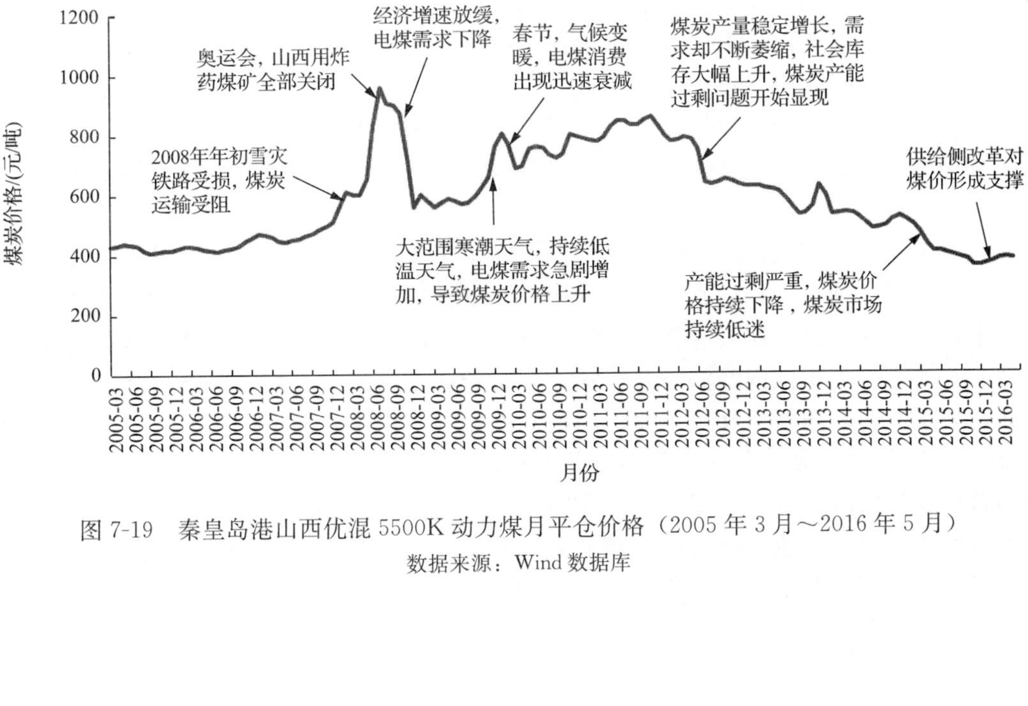

图 7-19　秦皇岛港山西优混 5500K 动力煤月平仓价格（2005 年 3 月～2016 年 5 月）

数据来源：Wind 数据库

如图7-19所示，2005～2007年，煤炭价格总体保持平稳运行，然而从2008年年初开始，煤炭价格迅速攀升，直至最高点。2008年年初，我国出现了罕见的持续大范围低温、雨雪冰冻极端天气，使交通运输和电力、煤炭供应等受到了严重影响。当时南方的很多电厂煤炭库存严重不足，电厂和煤厂签订的电煤供应合同名存实亡，很多电厂都愿意出高价购买煤炭，电煤一度奇货可居。南方的雪灾过后，受到火电和钢铁市场对煤炭的极大需求，煤炭供应依然紧张，煤炭价格始终居高不下。进入夏季，气温逐渐升高，夏季用煤、用电高峰到来，煤炭供应紧张局面仍然没有缓解，部分省份甚至采取拉闸限电的措施。2008年6月19日，国家发改委一方面上调电价，另一方面对已经市场化的电煤价格进行临时干预措施，但是煤炭价格仍然节节攀升。为了不影响奥运会的举办，当时山西用炸药的煤矿全部关闭，加上夏季用煤高峰，煤炭价格继续上升。雪灾导致的煤炭供不应求局面，使秦皇岛港山西优混5500K动力煤价格从2008年1月的563.00元/吨增至7月的953.75元/吨，增加了近70%。

受国际金融危机的影响，全球经济陷入衰退，国内经济增长放缓，电力、冶金、化工、建材四大用煤行业都呈现出增长放缓的趋势，相应煤炭的需求增长也放缓，煤炭供求局面发生转变，动力煤价格出现下滑。2008年10月份，我国发电量同比下降4%，这直接导致电力对煤炭需求的大幅降低。11月底，秦皇岛港口煤炭堆存量已超过900万吨，存煤天数20天，而该港口正常存煤天数仅为10天。煤炭需求的大幅下降导致煤炭价格大幅下滑，秦皇岛港山西优混5500K动力煤价格从2008年7月的953.75元/吨降至12月的555.00元/吨，下降了近41.8%。

2009年1～10月煤炭价格在小范围内波动，然而从11月份开始，煤炭价格开始大幅上升。一方面，从10月份以来，国内经济形势开始好转，另一方面，全国大部分地区气温骤然下降，煤炭需求迅速增加。进入11月份后，国内煤炭冬季供求的旺季特征得以体现，煤炭价格保持上扬局面，进入12月份，全国大范围出现的暴雪寒潮天气，带来了持续的超低气温，对电煤的需求急剧增加，电煤日耗达到了历史最高水平。受此影响，煤炭供应紧张状况在全国多省份显现，煤炭价格继续上扬。2010年2月，受春节长假及天气转暖影响，电煤需求迅速下滑，煤炭价格大幅下挫。

2010年3月～2011年年底，煤炭价格小幅震荡上升，进入2012年，煤炭市场出现转折，煤炭价格急转直下，煤炭行业“黄金十年”就此终结。从图7-19可以看出，2012年以后，煤价长期处于下降趋势，从2012年1月的793.00元/吨降至2015年12月的356.35元/吨，降幅达到55%，而煤炭市场转变最主要的原因是产能过剩。从供给侧来看，产能的释放使得煤炭可供量迅速增长；而从需求侧来看，煤炭消费增速明显放缓。一方面，由于国内经济增速放缓，下游企业对电力、煤炭的需求有所减缓，另一方面，为了应对环境污染和气候变化问题，国家出台相应的政策控制煤炭消费增长，国务院于2013年9月发布的《大气污染防治行动计划》中就提出，到2017年，煤炭占能源消费总量比例降低到65%以下，京津冀、长三角、珠三角等区域力争实现煤炭消费总量负增长。煤炭行业产能过剩导致供需失衡，煤炭价格持续下降，虽然2013年第四季度煤价出现了短暂的回升，但是也无法改变煤炭市场的颓势，随后煤炭价格又急转直下。

煤炭行业产能严重过剩，煤炭价格持续走低，煤炭行业陷入困境。国家统计局公布的数据显示，2013年煤炭开采和洗选业规模以上工业企业利润总额同比减少了29.6%，而2014年则同比减少了46.9%。《2015年国民经济和社会发展统计公报》公布数据显示，2015年煤炭消费同比下降3.7%，煤炭需求很可能已经接近峰值，不会有较大的增长，如果煤炭供给仍然增长，供需矛盾会进一步恶化。

2015年11月10日，习近平总书记在中央财经领导小组第十一次会议上首次提出了“供给侧改革”，11月18日在亚太经济合作组织（APEC）会议上再提“供给侧改革”。煤炭行业“供给侧改革”的首要任务就是“去产能”。2016年2月1日，国务院发布《关于煤炭行业化解过剩产能实现脱困发展的意见》提出力争用3～5年时间，退出产能5亿吨左右、减量重组5亿吨左右。2016年起，3年内原则上停止审批新建煤矿项目。2016年力争关闭落后煤矿1000处以上，合计产能6000万吨，推动煤炭行业兼并重组。2016年3月，国务院公布2016年政府工作报告，提出近3年淘汰落后炼钢炼铁产能9000多万吨。重点抓好钢铁、煤炭等困难行业去产能，坚持市场倒逼、坚决淘汰落后产能、有序退出过剩产能。通过淘汰落后产能，恢复煤炭供需平衡，使煤炭价格回到合理水平，煤炭行业才能脱离困境。从国家统计局公布的数据来看，煤炭“供给侧改革”初见成效，尽管2016年以来市场需求并不太好，但是供给侧变化较大，2016年1～4月原煤产量108100万吨，同比下降了6.8%，煤炭市场短期内维持一种紧平衡的状态，对煤价形成一定支撑，从图7-19可以发现，2016年以来煤价开始缓慢回升。煤炭“供给侧改革”让行业看到了希望，但是改革之路任重道远，不能盲目乐观。

煤炭作为一种商品，其价格主要受供求关系的影响，通过前面的分析可以发现，一些重要事件也是通过影响煤炭供求关系从而间接影响煤炭价格的。从2012年以来，煤炭市场陷入低迷，价格持续下滑，这主要是煤炭行业产能过剩严重造成的。煤炭行业应以供给侧结构性改革为切入点，严格控制增量、淘汰落后产能，逐步消化过剩产能。

7.5　中国煤炭市场发展面临的挑战及对策

7.5.1　中国煤炭产能严重过剩且煤炭价格低迷

煤炭在我国能源消费结构中长期处于主体地位，是保障工业发展重要的基础能源和化工原料。改革开放以来，煤炭为中国经济的高速增长作出了巨大贡献，然而，近年来，随着中国经济增速放缓，加上煤炭生产能力的不断扩张，我国煤炭市场供需格局发生了巨大变化，煤炭产能过剩问题日益凸显。

1）煤炭产能过剩现状分析

煤炭是我国工业经济的基础能源和重要原料，过去，为了满足中国经济快速增长所需的能源，煤炭产业投资快速增长，产能急剧扩张。如图7-20所示，煤炭开采和洗选业固定资产投资从2001年的222.19亿元增加到2012年的5370.24亿元，2013年开始回落。2002～2011年煤炭采选业固定资产投资同比增速始终保持在23%以上，其中2005年投资增速高达68.44%。投资的高速增长导致产能的快速扩张，原煤开采新增生产能力从 2001 年的 0.27 亿吨/年，迅速扩张到 2011 年的 4.13 亿吨/年，2012 年开始回落，2014 年大幅回落至 2.95 亿吨/年。自 2006 年以来，全国煤炭投资累计完成 3.6 万亿元，累计新增产能近 30 亿吨。

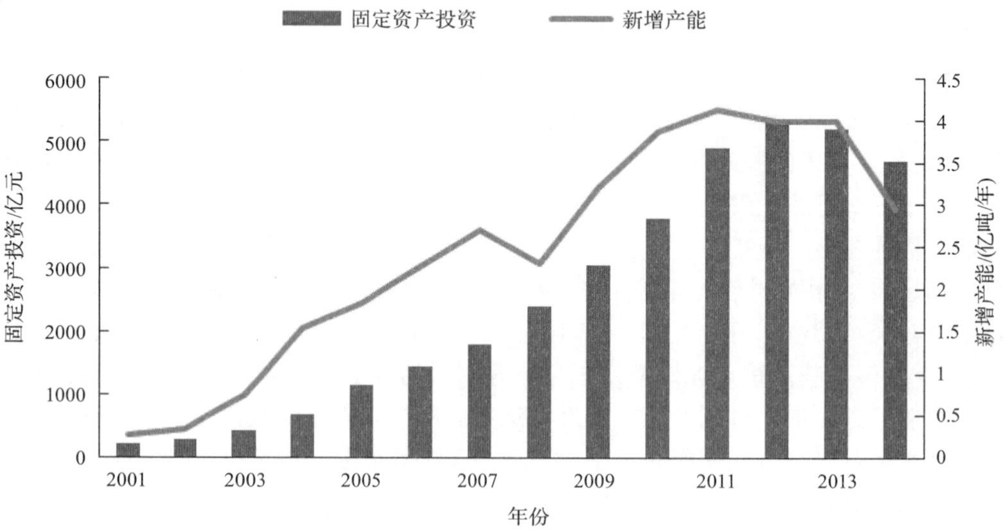

图 7-20　煤炭采选业固定资产投资与新增产能（2001～2014 年）

数据来源：国家统计局（2015）

前期的大量资本投入造成现在煤炭产能的集中释放，中国煤炭工业协会副会长姜智敏在煤炭战略规划研究院成立一周年学术研讨会上表示，截至 2015 年年底，全国煤矿产能总规模为 57 亿吨。其中，正常生产及改造的煤矿产能 39 亿吨，停产煤矿产能 3.08 亿吨，新建改扩建煤矿产能 14.96 亿吨，产能严重过剩。与此相对应的是，煤炭消费需求则明显放缓。煤炭消费量从 2001 年的 14.3 亿吨增加到 2013 年的 42.4 亿吨，年均增长 9.5%。但是近几年煤炭消费增速明显下降，2013 年煤炭消费增长了 3.08%，而 2014 年则降低了 2.9%。为了解决煤炭行业产能过剩问题，国家积极采取应对措施"去产能"。中国煤炭工业协会公布数据显示，"十二五"规划期间，全国累计淘汰落后煤矿 7250 处、落后产能 5.6 亿吨；2015 年全国淘汰落后煤矿 1340 处、落后产能约 9000 万吨。国家能源局局长努尔·白克力在全国能源工作会议上表示，2016 年力争淘汰煤炭落后产能 6000 万吨，未来 3 年内暂停新建煤矿项目审批。尽管如此，短期内煤炭行业供过于求的局面仍难以逆转，煤炭"去产能"势在必行。

2）产能过剩导致煤炭价格大幅下滑，煤炭行业陷入困境

产能过剩直接导致煤炭库存上升和价格的大幅下滑，与 2009～2011 年煤炭供不应求相比，2012 年开始，我国全社会煤炭库存一直维持在 3 亿吨左右，超正常库存 1.5 亿吨左右。本节考察环渤海动力煤价格指数（BSPI）和国有重点煤矿库存量（图 7-21）。环渤海动力煤价格指数从 2012 年 6 月开始大幅下滑，从 6 月的 784.67 元/吨降至 8 月的 626.2 元/吨，下降了 20.2%，此后，煤炭价格虽有起伏，但下降趋势没有改变，2015 年 12 月环渤海动力煤价格为 371.6 元/吨。与此同时，国有重点煤矿库存量从

2012 年 4 月的 3462.9 万吨增至 8 月的 4849 万吨，同比增长了 40.0%。2015 年 3 月以来，国有重点煤矿库存量一直保持在 6500 万吨左右。

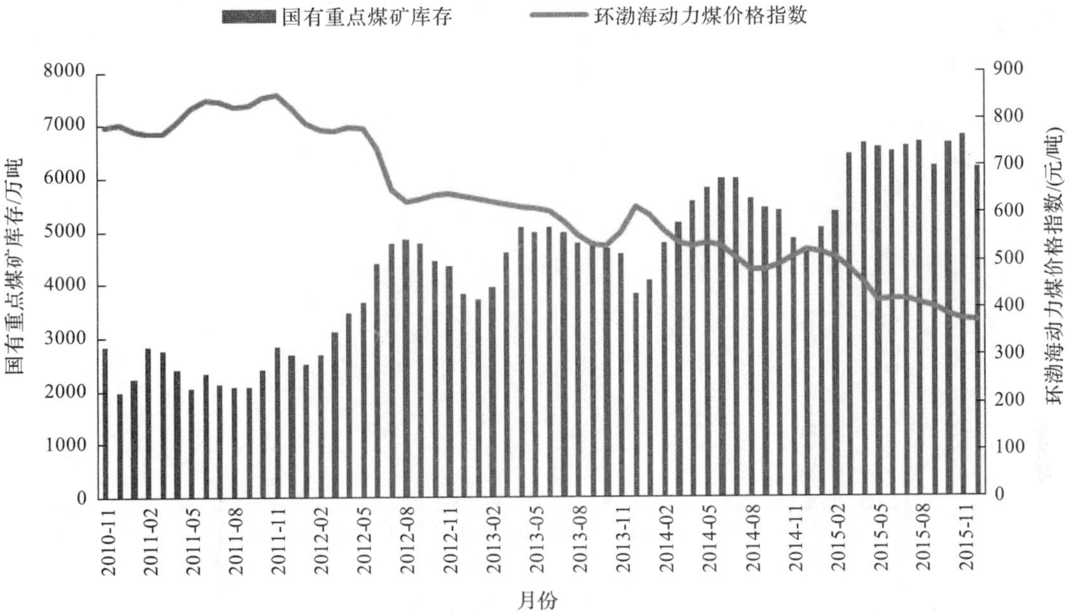

图 7-21 环渤海动力煤价格指数和国有重点煤矿库存（2010 年 11 月～2015 年 12 月）
数据来源：Wind 数据库

煤炭产能过剩导致了如今低煤价、高库存的窘境，煤炭行业陷入困境。据国家统计局发布数据显示，2014 年规模以上煤炭开采和洗选业利润总额同比下降了 46.9%。当前，中国经济进入新常态，在经济增速放缓，服务业比例上升与科技进步加快，能源消耗强度不断降低及能源结构优化的相互作用下，煤炭在能源消费中的比例会不断降低。预测“十三五”规划期间煤炭消费需求进一步放缓，个别年份会下降，煤炭市场失衡问题依然突出。因此，中央政府、煤炭企业和地方政府在制定规划时，应充分认识当前形势，避免盲目跃进带来损失和浪费。

7.5.2 煤炭资源与水资源分布格局相反制约煤炭生产

我国煤炭资源丰富，但根据国家统计局公布的 2014 年煤炭资源分布特征来看（图 7-22），储量分布表现出明显的“北多南少、西富东贫”的禀赋特征，主要集中在山西、内蒙古、新疆三省份，为全国储量的 65.41%。

煤炭开采中的降尘、煤炭的洗选等程序中无时无刻不在消耗着水资源；地层含水带破坏、地面水资源流失、水体污染等对煤炭生产地的水资源进行着难以恢复的破坏和污染。然而水资源分布和我国煤炭储量分布格局恰恰相反（图 7-23），表现出明显的“南多、北少”的分布特点，煤炭主要产地山西、内蒙古、新疆占全国煤炭储量的 65.41%，却只有全国水资源总量的 5.05%；福建、江西、湖南、广东、广西、四川、云南、西藏八省份以全国煤炭储量的 9.91%，却占有全国水资源的 62.56%（图 7-22

和图 7-23）。随着我国水资源保护力度的加大，水资源将会是制约煤炭生产的主要因素之一。除此，随着煤炭开采过程中地下水水质的破坏，煤炭生产和人民生活用水之间的矛盾进一步加剧，未来“以水定产”的煤炭工业发展模式可能形成。为保障矿区居民的健康生活，国家应当通过建立水资源保护机制、明确矿区水资源产权、促进水资源价格市场化等措施来保护煤矿区的水资源和水质。

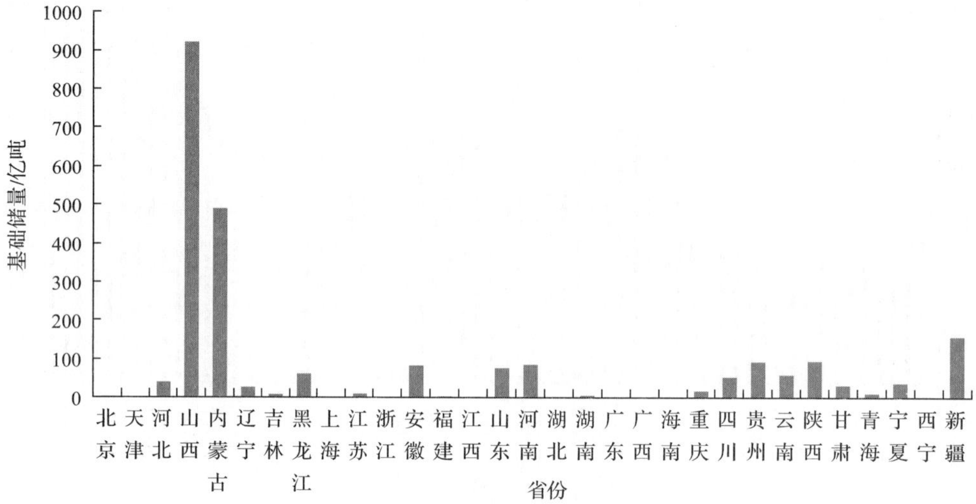

图 7-22　分省份煤炭资源基础储量分布（2014 年）

数据来源：国家统计局（2015）

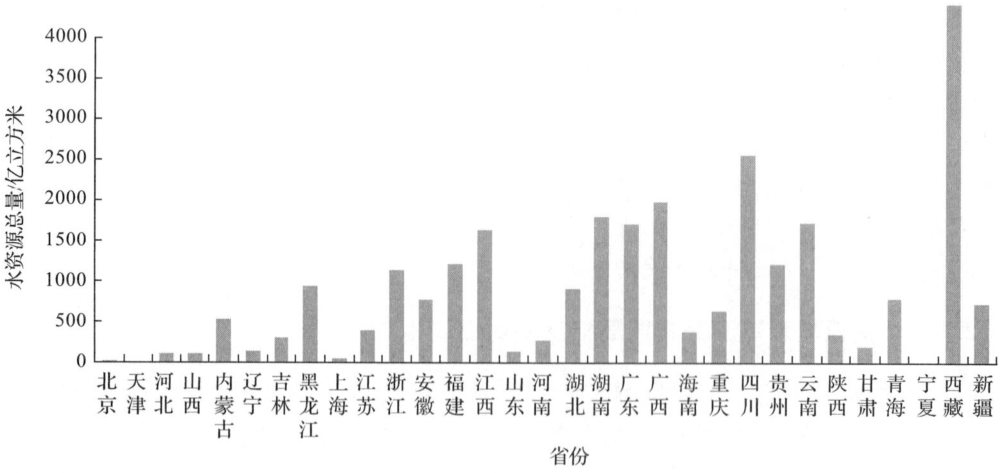

图 7-23　分省份水资源基础储量分布（2014 年）

数据来源：国家统计局（2015）

7.5.3　煤炭产业集中度低，煤矿分布范围广，煤炭产量管控机遇与挑战共存

与中石油、中石化和中海油成为油气行业的三巨头不同，我国煤炭产业集中化程度低，2014 年全国十大煤炭（集团公司）煤炭生产量为 15.9 亿吨（图 7-24），占全国煤

炭产量的 41%。据 Wind 数据库显示，2014 年年底石油和天然气开采业企业单位数为 144 家，而煤炭开采与洗选业的企业单位数为 7098 家；此外，全国有 2600 多个县都在开采煤炭，煤矿分布范围广，小型、低效、落后产能严重，这给国家及时调整煤炭供给、控制产能带来困难，造成煤炭产业的大起大落。另外，大量小型落后产能存在，也给煤炭去产能、集中发展大型矿井、调整优化煤炭发展布局提供了契机。因此，在当前煤炭经济发展低迷、产能严重过剩的情形下，政府发挥维护供需平衡作用的时机已成熟，国家应当大力优化煤炭开发布局、坚决淘汰落后低效产能、积极引导煤炭生产的集中化和市场化发展。

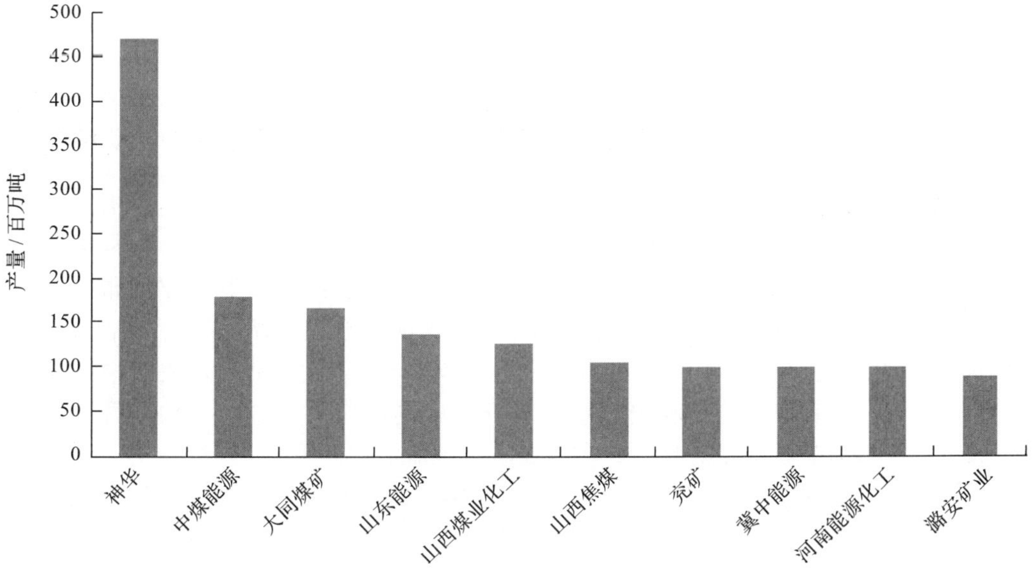

图 7-24　2014 年中国十大煤炭（集团公司）煤炭产量

数据来源：王庆一（2015）

7.5.4　我国煤矿安全问题仍然突出，煤炭安全生产工作需强化

近年来，随着我国对安全生产的愈加重视，安全生产条件逐渐提高，我国的煤矿事故死亡人数和死亡率明显降低，死亡率从 2010 年的 0.71 人/百万吨降低到 2014 年的 0.24 人/百万吨。但是，无论是从死亡人数还是从死亡率来看，中国的煤炭安全生产问题仍然非常严重，仅 2014 年就因煤矿事故死亡 931 人，并没有比 2013 年显著下降。与其他主要采煤国相比，中国的死亡率也往往高于其他国家几个数量级，例如，美国 2014 年死亡率为 0.018 人/百万吨（表 7-2），印度 2014 年死亡人数和死亡率分别是 46 人和 0.07 人/百万吨，澳大利亚连续几年 1 人或 0 人死亡，2012 年死亡人数和死亡率为 6 人和 0.014 人/ 百万吨。因此，无论从减少经济损失还是从以人为本、维护社会稳定角度出发，国家和煤炭企业都应持续高度重视安全生产问题，最大限度地降低煤矿事故、减少人员伤亡。特别地，煤炭企业经营困难、亏损严重时，较难自发增加安全投入，这就要求国家做好煤矿安全监察、监管工作，并提供必要的安全专项补贴，做好事

前防范措施，严惩事故责任单位等。

表 7-2　中美煤矿事故死亡人数和死亡率

	2010 年	2011 年	2012 年	2013 年	2014 年
中国					
死亡人数/人	2433	1973	1384	1067	931
死亡率/(人/百万吨)	0.71	0.52	0.351	0.268	0.240
美国					
死亡人数/人	48	21	20	20	16
死亡率/(人/百万吨)	0.049	0.021	0.022	0.021	0.018

注：数据来源：王庆一（2015）。

7.5.5　煤炭生产对生态环境破坏严重，矿区环境治理有赖于提高煤炭资源开发利用效率

由于煤炭开采及洗选过程中产生大量的粉煤灰、煤矸石、洗选矸石、矿井水和瓦斯排放等，对矿区环境产生严重影响。2014 年煤矸石产生量约 7.8 亿吨，全国堆存约 42 亿吨，占地 1.2 万公顷（1 公顷＝10000 平方米）。但是矿区矸石利用率还很低，2014 年，利用洗选矸石和煤泥 40 百万吨标准煤当量，完成发电装机容量超过 30 吉瓦。2014 年矿井水排放 72 亿立方米，利用率达 67.5%。2014 年煤矿开采排入大气中的甲烷约 360 亿立方米。如果能够充分利用这些煤炭开采中的副产品，既能节约资源、避免浪费，又有助于改善矿区的生态环境，实现煤炭绿色清洁化开采。此外，矿井开采造成的地面塌陷一直是矿区土地利用的难题，至 2014 年，矿井开采造成的地面塌陷面积已达 140 万公顷。若将煤矸石作为充填材料用于开采活动，可以有效防止地面塌陷，避免对周围村庄和田地的损害。此外，选煤可以脱除 50%～70%的灰分和 60%～70%的无机硫，燃煤设备使用洗煤，可以提高效率，节煤 10%以上；选煤脱硫的单位投资和成本仅为电厂烟气脱硫的 1/10。因此，就地洗煤、提高原煤入洗率，有助于以低成本实现煤炭资源的清洁高效利用。尽管如此，中央政府和地方政府还应采取措施，确保足够的资金支持用于矿区环境治理和生态改善。

7.5.6　煤炭企业转产发展负担严重，政策引导力度需加强

在当前煤炭产能过剩、煤炭企业大面积亏损背景下，加上很多矿井开采年限长、开采深度大、开采条件差等问题，一部分煤炭企业的生产发展面临困境，煤矿面临转产发展和关闭退出问题。然而，这些煤炭企业中，不少是在计划经济时期建设的原国有煤矿，煤矿本身就拥有人员冗余、退休职工居多、对社会负担严重等问题，煤炭企业转产发展首要面临的就是职工分流和安置问题，处理不当容易引发社会问题。对此，国内一些煤炭企业转产和关闭退出的好经验、好做法可以给相关煤企提供借鉴，同时，煤炭企业还要重视废弃矿井资源开发再利用带来的潜在价值。政府则应引导并帮助煤炭企业建立合理、有序的转产发展或关闭退出机制，鼓励在职职工自愿转产再就业，保障特殊、重点人群基本生活，多渠道创造就业岗位等。

第8章　中国电力市场：从寡头格局到市场化改革

2015年3月，中共中央、国务院印发《关于进一步深化电力体制改革的若干意见》，标志着电力体制改革进入新的阶段。实际上，从标志着我国电力投资体制改革开端的1985年山东龙口电厂项目开工开始，30多年来，中国电力市场先后经过多轮改革，在优化能源资源配置、调节市场供求关系、促进电力工业可持续发展等方面取得了显著成绩。中国总装机容量和总发电量均位居世界第一，2014年火电机组供电标准煤耗比2005年下降了52克/千瓦时，处于世界先进水平；非化石能源发电量比例超过25%，烟尘、二氧化硫、氮氧化物三项污染物排放之和比2006年减少了约50%。但是对比发达国家电力发展，我国电力行业发展仍存在一些差距。例如，发达国家人均装机容量在2千瓦左右，而我国是1千瓦；美国燃煤发电量只占到40%左右，其余均为碳氢比相对更低的天然气、核电和可再生能源发电形式，而我国火电装机占全部装机容量的67.4%和总发电量的75.2%。另外，虽然经过了多次电价改革，但目前依然是成本加成定价方法直接审批，阻碍了电力市场发育，加剧了博弈和寻租行为，不利于对电力企业经营业绩考核。独立的基于绩效激励的输电电价及配电电价制度缺失，不能正确引导电网有效率的投资，加剧了资源的不均衡分配。煤电价格联动政策不科学、操作性不强，影响了投资者预期、发电商经营行为及动力煤市场发育。鉴于电力市场改革和发展的重要性，本章旨在探讨以下方面的内容：

- 我国电力市场发展现状及改革历程
- 我国电力市场价格走势及影响因素
- 国际电力市场基本特征
- 新一轮电力市场改革进展及思考

8.1　中国电力市场化改革正逐步推进

8.1.1　电力装机和发电量逐年增长，供需总体形势处于上涨状态

作为关系到国计民生的重要基础性行业和公用事业，电力行业对于中国经济社会的发展和居民生活的改善，起到了越来越重要的支撑性作用。2014 年中国输电线路总里程为 115 万千米，除香港、台湾、澳门地区外，全国基本形成了华北、东北、西北、华东、华中和南方六大区域电网，并实现了大区域电网互联，全国统一电网局面基本形成，全国范围内的电力资源配置进一步优化。

装机总量及发电量进一步增长，非化石能源发电量比例首次超 25%。截止到 2014 年，全国发电装机容量 13.6 亿千瓦。其中，火电装机容量 9.2 亿千瓦，同比增长 5.9%；水电装机容量 3 亿千瓦，同比增长 7.9%；核电装机容量 1988 万千瓦，同比增长 36.1%；并网风电装机容量 9581 万千瓦，同比增长 25.6%；并网太阳能发电装机容量 2652 万千瓦，同比增长 67.0%（图 8-1）。

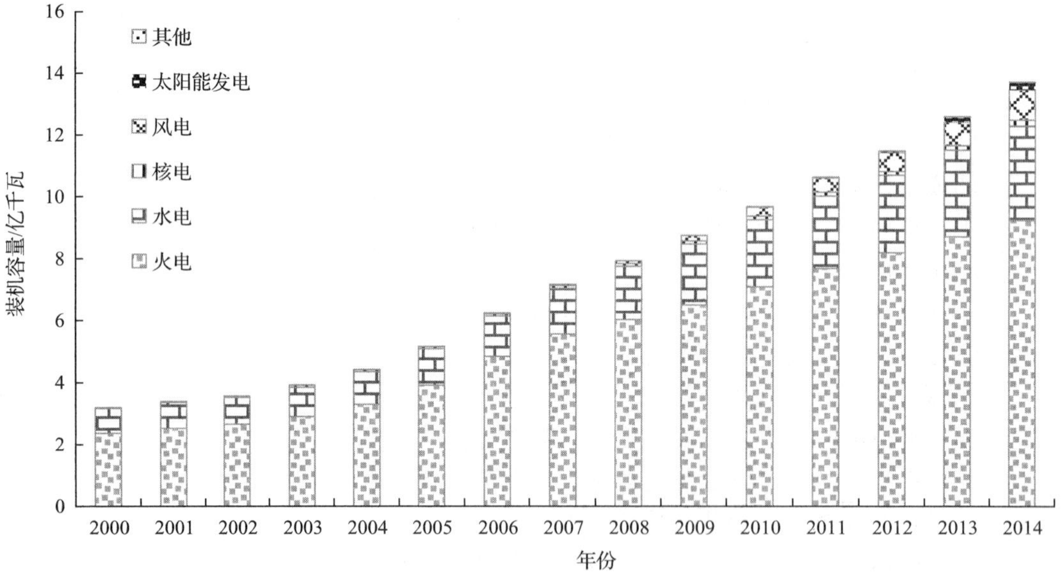

图 8-1　2000～2014 年我国发电装机容量变化情况

数据来源：国家统计局（2015）

电力供需总体形势处于平稳增长状态，2014 年较为宽松。2013 年以前，全社会用电量处于快速上涨状态。2014 年受气温及经济稳中趋缓等因素影响，全社会用电量增速放缓到 3.8%，全社会用电量 55233 亿千瓦时，同比增长 3.8%。分产业看，第一产业用电量 994 亿千瓦时，同比下降 0.2%；第二产业用电量 40650 亿千瓦时，同比增长 3.7%；第三产业用电量 6660 亿千瓦时，同比增长 6.4%；城乡居民生活用电量 6928 亿千瓦时，同比增长 2.2%（图 8-2）。

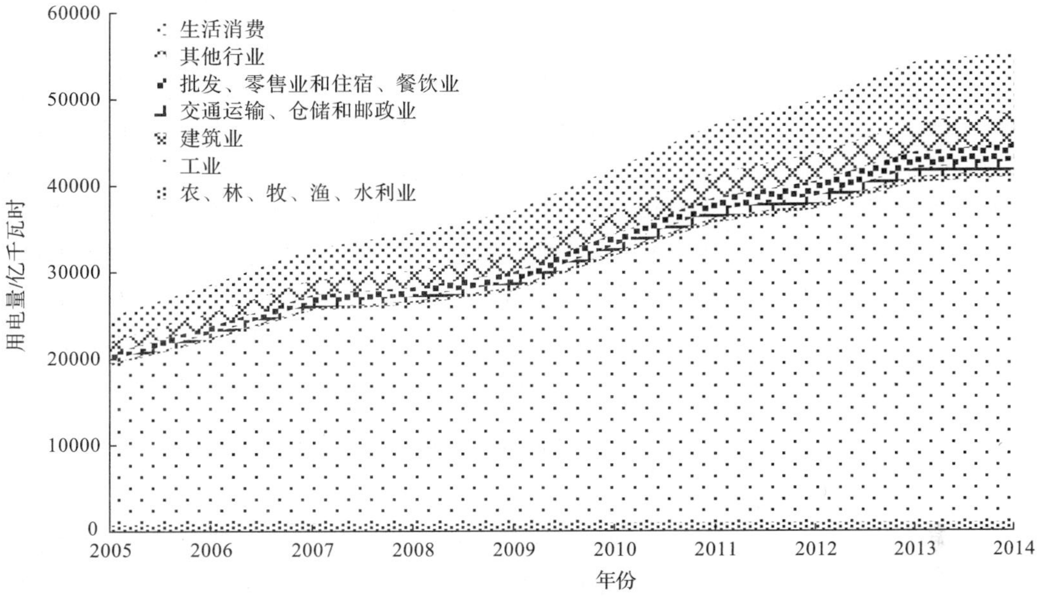

图 8-2　2005～2014 年我国全社会用电量变化情况

数据来源：国家统计局（2006～2015），《中国电力年鉴》编辑委员会（2014）

8.1.2　电力市场化经历了集资办电、政企分开、厂网分离等改革历程

根据姚建刚等（2000）、张文泉和高玉君（2009）、从荣刚（2012）等的研究，1978 年以来，中国的电力市场改革大致可归为三个阶段。

（1）1978～1996 年，集资办电，价格起步阶段。1985 年之前，我国电力工业实行的是由国家集中、统一管理的计划经济体制。1985 年，山东龙口电厂项目开工，标志着我国电力投资体制改革的开端。从此，集资办电成为我国电力投资的重要形式之一。国家出台多渠道、多层次、多形式集资办电政策，成立华北、东北、华东、华中、西北五大电力集团公司，华能、新力等发电公司，长江三峡、清江、五陵等水电公司，各省成立省电力公司，还成立南方电力联合公司。

（2）1997～2001 年，政企分开，市场化进程推进。1996 年后，当电力工业逐渐从“卖方市场”转向“买方市场”时，集资办电合同中的高发电利用小时数、高投资回报率、短折旧期和短还贷年限等现象，在电力供应逐步趋于缓和的情况下，负面影响较为明显。1996 年《中华人民共和国电力法》的实施，标志着电力市场改革进入法制化轨道。1997 年成立国家电力公司，我国电力开始步入政企分开、公司化改组、社会主义市场经济轨道。1998 年电力部撤销，电力行政管理权移交原国家经济贸易委员会及地方政府，1999 年，为加快电力市场化改革的步伐，根据电力工业的实际情况，国家先后在浙江、山东、上海“两省一市”和东北三省进行“厂网分开，竞价上网”的竞价上网政策试点。至 2000 年年底，全国大多数省份电力工业实现政企分开。

（3）2002 年至今，落实电力体制改革方案，继续推进电力市场化改革。2002 年 2 月 10 日，国务院印发《电力体制改革方案》，全面启动了以市场化为取向的电力体制改革。对国家电力公司进行了分拆，电厂和电网分开，拆分、重组为 2 家电网公司、5 家全国性发电集团公司和 4 家辅业集团公司。2003 年，成立国家电力监管委员会（2013 年，为统筹推进能源发展和改革，加强能源监督管理，将国家电力监管委员会与原国家能源局的职责整合，重新组建国家能源局），颁布《中华人民共和国电力监管条例》，国家发展和改革委员会发布了《电价改革方案》，逐步推行发、输、配、售电价形成机制和电价管理原则。颁发了《上网电价管理暂行办法》《输配电价管理暂行办法》和《销售电价管理暂行办法》三个电价改革配套实施办法，对推进电力价格改革、规范电价管理产生了积极作用和深远影响。2015 年 3 月，中共中央、国务院印发了《关于进一步深化电力体制改革的若干意见》（中发〔2015〕9 号，以下简称 9 号文），标志着新一轮电力市场改革的开始，关于此次改革的主要内容和相关影响将在 8.5 节详述。

8.1.3 电力市场化改革在结构优化、效率提升和节能减排方面效果显著

1）电力行业发展速度加快

厂网分开改革调动了电力行业投资积极性，2002～2010 年电力行业固定资产年投资额年均增长 12.5%，电源年投资额由 747 亿元增加到 3641 亿元，电网投资从 1578 亿元增加到 3410 亿元。电力供应能力翻番。电力装机容量从 3.57 亿千瓦提高到 9.66 亿千瓦，年均增长 13.2%；220 千伏及以上输电线路长度年均增长 11.3%。保障三农发展用电。完成“两改一同价”，农村供电能力大幅提高，农民用电负担大幅降低，实施户户通电和农村电气化工程，解决了 3000 多万无电人口的用电问题，为三农发展提供了可靠电力保障。

2）电源结构优化调整

火力发电原先在我国占有较大的比例，随着电力改革的深入，环境和能源越来越受到重视，火电机组也适时进行了调整，逐步从以煤炭发电为主调整到环保发电的轨道上来，火电比例从 2005 年的 75.6%下降到 2014 年的 67.4%。风电并网容量超越美国成为世界第一，用不到 6 年时间（2006～2012 年）走过了美国、欧洲等国家和地区 15 年甚至 20 年的风电发展历程，实现了并网风电装机从 200 万千瓦到 6000 万千瓦、发电量由不足 30 亿千瓦时到 1000 亿千瓦时的跨越。

3）管理水平和运营效率提升

发电领域竞争态势初步形成，新型监管方式初步建立，电力企业加强内部管理，将节能减排技术监督与管理贯穿于技术改造和电力生产全过程，对影响发电设备经济运行的重要参数、性能和指标进行监督、调整和评价，电力行业运营效率不断提高。标杆电价下的发电领域投资竞争，促进发电投资造价大幅度降低，发电运行效率不断提升，2000～2014 年，发电标准煤耗下降了 17.3%，厂用电率下降了 23.0%。全国输电线损率从 2000 年的 7.7%下降为 2014 年的 6.64%，电网本体工程造价显著下降，建立健全了电力行业监管体系，监管能力不断增强，促进了企业提升服务质量和效率。图 8-3 为 2000～2014 年我国发电煤耗、供电煤耗和厂用电率变化情况。

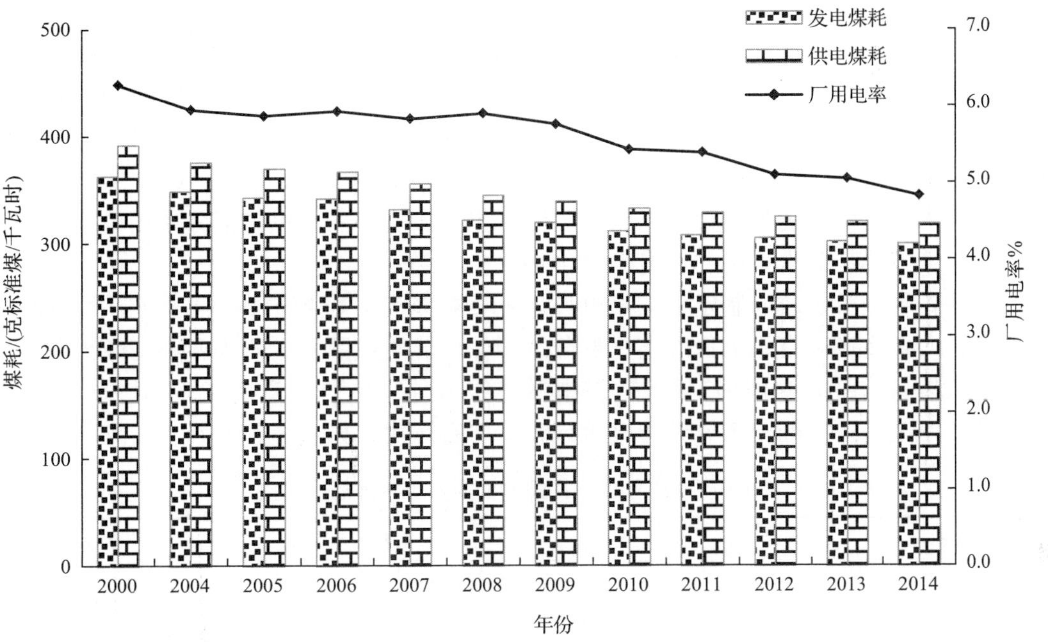

图 8-3　2000～2014 年我国发电煤耗、供电煤耗和厂用电率变化情况

数据来源：中国电力企业联合会（2000～2015）

4）节能减排成效显著

通过大力发展高效煤电、新能源和可再生能源发电，不断优化电力结构，节能减排成效显著。根据中国电力企业联合会的统计，2014 年，中国火电机组平均供电煤耗 319 克/千瓦时，比 2005 年下降 51 克/千瓦时，火电机组平均净效率提高 5.4 个百分点，燃煤机组供电煤耗和效率总体达到世界先进水平。2014 年，单位火电发电量二氧化碳排放约 855 克/千瓦时，比 2005 年降低 18.4%；单位发电量二氧化碳排放约 645 克/千瓦时，比 2005 年降低 24.8%。2014 年燃气发电装机容量 5697 万千瓦，燃气发电量 1333 亿千瓦时，分别同比增长 32%和 16%。以 2005 年为基准年，2006～2014 年，电力行业通过发展非化石能源、降低供电煤耗和降低线损率等措施，累计减少二氧化碳排放约 60 亿吨，有效减缓了电力二氧化碳排放总量的增长。

8.2　中国电力市场价格走势及影响因素分析

8.2.1　我国当前电价主要由上网电价、输配电价和销售电价三部分组成

根据国家发展和改革委员会 2005 年颁布的《电价改革实施办法》，我国现行电价体系按环节划分，包括上网电价体系、输配电价体系和销售电价体系。

（1）上网电价主要由政府制定，开始探索市场定价机制。按发电技术分为火电、水电、核电、可再生能源和综合利用发电等电价类别。政府定价主要实行经营期电价、标杆电价、煤电价格联动等，市场定价主要实行招标定价、大用户直购电试点双边协商定

价、跨省区电力交易协商定价等。

（2）输配电价按照电网结构和电网企业经营管理体制分为跨区、跨省和省级电网三个层次。其中，跨区、跨省电网实行政府定价和企业内部协商定价；省级电网没有独立的输配电价，主要通过购销价差的形式体现。目前输配电环节价格主要是跨区跨省电网的专项服务价格，包括专用工程输电价和联网价。其中专用工程输电价主要实行政府定价，采用单一制电量电价的计价形式，联网价主要实行协商定价，部分采用单一制电量电价计价形式，部分采用两部制电价计价形式。

（3）销售电价由政府制定，按用电性质和用途划分。主要分为居民、一般工商业、大工业、农业生产和趸售电价五类（部分地区保留非居民照明、非工业和普通工业、商业用电价格）；在用户分类基础上，按电压等级分档。主要为政府指导价。2003 年以来，国家发改委进行的全国性销售电价调整主要有 8 次，如表 8-1 所示。

表 8-1　2003 年以来我国主要的 8 次销售电价调整

调整时间	调整内容
2005.05.01	全国销售电价水平平均每千瓦时提高 2.52 分钱
2006.06.30	全国销售电价水平平均每千瓦时提高 2.50 分钱，各省（直辖市、自治区）销售电价提高幅度不一样
2008.07.01	全国除西藏自治区之外的省级电网销售电价平均每千瓦时提高 2.50 分钱。居民生活用电价格、农业生产和花费生产用电价格暂不调整
2009.11.20	全国销售电价平均每千瓦时提高 2.80 分钱。居民生活用电价格暂不调整，各地研究对居民用电推行阶梯式电价改革方案
2011.06.01	调整山西等 15 个省（市）工商业、农业用电销售价格，具体提价标准每千瓦时如下：山西 2.4 分钱、山东 2.29 分钱、陕西 2.14 分钱、海南 2.1 分钱、湖南 2 分钱、江西 2 分钱、安徽 2 分钱、河南 1.81 分钱、重庆 1.53 分钱、湖北 1.48 分钱、河北南部地区 1.41 分钱、贵州 1.36 分钱、河北北部地区 1.26 分钱、甘肃 0.9 分钱、青海 0.63 分钱、四川 0.4 分钱。其中，居民用电价格暂不调整，调价金额由其他用户承担
2011.12.01	销售电价全国平均每千瓦时上调 3 分钱，民用电价格暂不上调
2012.07.01	第一档 80%用电价格不变，第二档每千瓦时电涨价 5 分钱，第三档每千瓦时电价涨 3 毛钱；经估算得平均涨价幅度约每千瓦时涨 1 分钱
2013.06.01	进一步降低农产品生产流通环节电价，生猪、蔬菜生产用电执行农业生产用电价格

注：根据国家发改委新闻信息整理，价格均为当年现价。

8.2.2　未来电价的发展方向要有利于资源优化配置和能源效率提高

1）上网电价趋势

从有利于资源优化配置和提高能源利用效率的目标出发，未来上网电价体系的设计，不仅需要对已有的上网电价体系进行完善，而且需要随着新形势的不断发展和变化对上网电价体系进行补充。

从完善已有的上网电价体系考虑，需要不断扩大峰谷分时电价、丰枯电价和季节电价的执行范围。目前部分省份的火电和水电在执行单一制电量电价的基础上执行丰枯电价和峰谷分时电价，未来随着销售侧分时电价的逐步完善，应在更大范围的上网侧执行丰枯电价、峰谷分时电价和季节电价，以合理反映各类电源在不同时段、不同季节的成本。

从补充已有的上网电价体系考虑，需要在市场定价和分布式能源发电上网电价方面进行补充。未来随着电力市场化改革和电价改革的不断推进，以及清洁能源和分布式能源的大规模利用，上网电价体系从设计上除了政府定价，还将包括市场定价。在政府定价体系中，除了公用电厂和自备电厂，还将包括分布式能源上网电价体系（表 8-2）。

表 8-2　我国上网电价发展趋势

类型	电价/(元/千瓦时)	平均电价/(元/千瓦时)	电价发展趋势
火电	0.27～0.48	0.27～0.48	由于节能减排要求，火电比例预计会逐步下降，火电价格有下降趋势。2015 年 4 月，全国燃煤发电上网电价平均每千瓦时下调约 2 分钱
气电	0.45～0.57	0.45～0.57	虽然建立气、电价格联动机制，但是气价上涨，天然气发电经济性较差，与燃煤发电相比无竞争力，可考虑制定强制性环境政策，推行差别化气价政策
水电	0.20～0.40	0.27	随着火电的逐渐减少，有上升趋势，但变化幅度小
核电	0.43	0.43	核电实行标杆上网电价政策。将根据核电技术进步、成本变化、电力市场供需状况变化情况对核电标杆电价进行评估并适时调整
风电	0.51～0.61	按风能资源状况和工程建设条件，将全国分为四类风能资源区，分别规定 0.51 元/千瓦时、0.54 元/千瓦时、0.58 元/千瓦时和 0.61 元/千瓦时的风电标杆上网电价	随着电力市场需求放缓、可再生能源发展势头强劲、风机效率提高等，价格有下调的趋势。根据彭博社研究，中国陆上风电价格将在 2016～2020 年进行两次下调：降幅为 0.01～0.04 元/千瓦时
光伏	0.80～1.10	按光照资源将全国分为四类地区，一类资源区（年大于 1600 小时）为 0.80 元/千瓦时；二类资源区（年在 1400～1600 小时）为 0.90 元/千瓦时；三类资源区（年在 1200～1400 小时）为 1.0 元/千瓦时；四类资源区（年小于 1200 小时）为 1.10 元/千瓦时。其中对于特殊地区如西藏、云南、青海等为 1.15 元/千瓦时	根据地区情况，统一定价

注：对于分布式开发，自发自用余电上网的光伏发电系统的电价如下：一类资源区 1.0 元/千瓦时；二类资源区 1.15 元/千瓦时；三类资源区 1.25 元/千瓦时；四类资源区 1.35 元/千瓦时。根据近两年各类电价的实际情况整理。

2）输配电价趋势

结合未来电网主要功能及我国电网结构特点，我国的输配电价体系可分为专项服务价格、共用网络输配电服务价格和辅助服务价格。专项服务价格根据服务对象和功能的不同又细分为接入（出）价、专用工程输电价格和联网价。

从各级电网的功能和作用考虑，跨区跨省电网电价体系主要包括共用网络输配电服务价格和专项服务价格；省级电网输配电价体系主要包括共用网络输配电服务价格、专项服务价格和辅助服务价格；独立电网输配电价主要是共用网络输配电服务价格。

3）销售电价趋势

未来结合我国用电负荷特性发展，现有销售电价体系将不断完善，如一般工商业和大工业电价会根据负荷率分类，制定可中断电价和高可靠性电价等，居民电价会在全国范围实施阶梯电价，并根据覆盖率进行分档。此外，还会不断扩大两部制电价、峰谷分时电价、季节性电价等执行范围。

随着电动汽车、多网融合等的出现，电网的服务范围不断扩展，包括电动汽车的充放电业务，电网、电信网、广播电视网、互联网和物联网“多网融合”下的光纤接入和电力增值服务等，与之配套的电网服务电价体系有待建立完善。

8.2.3 电价主要受成本、经济水平、技术进步等因素影响

电价的结构与水平直接决定着社会经济与电力市场资源配置效率的高低。其影响因素分析及影响评价一直受到国内外学者的关注。根据刘达等（2009）、时璟丽（2008）等的研究，本书归纳分析电价主要影响因素如下。

1）电力成本

电力成本包括电力生产成本、流通成本和交易成本。生产成本包括初始成本、运行成本、维护成本、报废成本、环境成本等。其中运行成本主要体现在原料价格上，主要包括煤炭价格、石油价格和天然气价格等。不同电源由于原材料成本和基建成本的不同，以及发电技术、发电效率的差异，发电成本存在明显不同。新能源电力中，机组是其发电成本的主要构成因素，一般占发电成本的70%以上。风电机组整机、塔架、变电系统和接线网路等，占到风能投资的80%。太阳能发电的光伏电池组件、光伏电池支架、系统平衡设备、电缆、配电系统等占到光伏发电的80%。生物质能的硬件设备投入，包括原料预处理系统、进料系统、锅炉、发电机、电气控制系统等，占到总投资的70%。核电发电成本则包括核燃料成本与基建成本等。火力发电初始投资成本最低，运行成本处于中间水平，维护及报废成本也不高，但环境成本高；水电的建设成本高于火电，但其运行、维护、报废及环境成本都很低，一旦投产，其运行成本基本只有人工与机组折旧两项；核电的基建费比火电高，但是具有明显的环境价值；风电和太阳能等不需要购买发电原料，主要在于设备的投资，初始成本和运行维护成本都较高，但其报废成本和环境成本都很低，环境成本最低。

电力流通成本主要包括电能输配与供电成本，即电能高压传输、低压配送与供给终端用户的销售成本，是输电电价、销售电价核算的基础。目前，我国输电电价包括在终端的用户电价中。电力流通成本还包括维护成本、电能传输成本、折旧、劳动力工资、

资本利息率与销售成本等。系统负荷率也是影响发电成本与输配电成本的主要因素。

电力交易成本主要是指电力企业围绕交易契约签订发生的、除生产成本之外的成本。电力交易成本对电价的影响主要是通过该成本的变动对电力供给、需求与管制等因素的影响来间接传递的。

2）电力类型

不同的电力市场类型会产生不同的电价形成机制。完全竞争市场下，电力企业没有市场价格控制权，均衡价格由买卖双方竞价形成；垄断竞争市场下，电力企业可以凭电能与用户的差异形成一定的定价权限，但是由于竞争者过多，最终的市场均衡价格依然由市场竞价形成；寡头市场结构下的电价形成则复杂得多，但寡头对电价的操纵权及可能形成的电价联盟是该市场结构下的主要特征，这是目前在发电侧竞价中研究的主要问题；完全垄断市场下，电力企业的垄断定价，将会导致消费者福利减少，所以政府给予严格的电价管制。

电力交易模式的设计将会影响电力市场发展。不同的电力交易方式，如日前竞价、远期交易与期货交易均会对电价形成机制产生影响。电力库交易模式下形成发电侧单边竞争、交易机构买方垄断的市场结构，管制机构对竞价上下限给予管制，发电侧也往往通过差价合约、期货的对冲交易约束价格风险，减轻电价震荡的不利影响；双边交易模式下主张发电商与用户直接签订交易契约，电价形成更具自主性和竞争性，但考虑输电阻塞约束与安全约束下的输电权、辅助服务价格与输电电价的形成，需要管制机构设计更完善的交易工具提高系统安全与市场效率；电网与辅助服务的市场化运作，将使得电价体系与电价形成机制更加复杂化与多元化。

3）经济发展水平与经济结构

经济发展水平高、国民收入水平高，工业电气化程度高和家庭电器化普及，对电能的消费水平也较高，如果其他条件与供给水平不变，则电价水平呈现上升趋势。从经济增长方式看，产业用户的能耗率会直接影响到电力需求。集约型的经济增长方式下，企业能耗率较低，将降低产业的整体用电规模，提高用电效率。而粗放式生产要保持同样的产出水平，需要较大的用电规模。所以，在其他条件不变的情况下，经济增长方式影响用电效率和电价水平。目前国家将 6 个高耗能行业区分为淘汰类、限制类、允许和鼓励类企业，并试行差别电价，这一举措取得了一定成效。

经济结构决定了电力市场规模与电力消费结构。从各产业的用电结构看，工业是用电大户，第三产业的用电量也呈现上升趋势，家庭用户为小用户。所以工业化国家的电力需求水平较高，但是发达国家由于非常注重对能源需求侧的管理，用电需求呈现低增长态势。

4）电力行业技术发展水平

技术进步能够使得电力企业的效率提高，科技发展与管理水平是决定电力工业经营效率的主要因素，从而也是电价变动的重要原因。根据世界各国的实践经验，随着电力工业新技术的采用和管理水平的提高，单位煤所能生产的电量逐年增加，煤炭的利用率得到提高。而对于其他形式的发电，如风力发电、水力发电、太阳能发电，甚至核能发电都与科技进步紧密相关，这势必对电价产生影响。例如，近年来，中国风机价格持续下滑（图 8-4），而风电场总投资成本构成中，风电机组占比最大，为总投资的 64%～84%，使得陆上风电度电成本也随之降低。

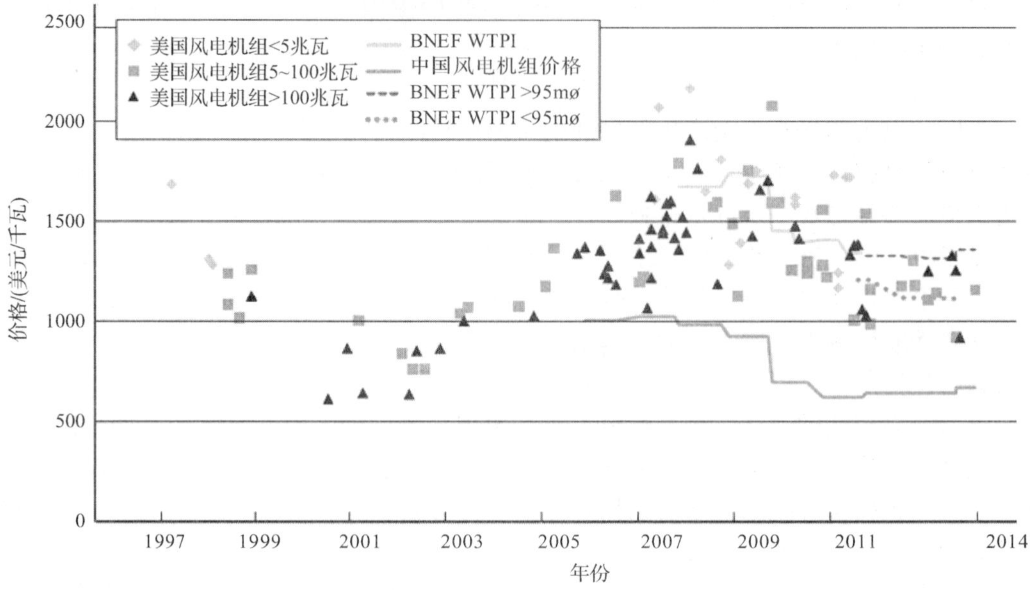

图 8-4　1997～2014 年风电机组价格变化趋势

资料来源：IRENA（2015）

BNEF WPTI 指彭博新能源财经风力涡轮发电机价格

5）政府管制

由于电力是公共产品，以及电力工业的资产专用性与一定程度的自然垄断性质，政府对电力工业的市场准入、价格制定都给予一定的管制。电价管制往往要根据不同的电力市场结构、不同的业务环节、不同的电力交易模式与竞价方式设计，采取不同的电价管制方法。

6）电力消费相关品的价格

电力消费的相关品包括替代品与互补品。替代品是指消费中能够与电力产生同样效用的能源产品，如煤炭、石油、天然气等；互补品是指必须与电能同时消费才能够发挥消费效用的产品，即耗费电能的用电产品。如果电力替代弹性很小，用户对电能的依赖性强，那么替代品价格变化对电能需求影响较小。一般而言，短期内电能的可替代性较低，但长期内随着新能源的不断开发，电能的可替代性增强。

8.3　国际电力市场基本特征研究

8.3.1　依据国情选择合理的市场模式

电力市场的特殊性是国外电力市场建设中考虑的重点问题，在过去的 20 多年中，世界各国都在不断总结评估、调整电力市场机制，建立了适合本国经济、政治、地理、资源禀赋、发展阶段、管理体制等具体国情，满足电力发展要求的电力市场体系，并根据实际情况的变化对市场模式、建设思路不断进行调整和完善。各国基本都采用“监管中间，放开两头”的模式，但是在“放开两头”的市场模式上存在着差异，主要是因为各国资源分布特点、电网结构状况、市场主体特性及地区的经济、法律、金融环境等基础条件都不同。

美国国民经济和电力工业快速发展，传统电力体制下激励不足、经济效率低的弊端逐步暴露出来。在投资体制上只允许拥有电网的公用电力公司投资建电厂，不允许电力公司以外的投资者投资。在管理模式上公用电力公司采取垂直管理，电网不对外开放，在电价机制上不鼓励市场竞争定价，从而形成了公用电力公司的垄断地位。由于缺乏市场竞争所具有的激励机制，电力企业投资浪费和冗员现象严重，加上石油价格、利率上扬等其他因素，导致电力的高成本和高价格，制约了美国电力工业的进一步发展。因此，美国在不断调整市场模式和改革进程，美国联邦能源监管委员会（FERC）曾要求全部州都建立独立的输电运行机构（TSO），并推行标准市场模式（SMD），2005 年，FERC 基于各州的差异性，调整了改革要求，主要关注输电网的公平开放，当前正针对改革后出现的投资不足、未来可再生能源大规模发展等问题研究和制定对策，进一步调整和完善电力改革模式。

英国由于市场化改革之初建立的电力库模式存在定价机制不合理、缺乏需求侧参与、存在市场操纵力等问题，在 2001 年对电力市场模式进行了一次大幅度调整，建立了双边交易为主的市场模式（NETA）。近年来，随着北海油气资源的逐渐消耗和碳排放目标的压力，英国能源与气候变化部正式发布了电力市场化改革白皮书，开启新一轮以促进低碳发展、保障供应安全为核心的电力市场化改革。

日本提出分阶段实施电力改革，2007 年对改革进行充分评估后，决定调整改革进程，暂不放开向中小用户和居民用户售电的市场。2011 年福岛核电站事故之后，日本政府已通过新一轮电力改革方案，提出全面放开售电侧竞争、成立全国调度协调机构、电网与发电等业务实行法律分离等改革内容。

8.3.2　以电价作为电力市场改革的核心

电价机制是市场引导资源优化配置的核心，是电力市场改革的核心内容。在电力市场中，电价促进资源优化配置的作用体现在发电、输电和用电三个环节中。在发电环节引入竞争机制，如市场竞价机制可反映电力市场供需关系，有利于引导电力投资布局，市场竞争的价格可体现调峰能力差异，补偿调峰成本，引导常规电厂参与调峰。在电力输送环节，合理的输配电价有利于促进跨省跨区电网投资，使投资成本在受益方之间合理分摊，降低投资建设的外部性，使电网企业的投资建设取得正常回报。在电力消费环节，合理设计的鼓励错峰用电的智能用电价格体系、居民用户的峰谷阶梯电价制度可以有效反映供电成本，从而使用户消费效率提高。

电价机制是政府解决市场失灵及满足公共目标的重要手段。在电力市场化改革过程中，受市场垄断力和供求关系的影响，市场价格可能出现非正常的大幅波动，需要采取市场限价的方法保护市场主体合理利益。目前实施电力市场化改革的国家普遍开展了电价改革，体现在三个方面。首先是将用户单一价格，改变为发电、输配电、售电分环节分别定价，并在用户的账费单中明确列出。其次，竞争环节价格不再由政府制定。随着发电和售电环节引入竞争机制，参与竞争的发电厂和用户价格由市场竞争形成，其他不能参与竞争的电厂和用户保留政府定价。最后，垄断环节价格由政府制定，并按照监管要求对电网企业实行成本、收入和价格监管。制定合理的输配电价结构，形成体现公平负担成本、合理反映和引导电源布局、促进电力市场竞争、促进电网高效利用的输配电价体系。

在推进新能源和智能电网的过程中，由于清洁、低碳等环境目标还无法用合理的经济价值来衡量，同时这些新技术产业的经济成本无法与传统技术产业竞争，需要政府通过直接定价或者给予补贴的方式对市场进行干预，促进新能源发展（表 8-3）。

表 8-3　世界各国新能源发电政策

国家	固定电价	净电表	配额制	可交易证书	竞争招标	财政政策	税收优惠
欧盟 27 国	21 国	7 国	6 国	15 国	8 国	27 国	22 国
德国	√	√				√	√
意大利	√	√	√	√		√	√
西班牙	√					√	√
其他发达国家和经济转型国家（14 国）	10 国	3 国	4 国	5 国	3 国	9 国	6 国
美国	（√）	（√）	（√）	（√）	（√）	√	（√）
日本	√	√	√	√		√	√
发展中国家（42 国）	18 国	4 国	5 国	1 国	11 国	30 国	25 国
印度	（√）		（√）	√		√	√
巴西					√	√	

注：（√）表示在该国家的部分省或者州实现该政策。

资料来源：REN21（2012）。

8.3.3　构建跨区域电力市场，促进资源优化配置

电力市场范围扩大会带来市场主体增多和供应增加，竞争更加充分、配置资源效率更高，这已经成为各国电力市场建设的重要经验。同时，清洁能源和新能源的发展，清洁电力大范围消纳的需求进一步推动了跨区域电力市场的组建。

欧洲的负荷中心集中在中西欧，可再生能源主要集中在欧洲北部和伊比利亚半岛（西班牙、葡萄牙），可再生能源（特别是海上风电）需要通过跨国交易，才能送到负荷中心进行消纳。欧盟已决意建立一体化能源市场，确保天然气和电能在欧盟范围内自由输送和供应，如表 8-4 所示，法国、比利时和荷兰实现了电力联合交易，德国和北欧也已实现了电力市场的联合交易。2010 年 7 月，美国 FERC 通过了由纽约、PJM、中西部、新英格兰及加拿大安大略省 5 个独立系统运行机构（ISO）或区域输电组织（RTO）联合提出的区域电力市场扩大的提案，该提案的目的是提高市场效率、降低系

统总运行成本和尖峰电力价格。在澳大利亚，国家电力市场已经从最初的两个州扩大到覆盖全国大部分州。

表 8-4　欧盟跨区域各国电力市场发展进程

时间	跨区域电力市场
2006 年	法国电力交易所（Powernext）、荷兰阿姆斯特丹电力交易所（APX）和比利时电力交易所（Belpex）交易联合
2008 年	德国能源交易所（EEX）与北欧电力现货交易所（Nord Pool Spot）联合成立了欧洲市场联合公司（EMCC），进行德国与丹麦日前电力市场的联合交易及跨国电能交易；德国 EEX 和法国 Powernext 宣布进行合作
2009 年	捷克和斯洛伐克的日内市场实现联合
2010 年	荷兰能源交易所（APX-ENDEX）、比利时 Belpex、欧洲能源现货交易所（EPEX Spot）、意大利电力交易所（GME）、Nord Pool Spot 和西班牙电力交易所（OMEL）6 家电力交易所实施区域价格联合出清；Nord Pool Spot 将日前市场扩展到爱沙尼亚，建立了 Estlink 价区
2011 年	捷克、斯洛伐克和匈牙利 3 个国家电力市场联合项目正式启动；欧洲最大的 2 家短期电力交易所 Nord Pool Spot 和 EPEX Spot 建立了联合交易平台
2012 年	爱沙尼亚、拉脱维亚和立陶宛 TSO 共同签署协议，3 家输电公司将各自持有 Nord Pool Spot 2％的股份；Nord Pool Spot 在立陶宛开设了新的竞价区域
2013 年	Nord Pool Spot 在拉脱维亚开设了新的竞价区域
2014 年	欧盟 4 家电力交易所与 13 家 TSO 实现了西北欧地区日前市场联合出清

注：资料来源：马莉等（2014）。

8.3.4　以安全、高效、清洁为目标

随着能源安全问题和应对气候变化等新任务的出现，各国均在不断地调整改革目标、路径与措施，很多国家电力改革目标由促进竞争、提高效率转向保障能源安全、促进新能源和可再生能源发展。美国、日本等国将维护国家能源安全纳入电力市场发展的目标，关注能源长期供应安全，保障能源的可持续发展。欧盟为实现 2020 年碳排放降低 20％、可再生能源占比 20％和保障能源安全的目标，着力推进欧盟一体化能源市场建设，法国、德国、英国均在欧盟框架下不断探索国内改革措施。

英国为了实现碳减排目标，颁布了新的能源法案（草案），包括对低碳机组实行基于固定价格的长期合同以吸引低碳机组的投资，对新建机组支付一定的容量费用以鼓励备用机组建设应对间歇性可再生能源的增长等方面，确保电力供应安全和低碳目标实现，重构市场机制以增强政府的调控能力（表 8-5）。德国建立固定电价机制促进可再生能源发展，要求电网企业必须以政府定价购买可再生能源，并将以此带来的成本增加计入用户的销售电价；法国等国家建立碳排放总量和交易机制，使可再生能源从碳市场中获利以促进其发展；丹麦和西班牙等国给予可再生能源补贴，鼓励其低报价进入电力市场，最大限度地提高利用率；日本对光伏发电采用固定电价机制；美国加利福尼亚州

ISO 考虑到风电等可再生能源的不确定性和间歇性，正在建立完善十分钟超短期市场机制和辅助服务市场机制。

表 8-5 欧美国家和地区电力市场建设目标

国/地区	电力市场建设目标
欧盟	建立一体化的能源市场，发电竞争以双边交易为主，集中交易为辅。英国等国家将促进低碳发展列入电力市场发展目标
美国	形成 7 个区域电力市场，覆盖 22 个州，区域电力市场的范围逐步扩大；部分市场建立容量市场，吸引低碳电源投资
日本	电力交易以中长期双边交易为主，集中竞价交易占售电量的 0.46%。建立低碳电源和跨区域输电网的投资激励机制
澳大利亚	建立国家电力市场，采用集中竞价交易方式；改进监管机制，促进跨州电网建设

8.3.5 以需求侧作为市场调节的重要手段

随着可再生能源的大规模发展，各国都意识到鼓励需求侧参与市场，充分利用需求侧资源是应对波动性电源、调节供需的最主要、最经济的手段之一。同时，智能电网的发展为需求侧资源参与市场提供了必要的技术支撑。近年来，欧美国家和地区开始重视电力市场中需求侧响应机制的建设。

美国 FERC 已将需求侧响应机制作为近期电力市场建设的重点，其目的是要激励需求侧资源灵活、自愿地参与市场交易和平衡，充分发挥智能电网的功能，以实现用户能源利用方式的转变。2010 年，FERC 发布了《需求侧响应机制国家实施方案》，建立了由公共机构、私营企业和用户组成的联盟，来协调需求侧响应的利益相关方（联邦政府、地方电力公司、需求侧资源提供商、商业和工业用户等），通过提供需求侧响应的技术援助、开展培训、制定通用标准等措施，促进各州最大限度地开发和使用需求侧资源。英国在新一轮的电力市场化改革中也提出将电力需求侧资源作为备用容量，纳入市场建设，促进可再生能源的利用与消纳。

8.4 我国电力市场改革的形势与要求

8.4.1 生态文明建设和应对气候变化任务繁重要求深化电力市场改革，促进清洁能源发展

“以煤为主”的能源消费结构带来了大量的污染物及温室气体排放。目前我国二氧化碳排放居世界首位，二氧化硫、烟尘排放总量均居世界前列，电力工业面临节能减排和增强绿色发展能力的迫切要求。我国已提出“到 2030 年我国单位国内生产总值二氧化碳排放比 2005 年下降 60%～65%，非化石能源占一次能源消费比例达到 20%左右”的目标。目前煤电大气污染物减排的边际成本增大，随着“大气十条”和《煤电节能减排升级与改造行动计划（2014～2020 年）》的实施，仅 2014 年，对燃煤电厂污染物排放要求就有三次变化，致使大量燃煤电厂环保设施重复改造，边际成本增大，随着绿色

发展的理念提升，燃煤电厂的边际成本有可能会逐步提高。另外，非化石能源利用的80%都将通过电力转化来实现。预计到 2020 年我国新能源装机容量将超过 3.3 亿千瓦，是 2010 年的 13.8 倍。我国风电、太阳能等资源集中在西部、北部地区，需要进行集中开发和远距离输送。深化电力体制改革，必须有利于转变能源生产方式，优化能源结构，实现能源多元清洁发展，落实国家节能减排政策。

8.4.2　区域发展和城乡发展不均衡要求深化电力市场改革，推动公共服务均等化

我国区域经济发展不均衡、城乡二元结构矛盾依然突出，推进公共服务均等化是实现社会和谐发展的基础，电力是公共服务的重要内容。一方面，需要通过城乡电网一体化管理，加快农村电网建设，促进城乡统筹发展，为城乡用户提供优质服务。另一方面，急需利用电网优化配置资源平台的作用，将落后地区的资源优势转化为经济优势，为落后地区实现公共服务均等化奠定经济基础。深化电力体制改革，必须充分考虑并体现区域和城乡统筹发展的思路，重视电网在实现公共服务均等化、推动社会和谐发展中的独特作用。

8.4.3　能源安全稳定供应矛盾突出要求深化电力市场改革，保障国家能源安全

由于能源消费总量持续快速增长，我国能源的可持续供应面临严峻的资源瓶颈约束，目前煤炭、石油和天然气人均剩余可采储量分别仅为世界人均水平的 60%、6.2% 和 6.7%。随着我国现代化、城镇化发展步伐加快，应对全球气候变化压力增大，以网络为载体的电力供应安全在能源安全的作用逐步增大。我国经济社会发展处在平稳较快发展阶段，能源电力消费需求不断增加，保障可持续电力供应的任务艰巨。根据研究，预计“十三五”规划末，全国电力需求达到 8 万亿千瓦时左右，年均增长 7.2%，发展仍是主要方向。深化电力体制改革，必须有利于促进电力工业的可持续发展，必须有利于保障国家能源安全。资源与需求逆向分布的特征更加突出，新增发电能源的 60%位于西北部地区，负荷的 60%以上位于中东部地区，需要跨地区输电、全国平衡。深化电力体制改革，必须有利于充分发挥电网的大范围资源优化配置功能和公共服务平台作用，实现能源资源全国范围的高效利用。

8.4.4　电力行业自身发展要求深化电力市场改革，促进电力行业提质增效

目前，我国电力工业发展中存在行业统一规划缺失、电源开发无序竞争、电源电网不协调、行业发展效率不高等深层次的矛盾和问题。电力体制改革的根本目的是促进电力工业的科学发展，解决发展中存在的不平衡、不协调和不可持续等问题，提升发展质量和效益。深化电力体制改革，要有利于发挥宏观调控和市场机制的作用，更加注重利用市场手段，发挥市场主体作用，挖潜增效，全面提升电力投资、建设、生产、运行和服务效率。

8.4.5　国家大力实施“走出去”战略要求深化电力市场改革，提升能源企业国际竞争力

世界主要石油输出国政权动荡更迭，在金融危机的大背景下，世界能源行业的利益

格局正在发生深刻变化。能源企业是参与国际能源竞争、落实国家能源战略、提高国家政治和经济影响力的重要载体。目前，我国还缺少在国际能源市场上影响力大、竞争力强的大型能源集团，急需大型能源企业发挥资金、技术、人才、品牌等综合优势，率先实现“走出去”。深化电力体制改革，必须以提升企业国际竞争力为重要目标，创造有利于电力企业可持续发展的行业体制机制和科技创新环境，引导企业参与国际技术标准和市场规则制定，增强国际话语权，在世界能源格局中发挥更大的作用。

8.5 新一轮中国电力市场改革思考

8.5.1 新一轮电改中电力市场以“监管中间，放开两头”为主

2015 年 3 月，9 号文的发布标志着自 2002 年以来电力体制改革后，新一轮电力体制改革进入了新的阶段。本次电力市场改革的主要内容如下：“三放开一独立，一深化三强化”，即有序放开输配以外的竞争性环节电价，有序向社会资本放开配售电业务，有序放开公益性和调节性以外的发用电计划。推进交易机构相对独立；进一步强化政府监管，进一步强化电力统筹规划，进一步强化电力安全高效运行和可靠供应。

上述改革的内容主要可以归纳为“监管中间，放开两头”，全面放开发电企业和用户的直接交易，允许供需双方自主选择参与市场竞争；同时，构建能够为市场主体提供全方位优质服务的统一的电网适应性平台，并逐步建立完善科学合理的电价机制，从而进一步推进发电侧竞争和售电侧放开，在保障系统安全稳定运行的前提下，加快建立公平、开放、高效的全国电力市场体系。

为加快推进电力市场改革，已经在一些省份开展了不同程度的试点（王志轩，2015）。例如，在深圳、内蒙古西部开展了输配电价改革试点，在安徽、湖北、宁夏、云南、贵州进行了电力改革试点，在云南、贵州等省进行综合试点，在甘肃、内蒙古开展可再生能源就近消纳的试点等。研究组建北京电力交易中心和广州电力交易中心等。根据电力改革与发展的需要，已经出台了一些与 9 号文相关的政策文件，如《关于贯彻中发〔2015〕9 号文件精神加快推进输配电价改革的通知》《关于完善跨省跨区电能交易价格形成机制有关问题的通知》《输配电定价成本监审办法（试行）》《关于改善电力运行调节促进清洁能源多发满发的指导意见》《关于有序放开发用电计划的实施意见》等。而与 9 号文直接相配套的输配电价格改革、电力市场建设、电力交易机构组建和规范运行、有序放开发用电计划、售电侧改革及加强和规范燃煤自备电厂监督管理等文件也在研究制定中（王志轩，2015）。

8.5.2 电力体制改革的核心是电价

在集资办电阶段，电力定价权限高度集中。1978～1996 年是价格起步阶段，电价体系长期统一，电价水平相对稳定。主要政策为目录电价政策，明确了基本的电价水平和电价分类。1985 年之后，主要电价政策为还本付息电价政策，指利用贷款建设的集资电厂或机组在还本付息期间，按照成本、税金和合理利润的原则核定上网电价和销售

电价，还贷期后随着成本降低相应降低电价（姚建刚等，2000）。

1979～1984 年中国平均销售电价上涨幅度较小，在同期煤炭价格平均上升 52%的情况下，销售电价仅平均上涨 4.8%。这一阶段电价水平对民生的主要影响体现在相对较低的电价水平，使电力投资水平无法适应经济社会发展的要求。1978 年，全国发电装机容量仅为 5712 万千瓦，而全国电力缺口达到 1000 万千瓦。居民生活和企业生产在一定程度上受到了拉闸限电的影响。

1985～1995 年电价水平增长较快，到 1995 年全国平均销售电价为 0.262 元/千瓦时，电力支付在人均收入中所占比例有所提高。根据《中国统计年鉴》数据，1999 年全国电力消费量达 10023 亿千瓦时，人均年电力消费量为 827.55 千瓦时，而人均国民收入为 4938 元，电力消费占国民收入的比例约为 4%。

在政企分开后，市场化进程逐步推进。1997～2001 年主要采取经营期电价政策，将按电力项目还贷期还本付息需要的定价，改为按项目经营期定价，将按项目个别成本定价改为按社会平均现金成本定价，同时明确了投资收益率水平。1996～2001 年，销售电价平均增长了 21%。

落实电力体制改革方案，继续推进电力市场化改革。自 2002 年启动了以市场化为取向的电力体制改革后，2003 年 7 月，国务院办公厅出台了《电价改革方案》，逐步推行发、输、配、售电价形成机制和电价管理原则，颁发了《上网电价管理暂行办法》《输配电价管理暂行办法》和《销售电价管理暂行办法》三个电价改革配套实施办法，对推进电力价格改革、规划电价管理产生了积极作用和深远影响。2006 年和 2007 年国家发改委公布了省级电网输配电价标准。2010 年 6 月，国家发改委出台《关于开展输配电价研究测算工作的通知》（发改办价格〔2010〕1508 号），提出要在全国范围内开展输配电价研究测算工作，以省级电网企业实际财务数据为基础，研究测算各单位实际输配电价标准；同时，研究制定《输配电定价成本监审暂行办法》，对电网企业进行成本监审，并在此基础上合理确定省级电网企业共用网络输配电价有效资产及对应的输配电成本，进而确定分电压等级和分用户类别的输配电价标准。出台的主要电价政策见表 8-6。

表 8-6　我国电价改革主要政策梳理

年份	政策	政策实施效果
2004	出台燃煤机组标杆上网电价政策	改按个别成本定价为按社会平均成本定价、改按还本付息定价为经营期定价、改事后定价为事前定价，建立了电厂投资约束激励机制，为实行发电侧电力市场创造了条件
2004	出台煤电价格联动机制	根据电煤价格变动，适时调整销售电价，形成了发电、销售环节联动价格机制雏形
2005	开展发电侧竞价上网试点，试行两部制和集中竞价交易两种竞价上网电价模式	为上网电价市场化改革积累了经验
2006	出台了可再生能源价格政策	在基金与附加中单列可再生能源电价附加，规定可再生能源上网电价高于当地燃煤脱硫标杆电价的部分及可再生能源接网费用，可通过可再生能源电价附加进行补贴，促进了可再生能源发展

续表

年份	政策	政策实施效果
2007	完善燃煤机组脱硫电价政策	鼓励了发电企业安装脱硫设备
2009	开展大用户与发电企业直接交易试点	放开了电力市场，增加了用户选择权
2011	电力需求侧管理办法	推动并完善了峰谷电价制度，鼓励低谷蓄能，在具备条件的地区实行季节电价、高可靠性电价、可中断负荷电价等电价制度
2004、2013、2014	出台或者再次强调了差别电价、惩罚性电价、关停小火电降价等电价政策	增强了电价的调控功能，促进了节能减排和产业结构调整
2015	进一步推进工商业用电同价	优化销售电价结构，支持第三产业发展

8.5.3 新一轮电改中输配电价依然由政府管理

在电价方面，电力定价从上网电价、销售电价调整为输配电价。国家发改委于2015年10月公布了重新修订的《中央定价目录》（国家发改委2015年第29号令），这是贯彻落实9号文的一个重要举措，将价格改革和简政放权的成果以目录的形式固定下来。其中，电力输配环节都是网络型自然垄断环节，竞争性电力市场尚未完全建立，所以仍然由政府管理价格。同时，规定了省及省以上电网未通过市场竞争形成价格的销售电量，由国务院价格主管部门制定定价原则和总体水平，省级价格主管部门制定各类电力用户具体价格水平，省以下电网价格下放给省级管理。

8.5.4 新一轮电力市场化改革有利于促进新能源的发展

电力市场化改革有利于统一开放、竞争有序的电力市场体系建设。9号文提出的“监管中间，放开两头”，就是围绕这一核心任务，在当前已经实现厂网分开和发电自由准入的基础上，进一步在售电环节引入竞争，逐步放开用户选择权，统筹发电侧市场建设和售电侧竞争，逐步构建符合国情的全国电力市场体系。在加强有效监管、确保电网公平开放的基础上，选择适合我国经济社会发展和电力工业发展的电网一体化管理体制。通过构建全国电力市场体系，科学引导发电资源的区域布局和结构优化，更好地促进电网、电源协调发展，发挥大电网优势，促进大型电源基地建设和清洁能源、可再生能源开发利用，保障国家能源战略实施。

电力市场化改革有利于促进能源结构调整和新能源行业的发展。《关于有序放开发用电计划的实施意见》确立了坚持节能减排和清洁能源优先上网的原则，在确保供电安全的前提下，电力系统将优先保障水电和规划内的风能、太阳能、生物质能等清洁能源发电上网，促进清洁能源多发满发，将清洁可再生能源分两类列入优先保障范围。此外，新一轮电改鼓励核电、风电、太阳能发电等尝试参与直接交易机制的发电准入制度。通过新一轮改革，从“供给侧改革”和“输配电分离”等体制方面入手，改变以前电力用户停留在“被动消费”的层面，没有用电的选择权和响应能力这一局面，通过市场手段进行调整，可望解决西部地区的“弃风弃光”情况。

8.6 促进我国电力市场改革的政策建议

电力市场改革 30 多年来，在优化能源资源配置、调节市场供求关系、促进电力工业可持续发展等方面取得了显著的成绩，已经初步建立起市场竞争和政府监管相结合的电力价格体系（周明等，2005）。但电力市场改革在面临很多急需解决的现实问题的同时，又要面对大量的新问题，因此，新一轮的电力市场改革需要重点关注以下四个问题。

8.6.1 加强发电端改革，优化发电结构

我国电煤占 50%，在加快生态文明建设、践行绿色发展理念的大趋势下，要积极发展分布式能源等新能源和可再生能源，实现绿色替代，形成以化石能源为支柱的能源体系向以可再生能源为基础的可持续能源体系的转型。

8.6.2 加强输配电改革，建设智能电网

新能源技术的发展将形成以可再生能源为支撑的新型分布式能源系统，而与分布式网络通信技术的结合将形成智能型“能源互联网”，实现绿色能源的在线分享。建设“智能电网＋清洁能源”，与“一带一路”相辅相成，推动全球能源的互联互通和清洁化发展。

8.6.3 建立科学的电价机制，促进资源优化布局

上网电价与销售电价由市场竞争形成。省内电网电价按成本加收益方式核定，省间电网电价按联网安全和跨省区送电两种功能，以省为价区实行统一定价，逐步建立促进电厂公平竞争、用户公平负担的共用网络电价机制；建立服务基金，逐步解决交叉补贴问题。

8.6.4 根据电力行业属性，建立与市场相适应的监管体系

根据竞争环节和自然垄断环节的特点，建立相应的监管机制。对于竞争环节，主要以鼓励公平竞争、防止市场垄断、保证公平有效竞争的市场秩序为监管目标；对发电环节，取消价格监管，开展环境、健康等社会性监管，主要运用市场竞争机制，提高经济效益；对售电环节，对售电业务准入、电力零售市场价格和服务等进行监管；对自然垄断环节，重点强化网络公平开放、输配电价、成本、服务质量等方面监管，避免低效率和重复建设。

第9章　中国石油市场

石油是现代工业发展的血液，中国石油化工产业占工业经济总量的20%。截至2015年年底，我国原油进口量首次突破3.36亿吨，石油进口依存度高达62.5%。我国已经成为全球第四大产油国，2015年5月我国超越美国成为全球第一大石油进口国。受国际油价下跌、国内经济增速放缓及我国特殊的石化行业发展状况制约等因素影响，我国石化行业也面临一系列问题。基于国际油价低迷与我国石化行业行政垄断的情况，本章通过考察我国石油行业发展变化特征，探讨以下方面的问题：

- 我国石油市场发展现状
- 我国石油贸易与石油安全情况
- 我国成品油定价机制改革
- 我国石油行业改革
- 我国石油行业改革面临的挑战及政策建议

9.1　我国石油市场发展现状

9.1.1　国际油价持续低迷

2015 年国际油价呈低位震荡态势（图 9-1）。1 月份，WTI 与 Brent 原油价格仍延续 2014 年年末的下跌趋势；2～6 月，受美元汇率疲软等因素影响，WTI 与 Brent 原油价格较 1 月份低点有所反弹；7 月，受希腊债务危机等因素影响，国际油价震荡下跌；8～9 月国际油价有所反弹，但反弹力度有限；10～12 月国际油价继续走低。2016 年 1～6 月，国际油价震荡上行。一般而言，国际油价的波动除了受国际石油市场供求本身的影响，还受国际金融投机、美元汇率、地缘政治等多种外部因素的冲击。在供给侧，由于产油大国没有大幅度下调原油产量的倾向，所以原油的产量不会有太大的变化。在需求端，国际经济环境没有明显好转，并且新兴国家的经济增速也在下滑，预计对原油的需求呈现疲态态势。因此根据对需求与供给的预测，推断 2016 年国际原油依旧会保持低位震荡。

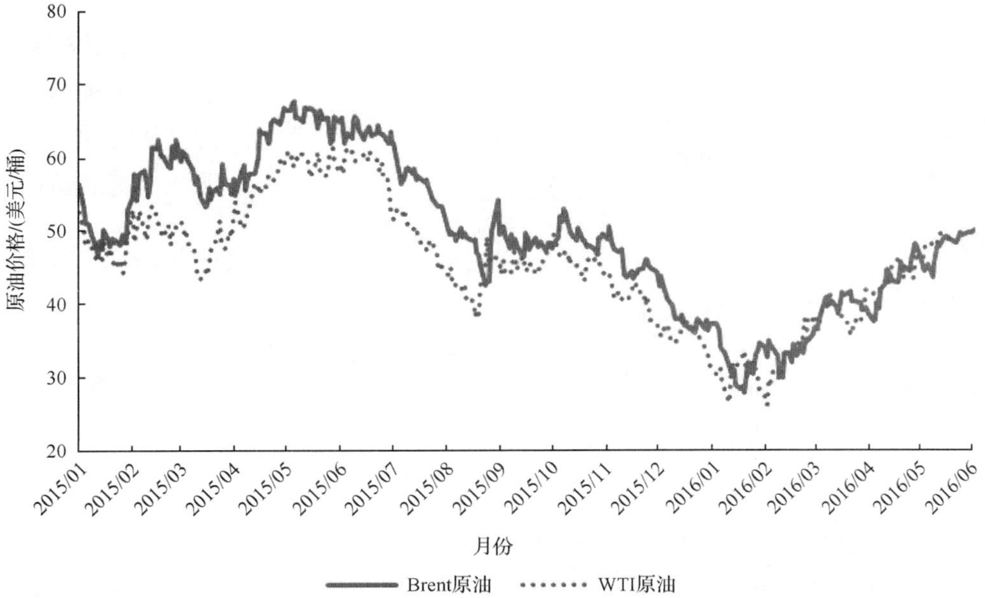

图 9-1　2015～2016 年国际油价走势

数据来源：美国能源信息署

国际油价的走势是石油化工产业发展的基础，在很大程度上决定了石油产业的发展。一般而言，石化行业可分为四个子行业：油气勘探与开发行业、工程和油气服务行业（下称“油服”行业）、炼油与化工行业及储运销售行业。国际油价波动直接间接地影响着我国石化行业的四个子行业，从而对我国石油市场产生深远影响。首先，作为最终产品，石油价格决定了石油勘探与开发行业收入水平及利润。同时，油价波动也进一步决定了石油的开采量，从而对工程服务、油气服务行业产生影响。其次，对于炼油与化工行业，石油是重要原材料，石油价格直接决定行业生产成本，进而影响行业收入及利润。最后，石油价格不但决定了下游销售的成本，也在一定程度影响了消费者对于成品油的需求，从而影响了原油、成品油等石化产品的储运及销售行业。

因此，关于我国石油市场的分析关键在于在低油价的大背景下分析石化行业市场发展状态、行政垄断情况及改革方向等重大问题。本章将结合国际油价低迷这一大的历史背景，围绕石化行业四个子行业的发展差异、行业行政垄断现状及改革方向、石油安全、石油市场改革等重大问题展开论述。

9.1.2　低油价时代下的中国石油产业

石化市场具有生产线长、涉及面广的特点，不同的产业链环节对油价下跌的敏感程度有明显差异，因此低油价对处于不同环节的企业业绩的影响也是不同的。按照主营业务和所处产业链环节的不同，我国石化行业四个子行业如图 9-2 所示。同时，中石油、中石化业务涵盖所有四个子行业，体量巨大，因此将中石油、中石化单独归为一体化公司。面临低油价的冲击，受到产业政策及改革的影响，各子行业的业绩表现开始出现分化。图 9-2 描述了石化产业链分类及各石化公司的市值。

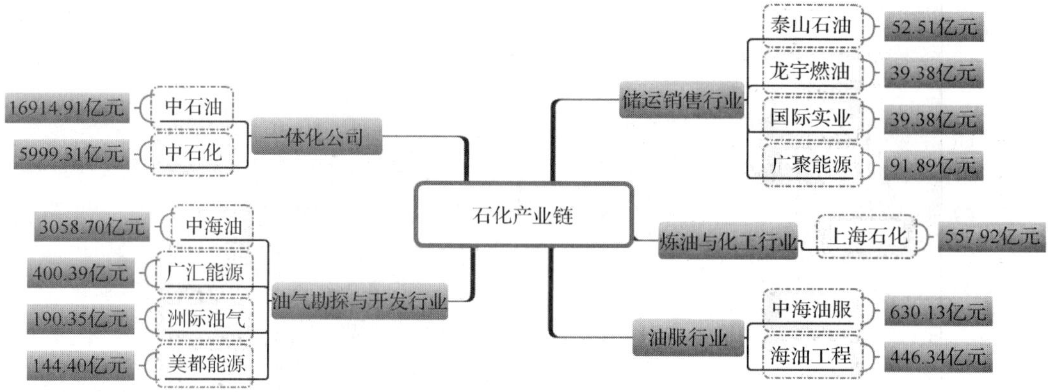

图 9-2　石化产业链全景回顾

数据来源：Wind 数据库

1）油气勘探与开发行业业绩大幅下滑

由于国际油价直接决定油气勘探与开发行业的销售收入和利润，油气勘探与开发行业对油价波动的反应敏感程度最高。类似于一体化公司中的“油气勘探与生产”业务，图 9-3 以中海油（港股）为代表的油气勘探与开发行业直接承受油价波动带来的冲击，对油价变化敏感度高，加上缺少多样化的中下游端业务进行对冲，因此相比于中石油、中石化，低油价给其带来的影响最为严重，利润出现大幅下滑。在油价持续保持低迷的预期下，油气勘探与开发行业还将继续受到冲击，业绩水平可能继续恶化。整个油气勘探与开发行业生存艰难，减产、减员已在所难免。中海油公司公布 2016 年第一季度公司营业收入 246.4 亿元人民币，较去年同期下滑了 30.7%。这主要源于国际原油价格出现下滑的影响。油气勘探与开发行业的生存艰难程度可见一斑。

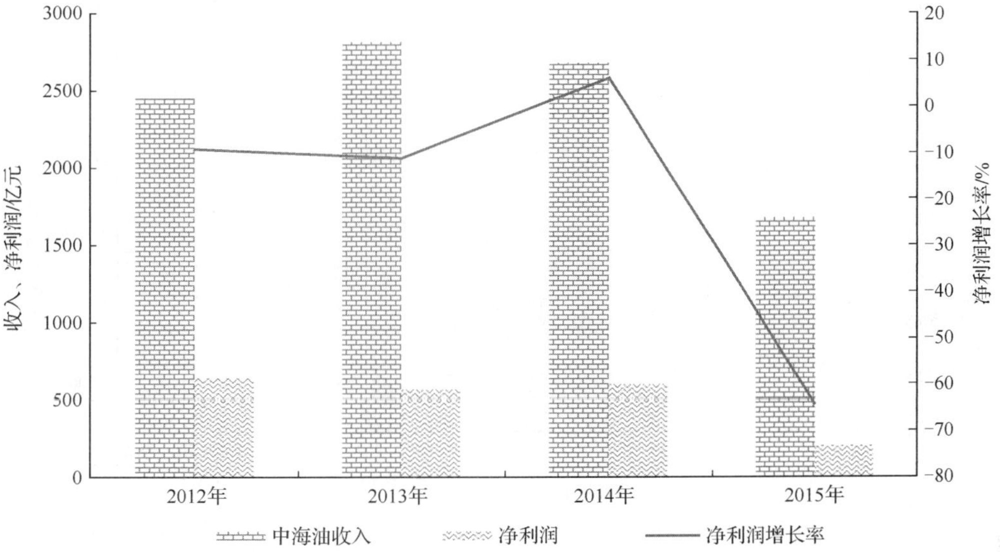

图 9-3　2012～2015 年中海油主营业务收入、净利润及净利润增长率

数据来源：Wind 数据库

2）油服行业依靠存量经营

受全球经济增长放缓和油气供给过剩等因素影响，国际原油价格持续低迷，全球油气行业投资明显萎缩，对油服行业的发展运营造成了一定程度的影响。然而，对油服行业产生影响的直接因素是原油开采量，由于原油开采量总量增长，增速下滑，所以出现了油服行业利润为正，但利润增长率放缓的现象。在原油开采量增加的支撑下，如图 9-4 所示以海油工程、中海油服为代表的油服上市公司在 2015 年均保持着正的利润。尽管如此，由于原油开采量增速的下滑及投入的影响，油服行业的利润有较大程度的下降。油价下跌致石油公司缩减资本支出，国内原油产量或有小幅增加，但是增速放缓。已经有媒体调查发现，2016 年新年前后，围绕中国第一大油田——中石油长庆油田展开业务的上千家民营油服企业，随着长庆油田开发的“收缩”，遭遇业务量下滑，部分中下游民营油服甚至面临“断炊”窘境。油服企业的收入主要来自于油气生产公司及一体化公司“油气勘探与生产”板块的资本支出，因此油价变化并不直接影响油服企业，而需要通过资本支出进行传导。另外，直接决定油气生产企业资本支出的因素为原油开采（生产）量。总体来看，从国家能源安全角度考虑，可以推测，在短期内，中国原油产量在绝对水平上不会大幅下降，而是保持稳中有升的趋势，但受油价持续低迷及供求关系的影响，增速将会下滑。短期内，油气生产公司的原油开采量及石油企业的开工量不会大幅减少，油服公司预计会继续“存量经营”，但由于资本支出和原油产量增速的下降，油服行业的盈利增速也将随之极大地放缓。在近期公布的中海油服和海油工程的第一季度财务报表也更加印证了上述观点。中海油服 2016 年第一季度报告显示，第一季度，中海油服巨幅亏损 9.23 亿元。海油工程虽然继续保值盈利，但营业利润同比下滑严重。

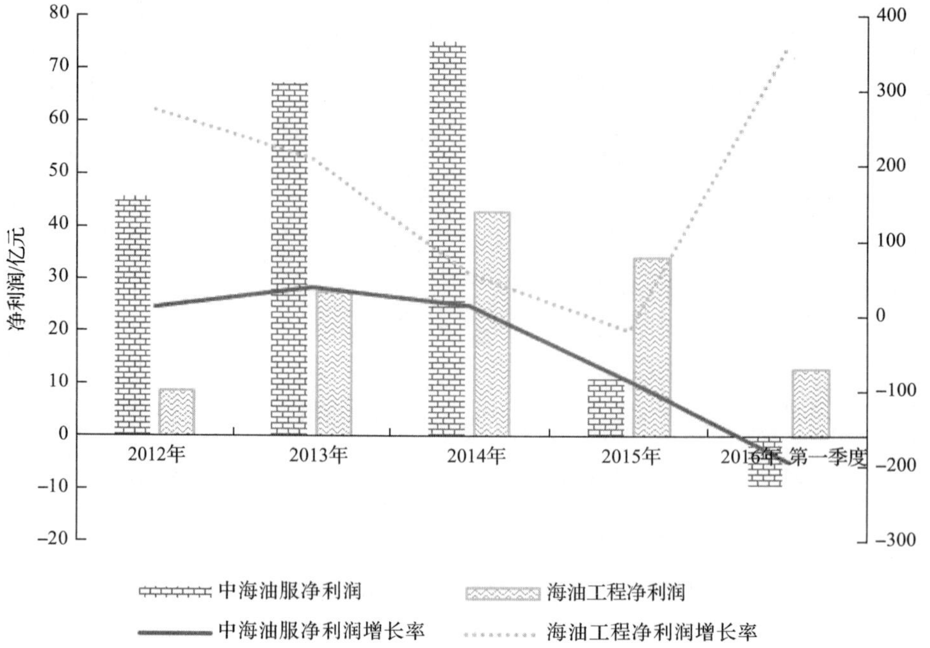

图 9-4　2012～2016 年中海油服、海油工程净利润及净利润增长率

数据来源：Wind 数据库

3）炼油与化工行业受益于低油价及成品油地板价设立

类比于一体化行业中的“炼油与化工”板块，同样得益于成本的下降，如图 9-5 所示，炼油与化工行业上市公司业绩在 2015 年表现出较大幅度提高，开始盈利，并且呈现出较高的利润增长率。但炼油与化工行业也面临市场需求增长乏力、成品油和石化产品消费增速总体趋势放缓、行业产能过剩、市场竞争进一步加剧等挑战，这些问题成为影响炼油与化工行业的不利因素。2016 年预计炼油与化工行业低成本优势仍存在。从行业原材料（原油）供给端来看，原油进口权有望进一步放开，同时伴随淘汰落后产能承诺的逐步实现，炼油与化工行业产能过剩问题或得以稳定；此外，由于成品油价格下跌空间的受限、国内成品油地板价的设立及新能源产业政策的影响，预计占炼油与化工行业产品比例较大的成品油的需求增速放缓，然而以涤纶、PTA 为代表的聚酯行业有望延续 2015 年供需格局好转的局势，或可弥补成品油需求增速进一步放缓给炼油与化工行业带来的冲击。炼油与化工行业的供需结合，供给端得以改善，需求端有望相互对冲，可推测，2016 年炼油与化工行业前景相对较好，景气度较高，可以实现盈利。上海石化 2016 年第一季度财务数据显示，上海石化第一季度净利润 14.97 亿元（图 9-5）。预计全年盈利较 2015 年有所增加。炼油与化工行业景气度提升。

4）储运销售行业业绩相对稳定

相比于中上游行业，储运销售行业对油价波动的敏感程度低，所受冲击较小。如图 9-6 所示，以广聚能源作为储运销售行业的上市公司代表，即使国际油价下跌、成品油价格下调也并未对广聚能源的主营业务收入产生明显的冲击，其收入水平保持了稳中有升的趋势，公司利润增加，整体增速也呈现平稳增加态势。我国现行的成品油定价机制

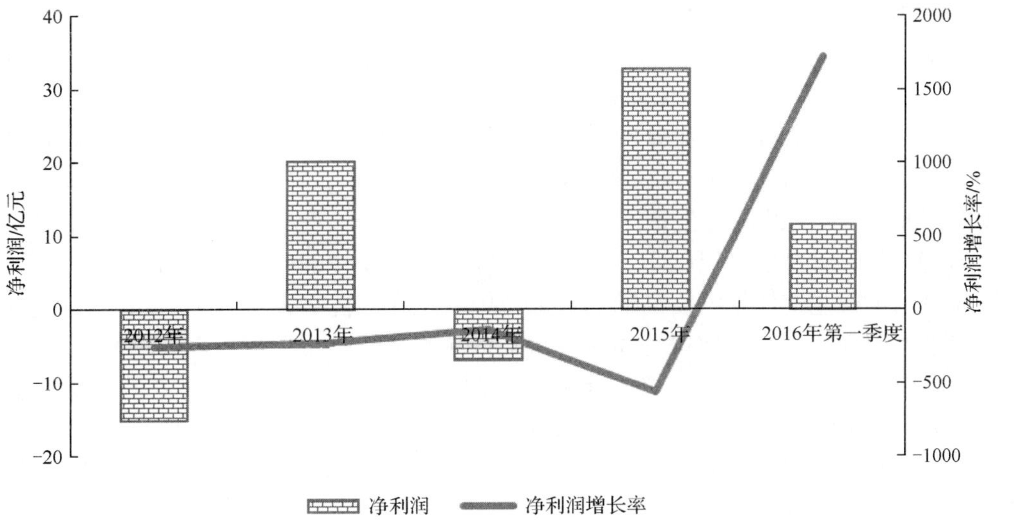

图 9-5　2012～2016 年上海石化净利润及净利润增长率

数据来源：Wind 数据库

以实现与国际油价联动为目标，2013 年的定价机制改革之后，理论上已经能够实现联动，但是考虑到石化市场上游企业的利润、整个市场的稳定发展及国家石油安全的大战略，因此，在短期内，无论国际油价是延续现有态势还是进一步下跌，受益于国内成品油地板价的设立，2016 年储运销售行业整体收入水平与 2015 年都应相差不多，但是企业可以通过提高库存管理与经营能力实现更大的盈利。2016 年第一季度的财务数据显示，虽然广聚能源净利润同比减少，但依旧保持盈利。盈利能力依旧可观。

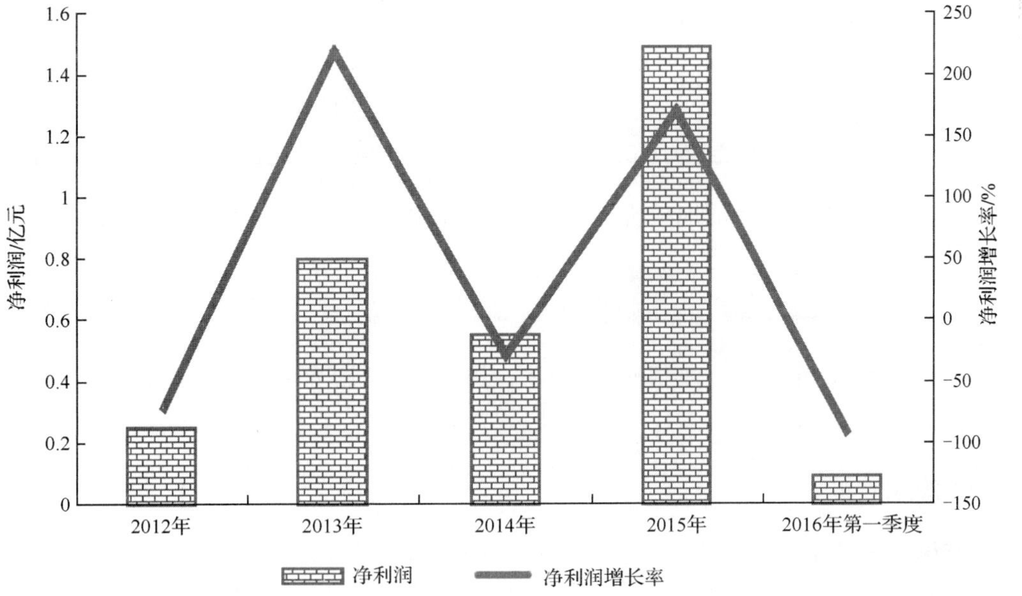

图 9-6　2012～2016 年广聚能源净利润及净利润增长率

数据来源：Wind 数据库

5）一体化公司业绩分化明显

一体化公司中，中石油（图 9-7）上游业务（油气勘探与开发）比例较大，受到油价大幅下跌的直接冲击，该板块毛利率从 2012 年的 33.5%下降到 2015 年的 7.14%。如图 9-7 所示中石化的上游业务同样受到了严重的冲击，利润缩减，毛利率从 2012 年的 39.7%下跌到 2015 年的－11.10%，跌幅较大。但由于中石化业务相对分散，因此，相比中石油，“油气勘探与生产”板块利润的下滑对中石化公司整体业绩的冲击较小。在 2016 年国际油价低迷的预期下，中石油与中石化在“油气生产”板块恐继续亏损；在炼油与化工行业整体景气度高的形势下，中石化在其优势领域——“炼化”板块或能够实现更大程度的利润，使得总体业绩水平得以改善；中石油受其自身较大比例的油气生产业务拖累，业绩水平的提升程度有限。因此，“两桶油”业绩分化可能继续增大。2016 年第一季度财务数据显示，由于国际原油价格维持低位震荡，该季度中国石油亏损严重，单季度亏损 109.42 亿元，而得益于其他版块的盈利，中国石化第一季度实现盈利 90.25 亿元，同比增加明显。

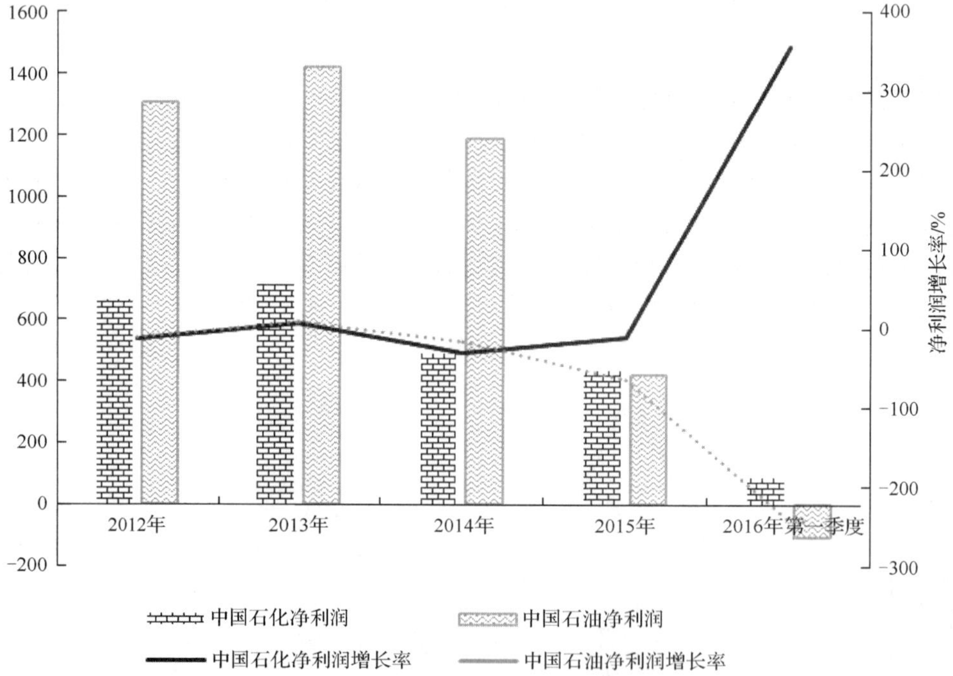

图 9-7 2012～2016 年中国石化、中国石油净利润及净利润增长率

数据来源：Wind 数据库

9.1.3 油改破题

“改革”是“十三五”规划的重中之重。2014 年 6 月，习近平主席主持召开中央财经领导小组第六次会议，研究我国能源安全战略；习近平主席就推动能源生产和消费革命提出五点要求，要求抑制不合理能源消费，推动能源供给革命，建立多元供应体系，立足国内多元供应保安全；本次会议将能源安全提升到国家战略高度，并首次提出“能

源革命”。

石油行业的改革称为油气改革。2015 年 5 月 18 日，国务院批转发改委《关于 2015 年深化经济体制改革重点工作的意见》强调，要研究提出石油天然气体制改革总体方案，在全产业链各环节放宽准入。这也标志着我国的油气改革已经提上日程。

当前我国油气行业生产存在以下三个问题：第一，市场结构依旧比较单一，行政垄断现象依旧严重，民间资本介入较少，不利于发挥市场经济的优越性。第二，行业壁垒较多，法律法规不是很完善，一些相关制度也不是十分成熟，如油气的定价机制。第三，机制体制导致了一些问题的出现，如炼油与化工行业产能过剩等。

因此，油气体制改革的重点在于能源法治体系建设、构建多层次市场体系及价格改革等方面。油气体制改革的目的在于引入竞争，提高效率，从而实现石油产业优化升级的目标。让传统的石油产业适应当今的发展节奏，同时打破石油体制的行政垄断格局，使石油产业整体有一个向前的跨越发展。油气改革可能将涉及：第一，在上游开放油气开采权，引入民间资本。第二，进行石油价格的定价机制改革。第三，完善油气行业的混合所有制改革，提高企业的经营效率。第四，税费改革。明确税费功能界限，平衡各方经济利益。

9.2　我国石油贸易与石油安全

石油是我国经济发展的命脉，对我国的经济发展有很重要的作用，随着我国经济的迅猛发展，对石油的需求也与日俱增，因此石油贸易也成为我国石油安全、经济安全的重要部分。本节着重探讨我国石油的进出口规模、进出口的地域结构、海外石油勘探开发及石油安全的相关问题，并结合当前的低油价时代背景来更加全面地看待我国当前石油进出口特点及供给安全的保障问题。

9.2.1　石油进口规模放缓

总体来看，我国石油进口呈现规模不断扩大，但增速放缓，进口结构不断分化的特点。例如，1990～2015 年我国石油净进口的趋势如图 9-8 所示，1990 年我国的石油净进口为负值，但从 1990 年以后，我国的石油净进口规模一直呈上升趋势。表 9-1 显示了我国 2015 年相比 2014 年石油进口规模的变化情况，到 2015 年年末我国石油进口的规模已经达到 3.44 亿吨，至此，我国已经成为世界第二大原油进口国。在这 25 年中，我国石油进口规模大幅增加。2015 年经济增速放缓，石油的需求增速也随之放缓，在 2015 年我国共进口石油 3.44 亿吨，其中进口的原油 3.35 亿吨，但由于国际油价大跌，以及炼化需求增大等因素，2015 年的原油进口规模扩大了 8.8%，增长依旧很迅猛。相比之下对于成品油及 LPG 的进口有了大幅度的缩小。在石油的进口中，以进口原油为主，这极大地提升了我国国内炼油产业的发展速度，然而由此产生的产能过剩同样是一个必须面对的问题。

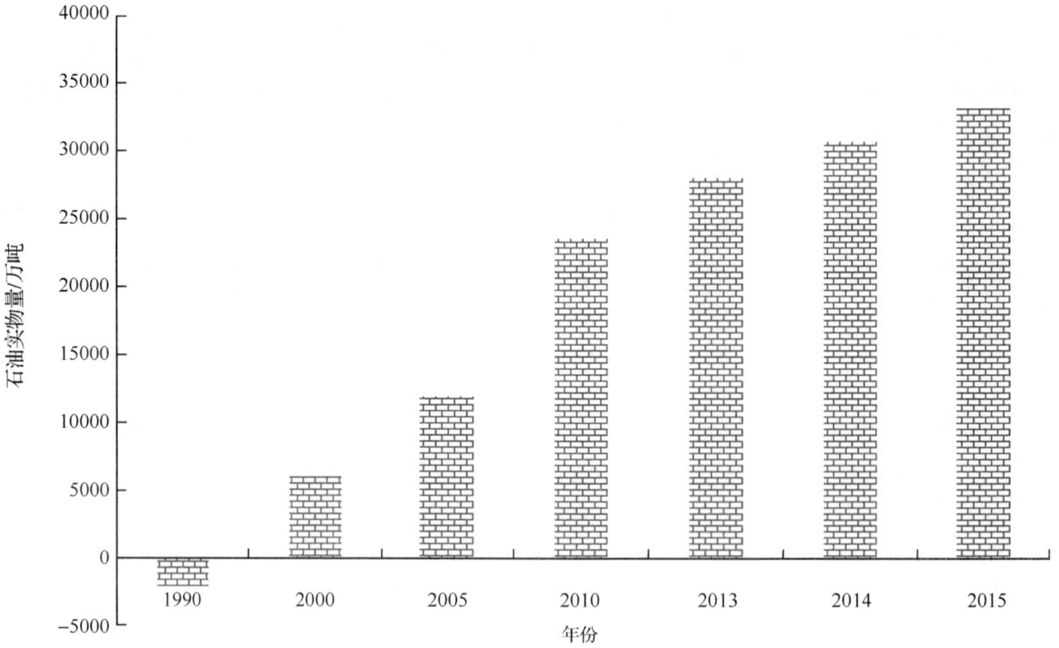

图 9-8　1990～2015 年中国石油净进口量走势

数据来源：中国海关总署

在低油价时代，我国成品油与 LPG 的进口也呈现了一些新的特点。例如，2015 年我国成品油的进口与 2014 年相比，规模基本保持平衡。但同比出口却大幅增加，主要原因在于 2015 年我国原油进口提升，同时我国的炼化产能严重过剩，炼化企业可以加大出口，提高开工率。这也导致了我国成品油的出口创历史最高纪录。

表 9-1　2014 年与 2015 年中国石油进口量对比

	进口量			出口量			净进口量		
	2014 年	2015 年	增减	2014 年	2015 年	增减	2014 年	2015	增减
原油/万吨	30835.68	33549.13	8.8%	60.02	286.56	377.4%	30775.66	33262.57	8.1%
成品油/万吨	2997.67	2994.00	−0.1%	2927.6	3615.96	23.5%	70.07	−622.04	−987.7%
液化石油气/万吨	710.13	1208.81	70.2%	143.82	144.13	0.2%	566.32	1064.69	88.0%
其他石油产品/万吨	946.98	1059.94	11.9%	312.71	332.27	6.3%	634.28	727.67	14.7%
合计/万吨	35490.46	38811.88	9.4%	3444.15	4378.91	27.1%	32046.33	34432.89	7.4%

注：数据来源：中国海关总署。

我国的原油产量不能满足我国对石油的大量需求，因此必须依靠大量进口。同时随着进口石油的绝对数量的提升，我国石油的对外依存度也不断提高。2000 年我国的石油进口依存度为 35%，而到 2014 年年底，我国的石油进口依存度已经达到 59.37%，2015 年年底这一数据更是超过了 60%。石油不但是一种重要的生产资料，也是国家的一种战备资源。如此高的石油进口依存度是必须警觉的，一旦国际政治有变，都会很大程度影响到我国的能源安全与国家安全。

9.2.2　我国石油进口渠道相对多元化

我国大量的原油都是从国外进口，因此和世界其他各国的石油贸易频繁发生，我国石油进口渠道相对多元化，进口的多元化能够抵御原油进口单一造成的石油安全的潜在风险。如表 9-2 所示，我国石油的主要进口来源为中东地区、非洲地区、欧洲地区及西半球。2015 年年底，从中东地区的石油进口量占我国总进口量的 50.7%，非洲国家占 19.2%，欧洲占 14.9%，西半球占 12.7%，亚洲地区占 2.5%。相比 2014 年的数据，从中东国家进口的原油数量增加了 5.63%，从非洲地区进口的原油数量减少了 5.3%，从欧洲与西半球的进口数量分别增加了 23.4%和 28.1%，从亚洲地区的进口原油数量增加了 38.4%。由于此前从欧洲、西半球与亚洲地区的原油进口数量基数较小，所以增速明显。从原油的进口区域考虑，中东地区依然是我国最重要的石油进口源，占到了 1/2 以上的比例，而从其他各个地区进口石油数量的增速较为平衡。

表 9-2　2013～2015 年中国石油进口来源地

石油进口地/万吨	2013 年	2014 年	2015 年	2015 年占比	2015 年占比比上年增加
沙特阿拉伯	5389.9	4966.19	5054.20	15.1%	1.8%
阿曼	2548.18	2974.34	3206.42	9.6%	7.8%
伊拉克	2351.38	2858.04	3211.41	9.6%	12.4%
伊朗	2144.12	2746.13	2611.59	7.9%	−3.1%
阿联酋	1027.58	1165.22	1256.97	3.7%	7.9%
科威特	934.69	1062.04	1442.81	4.3%	35.9%
其他	258.32	286.05	232.56	0.5%	−18.70%
中东地区总计	14654.17	16058.01	17015.96	50.7%	5.63%
安哥拉	4001.33	4065.04	3870.75	11.5%	−4.8%
刚果	707.8	705.17	586.20	1.7%	−16.9%
其他	1714.74	2033.9	1988.61	6.0%	−2.23%
非洲地区总计	6423.87	6804.11	6445.56	19.2%	−5.3%
俄罗斯	2444.57	3310.82	4243.17	12.6%	28.2%
哈萨克斯坦	1198.06	568.64	499.10	1.5%	−12.2%
其他	39.07	158.74	242.79	0.8%	52.95%
欧洲地区总计	3681.7	4038.2	4985.06	14.9%	23.4%
委内瑞拉	1574.78	1378.78	1600.89	4.8%	16.1%
其他	1235.93	1955.8	2670.25	7.9%	36.53%
西半球总计	2810.71	3334.58	4271.14	12.7%	28.1%
亚洲地区总计	643.95	600.86	831.41	2.5%	38.4%
进口合计	28214.4	30835.77	33549.13	100%	8.8%

注：数据来源：中国海关总署。

在进口国别方面，我国石油进口来源也相对多元化。在中东国家中，主要从沙特阿拉伯、阿曼、伊拉克、伊朗、阿联酋和科威特进口石油。2015 年各国占我国总的石油进口比例分别为 15.1%、9.6%、9.6%、7.9%、3.7%和 4.3%。其中我国从伊拉克进口的原油，2015 年相比 2014 年增加了 12.4%，增速明显。而在非洲国家中安哥拉是我国最重要的合作伙伴，2015 年我国从安哥拉进口的石油占到我国全部进口石油的 11.5%。2015 年刚果成为了我国在非洲的第二大石油进口国，进口占比为 1.7%。在欧洲国家中，俄罗斯是我国的第一大进口来源地，占我国石油进口总量的 12.6%，2014 年相比 2013 年增加了 35%，2015 年增速同样明显，2015 年相比 2014 年，进口规模增加了 28.2%，这也体现了我国石油进口全球战略的多元化与导向，更加注重和俄罗斯等国的合作。在西半球，委内瑞拉、哥伦比亚与巴西也是我国重要的石油进口来源地，其比例占我国进口总量的 4.8%、4.1%和 2.6%。由此可见，降低与我国保持良好石油贸易关系的国家的集中度，能够减少石油贸易给我国石油安全带来的隐患。

9.2.3 海外石油投资风险显著增加

我国海外石油投资发展迅速，但仍然面临诸多挑战。我国当前石油进口最大的问题在于对外依存度过大。进口石油时，进口价格和进口量都容易受制于人，因此加大海外石油投资，对石油供应安全保障具有重要意义。发达国家一些成功的经验已经证明，建设海外石油开发基地，通过海外投资取得更多石油开采权，采取石油企业走出去的战略。做大做强以中国石油和中国石化为代表的中国油气企业，使之拥有国际油气生产行业的领导力与话语权，这样能够抵消我国石油对外依存度过高带来的潜在风险。

当前我国在海外投资的石油企业，如中国石油、中国石化和中海油在海外油气开发方面已经取得了巨大的成果。中国油企海外投资已历经 20 余年，逐步形成了集勘探、开发、管道、炼化于一体的完整产业链，以及兼顾陆上和海上、石油和天然气、常规油气和非常规油气的资产组合。经过 20 多年的努力，我国石油公司已在全球 50 个国家开展油气投资业务，在海外建立起中东、非洲、中亚—俄罗斯、美洲、亚太和欧洲等六大油气合作区，形成良好战略布局，实现我国海外油气作业产量与权益产量逐年增加。2014 年我国三大石油公司海外油气权益产量已达 13363 万吨油当量，海外石油权益产量达 8645 万吨。

海外石油的勘探开发投资面临的是复杂的国际经济政治环境。我国在海外投资上要面临很多风险如下：第一，勘探开发风险。海外油气的投资开发，首要面对的是勘探开发的风险，投资决策是否正确取决于所勘探开发的油田是否有较好的油气储存量。油气的勘探开发投入较大，并且在回收期内，油气价格与油气产量又很难预测，因此也可能带来投资项目失败的风险。第二，地缘政治风险。我国所投资的一些海外石油项目，大多在中东、非洲一些国家。中东、非洲地区的政治局势一直不是很稳定，对我国所投资的石油项目的投资收益也会产生很大的不确定性。此外跨国企业是否能融入当地的文化，与当地政府、当地企业是否能有效沟通，这对管理能力也是一个很大的挑战。第三，其他风险，如汇率风险、油价风险、开发费用风险等。因此，在评判一个海外的石油项目是否值得投资时，要结合各方面的因素综合考虑，并且做好风险的防控机制，这样才能将投资收益最大化，保证我国的石油战略安全与能源安全。

9.2.4　石油安全形势复杂

石油安全的重要性是我国石油行业发展和整个社会经济安全面临的重要问题。石油安全是一个很宽泛的概念，所涉及的内容非常丰富，它既包括石油使用的安全性，也包括取得石油资源的稳定性。从石油产业的不同维度来思考这个问题，在石油市场的上游，石油安全可能涉及的问题有原油勘探开发、海外投资的安全问题；在石油市场的中游，石油安全可能涉及石油运输的安全问题；在石油市场的下游环节，石油安全又包括原油价格的波动等问题。这些安全问题都是考虑石油安全问题时必须要面对的现实情况。

不同国家面对的石油安全问题也不尽相同，当前我国面对的石油安全问题主要有以下五点。

（1）我国石油对外依存度较高带来的石油安全问题。我国人口众多，经济发展很快，对石油的需求很高，但我国的石油并不能做到自给自足，需要大量的进口，2015 年我国的石油对外依存度已经达到了 60%，我国能源的独立性越差，石油的安全性就越低。因此对外依存过多是我国石油安全面临的一大问题。

（2）石油进口地安全带来的问题。从之前石油进口地域中可以看出，我国 50%以上的石油都进口于中东国家地区。当今国际政治复杂，各种冲突不断，而中东地区的形势也一直受到各界关注。中东地区由于石油资源丰富，各种利益交错。中东地区政局不稳定也不利于我国的石油安全。

（3）运输安全引发的石油安全问题。我国石油进口主要有海上和管道运输两种运输途径。从中东、非洲进口的石油都要经过海上运输，而海上运输石油的运输线主要是中东或北非路线，经过霍尔木兹海峡或者苏伊士运河，途径亚丁湾、印度洋、马六甲海峡，到达南中国海，最终抵达中国沿海港口。海上运输都要经过马六甲海峡，因此马六甲海峡对于中国石油运输安全的重要性不言而喻。过于依靠马六甲海峡的运输也是我国石油进口安全中明显的脆弱之处。随着对俄罗斯等国石油进口的增多，也有利于缓解我国石油进口过于依赖海上运输的局面。

（4）勘探开发引发的石油安全。我国本土的石油开采量远不能满足我国对于石油的需求，中国是世界上第二大石油进口国。因此我国油气企业应该坚持走出去的战略，加大海外开发。海外开发又会遇到各种风险，如海外勘探开发的风险。在海外投资时，同样也面临不小的挑战。由于政治、文化等的差异，我国企业能否融入投资国所在地区国家的环境是我国海外勘探、海外石油投资能否取得成功的重要因素。

（5）国际油价大幅波动带来的石油安全。2016 年年初国际原油价格一度跌破 30 美元/桶，虽然低油价对于中国这样的石油进口大国是有利的，但是油价的剧烈波动也会影响我国能源战略的决策，影响到我国能源安全，并且国际油价是否会大幅反弹，这也是必须关注并提前做好相关准备的问题。

9.3 成品油定价机制改革

9.3.1 成品油价格逐步择机放开

截止到2016年1月14日，中国成品油定价机制已经历了6次改革（表9-3）。改革的政策目标是使国内成品油价格与国际油价接轨，实现成品油价格的市场化。成品油定价机制改革作为中国市场化改革进程中的重要环节，其改革的成败有着至关重要的意义。然而，受限于我国大型国有石油企业在石化产业中占比较大，加上石油自身属性决定了其并不是一种普通商品，同时具有重大战略意义，因此，在油价大幅下跌、石油企业面临亏损的情况下，政府不得不出面干预成品油定价，以确保我国石油市场、能源市场安全稳定发展，消费者与生产者之间不发生明显的矛盾冲突。

纵观1998～2013年的历次改革，我国成品油的定价模式确实在逐渐向市场化靠近。1998～2003年，我国成品油定价遵循“盯住三大市场，每月一调整”的原则，然而，2003年国际油价开始大涨，截止到2008年7月全球金融危机前夕，原油价格已达147美元/桶，若按三地平均价格为基准对成品油进行调价，那么国内油价也应暴涨，如此会对相关行业产生较大的影响；于是，在油价暴涨的背景下，2003～2008年，出现了“无固定原则，由发改委调控油价”的局面，相关部门并未对调价规则进行具体说明，将油价控制在一定范围内，减弱了国际油价波动对国内经济及相关企业的影响，但如此一来，财政压力加大，财政补贴效率低，油价的调整严重滞后于市场；2009年，新的成品油定价机制出台，其标准是“国际油价连续22个工作日日均涨幅或跌幅超过4%，就应考虑对国内成品油价格进行调整”，并将80美元/桶及130美元/桶设置为调价的上下限，由此兼顾考虑了生产者、消费者等相关者的利益，确保经济能够平稳运行，然而国际油价瞬息万变，22个工作日周期较长，仍无法反映国际国内油价的联动关系；因此，2013年3月26日再次对调价机制进行修订，将调价周期缩短至10个工作日，调整了国内成品油价格挂靠的国际市场原油品种，取消了挂靠国际市场油种均价波动4%的调价幅度限制。尤其是2013年3月的这次改革，取消了4%的调价限制，标志着改革向前迈进了一大步。

然而，在2008年全球金融危机之后，国际油价出现大幅震荡（图9-1），为减弱油价波动对我国能源市场、经济发展的影响，定价机制中增设了成品油价格调控的上下限，分别为130美元/桶和80美元/桶。2014年7月以后国际油价持续走低，至2016年1月中旬，已经跌破30美元/桶。考虑到国家的节能减排、雾霾控制及能源安全等因素，经过相关测算，2016年1月14日，发改委发布的新调价机制中，将调控下限改为40美元/桶以维持油企的最低成本，即当国际油价超过上限或低于下限时，成品油价格均不作调整。不难发现，当国际油价出现明显大幅的波动时，中国政府通常会根据当前油价设定国内成品油调价的上下限，防止油价过高给消费者带来压力，避免油价过低使油企亏损生产难以继续，这样的举措的确在油价剧烈波动时期，对于维持市场稳定发挥了不可小觑的作用，然而，也正是由于“相机调整”的存在，我国成品油价格始终难以完全放开，在国际油价持续低迷时期，关系石油命脉的各大油企恐面临亏损，考虑到经济稳定、能源安全、消费者与生产商等多方面因素，油价的放开就更加困难了。至此，经过 6 次侧重点各异的改革，中国成品油定价机制已初具形态。

表 9-3　中国成品油定价机制改革历程

时间	具体内容
1998 年	出台《原油成品油价格改革方案》，基本确定了与国际油价变化相适应、在政府调控下以市场形成价格为主的机制
2000 年	成品油价格随国际市场每月调整一次
2001 年	参照新加坡、鹿特丹和纽约三地市场价格调整，国际油价波动超过 5%～8%时，调整零售基准价
2009 年	22 个工作日日均涨幅或跌幅超过 4%时调整油价，上下限为 130 美元/桶和 80 美元/桶
2013 年 3 月	调价周期缩短至 10 个工作日，调整了挂靠的原油品种和 4%的限制
2016 年 1 月	将调价上下限调整为 130 美元/桶和 40 美元/桶

注：资料来源：国家发展和改革委员会文件及著者整理。

9.3.2　成品油成本结构优化利于改革

成本因素是决定产品价格的基本因素，在产品的价格形成过程中占据了较大的比例。成品油作为一种能源商品，成本在其价格中占比较大，其成本构成的变动必然也会对其价格产生显著的影响。因此，成品油的成本能够对我国成品油定价机制的改革产生重要的影响。根据 EIA 预测，国际油价在较长一段时期内难以反弹，低位震荡或成长期态势。在这样的预期下，我国成品油定价机制改革是否能够取消下限，有进一步的突破，关键就在于成品油的成本优化。

中国成品油定价机制沿用“成本加成法”，成品油价格构成主要分为原油成本、物流成本、炼化成本、税赋成本等四部分。终端销售等各环节还有附加部分利润，通过选择一些标准的原油价格作为基础，如 Brent、迪拜和米纳斯等，计算出抵达中国的到岸价格，再加上港口费用和进入炼厂后的加工费用，然后加上各种税收及合理利润，就能确定炼油厂的出厂价格，即采用了“成本加成”的方法，出厂价格确定以后，接着往下一个环节推，一直推到加油站的价格，就是零售价格。采用该方法定价，可以发现在油价的组成成分中，成本因素占了较大比例，其变动会使得油价产生明显的变化，而成本往往因为一个国家地理位置、国际地位、相关产业政策等存在差异而有所不同。综上所述，根据油价形成公式及国家制定的调价规则可知，成本因素是导致中国成品油价格与国际油价存在差异的主要因素，油企成本过高是低油价时代改革受阻的主要原因。同时受到国家相关政策及战略的影响，综合考虑到企业、消费者等多方面因素，成品油价格只能在一定的价格范围内实现与国际油价的联动，难以实现完全的市场化。而要想真正实现成品油价格市场化，就不得不对成本结构进行优化，使得油企能够自行负担低油价带来的收入冲击，而不必依靠政府以调价限制来进行辅助。

在成品油成本构成的四个板块中，原油采购价格及税费是两个大头，其中，原油采购价格决定于国际原油价格，各国各地区之间差别不大，但是由于各国发展阶段、发展水平及资源禀赋不一致，税收制度、税收政策各有不同，如韩国受限于匮乏的资源，因而对汽油加征较高的税收，同时也对鼓励发展其他可替代能源产生一定的促进作用。

截止到 2015 年 7 月，中石化汽油平均批发价为 6850 元/吨，若再加上零售环节的物流、运输、人工等费用，中国汽油的零售价大约要高出美国汽油 16%～30%，除此之外，中国消费者在购买成品油时需要支付增值税、消费税（燃油税）、城建税等税收费用，因此可以粗略估计，流通环节的税负成本在整个成品油价格中约占 1/2。

表 9-4 我国 92 号汽油中税收占比

税种名称	占总价（5.67 元/升）比例
消费税	26.81%（1.52 元/升）
增值税	14.46%（0.82 元/升）
城建税	2.82%（0.16 元/升）
企业所得税	1.76%（0.1 元/升）
教育附加税	1.23%（0.07 元/升）
地方教育附加税	0.88%（0.05 元/升）
不含税费	52.03%（2.95 元/升）

注：数据来源：根据税务总局资料及著者整理。

对比美国常规汽油与我国 92 号汽油零售价格，可以发现：如果剔除税收因素，中国成品油价格略低于美国，即从“裸油价”来看，中国低于美国；如果综合税收因素，中国的成品油价格（消费者支付的全部价格）则高于美国，其中汽油略高于美国，柴油税后价格略高于美国和中国台湾地区，但是低于英、德、日、韩等国家。以 2015 年年底的数据来看，我国汽油税负占比约为 48%，这意味着汽油价格中有接近 1/2 的收入要上缴国家。美国各州税负有所不同，纽约州、北卡罗来纳州和加利福尼亚州的成品油税最高，分别是每加仑缴纳 42.4 美分、40.7 美分和 39.5 美分的税，以每升汽油 2.6 美元为例，如果在税费最高的纽约州，最后实际要付的价格是 3.31 美元加仑左右，税费负担仅为 12.69%，较中国要少得多。以 2015 年年底中国单价为 5.67 元/升的 92 号汽油为例（表 9-4），其中税费为 2.72 元/升，占总价的 47.97%，消费税和增值税分别占了 26.81%和 14.46%，除此之外，还有各种各样的特殊税费。由此可见，税收对于油企来说，的确是沉重的负担，即使原油成本下降，高昂的税收成本也使得国内油价居高不下。对于石油产品的征税，我国采用的是从量计征的方式，不考虑价格的高低，使得税收与价格之间缺乏直接的联系，并且存在严重的重复征税现象，对原油征收了增值税与消费税后，对石油产成品仍要继续征收，不符合“税收中性”的原则，2014～2015 年两年间，国家以鼓励发展新能源为由，发改委连续 3 次提高了消费税税率，截至 2015 年年底汽油消费税为 1.52 元/升，柴油消费税为 1.2 元/升，另外还有增值税、城建税和教育附加税等税种，这在增加了消费者负担的同时，也增大了企业的成本压力。我国成品油为价内税，所有的税额均计入了成品油价格，折算下来，目前我国油价中约 48%为各种税收。由此可见，税收成本因素的确是成品油价格差异的重要原因。因此，税收成本的优化对于油企来说至关重要，只有先突破了税收结构限制，才能使企业成本结构得以优化，否则，即使国际原油价格保持低位，这样的优势也会被高昂的税收负担抵消掉。

关于成本构成中的另一个主要部分——原油价格，由于运输、订单等因素造成的时间上的滞后，也使得成品油价格不能反映最新的国际油价。进口原油价格一般在原油到岸前两个月左右确定，考虑到运输、加工、流通等环节，进口原油需要提前两个月采购。由于进口原油采购中存在一定的结算期，从而导致国内所加工的原油价格与国际油价会经常不同步。除了确定订单的时间，运输、卸载、炼化及运抵加油站均需要耗费时间（表 9-5），结束整个下单、加工、运输流程直至运抵加油站，大概需要耗费 3～4 个月，而国际原油价格波动频繁，时间上的滞后使得国内、国际油价相差较大，尤其是在低油价时代，两个月前的订单价格可能比当前价格高出许多，在没有完善的石油期货市场可以对冲价格风险的情况下，油价波动给油企带来很大成本压力及经营压力。

表 9-5　进口原油处理所需时间

进口原油处理程序	消耗的时间
订单的确定	提前 2 个月
从国外进口的原油从装船开往中国的各原油码头	30～40 天
油轮卸油完成	2 天（30 万吨级货轮）
处理后运至炼厂	10 天
运抵加油站	一周左右

注：资料来源：根据《中国成品油价格构成调查》及著者整理。

此外，技术、资源、机制等因素的限制，也使得我国成品油成本居高不下，在油价持续低迷的情况下，首先进行成本改革和优化是迫在眉睫的，也是我国成品油定价机制能够进一步发展的一个突破口。除了上述占比较大的两个部分，物流成本与炼化成本直接取决于油企自身的技术与资源，这两个部分成本的优化，更多的是依靠油企自己的技术学习、研发或与其他企业的合作，尽管物流与炼化成本在总成本中占比并不大，但除去不受自身控制的原油成本及决定于政府政策的税收成本，这两类成本结构的优化或将成为油企的竞争力所在，因此也是不能够忽视的方面。

9.4　石油行业改革正当时

9.4.1　“三大油企”主导石油产业链

中国石油化工产业占工业经济总量的 20%，对我国工业经济的持续发展作出了不可忽视的贡献，多年以来，三大油企一直在石化行业中处于支柱性地位，主导着石化产业链上中下游的绝大部分资源。然而石化市场具有生产线长、涉及面广的特点，不同的产业链环节均需要具有一定程度的竞争性才能保证整个市场的活力，由于历史因素，形成了目前“三足鼎立”的局面，使得整个石化产业链头重脚轻，分布不均，与我国市场化改革的目标并非完全一致。

当下，我国石化产业呈现如下特点，石化市场以三大油企为主导，基本上囊括了石化产业链的各个环节，吸纳了大量的劳动力，在历史舞台及现在的劳动、要素市场上发挥着不可忽视的作用。鼓励三大油企继续做大做强，引入民营资本，增强整个石化行业的竞争力等都是改革的重点。从微观企业角度考虑，油价不仅仅影响其成本也影响其盈利，如果在高油价时期对油企进行市场化改革，民营资本受限于高成本形成的壁垒，难以进入石化市场，政策效果将极大削弱。因此，对比之下，低油价时期是改革的契机，对于私人资本，成本壁垒降低；对于三大油企，在已经面临亏损风险的情况下引入竞争机制，反对的声音减小，改革的阻碍减弱。

中石油、中石化体量巨大，基本上涵盖了石油产业链的各个环节，中海油的业务主要集中于“油气勘探与生产”板块。目前，中石油、中石化、中海油的市值分别达到2577亿美元、917亿美元、466亿美元，占据了整个石化市场的半壁江山，其业务对产业链的全覆盖性加上庞大的市场份额使得三大油企在上中下游产业链环节都具有不同程度的规模与集约化运营优势。

中石油、中石化同时拥有原油的进口权和使用权，原油进口权已经逐步放开（表9-6），而原油使用权则仍然主要集中在中石油、中石化中，虽然有一些企业已获得国家原油进口权，但仍必须通过拥有原油使用资质的炼厂才可使用原油。无论在运营的规模上，还是在经营理念与经验方面，三大油企在石油产业链上游具有明显的竞争优势。但是，从2014年起，国家对进口权有进一步放开的趋势，不论是在获批企业的数量上还是进口配额上，都有了较大程度的增加。同时2015年2月16日，国家发改委发布《关于进口原油使用管理有关问题的通知》宣布，允许符合条件的地方炼油厂在淘汰一定规模落后产能，或建设一定规模储气设施的前提下使用进口原油，截至2016年3月获得原油使用权的地方炼油企业已达12家。尽管中石油与中石化仍占据主导地位，但随着政策的放松、更多中小企业的加入，石化产业链上游将更具竞争性。

表9-6　我国原油进口权改革历程

时间	具体内容
1999年	油企生产，进口原油全部由国家统一配置
2002年	中国加入WTO，承诺从2002年起开始，每年下达非国营原油进口配额
2003年	没有排产计划，铁路部门不能安排相对应的运力
2012年	发改委特批中国化工集团1000万吨/年的进口原油配额
2013年	赋予符合质量、环保、安全及能耗等标准的原油加工企业原油进口及使用资质
2014年	新疆广汇石油有限公司获批20万吨/年原油进口配额和经营权
2015年	符合条件并履行相应义务的前提下，可使用进口原油

注：资料来源：国家发展和改革委员会文件及著者整理。

炼化环节是最具有竞争力的领域。在我国炼化行业发展历程中，政府先后发布的《炼油工业中长期发展专项规划》《乙烯工业中长期发展专项规划》《石化产业规划布局方案》和国务院办公厅发布的《转发关于清理整顿小炼油厂和规范原油成品油流通秩序意见的通知》等“三个规划一个清理”，赋予中石化、中石油整合地方炼厂的权力。同时，受到上游规模庞大、资源丰富的石化企业的影响，中小炼厂原油来源单一，只能通过中石油、中石化获得可炼的原油，并且成本高昂，使得规模不大的中小炼厂难以承受，如此一来，这些小炼厂不得不以重油为原料，最终导致成品油质量差，不符合国家标准，无法出售。而这样的情况恰好又成为政府赋予中石油、中石化整合地方炼厂的理由，然而，我国地方炼厂分布广泛而零散，因此许多小炼厂依然能够采取各种各样的方式逃避监管，这样监管与反监管的博弈增大了整合的成本，简单的整合终究不是规范及增强炼化环节竞争性的最优方式。自 2015 年以来，地方炼油企业频频获得政策红利，夺得原油进口使用权、原油进口资质，优质进口原油的不断到位，使得地方炼油企业的竞争力不断得到提升。2016 年 2 月 29 日，中国（独立炼厂）石油采购联盟正式宣布成立，标志着中国民营地方炼油企业从销售到原料采购已实现“市场化”特有的自由式发展。在权力放开背景下的整合，能够真正缓解中小炼厂面临的困境，实现炼化环节的优化发展。

成品油流通领域相对石化产业其他环节，竞争程度较高，民营资本可以较为自由地进入成品油销售环节。但在成品油流通环节，仍然存在成品油价格扭曲等问题。在原油价格—炼厂价格—批发价格—零售价格这一价格链条中，零售价为政府指导价，而批发价和炼厂价由两大石油公司自行定价，在这种价格形成机制中，油气价格扭曲是必然的结果。

纵观整个石化产业链，从生产到零售的每一个环节，三大油企都占据了较大的市场份额，经过多年的发展已经掌握了各产业链的各种资源，在市场中具有较强的竞争力。因而改革重心应放在进一步增强大型油企竞争力，从而带动整个行业竞争力方面。但需要注意的是，体量巨大的石油公司的确发挥了成立之初国家想要达到的作用，在油价大幅波动的各个时期，起到了稳定市场的作用，但随着改革的进一步深化，允许更多的民营资本参与石化行业各产业链的经营也成必然。但如何改、从什么地方开始改依然关系到整个市场的稳定，既要为中小油企提供机会，又不能“一刀切”，完全忽略掉特大型油企的既有优势，如此，对于油企的混合所有制改革，各企业之间、各产业链环节之间相互协调与配合是十分重要的。

9.4.2　油企混合所有制改革应注重各产业链环节的协调配合

油气行业产业集中度高，企业上下游一体化经营，单独对某个企业、某个产业环节或某个区域进行改革，都难以实现市场对油气资源配置起决定性作用的改革目标。目前，基本遵循“一条主线、三个维度、多个环节”的改革思路，即改革以产业链为主线，从政府、市场、企业三个维度出发，对油气产业上下游各主要环节，包括矿权出让、勘探开发、管网运输、流通、炼化等进行全产业链市场化改革，涉及的面比较广。

混合所有制改革的核心是在国有资本中引入民营资本，增强国有大型油企竞争力，同时进一步提升整个市场的竞争力。长期以来，三大油企一直占据着石化产业链各环节的较大市场份额，因此针对油企的混合所有制改革，应从各个产业链环节逐步进行，增强各个环节的市场竞争力。

上游勘探开发领域具有高技术、高投入的特点，三大油企在该领域占优，以它们作为该板块的主力可以发挥其技术成本优势，同时，适当地给予近年来规模不断壮大、管理不断优化的具有勘探开发技术条件的企业进入该领域的机会，可以增加上游环节的活力，例如，有条件地向一些规模较大的油气工程服务公司放开矿权，引入竞争机制，完善矿权交易市场，通过竞争性出让方式提高该环节的竞争效率，同时要完善持有矿权的标准，达不到投入标准的企业要退出矿权，并允许矿权或股份的转让，对于已经获得矿权的企业可以自主决定是否对外合作，是否引入外资。此外，受到低油价的冲击，2015年我国原油产量增速降低，而油服公司的业绩直接受到原油产量的影响，若油价继续维持低位震荡态势，油服公司的业绩必定会进一步受累，因此，对一些具有规模、技术、资金优势的油气工程服务公司放开矿权，可以保证开工率。2016 年 5 月 26 日，*ST 天利作为中石油集团工程建设业务资产的上市平台，通过发行股份购买资产等方式，收购中石油集团下属的工程建设业务资产，中石油的工程建设板块将形成以工程建设公司、工程设计公司合并后的公司为上游，管道局为中游、寰球公司为下游的格局。整合后的中油管道公司，中国石油持股比例为 72.26%，外部股东持股比例为 27.74%，通过这样重组借壳上市的方式，中石油逐渐实现业务的剥离，也给予了外部资本进入的通道。此外，从国家能源安全的角度来看，目前，加上民间储备，美、日、德的石油储备量分别相当于 158 天、161 天、117 天的石油消费，中国仅为 90～100 天，与上述国家相比还有一定差距，因此，趁低油价时代进行石油战略储备是我国的一个机遇。2015年，国际原油价格整体呈现低位震荡态势，低油价对石化产业链上游企业——油气生产企业产生了大力冲击，总体来看，若油价在较长时间内均保持低位运行，则能源成本对我国改革的制约将极大地降低，能源储备匮乏的问题也能得到一定程度的解决。

我国许多地方小炼厂因不符合国家设定的标准，导致无法获得原油的进口权和使用权，只能以燃料油为原料炼油，因此最终产品往往也达不到国家标准，存在严重的质量问题，但由于缺乏有效监管，这些小炼厂普遍存在，使得炼化环节出现严重的产能过剩问题（图 9-9）。有条件地放开原油进口权或可以稳定产能过剩问题，2015 年 11 月 26 日，发改委发布地方炼厂申报使用进口原油有关问题的复函，函中要求，申报企业在淘汰完毕自有落后装置的前提下，可根据实际淘汰的落后装置能力（包括自有和兼并重组装置）获得用油资质和相应用油数量。从目前已经公示的获准进口原油的炼厂名单来看，地方炼厂合计获得原油进口权 3474 万吨/年，同时承诺淘汰落后产能 3529 万吨/年，现已淘汰完毕的达到 1285 万吨。其次，鼓励一些小炼厂进行重组整合，提高其产品质量和竞争力，对于缓解产能过剩及增强整个炼化环节的竞争性都有好处。

在批发零售环节，我国已允许大量民营资本进入，市场化程度较高，民营加油站在市场竞争中已占据重要位置，基本可与中石油、中石化等特大型油企分庭抗礼。未来市场建设重点仍在建立公平、公正、透明的成品油批发许可政策，鼓励民营企业进行成品油的储运销售。另外，石油本身具有易挥发、易燃易爆等特性，因此其对储存空间及维护的要求较高，这种高要求提高了储运销售行业的成本，在油价低位震荡的态势下，储运销售行业利润空间缩小，引入竞争机制后，谁能在保证质量的情况下率先降低成本，谁就能够抓住批发零售环节的获利机会，因此，民营企业应控制好成本以增强自身的竞

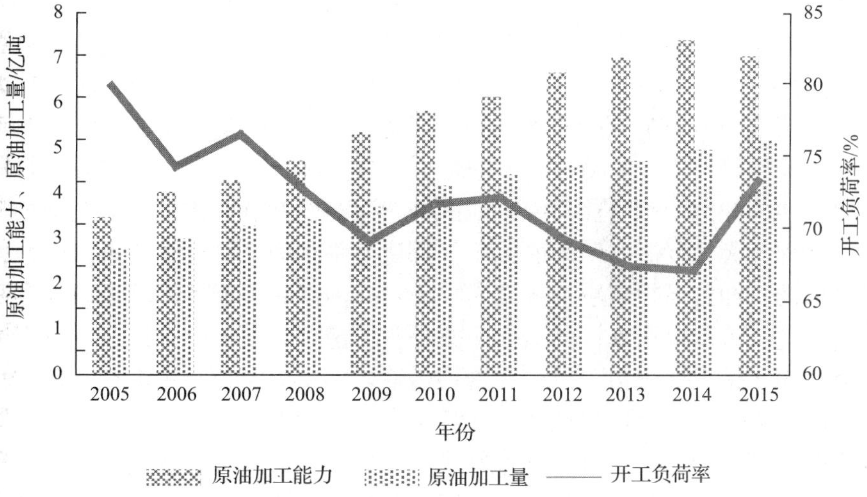

图 9-9　2005～2015 年原油产能

数据来源：Wind 数据库

争优势。

总之，不管对哪一个产业链环节进行改革，最稳健的方式即从公司内部开始改革，通过渐进分离公司的一些业务，进行专业化重组，加快主辅分离，在新成立的公司中，即可引入民营资本，拓宽民营资本的进入渠道。例如，2015 年，中石化下属的仪征化纤和江钻股份已经完成了专业化分工、专业化上市，民营资本已成功注入，一些销售公司也已经完成了民营和社会资本的引入。如此，多环节的产业链开放，对于地方、民营企业是利好的，增加了地方企业、民营企业参与油气投资的机会，降低了油气业务的经营成本。此外，中石油、中石化上游探明未动用储量巨大，如果这些储量能实现有效流转，依靠民营资本的体制优势、成本优势，这些中小企业一定会给市场带来极大的活力。

9.5　石油市场改革相关政策建议

9.5.1　石油贸易与石油安全政策建议

对外依存度过高的问题急需改善，低油价时代迎来解决机遇。本书认为，当前我国石油进出口所面临最大问题在于对外依存度过高，而当前的低油价时代恰好带来了解决问题的历史机遇。应该鼓励企业在低油价时代下进行海外石油投资，并且建立我国自己的石油储备，如此，一旦国际局势有变化，就不会因为石油的进出口问题而被其他国家所牵制，保证了我国的能源安全与国家安全。在低油价时代下，油气企业的经营会有困难，油企不愿意进口更多的石油，因此这就需要我国政府进行适当的补贴，帮企业渡过难关。当油价反弹时，在低油价时代储备的石油资源不但能取得好的经济效益，还预防了由于对外依存度过高的一些潜在安全风险。因此，加大油气企业的进口力度，建立完善的石油储备系统，这是在低油价下，油气企业与国家的战略布局。

进口渠道多样化、多层次、多维度有利于我国能源安全。石油的进口渠道过于单一不利于我国的能源安全战略，而进口地过于分散也不利于我国能源效率的提高，没有一个稳定进口来源地同样影响我国的能源安全战略。因此对于进口地的选择不但涉及成本优势比较，也同样涉及安全环境等多方面考虑。现在我国石油进口战略较为合理，采用的战略为多进口来源地，一方面与中东地区继续保持良好的合作关系，在维持与沙特阿拉伯关系的基础上大力发展与伊朗的关系，深化与中东国家的石油往来。另一方面与安哥拉、俄罗斯的石油贸易往来更加频繁，加大对非洲国家、俄罗斯的进口，有利于摆脱我国石油进口过于依赖中东地区的局面。此外，考虑到我国从中东地区进口石油的运输为海上运输，而从俄罗斯进口可以选择管道运输，出于国家战略考虑，管道运输比海上运输更具优势，管道运输可以保证我国在特殊情况下的石油进口安全。因此，开展多地区、多国家、深入广泛的石油进口合作是十分必要的。我国应该继续维持与传统石油进口来源地沙特阿拉伯、阿曼等地的合作，同时加强与伊朗、非洲国家、俄罗斯的合作关系，这样更能保证我国石油进口的安全。

面对海外石油投资困局，结合当前对于海外石油勘探开发投资的一些成功经验，可以从以下两个方面着手以减少风险造成的损失：第一，国家层面应该制定海外投资大战略，指引油气企业投资。考虑到石油是一种特殊的战略物资，可以给予海外投资一定的税收和政策上的倾斜，如国家可以成立相关产业基金。第二，从油气企业来看，油气企业应该充分利用自己的优势，加强管理与人才建设，与投资国多融入、多沟通，最大限度地规避系统性风险，实现企业利益与国家利益的最大化。

当前正是国际石油行业的低谷期，国际油价大幅下跌。此时正是我国大量扩张，去海外寻求优质石油资源的好时机。石油企业的日子同样难熬，此时国家应从能源安全的角度去考虑，给予企业一定的支持，鼓励企业走出去，鼓励企业去海外投资，而我国的油气企业也应该进行更长远的规划，积极寻求出路，拓宽海外市场。

面对日趋复杂的石油安全环境，保障石油安全的相关政策建议，在没有重大能源技术突破的情况下，我国必将长期以石油作为主要能源，而长期依赖进口石油已经是一个不可逆转的现实。面对当前的情况，应该做好以下四点来保证我国石油安全：第一，建立多层次的石油进口体系。建立石油外交，与多地区深化合作，加大石油进口来源，保证进口渠道的多元化。第二，完善运输安全。中哈石油管道的建成开创了中国陆上管道进口的先例，我国必须减轻对海上石油运输的依赖，加快建设新的原油管道运输网，以提高原油运输效率及安全性。第三，完善石油战略储备，在低油价下多进口原油，多储备原油。第四，积极参与国际原油的定价。第五，在海外投资时，更加注重当地国的政治、文化风险，保证我国的石油安全、能源安全。

9.5.2 成品油定价机制改革政策建议

我国成品油价格改革受阻主要在于成品油价格构成中的成本要素，尤其是税收成本与原油进口成本。中国是原油进口大国，2015 年，我国原油进口依存度已达 60%。作为原油的需求方，油价下跌带来的最大一个好处便是为炼化行业带来成本节约效应，按照 2014 年平均进口价计算，油价每桶下跌 10 美元，就将节约 210 亿美元。从微观层面来看，油价下降有利于降低工业燃料和石化产业成本，增加企业利润，提升产品竞争力，在经济增长动力有所减弱的情况下，要素成本压力的减轻，对经济增长会起到正向推动作用。原油成本直接取决于国际油价，在低油价时期，国际油价的下跌自然而然降低了这一部分的成本，从这个角度来看，此时进行成品油定价机制的改革是一个契机。但原油成本毕竟不是成品油价格的唯一组成部分，税负成本作为另一个大头，不得不加以考虑。

石油期货市场的建立能够实现风险对冲，降低油价波动对国内经济的影响，增强我国在国际金融市场上的话语权。因此我国应该加快石油期货市场建设的脚步，以保持石油产业及国内经济发展的稳定性。同时，政府应该大力促进石油储备体系的建立，根据美、日等国的经验，充足的石油储备是防范石油供应中断、稳定石油价格的最有效的途径，可以通过其来缓冲国际石油供应突然中断的冲击，以及国际油价暴涨的风险，来保障石油供给和消费的安全平稳。

我国目前针对成品油的征税采用的是从量计征的方式，不考虑价格高低，并且存在明显的重复征税的现象，使得成品油价格中税费比例较高，这不仅不符合“税收中性”的原则，也并未起到节能减排的作用。因此，政府应该加快石油税收体系的建设，避免不合理的税费和补贴，简化税制，变更征收环节，调整中央和地方尤其是在资源所在地的分配比例，同时，政府的职能也应随之转变，加强行业监管，推行简政放权，行政和监管相分离，加快完善税收法规。

9.5.3　油企混合所有制改革政策建议

“三桶油”作为国有企业代表，在国民经济中扮演着重要的角色，发挥着“稳定器”的作用。然而，这些大型油企在公司治理结构、监管机制等方面都存在一些问题，在越发激烈的市场竞争下，为维持“稳定器”的作用，保证石油行业良性发展，推进油企混合所有制改革尤为必要。

第一，石油勘探与开采环节应适当引入竞争力量。上游勘探开发领域直接影响国内原油和成品油的供给，进而关系到我国原油供给独立及能源安全问题，因此，该环节应该有序放开。考虑到油价长期低位震荡，对油服行业造成大力冲击，而油服行业业绩水平又受到原油开采量的直接影响，因此，可以考虑向一些规模较大、技术成熟、资金充裕的油服企业开放矿权，保证油服企业的开工率，油服行业经营状况或可得以改善。此外，在引入新的竞争力量后，为了保证竞争优势，三大油企应改进技术及管理方式，产生激励作用。

第二，应促使形成炼化环节公平的多寡头竞争格局。炼化环节具有明显的规模优势，适合规模化经营，但是我国目前小炼厂过多，其中许多不符合国家标准，无论是生产安全还是产品质量都存在问题，造成了目前炼化产能严重过剩的局面。因此，在政府逐渐放开原油进口权的大趋势下，政府应鼓励和指导一些具有技术优势及管理优势的小炼厂进行重组整合，允许淘汰一些落后炼厂，同时要加强市场监管，保证整合过程中的市场秩序稳定。

除上所述，一些配套措施也必须相应地跟进才能保证改革的顺利进行。深化改进企业领导和部门的考核机制和监管机制，调动广大领导和员工的劳动积极性，才能使企业公司制改革的成果保持下去，才能使企业更进一步发展；各油企均应加强技术创新和管理创新的拉动作用，提高投资效益，公司在注重技术创新的同时，也要从过去的粗放式管理逐步向精细管理转变，提高效率，降低成本，推动管理创新。有效的法律法规是改革的依据，目前，石油资源立法层面的有《中华人民共和国矿产资源法》《矿产资源开采登记管理办法》《矿产资源补偿费征收管理规定》和《矿产资源法实施细则》等，然而石油行业最基本的《石油天然气法》却一直未制定，石油储备制度、监管制度、安全预警和事故处理存在法律缺位的现象，因此必须加快建设能对行业起到规范作用的法律法规体系，为油气体制改革创建一个有法可依的环境。

第 10 章 中国天然气市场：市场化改革破题

2015 年，中国天然气需求增速大幅放缓至 3.3%，创 2002 年以来的历史新低；随着供应能力的快速提升，市场呈现出十分明显的宽松态势。国家发展和改革委员会将存量气与增量气门站价格并轨，在“十二五”规划收官之年实现了理顺非居民用气价格“三步走”的目标。尽管如此，中国天然气价格机制扭曲的问题仍未从本质上得到解决，天然气管网改革问题又成为备受关注的新焦点。随着中国经济进入新常态，“十三五”规划期间天然气市场将面临更多的机遇和更大的挑战。本章将重点论述分析如下问题：

- 中国天然气需求的增长潜力
- 中国天然气供应过剩常态化
- 中国天然气价格改革的方向
- 中国天然气管网改革的关键

10.1　中国天然气市场需求现状与展望

10.1.1　天然气需求增速高位回落

中国现代天然气工业的发展始于20世纪中叶的四川盆地，消费市场长期围绕在油气田周边地区（石兴春和李吟天，2002）。1980年国内天然气消费量约为141亿立方米，仅占全国能源消费总量的3.1%，占全球天然气消费总量的1.0%，而当时天然气占全球能源消费总量的比例高达19.5%。中国天然气市场发展历程中具有里程碑意义的事件是20世纪90年代末陕京天然气管道的投产，标志着天然气市场由区域向全国的发展，此后的涩宁兰、陕京二线、陕京三线、西气东输一线、西气东输二线和川气东送及进口液化天然气（Liquefied Natural Gas，LNG）接收站项目的陆续投运掀起了天然气市场发展的高潮。2000年以后，中国天然气消费量开始了突飞猛进的增长，2013年已经达到1705亿立方米，年均增速高达16.1%，远高于同期GDP增速（10.0%）和能源消费总量增速（8.4%），甚至超过电力消费量增速（11.3%），天然气占一次能源消费总量的比例也达到了5.7%。1980～2015年中国天然气消费量及增速如图10-1所示。

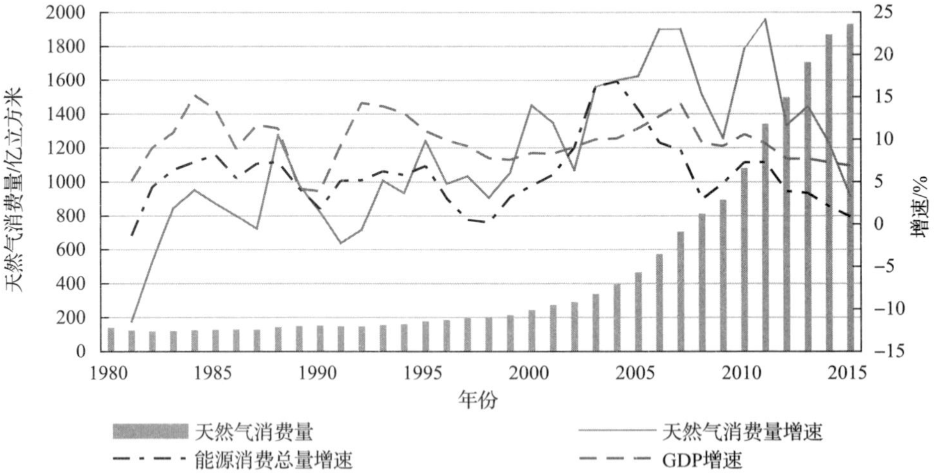

图10-1　1980～2015年中国天然气消费量及增速

数据来源：国家统计局（2015b，2016a）

2014年，受国内经济增速放缓、天然气价格相对偏高、冬季气温相对偏暖等多种因素综合影响，中国天然气消费量增速大幅降至8.6%，创2002年以来的历史新低，尽管如此，仍明显高于能源消费总量增速（2.1%）和电力消费量增速（4.0%），也高于当年的GDP增速（7.3%）。就在2014年，中国取代伊朗，成为仅次于美国和俄罗斯的全球第三大天然气消费国，但消费量仍不足俄罗斯的1/2、美国的1/4，占国内一次能源消费总量的比例不足6%，仍远低于全球平均水平（23.7%）。2015年，中国天然气消费量为1931亿立方米，同比增长3.3%，虽明显低于当年GDP增速（6.9%），但仍高于能源消费总量增速（0.9%）、电力消费量增速（0.5%）和煤炭消费量增速（−3.7%）。

10.1.2 天然气市场重心由内陆向沿海转移

过去 20 多年，中国天然气消费重心呈现出非常明显的由西部资源地向东部、南部沿海经济发达地区转移的特点，且分散度逐渐提高。早在 1990 年，全国只有 19 个地区有天然气消费量数据的统计，其中 9 个地区的消费量不足 1 亿立方米，华东、华南地区多数省份尚无天然气消费数据，全国 80%以上的天然气消费量集中在排名前五位的四川、黑龙江、辽宁、山东、河南五省，其中四川（含重庆）占比高达 37.7%。2000 年，川渝地区仍占全国天然气消费总量的 37.5%，加上新疆、黑龙江和辽宁之后合计占全国天然气消费总量的比例降至 64.6%。2014 年，全国所有省、自治区、直辖市都有天然气供应（西藏通过 LNG 运输），其中消费量排名前五位的地区由高至低依次为新疆、四川、广东、江苏和北京，合计占全国天然气消费总量的比例已经降至 36.8%。具体情况见表 10-1。

表 10-1 1990～2014 年中国分地区天然气消费量

省份	1990 年	1995 年	2000 年	2005 年	2010 年	2014 年
北京	0.83	1.16	10.90	32.04	74.79	113.70
天津	2.45	3.93	5.40	9.04	22.93	45.49
河北	6.07	6.89	7.72	9.14	29.47	56.08
山西	0.60	0.47	1.14	3.24	28.93	50.35
内蒙古			0.01	6.35	45.30	44.53
辽宁	20.42	21.12	20.15	14.81	19.02	84.00
吉林	0.98	1.83	2.98	7.65	22.01	22.58
黑龙江	22.47	25.91	23.04	24.43	29.90	35.48
上海			2.54	18.72	45.01	72.43
江苏	0.38	0.19	0.24	13.62	71.57	127.70
浙江				2.25	31.81	78.16
安徽				0.85	12.48	34.46
福建				0.51	29.10	50.26
江西				0.11	3.85	15.19
山东	14.44	12.85	4.53	17.14	47.01	74.96
河南	10.73	9.37	11.23	23.71	47.15	76.87
湖北	0.58	0.76	0.91	11.11	19.56	40.24
湖南				4.85	11.25	24.40
广东		1.02	1.43	2.49	61.56	133.83
广西				1.12	1.70	8.25

续表

省份	1990年	1995年	2000年	2005年	2010年	2014年
海南			5.28	20.97	29.72	46.00
重庆			33.26	35.50	56.42	82.15
四川	57.51	68.92	58.67	89.52	175.26	165.17
贵州	4.74	5.08	5.72	5.05	4.14	10.62
云南	4.53	4.71	5.17	6.12	3.64	4.63
陕西	0.07	0.38	6.67	18.76	59.19	74.26
甘肃	0.26	0.62	0.85	9.62	14.21	25.20
青海	0.39	0.64	3.91	11.02	23.72	40.59
宁夏	0.07	0.15	0.12	6.63	15.48	17.88
新疆	5.02	11.48	23.44	56.04	80.15	169.87

注：数据来源：国家统计局（2016d），单位：亿立方米。

10.1.3 天然气消费主要集中在工业部门

2014年中国工业天然气消费量高达1221亿立方米，占全国天然气消费总量的65.3%；其次是居民生活消费，2014年消费量为343亿立方米，占比18.3%；另外还有214亿立方米用于交通运输、仓储和邮政业，主要是车用的压缩天然气（Compressed Natural Gas，CNG）和LNG等，占比11.5%，按等热值计算相当于替代约1900万吨成品油，占当年全国汽柴油消费总量的7%左右，如图10-2所示。

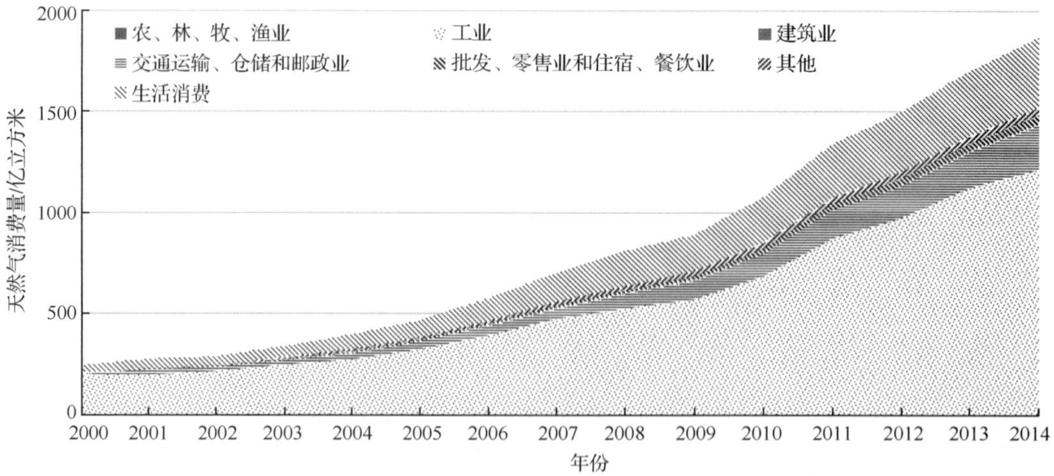

图10-2 2000～2014年中国分行业天然气消费量

数据来源：国家统计局（2016d）

工业天然气利用的部门结构相对分散，如图10-3所示。2014年化学原料和化学制品制造业用气量高达320亿立方米，占工业用气量的比例为26.2%，主要作为生产甲醇、化肥等化工品的原料；其次是电力、煤气及水生产和供应业，消费天然气273亿立方米，占比 22.3%，当年全国燃气发电装机容量 6637 万千瓦，同比增长 16.5%，天然气发电量 1658 亿千瓦时，同比增长 24.4%（中国电力企业联合会，2016）；采掘业用气 167 亿立方米，占比 13.7%，主要是油气田周边生产生活用气；石油加工、炼焦和核燃料加工业用气 142 亿立方米，占比 11.6%，主要是炼厂的制氢原料和动力燃料；非金属矿物制品业用气 93 亿立方米，占比 7.6%，主要作为燃料制造玻璃、陶瓷等产品。

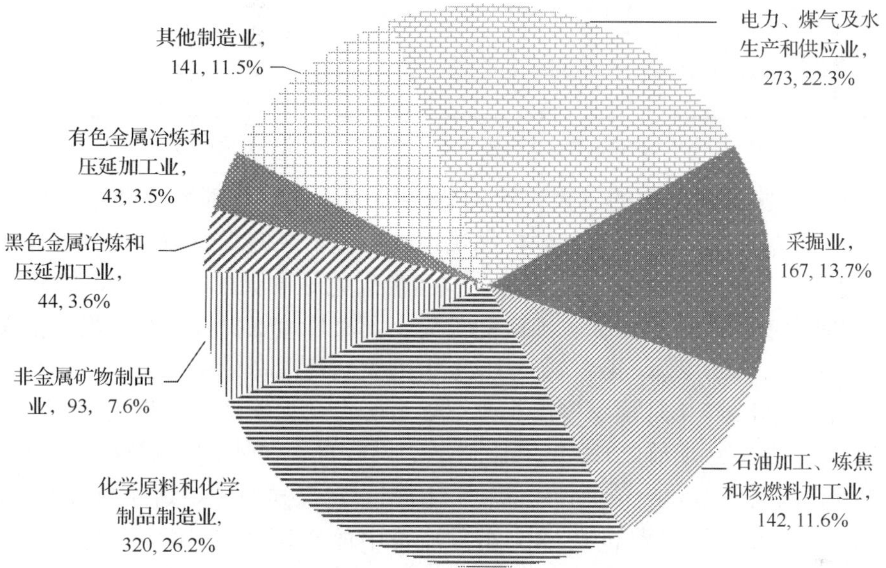

图 10-3　2014 年中国工业分行业天然气消费量及比例

数据来源：国家统计局（2016d），单位：亿立方米，%

10.1.4　生态文明建设成为市场主要驱动力

得益于经济社会快速发展、供应能力大幅提高、储运设施不断完善和长期保持价格优势等诸多因素的共同作用，中国天然气市场经历了 2000～2013 年快速发展的黄金时代，然而随着经济增速的放缓和天然气价格优势的减弱，支撑中国天然气快速发展的基本因素正发生转变，来自宏观政策方面的能源结构优化和环境污染治理需求正成为中国天然气需求增长的主要驱动力量（钱兴坤和姜学峰，2015）。中国以煤炭为主的能源结构和直燃煤比例过高的特点导致了大气污染等一系列严重的环境问题，部分区域已经逼近生态承载力的极限，近年来全国大面积频繁出现的持续雾霾天气就是其直接后果之一，加快推动天然气替代分散煤炭利用则是解决该问题的重要手段之一。技术方面，燃气锅炉的颗粒物、SO_2、NO_X、汞及其化合物四项指标的排放限值较新建燃煤锅炉分别低 60%、83%、33%及 100%（表 10-2），综合能效也比燃煤锅炉高出 10%以上。经济性方面，尽管燃气锅炉的燃料成本明显高于燃煤锅炉，但如果考虑燃气锅炉在固定资产投资、占地面积、水电耗材、人工成本和排污费等方面的节约，燃气锅炉的综合成本与燃煤锅炉大致相同，且产品质量更优、附加值更高。

表 10-2 锅炉大气污染物排放浓度限值

污染物项目	在用锅炉限值		新建锅炉限值		大气污染物特别排放限值	
	燃煤	燃气	燃煤	燃气	燃煤	燃气
颗粒物	80	30	50	20	30	20
二氧化硫（SO_2）	400	100	300	50	200	50
氮氧化物（NO_X）	400	400	300	200	200	150
汞及其化合物	0.05	—	0.05	—	0.05	—
烟气黑度（林格曼黑度，级）	≤1		≤1		≤1	
备注	2015.10.1 起执行		2014.7.1 起执行		重点地区执行	

注：数据来源：《锅炉大气污染物排放标准》（GB 13271—2014），单位：毫克/立方米。

2013 年 9 月国务院出台的《大气污染防治行动计划》特别要求“京津冀区域城市建成区、长三角城市群、珠三角区域要加快现有工业企业燃煤设施天然气替代步伐；到 2017 年，基本完成燃煤锅炉、工业窑炉、自备燃煤电站的天然气替代改造任务”。2014 年 3 月，国家发展和改革委员会、国家能源局、国家环境保护部联合下发《能源行业加强大气污染防治工作方案》，提出到 2015 年中国天然气消费比例达到 7%以上，2017 年达到 9%以上。2014 年 4 月国家发展和改革委员会在《关于建立保障天然气稳定供应长效机制的若干意见》中明确 2020 年累计满足“煤改气”工程用气需求 1120 亿立方米。2014 年 9 月，国家发展和改革委员会发布《国家应对气候变化规划（2014～2020 年）》，提出了“2020 年天然气消费量在一次能源消费中的比例达到 10%以上，利用量达到 3600 亿立方米”的目标。2014 年 11 月国务院发布的《能源发展战略行动计划（2014～2020 年）》进一步提出了“到 2020 年，天然气消费量在一次能源消费中的比例达到 10%以上，煤炭消费比例控制在 62%以内”的目标。

除此之外，在全球气候变化问题备受关注的今天，作为世界上最主要的碳排放大国，中国也已多次向国际社会做出了碳减排的承诺，应对气候变化也成为中国重要的双边外交内容之一。2014 年 6 月，国务院总理李克强访英期间两国政府发表《中英气候变化联合声明》；2014 年 11 月，美国总统奥巴马访华期间两国政府发表《中美气候变化联合声明》；2015 年 11 月，法国总统奥朗德访华期间两国政府发表《中法气候变化联合声明》。2015 年 6 月 30 日，中国政府发布《强化应对气候变化行动——中国国家自主贡献》，提出了“二氧化碳排放 2030 年左右达到峰值并争取尽早达峰；单位国内生产总值二氧化碳排放比 2005 年下降 60%～65%，非化石能源占一次能源消费比例达到 20%左右”的目标。以上政策将有助于大力促进中国天然气需求快速增长。

10.1.5 国内天然气需求增长潜力巨大

加快推动能源消费革命、优化能源结构是解决中国能源环境问题的关键，天然气在其中扮演着十分重要的角色。在新能源和可再生能源技术取得巨大突破之前，天然气将是中国实现能源结构从高碳向低碳转型升级的最现实过渡能源。尽管中国已经是世界第三大天然气消费国，但与国际相比，无论是人均天然气消费量还是天然气占一次能源消费总量的比例还处于相对偏低的水平。对比发达国家的经验规律，中国天然气市场发展尚处于早期阶段，未来仍有较大的发展潜力。2014 年全国人均天然气消费量 135 立方米，天然气占一次能源消费总量的比例约为 5.7%；而全球平均水平分别为 467 立方米和 23.7%，经济合作与发展组织（OECD）的平均水平分别为 1242 立方米和 26.1%（图 10-4）。以 2014 年中国总人口（13.68 亿）和一次能源消费总量（42.6 亿吨标准煤）为基础估算中国天然气需求潜力，若人均天然气消费量能够达到世界平均水平，则天然气需求总量将达到 6389 亿立方米；若天然气占一次能源比例能够达到世界平均水平，则天然气需求总量将达到 7699 亿立方米。

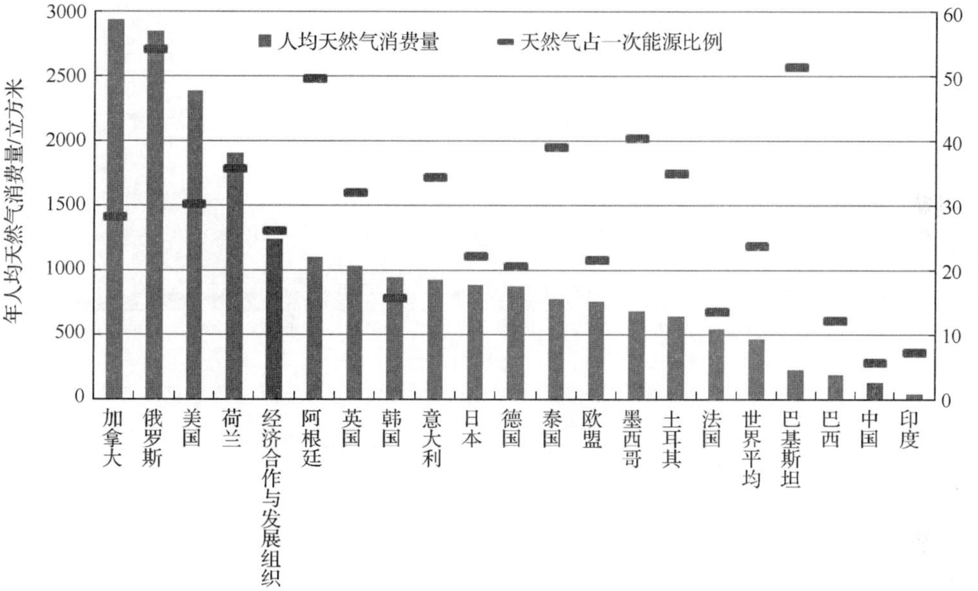

图 10-4　2014 年主要国家和地区人均天然气消费量和天然气占一次能源比例

数据来源：国家统计局（2015b），BP（2015b）

2000～2014 年，中国天然气消费量年均增长 115 亿立方米，其中 2010～2011 年年均增量为 261 亿立方米，假设全国天然气需求能够保持年均 200 亿立方米的增长，则 2020 年需求总量将接近 3000 亿立方米，2030 年接近 5000 亿立方米。然而考虑到当前中国经济形势和天然气价格机制仍然扭曲等问题，实际情况可能不会如此乐观，预计 2020 年全国天然气消费量在 2700 亿立方米左右，2030 年可达 3900 亿立方米。分部门看，居民生活用气仍将保持刚性平稳增长，交通用气需求增量主要来自 LNG 公交和重型卡车，但潜力相对有限，唯有替代分散用煤市场空间最大。

10.1.6　替代煤炭是天然气主要发展方向

2014 年中国煤炭消费总量为 41.2 亿吨，其中发电供热用煤 20.7 亿吨，占比仅为 50.3%，再加上炼焦、制气等其他加工转换消费量合计为 27.2 亿吨，占比仅为 66.1%；另外还有 9.5 亿吨用于工业终端消费，占比高达 23.1%，2.1 亿吨用于居民、商业等其他终端消费，占比 5.1%。参考借鉴发达国家发展历史与经验，煤炭利用结构将逐渐向发电供热等中间转换部门集中，分散用煤将被天然气、电力等清洁能源逐渐替代。如果中国目前近12亿吨直燃煤中的1/2能够被天然气替代，则还可以增加约3000亿立方米的市场空间。目前美国90%以上的煤炭用于发电供热（图10-5）；英国和德国发电供热用煤的比例也高达80%（图10-6），如果加上焦煤比例则可以超过90%；韩国发电供热用煤的比例为60%，但另有28%用于炼钢；日本发电供热和炼钢用煤比例则分别为53%和32%。

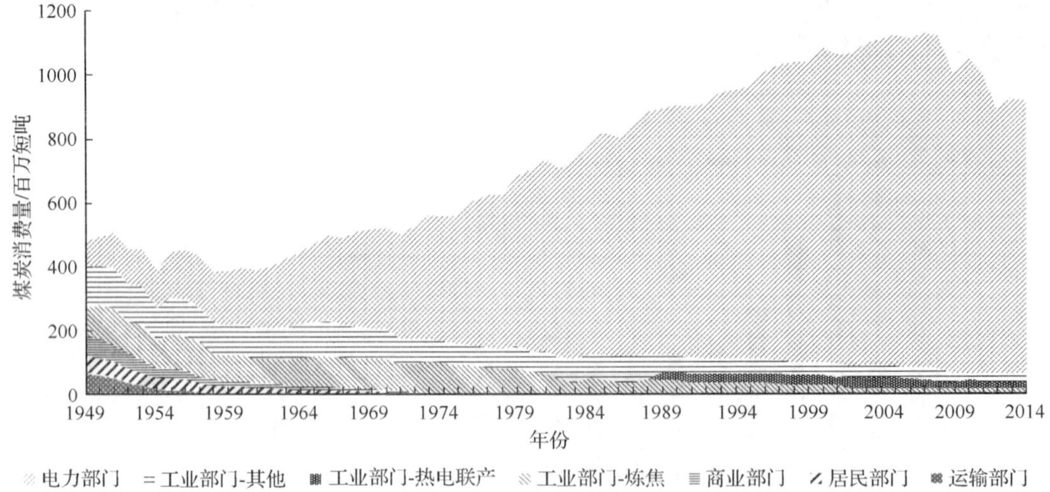

图10-5 1949～2014年美国煤炭利用结构

数据来源：美国能源信息署

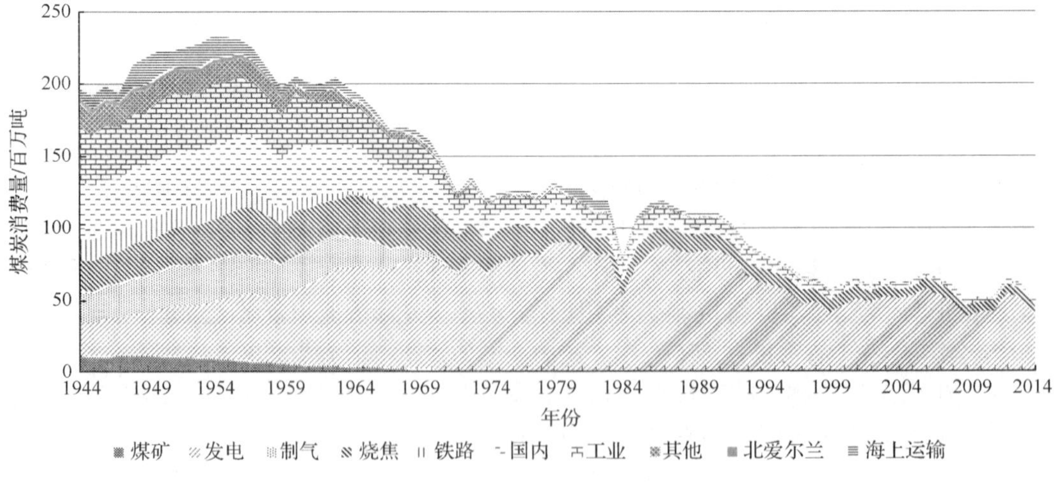

图10-6 1944～2014年英国煤炭利用结构

数据来源：英国能源与气候变化部

除了分散用煤替代，天然气发电在中国也有较大的市场潜力，但仍面临较多的不确定性因素，特别是在电力和煤炭行业产能严重过剩的背景下。2014年中国燃气发电用气占全国天然气消费总量的15%，远低于美国（30.4%）、英国（23.8%）、德国

(36%)、韩国(44%)的水平。截至 2015 年年底，中国天然气发电装机容量 6637 万千瓦，仅占全国总装机容量的 4.4%，天然气发电量 1658 亿千瓦时，占全国总发电量的 3.0%。上述两个指标的世界平均水平分别都在 20%左右(IEA，2015)，如果我国能达到世界平均水平的 1/2，至少可以增加 1000 亿立方米的天然气需求。然而受国内气、电价格机制的约束，天然气发电成本相对较高，以沿海地区超过 2 元/立方米的非居民用气最高门站价格计算，仅燃料成本就达到 0.4 元/千瓦时，明显超过煤电的上网电价，更远高于水电、核电，甚至获得政府补贴后的风电。除了燃料成本，燃机装备购置和养护成本居高不下也是导致气电缺乏竞争力的重要因素，目前中国尚不完全掌握燃机核心技术，整机检修维护、改造升级、部件更换等均依赖原厂商，费用高昂：中国燃气电厂固定成本为燃煤电厂的 90%，美国燃气电厂固定投资成本仅为燃煤电厂的 30%；美国燃气电厂运营维护成本仅为固定投资成本的 15%左右，而中国燃气电厂运营维护则是固定投资成本的 1.4 倍。

10.2　中国天然气供应能力分析

10.2.1　天然气供应能力快速提升

2000～2015 年中国天然气产量从 272 亿立方米增至 1346 亿立方米(图 10-7)，年均增速高达 11.3%，但仍低于同期年均 14.8%的天然气消费量增速。2007 年中国开始成为天然气净进口国，此后天然气对外依存度快速攀升，2010 年达到 11.3%，2014 年已经超过 30%。目前中国已经是全球第六大天然气生产国，且从长期看仍有较大的增长潜力。根据国土资源部 2015 年 10 月发布的《中国矿产资源报告》，截至 2014 年年底

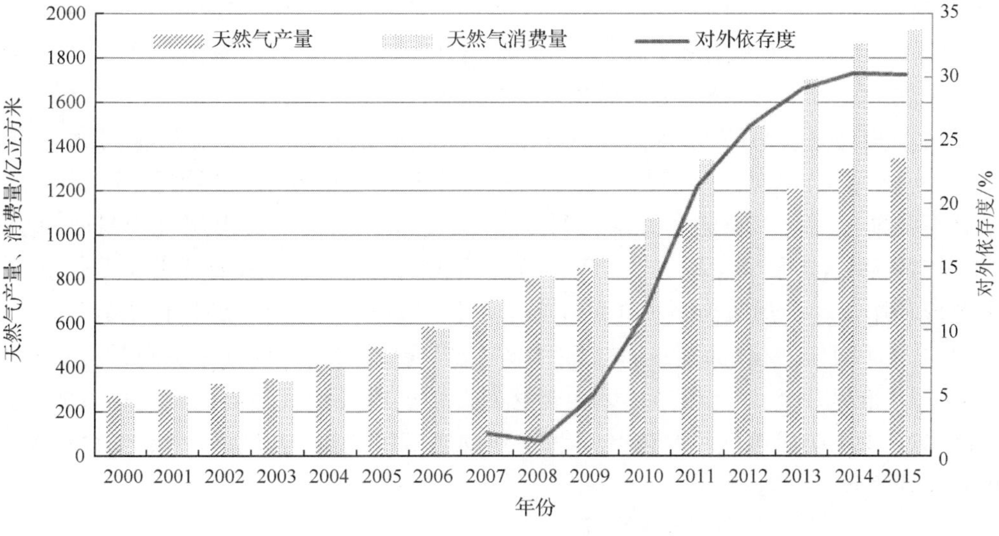

图 10-7　2000～2015 年中国天然气产量、消费量与对外依存度

数据来源：国家统计局(2015b，2016a)

中国常规天然气地质资源量 68 万亿立方米，可采资源量 40 万亿立方米，查明资源储量 4.95 万亿立方米；页岩气地质资源量 134 万亿立方米，可采资源量 25 万亿立方米，查明资源储量 254.6 亿立方米；煤层气地质资源量 36.8 万亿立方米，可采资源量 10.9 万亿立方米。国土资源部在 2015 年 5 月召开的新闻发布会上表示，国内常规天然气已探明地质资源量 12 万亿立方米，探明程度 18%，处于勘探早期，且新增地质储量 90%以上为整装、未开发储量，进一步增储上产的潜力很大。尽管如此，由于中国剩余尚未开采的常规油气资源品质较差，且勘查开采利用难度大，油气资源勘查开采成本正不断增大。

10.2.2 非常规天然气取得突破

2015 年，国内有大量的天然气上游项目建成投产，包括中石油的安岳气田磨溪区块龙王庙组气藏、川东北罗家寨气田，中石化的元坝气田、涪陵气田，以及中海油在南海的东方 1-1 气田等，合计新增产能超过 100 亿立方米/年。特别是页岩气成为当年最大的亮点，2015 年 6 月国土资源部地质调查局发布《中国页岩气资源调查报告(2014)》，对页岩气产业的快速发展给予了高度的肯定。截至 2014 年年底，中国页岩气勘查开发累计投资 230 亿元，钻井 780 口，铺设管线 235 公里，建成 32 亿立方米/年的产能，当年实现产量 13 亿立方米。2015 年 12 月 29 日，中石化宣布涪陵页岩气田已累计生产页岩气 38.88 亿立方米，在 1500 万立方米/天的水平下连续稳产 1 个月，最高日产量 1620 万立方米，完成了 50 亿立方米/年产能建设目标，并计划在 2017 年将产能扩大至 100 亿立方米/年；中国石油四川长宁-威远国家级页岩气产业示范区产能也在 2015 年年底达到 20 亿立方米/年。“十三五”规划期间，中国页岩气的发展仍面临一定障碍，一方面受国内天然气市场低迷的整体形势影响，另一方面则是国内天然气价格水平的下调和财政补贴的压缩。2015 年 4 月，财政部发布通知表示中央财政将继续对页岩气开采企业给予补贴，但补贴标准由 2012～2015 年的 0.4 元/立方米降至 2016～2018 年的 0.3 元/立方米，2019～2020 年为 0.2 元/立方米。

煤层气的问题与页岩气类似，且牵扯更加复杂的矿权等体制机制问题（洪涛，2016)。2015 年全国煤层气（煤矿瓦斯）抽采量 180 亿立方米，利用量 86 亿立方米，其中井下瓦斯抽采量 136 亿立方米、利用量 48 亿立方米，地面煤层气产量 44 亿立方米、利用量 38 亿立方米，与“十二五”规划提出的 2015 年“地面开发 160 亿立方米，基本全部利用，煤矿瓦斯抽采 140 亿立方米，利用率 60%以上”的目标仍有较大差距。2016 年 2 月 14 日，财政部发布通知将“十三五”规划期间煤层气中央财政补贴标准由 0.2 元/立方米提升至 0.3 元/立方米，但相对此前国内天然气最高门站价格大幅下调的 0.7 元/立方米仍明显偏低。在体制问题得到彻底解决之前，煤层气产业仍很难实现预期的跨越式发展。

10.2.3　煤制气发展面临环境制约

除了常规和非常规天然气，中国还有煤制气可以作为备用的补充资源。目前国家发展和改革委员会正式核准在建的煤制天然气项目有四个，合计能力 151 亿立方米/年，截至 2015 年年底，新疆庆华、大唐克旗和内蒙古汇能三个项目的一期工程均已建成投产，合计产能 31 亿立方米/年，大唐阜新煤制气也接近完工。但由于技术路线尚未成熟、环保问题无法解决、生产成本高于市场价格、大量消耗水资源等问题，中国的煤制气项目有重蹈美国“大平原”项目覆辙的危险。2014 年 11 月，国际环保团体绿色和平组织发布调查报告，指出“克旗煤制气示范项目的污染行为，影响了当地居民正常生活，与国家治理环境污染的初衷背道而驰，没有起到示范项目应有的环境表率作用”，同时建议“国家能源局应严控产业规模，以现有煤制气示范项目为基础，做好示范总结经验，在切实解决环境瓶颈前不应核准更多项目；国家环境保护部应尽快从严制定《煤化工污染物排放标准》并加大信息公开力度；国家发展和改革委员会应尽快将煤化工项目纳入碳市场体系”。其中部分建议已经得到了采纳，不仅国家能源局出台了一系列政策对煤化工产业进行积极引导，国家环境保护部更是严格把关，在 2015 年否决了多个煤化工项目的环评。

2015 年 10 月国家发展和改革委员会核准了中石化的新疆煤制气外输管道工程项目（又称新粤浙管道），该项目主要建设内容包括 1 条干线和 6 条支干线，全长合计约 8400 公里。其中干线起自新疆昌吉回族自治州木垒县，终于广东韶关，全长 4159 公里，设计输量 300 亿立方米/年，主供气源为新疆准东综合示范区的煤制天然气（包括中国石化自建的 80 亿立方米/年的煤制气项目及新疆多个煤制气项目）；6 条支干线包括准东支干线、伊犁支干线、南疆支干线、豫鲁支干线、赣闽浙支干线、广西支干线，全长合计 4213 公里。对于国家和企业而言，该项目作为战略性天然气输送通道的意义要远大于煤制气项目的配套工程。

10.2.4　进口管道气供应潜力巨大

2014 年，中国天然气进口量约为 583 亿立方米，包括 313 亿立方米进口管道气和 1985 万吨进口 LNG。进口管道气有中亚天然气管道和中缅天然气管道两条路径，中亚管道气源为土库曼斯坦、乌兹别克斯坦和哈萨克斯坦，进口量分别为 255 亿立方米、24 亿立方米和 4 亿立方米，中缅管道气源则全部来自缅甸，进口量为 30 亿立方米。目前中亚天然气管道 A、B、C 三条线均已投产，合计设计能力为 550 亿立方米/年，D 线境外段也于 2014 年开工建设，原计划 2016 年建成投产，仍存在较大的不确定性。2013 年投产的中缅天然气管道设计能力为 120 亿立方米/年，由于上游资源等问题，实际输量远低于规划。2014 年，中俄东线天然气管道项目正式启动，设计能力为 380 亿立方米/年，预计最快将于 2018 年投产，中俄西线天然气管道项目也在紧张谈判之中（表 10-3）。如果中俄东线天然气管道能够按时投产，2020 年中国进口天然气管道总设计能力将达到 1050 亿立方米/年，远期可增至 1650 亿立方米/年。

表 10-3 中国进口天然气管道情况

项目名称	设计能力	状态	投产时间
中亚天然气管道 A 线	A、B线合计 300	已投产	2009 年 12 月
中亚天然气管道 B 线		已投产	2010 年 10 月
中亚天然气管道 C 线	250	已投产	2014 年 5 月
中亚天然气管道 D 线	300	在建	—
中缅天然气管道	120	已投产	2013 年 7 月
中俄东线天然气管道	380	在建	2018 年
中俄西线天然气管道	300	规划	—

注：数据来源：孙贤胜等（2016），单位：亿立方米/年。

10.2.5 进口 LNG 过剩问题开始显现

2006 年，中海油广东大鹏 LNG 接收站建成投产，揭开了中国进口天然气的序幕。截至 2016 年上半年，中国已有 12 座 LNG 接收站正式建成投产，合计能力高达 5380 万吨/年，均有中石油、中石化和中海油三大公司参控股：中海油广东大鹏、福建莆田、上海洋山、浙江宁波、广东珠海、天津南疆、海南洋浦 7 座 LNG 接收站合计能力 2780 万吨/年，另有粤东和迭福两个项目合计 600 万吨/年能力的 LNG 接收站在建；中石油江苏如东、辽宁大连、河北唐山 3 座 LNG 接收站合计能力 2000 万吨/年，如东、唐山二期建成后合计能力将增至 2600 万吨/年；中石化目前有山东青岛和广西北海 2 座 LNG 接收站建成投产，合计能力 600 万吨/年，另有天津滨海 300 万吨/年能力的 LNG 接收站在建；2015 年，新奥能源舟山 LNG 接收站项目获得国家能源局核准，设计能力 300 万吨/年，预计最快可于 2017 年建成投产，如表 10-4 所示。

表 10-4 中国进口 LNG 接收站情况

名称	地点	设计能力	投产时间	所属企业	状态
广东大鹏	深圳市大鹏湾	680	2006 年 9 月	中海油 33%，BP30%，深圳燃气 10%，粤电集团 6%，其他 21%	已投产
福建莆田	莆田市秀屿港	630	2009 年 7 月	中海油 60%，福建投资 40%	已投产
上海洋山	上海市洋山港	300	2009 年 10 月	中海油 45%，申能集团 55%	已投产
江苏如东	如东县洋口港	350	2011 年 11 月	中石油 55%，新加坡金鹰集团 35%，江苏国信 10%	已投产
辽宁大连	大连市大孤山半岛	1000	2011 年 12 月	中石油 75%，大连港 20%，大连市建设投资公司 5%	已投产
浙江宁波	宁波市北仑区	300	2012 年 9 月	中海油 51%，浙能集团 29%，宁波市电力开发公司 20%	已投产
广东珠海	珠海市高栏港	350	2013 年 10 月	粤电集团 30%，中海油 25%，广州市 25%，粤港投资控股 8%，佛山市、珠海市、中山市、江门市各 3%	已投产

续表

名称	地点	设计能力	投产时间	所属企业	状态
河北唐山	曹妃甸新港工业区	650	2013 年 10 月	中石油 51%，北控集团 29%，河北天然气 20%	已投产
天津南疆	南疆港区	220	2014 年 10 月	中海油 46%，天津港 40%，天津燃气 9%，天津恒融达 5%	已投产
海南洋浦	洋浦经济开发区	300	2014 年 8 月	中海油 65%，海南省发展控股 35%	已投产
山东青岛	青岛市董家口港	300	2014 年 12 月	中石化	已投产
广西北海	北海市铁山港	300	2016 年	中石化，广西投资集团，北部湾国际港务集团	已投产
粤东	揭阳市	200	2016 年	中海油 70%，粤电集团 30%	核准在建
唐山二期	曹妃甸新港工业区	300	2016 年	中石油	核准在建
如东二期	如东县洋口港	300	2016 年	中石油	核准在建
天津滨海	南港工业区	300	2016 年	中石化	核准在建
广东迭福	深圳市大鹏新区	400	2017 年	中海油 70%，深圳能源集团 30%	核准在建
浙江舟山	浙江省舟山市	300	2017 年	新奥集团	核准在建

注：数据来源：孙贤胜等（2016），单位：万吨/年。

上述项目合计 LNG 进口能力高达 7180 万吨/年，约折算为 1000 亿立方米/年，完全能够满足进口需要。除了这些大型 LNG 接收站，中国还有一些中小型的 LNG 储运中转站，如 2008 年投产的上海五号沟项目、2012 年投产的东莞九丰项目、2014 年投产的海南深南项目，设计能力分别为 50 万吨/年、100 万吨/年和 50 万吨/年，目前还有广西防城港、广汇启东、深圳燃气大鹏等项目处于在建，设计能力分别为 60 万吨/年、60 万吨/年、50 万吨/年，预计最快将于 2016 年前后建成投产。

2015 年，中国进口 LNG 主要来自 15 个国家和地区，多元化水平相对较高，其中排名前四位的国家分别是澳大利亚、卡塔尔、马来西亚和印度尼西亚，合计进口量 1647 万吨，占比高达 84%，来自阿曼、美国、挪威、埃及、特立尼达和多巴哥的数量相对较低，在 5 万～7 万吨，来自韩国的数量仅有 14 吨。分公司看，2015 年中石油运营三座 LNG 接收站合计 LNG 进口量为 486 万吨，约占全国总进口量的 25%；中石化山东青岛 LNG 接收站进口 159 万吨，市场份额仅为 8%；中海油进口量则超过 1900 万吨，占比 67%。图 10-8 为 2015 年中国进口 LNG 结构。

截至 2015 年年底，中国三大石油公司有 2480 万吨/年的长贸进口 LNG 合同正在执行，分别是中海油的 1550 万吨、中石油的 300 万吨和中石化的 200 万吨。2016 年，中海油将开始执行与 BG 公司签署的 500 万吨/年的长贸合同，中石油将开始执行澳大利亚 Gorgon 项目 425 万吨/年的长贸合同，中石化也将开始执行澳大利亚 AP LNG 项目 760 万吨/年的长贸合同。加上 2014 年中海油与 BP 签署的 100 万吨/年的购销合同和中石油参与的 Yamal LNG 项目，2020 年中国长贸 LNG 进口合同数量将高达 4185 万吨/年，约折算为 570 亿立方米/年，是 2014 年全国进口 LNG 数量的 2 倍以上。2016 年，

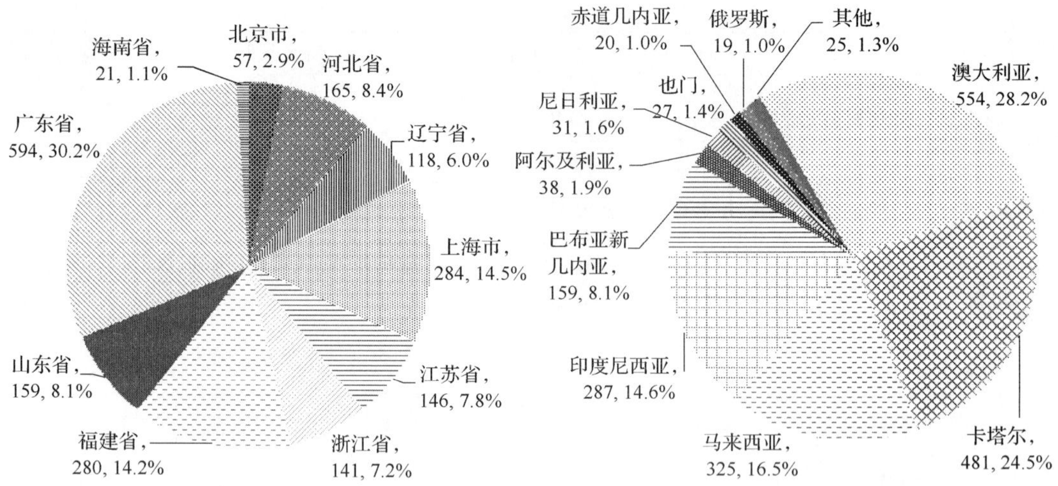

图 10-8　2015 年中国进口 LNG 结构

数据来源：国家海关总署，单位：万吨，%

新奥在新建浙江舟山 LNG 接收站的背景下，先后与美国雪佛龙、法国道达尔和澳大利亚 Origin 签署了 LNG 购销协议或意向书。由于中国对进口天然气和 LNG 接收站建设运营并没有特殊的限制，所以不排除更多的社会单位通过中短期合同或采购现货 LNG 参与 LNG 进口业务。鉴于目前国内天然气市场处于淡季、资源严重过剩的局面，也可能有部分合同仅执行最低照付不议数量或者将资源转售至其他国家。

10.3　中国天然气价格机制

10.3.1　中国天然气价格改革历程漫长

作为具有较强自然垄断属性的商品，中国天然气价格始终受政府严格管制，在新中国成立至改革开放以前的较长一段时间里，天然气价格完全由政府制定。随着国务院组成机构的变化，价格管理权限先后归属原石油工业部、原燃料化学工业部和原国家计划委员会（马松平和马欣，2000），期间尽管经过几次调整，天然气价格仍处于相对较低水平，甚至低于生产供应成本，导致天然气工业发展受到严重制约。1982 年以后，天然气价格机制开始不断改进完善，且更大程度上地方走在了中央的前面、企业走在了政府的前面，在供应侧驱动的发展模式下，最初是川渝地区担当了改革试验的龙头，随着天然气市场重心由内陆资源地向沿海经济发达地区的转移，在中国成为天然气进口国之后，华东、华南地区开始取代川渝成为中国天然气价格改革的先锋。

1）1982～1987 年的井口价格多轨制改革

为解决天然气价格与成本倒挂的问题，鼓励企业增产增销，1982 年 4 月，国务院对四川天然气实施商品量常数包干政策，开启了天然气井口价格的双轨制时代，即同时实施计划内国家定价和计划外市场定价两种机制，同年国务院发布《物价管理暂行条例》，并在1987年和1988年先后发布了《中华人民共和国价格管理条例》和《重要生产资料和交通运输价格管理暂行规定》。1987年《国务院批转国家计委等四个部门关于在全国实行天然气商品量常数包干办法报告的通知》（国发〔1987〕26号）进一步明确："国务院决定在全国实行天然气商品量常数包干，超产部分按高价销售，高、平差价收入作为天然气勘探开发专项基金，以补充天然气工业建设资金的不足，走'以气养气'的路子"，原国家计划委员会、原国家经济委员会、财政部和原石油工业部等四部委还在同年发布了《关于颁发天然气商品量管理暂行办法的通知》（计燃〔1987〕2001号），基本确立了20世纪末中国天然气定价体系的基本框架。

2）1992～1997年的用户价格多轨制改革

1992年，国务院制订天然气价格改革方案，决定四川天然气实行包干内外价格并轨，但根据用户性质不同，城市居民、城市商业、其他工业和化肥用气分类计价；其他油气田天然气出厂价格不并轨，但用户分类计价（毛家义，2015）。1993年，原国家物价局下发《关于四川石油管理局自销天然气实行市场价格的通知》（〔1993〕价工字97号），规定自销气由国家计划内安排的定向定量自销气、超产增加的外供商品气和生产企业节约自用降低损耗而增加的外供商品气三部分构成，自销气在不突破国家规定的最高限价基础上，由企业自主定价。1994年，国务院发布《国务院批转国家计委关于调整原油、天然气、成品油价格请示的通知》（国发〔1994〕26号），决定天然气实行包干内外井口价格"并轨"提价，正式开启了分类用户价格多轨制的时代。调整后的四川天然气每千立方米井口价格如下：化肥用气470元，居民生活用气530元，商业用气670元，其他工业用气490元。其他油田每千立方米天然气井口价格如下：化肥用气440元，居民生活用气460元，其他用气520元。企业自销的天然气中准价格为900元，允许生产企业在不超过10%的范围内浮动。由于自销气与计划气价格差异巨大，该文件在执行过程中受到了四川省政府和当地用气企业的强烈抵制，直至1997年原国家计划委员会下文将计划气与自销气价格并轨后才得到解决。

1997年12月29日，《中华人民共和国价格法》在第八届全国人民代表大会常务委员会第二十九次会议上通过，中华人民共和国主席令第九十二号公布，自1998年5月1日开始执行。该法律规定政府在必要时可以对下列商品和服务价格实行政府指导价或者政府定价：与国民经济发展和人民生活关系重大的极少数商品价格；资源稀缺的少数商品价格；自然垄断经营的商品价格；重要的公用事业价格；重要的公益性服务价格。天然气基本满足以上五个条件之中的四个，因此适用于按照政府指导价或政府定价的模式。该法律同时规定《中央定价目录》由国务院价格主管部门制定、修订，报国务院批准后公布；地方定价目录由省、自治区、直辖市人民政府价格主管部门按照《中央定价目录》规定的定价权限和具体适用范围制定，经本级人民政府审核同意，报国务院价格主管部门审定后公布；省、自治区、直辖市人民政府以下各级地方人民政府不得制定定价目录。2001年和2002年，原国家发展计划委员会先后发布了《政府制定价格行为规则（试行）》《国家计委和国务院有关部门定价目录》和《重要商品和服务价格成本监审暂行办法》；在此基础上，2006年国家发展和改革委员会发布了《政府制定价格行为规则》和《政府制定价格成本监审办法》。

3）2005～2010年的出厂价格改革

2005年是21世纪中国天然气价格机制改革的元年，12月23日，国家发展和改革委员会发布《关于改革天然气出厂价格形成机制及近期适当提高天然气出厂价格的通知》（发改价格〔2005〕2756号），提出了天然气出厂价格改革的目标、原则和具体内容，并适当提高了天然气出厂价格。根据该通知，天然气出厂价格将简化为化肥生产用气、直供工业用气和城市燃气用气三类，并按照计划内外的区别划分为两档价格，同时将改为统一实行政府指导价，根据原油、液化石油气（Liquefied Petroleum Gas，LPG）和煤炭价格五年移动平均变化情况（权重分别为40%、20%和40%）每年调整一次，其中二档气价率先执行，一档气出厂基准价用3年左右时间提高到二档气价水平，但在3～5年的过渡期内暂不随可替代能源价格变化调整。西气东输由于气源地相对独立，且要经过长输管线运输，天然气出厂价格暂按原政策执行。

2007年11月，国家发展和改革委员会发布《关于调整天然气价格有关问题的通知》（发改电〔2007〕301号），将工业天然气出厂基准价格上调0.4元/立方米，但化肥用气、居民生活用气及通过城市燃气公司供应的除工业用户外的其他用户出厂基准价格不调整，为此后的居民与工业用气价格倒挂埋下了伏笔，而该问题直至今日仍未得到有效解决。通知同时提出："鉴于目前国产LNG价格已由市场竞争形成，各油气田供LNG生产企业的天然气出厂价格不再执行中央政府指导价，由供用双方协商确定。"这意味着中央政府自此开始放开了国内LNG价格的管制，尽管如此，出于地方保护主义的动机，仍有个别地方政府以各种形式干预甚至直接制定LNG工厂的气源价格。除此之外，通知还要求理顺车用天然气与汽油的比价关系，引导车用天然气合理消费，按照与90号汽油零售基准价格不低于0.75∶1的比价关系，提高车用天然气销售价格；一步执行到位有困难的地区，可先按不低于0.6∶1的比价关系提高车用天然气价格，以后随汽油价格调整同步调整到位。

2010年5月，国家发展和改革委员会发布《关于提高国产陆上天然气出厂基准价格的通知》（发改电〔2010〕211号），决定取消国产陆上天然气出厂价格双轨制，并统一提高0.23元/立方米，同时扩大价格浮动幅度，供需双方可以在不超过出厂基准价格10%的前提下，协商确定具体价格，部分完成了2005年天然气出厂价格改革的目标。通知还要求："用气量季节差、峰谷差较大的城市，可以研究推行天然气季节性差价、峰谷差价和可中断气价等差别气价政策，以引导用户合理消费，提高天然气利用效率，缓解天然气供应压力"。然而由于该政策对应的只是下游终端销售价格，而非供应侧的出厂价格或门站价格，所以实际意义基本不大。

4）2011～2015年的门站价格改革

2011年12月，国家发展和改革委员会发布通知，决定在广东省、广西壮族自治区开展天然气价格形成机制改革试点，首次提出"天然气价格改革的最终目标是放开天然气出厂价格，由市场竞争形成，政府只对具有自然垄断性质的天然气管道运输价格进行管理"，同时明确了天然气价格改革的总体思路："一是将现行以成本加成为主的定价方法改为按'市场净回值'方法定价。选取计价基准点和可替代能源品种，建立天然气与可替代能源价格挂钩机制。二是以计价基准点价格为基础，考虑天然气市场资源主体流向和管输费用，确定各省（区、市）天然气门站价格。三是天然气门站价格实行动态调整机制，根据可替代能源价格变化情况每年调整一次，并逐步过渡到每半年或者按季度调整。四是放开页岩气、煤层气、煤制气等非常规天然气出厂价格，实行市场调节。”此轮改革过程中，国家发展和改革委员会选取上海作为计价基准点（中心市场），其门站价格按照略低于等热值可替代能源价格的原则确定。可替代能源品种选择燃料油和LPG，权重分别为 60%和 40%，天然气价格暂按可替代能源价格的 90%测算。

以广东、广西的试点改革经验为基础，2013 年 6 月，国家发展和改革委员会发布《关于调整天然气价格的通知》（发改价格〔2013〕1246 号），将天然气价格管理由出厂环节调整为门站环节，门站价格为政府指导价，实行最高上限价格管理，适用范围包括国产陆上天然气、进口管道天然气，页岩气、煤层气、煤制气的出厂价格和液化天然气气源价格则由供需双方协商确定。出于减少对下游用户的影响、平稳推出价格调整方案的目的，国家发展和改革委员会提出了居民用气、非居民用存量气和增量气价格多轨制的模式（2012 年实际使用量为存量气，超出部分为增量气），其中非居民用增量气一步调整到 2012 年下半年以来可替代能源价格 85%的水平，并不再按用途进行分类；化肥用存量气提价幅度不超过 0.25 元/立方米，其他存量气提价幅度不超过 0.4 元/立方米。2014 年 8 月，国家发展和改革委员会发布《关于调整非居民用存量天然气价格的通知》（发改价格〔2014〕1835 号），将非居民用存量气最高门站价格上调 0.4 元/立方米，但化肥和居民用气价格并未调整，同时强调“进一步落实放开进口液化天然气气源价格和页岩气、煤层气、煤制气出厂价格政策”。

2015 年 2 月，国家发展和改革委员会发布《关于理顺非居民用天然气价格的通知》（发改价格〔2015〕351 号），决定自 4 月 1 日起实现非居民用存量气和增量气价格的并轨（化肥企业除外），同时放开天然气直供用户（化肥企业除外）用气门站价格，其中非居民用增量气最高门站价格下调 0.44 元/立方米，非居民用存量气最高门站价格上调 0.2 元/立方米。2015 年 10 月，《中共中央国务院关于推进价格机制改革的若干意见》提出要加快推进能源价格市场化，尽快全面理顺天然气价格，加快放开天然气气源和销售价格，按照“准许成本加合理收益”原则，合理制定电网、天然气管网输配价格。当月发布的《中央定价目录》（国家发展和改革委员会令第 29 号）进一步明确了各省（自治区、直辖市）天然气门站价格由国务院价格主管部门定价，定价范围为国产陆上天然气和 2014 年年底前投产的进口管道天然气，直供用户（不含化肥企业）用气除外。

2015 年 11 月，国家发展和改革委员会发布《关于降低非居民用天然气门站价格并进一步推进价格市场化改革的通知》（发改价格〔2015〕2688 号），揭开了新一轮天然气价格改革的序幕。新机制将非居民用气由最高门站价格管理改为基准门站价格管理，基准门站价格在此前最高门站价格的基础上下调 0.7 元/立方米，化肥用气暂不调整，2016 年 11 月 20 日以后，供需双方可以基准门站价格为基础，在上浮 20%、下浮不限的范围内协商确定具体门站价格，这也意味着此次国内天然气定价并未采用与替代能源价格挂钩的模式。通知同时要求“着力做好天然气公开交易工作”，特别是提出“非居民用气应加快进入上海石油天然气交易中心，由供需双方在价格政策允许的范围内公开交易形成具体价格，力争用 2～3 年时间全面实现非居民用气的公开透明交易”。根据国家发展和改革委员会的解读，天然气价格改革的最终目标是全面市场化，通过交易市场形成公允的天然气市场价格，为全面放开天然气价格创造条件。

10.3.2　中国天然气价格机制仍然扭曲

经过30多年的改革发展，中国天然气价格机制不断完善，但与欧美地区成熟的气-气竞争市场化定价模式仍有较大差距（IGU，2015b），一方面价格多轨制和储气调峰问题仍未得到有效解决，另一方面大幅降价又导致天然气进口企业巨额亏损，更为重要的是，价格改革的范围仍局限于门站价格，对省内天然气管网和城市燃气价格监管的缺位、错位导致中间环节侵蚀了过多的利润，终端价格明显偏高。

1）价格多轨制是市场机制扭曲的重要原因

自2010年以来，中国居民用气门站价格始终未作调整，非居民用气价格通过几次调整提高了0.3元/立方米，使得两者价差进一步扩大。2015年的价格改革尽管实现了非居民用存量气与增量气门站价格的并轨，但居民用气、化肥用气和其他非居民用气价格多轨制仍然存在。居民用气数量核算和门站价格未曾公开、缺乏透明，不仅违背市场经济规律、妨碍公平竞争，还容易导致利益输送等腐败问题。居民生活用气个体用量小，不同时段和季节波动大，在所有天然气用户中供气成本最高；工业用气个体规模大、需求稳定，单位供气成本相对偏低。按照供应成本差异，成熟的天然气市场居民用气价格最高，一般是工业用气价格的2倍左右（图10-9），而中国则恰好相反，以成都市为例，居民用气一档价格为1.89元/立方米，工业用气价格则高达3.23元/立方米。2014年3月，国家发展和改革委员会发布《关于建立健全居民生活用气阶梯价格制度的指导意见》（发改价格〔2014〕467号），要求2015年年底前所有已通气城市均建立起居民生活用气阶梯价格制度，将居民用气量分为三档，一、二档气量分别覆盖区域内80%和95%的居民家庭用户月均用气量，三档气价按1∶1.2∶1.5倍左右的比价安排。尽管如此，国内民用天然气价格仍明显低于工商业，交叉补贴问题非常严重。

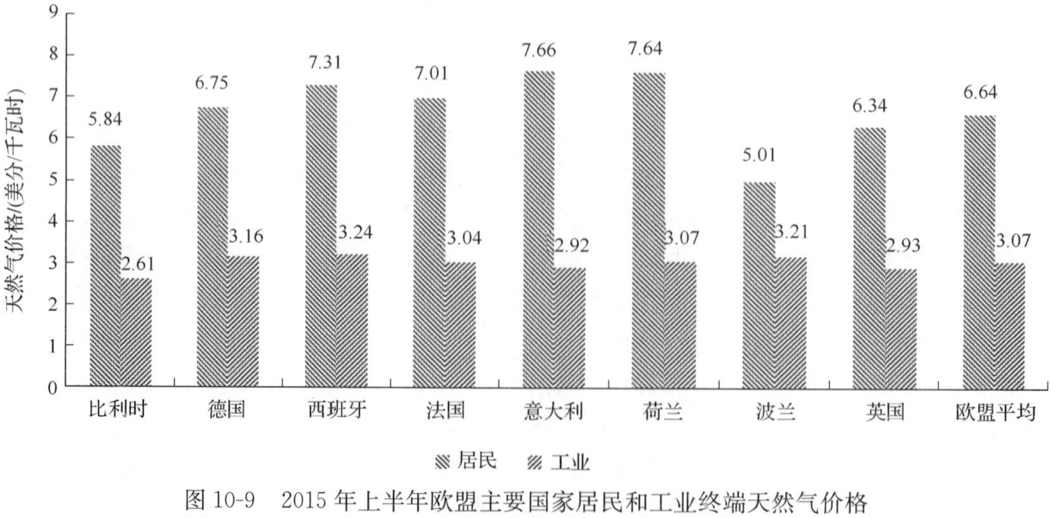

图10-9　2015年上半年欧盟主要国家居民和工业终端天然气价格

数据来源：European Union（2015）

2）进口价格倒挂伤害生产供应企业积极性

除了居民气价与非居民气价倒挂，进口气价与国内气价倒挂也是当前中国天然气市场面临的非常迫切的问题。目前国内除了中海油早期与澳大利亚、印度尼西亚签署的部分进口长贸 LNG 合同（主要供上海、广东和福建 3 省市），中国多数进口天然气项目的合同价格均明显高于国内市场，特别是在此次非居民用气最高门站价格下调 0.7 元/立方米之后。考虑 13%的进口增值税和 LNG 接收站的气化管输费用，按照 2015 年 12 月的进口价格倒挂水平计算，2016 年三大公司进口天然气亏损总额将接近 300 亿元，这还是在国际油价处于历史性低位的情况下。2011～2013 年，仅中国石油一家企业进口天然气的亏损额就高达 1051 亿元；2013 年，即便在国家返还 71 亿元进口增值税的情况下，销售进口气亏损仍高达 419 亿元。当然这个问题并非无法解决，部分国家面对类似的困难已经做出了较好的示范。2015 年年底印度 Petronet 公司在政府的支持下，就通过各种努力成功将与卡塔尔 RasGas 公司签署的长贸 LNG 合同价格由 12～13 美元/百万英热降至 7～8 美元/百万英热，并被免除 15 亿美元的违约金。而就在“十二五”规划期间，来自印度尼西亚和澳大利亚等地区的供应商也通过违约减供等方式施压，多次抬高供应中海油的长贸 LNG 价格。表 10-5 为 2015 年 12 月中国分地区进口天然气价格。

表 10-5　2015 年 12 月中国分地区进口天然气价格

	2015 年 12 月		2015 年全年		非居民用气最高门站价格/（元/立方米）
	数量/万吨	税前单价/（元/立方米）	数量/万吨	税前单价/（元/立方米）	
进口 LNG	210	1.86	1965	2.09	—
北京市	12	2.11	57	2.60	2.00
河北省	36	1.98	165	2.74	1.98
辽宁省	—	—	118	2.61	1.98
上海市	44	1.62	284	1.95	2.18
江苏省	23	2.14	146	2.69	2.16
浙江省	22	1.96	141	2.49	2.17
福建省	19	2.04	280	1.99	—
山东省	16	2.20	159	2.41	1.98
广东省	38	1.48	594	1.55	2.18
海南省	—	—	21	2.22	1.64
进口管道气	38	1.46	342	1.83	—
云南省	4	2.36	40	2.56	1.71
新疆	34	1.36	302	1.73	1.15

注：天然气折算系数取 1.385 立方米/千克，2015 年 12 月美元兑人民币汇率为 6.4476，全年平均汇率 6.2272，增值税率 13%。

数据来源：国家海关总署。

10.3.3 输配气缺乏监管导致费率偏高

天然气产业链从上游气田至终端用户往往涉及长输管道、省内管网、城市燃气等多个环节，市场信号传导时间长、反应滞后，且中间输配环节层层分割、行政垄断、监管缺位的局面也妨碍了市场公平竞争。目前国家发展和改革委员会只负责制定各省（自治区、直辖市）的天然气最高门站价格，区域内天然气配售气价格则由省、市甚至县一级政府分别制定，其过程都缺乏公开透明，不仅标准不一，且难以避免地出现地方保护主义和政企不分的问题。以浙江省为例，非居民用气最高门站价格为 2.17 元/立方米，杭州市一档居民用气价格为 3.10 元/立方米，非居民用气价格为 3.86 元/立方米；宁波市一档居民用气价格 2.95 元/立方米，非居民用气价格 3.42 元/立方米；丽水市一档居民用气价格 2.98 元/立方米，非居民用气价格 3.76 元/立方米。以广东省为例，西气东输二线到广东省的天然气门站价格为 2.18 元/立方米，广东省天然气管网公司销售给各城市燃气公司的“统筹调配”的门站价格为 2.42 元/立方米，即省管网管输价格为 0.24 元/立方米，下游广州市一档居民用气价格为 3.45 元/立方米，非居民用气最高价格则高达 4.36 元/立方米，是最高门站价格的 2 倍，省管网和城市燃气的配售气价格也相当于西气东输从新疆至广东 4000 公里管输费的 2 倍，如表 10-6 所示。类似的问题在国内很多地区都不同程度地存在，以至于下游用户已经开始选择价格更低的 LNG、LPG 等燃料来替代管道天然气。参考成熟天然气市场的发展经验，我国应建立相对独立的监管体系，制定公开透明的定价规则，从中央和地方政府两个层面加强对天然气输配环节费率的监管。

表 10-6 2016 年 1 月部分城市天然气终端价格

城市	民用一档气价	工业用气价格	车用 CNG 价格	非居民用气最高门站价格
石家庄	2.4	3.02	3.5	1.98
太原	2.26	3.2	4.1	1.91
呼和浩特	1.82	2.67	3.56	1.34
郑州	2.25	2.9	3.66	2.01
沈阳	3.3	3.9	5.2	1.98
哈尔滨	2.8	3.8	3.8	1.76
济南	3	3.7	4.2	2.01
南京	2.5	3.11	4.2	2.16
杭州	3.1	3.86	—	2.17
合肥	2.4	3.3	3.63	2.09
南昌	3.2	3.87	4.8	1.96
海口	3.15	3.983	5.35	1.64
长沙	2.45	3.1	4.22	1.96
福州	3.65	3.8	—	—
广州	3.45	4.36	5.92	2.18

续表

城市	民用一档气价	工业用气价格	车用 CNG 价格	非居民用气最高门站价格
桂林	3.3	4.2	5.2	2.01
武汉	2.53	3.493	4.1	1.96
西安	1.98	2.46	3.71	1.34
银川	1.63	2.06	3.02	1.51
乌鲁木齐	1.37	2.39	3.06	1.15
兰州	1.7	1.99	2.9	1.43
西宁	1.48	1.81	1.83	1.27
成都	1.89	3.23	3	1.65
重庆	1.72	2.14	3.27	1.64

注：数据来源：安迅思中国液化天然气市场周报，单位：元/立方米。

10.3.4　净回值定价法仍需进一步完善

目前国内基准点（上海市）天然气最高门站价格按照与燃料油和 LPG 等可替代能源价格以一定比例挂钩的方式计算得出，既无法体现天然气的生产供应成本，又不能准确反映市场供需形势，特别是在中国幅员辽阔、各地区市场差异巨大的背景下。此外由于调价周期较长、时间滞后，也很难体现季节峰谷价格的差异。通常应用市场净回值法的前提是成本加成法下的盈余较多，需要满足产业链各环节均获利的基本前提，否则就将导致资源供应短缺或下游需求不足两种极端现象，正如最近几年国内天然气市场所经历的大起大落过程一样。从发达国家天然气市场发展历程看，“净回值法”相对“成本加成法”虽有进步，但仍属于垄断性定价的范畴，仅仅是过渡阶段采用的方法（林益楷，2014），成熟天然气市场价格机制的最终发展方向仍是竞争性定价。

10.3.5　天然气交易体系是发展的重点

受市场格局、基础设施、体制机制等多种因素制约，中国天然气产业目前尚不具备完全市场化定价的基础，未来一段时间仍需要围绕净回值定价方法逐步改进完善。近期应加快推动居民与非居民气门站价格的并轨，彻底废除价格多轨制，适度扩大价格调整的幅度和频率，提高市场灵活性，同时规范和加强配售气环节及终端销售价格的监督管理；从长远看应加快推动天然气交易中心的建设和发展，通过交易中心确定基准点门站价格。

2015 年 3 月 4 日，上海石油天然气交易中心于在中国（上海）自由贸易试验区（简称上海自贸区）注册成立，初始注册资本金 10 亿元，股东包括新华社、中石油、中石化、中海油、申能、北燃、新奥、中燃、港华、华能等 10 家单位，接受国家发展和改革委员会、国家能源局及商务部的指导和监督，旨在成为具有国际影响力的石油天然气交易平台、信息平台和金融平台。2015 年 7 月 1 日上海石油天然气交易中心正式宣布投入试运行，经过半年多的试运行，中心交易量快速增长，但受体制机制约束，仍未发挥预期的价格发现功能，反而增加了市场参与者的交易成本。

天然气交易中心并不仅仅是一个交易的场所，更重要的是公平、公开、规范、灵活的交易规则。从中国天然气市场的特点来看，上海一个交易中心显然不能满足需要，其浓重的行政化色彩也在某种程度上与市场化基调相矛盾。因此应该进一步打开体制枷锁对天然气市场交易中心的约束，适度放开天然气交易中心价格管制，同时鼓励包括民营、外资在内的各种性质市场主体积极参与，在国内若干个资源汇集点构建多个区域天然气交易中心，共同促进中国天然气市场的发展成熟。目前国内 LNG 市场已经凭借其充足流动性和“互联网＋”的大势孕育了气头网、麦安集、液市网、好气网、淘气网等一系列民间天然气电商平台，甚至 ENGIE 等外资企业也在积极寻求与地方政府合作建立区域天然气交易中心，它们或许也将成为国内天然气交易体系的重要组成。

10.4　中国天然气管网改革研究

10.4.1　输气自然垄断与配气行政垄断并存

与世界上多数国家类似，中国输气管道产业集中度相对较高，具有非常明显的自然垄断特性。截至 2014 年年底，中国天然气管道长度约为 6.3 万公里（不含城市燃气管道），形成了以陕京一线、陕京二线、陕京三线、西气东输一线、西气东输二线、川气东送等为主干线，以冀宁线、淮武线、兰银线、中贵线等为联络线的国家基干管网，干线管网总输气能力达到 2000 亿立方米/年。目前全国跨区域长输天然气管道主要由中石油和中石化两大公司建设运营，其中中国石油运营长度为 5.1 万公里，所占比例接近 80%。部分地方输气管网则由省、市政府授权地方国有企业垄断经营。尽管如此，由于中国天然气市场发展时间较短，1997 年陕京一线作为国内投产首条大口径、长距离、高压天然气管道投产至今不足 20 年，2013 年才实现除西藏外所有省区均连通管道，天然气管网基础设施远未成熟，难以满足市场长期发展需要，仍有陕京四线、西气东输三线、中俄东线天然气管道、新粤浙天然气管道等多个项目核准在建。表 10-7 为中国主要长输天然气管道。

截至 2014 年年底，全国城市燃气供气管道长度 43.5 万公里（住房和城乡建设部，2015），供气总量 964 亿立方米，占全国天然气消费总量的 53%，天然气用气人口 2.6 亿人，占城镇人口的 34.7%。与输气管道的自然垄断不同，城市燃气公司是在地方政府授权下以行政垄断的方式生产经营，其依据于 2004 年 2 月原建设部发布的《市政公用事业特许经营管理办法》（建设部令第 126 号）和 2010 年 11 月国务院发布的《城镇燃气管理条例》（国务院令第 583 号）。2015 年 4 月，国家发展和改革委员会、财政部、住建部、交通部、水利部、人民银行联合发布了《基础设施和公用事业特许经营管理办法》（国家发展和改革委员会令第 25 号），对特许经营方式，协议订立、履行、变更和终止，监督管理和公共利益保障等内容做了更加明确的要求。目前国内有上千家城市燃气企业，已经初步形成了以部分地方国有企业、跨区域集团为主和众多中小民营企业为辅的多种所有制并存的市场格局，中国燃气、华润燃气、北京燃气、昆仑燃气、新奥能源、港华燃气、上海燃气、重庆燃气等全国 15 家大中型城市燃气集团公司所属的燃气企业有 1100 家，其中国有和国有控股占 40.5%、民营企业占 49.8%、外资占 9.7%（吕淼，2015）。

表 10-7　中国主要长输天然气管道

序号	项目名称	设计输量/（亿立方米/年）	干线长度/公里	投产时间	起点	终点	运营单位
1	涯港线	34	778	1996 年 6 月	南海崖 13-1	香港	中海油
2	陕京一线	33	911	1997 年 9 月	陕西靖边	北京石景山	中石油
3	涩宁兰	34	930	2001 年 9 月	涩北 1 号气田	甘肃兰州	中石油
4	西气东输一线	170	3836	2004 年 10 月	新疆轮南	上海白鹤	中石油
5	忠武联络线	50	1364	2004 年 11 月	重庆忠县	湖北武汉	中石油
6	陕京二线	170	983	2005 年 7 月	陕西靖边	北京大兴	中石油
7	冀宁联络线	90	1494	2006 年 1 月	河北安平	江苏仪征	中石油
8	涩宁兰复线	35.5	921	2009 年 11 月	涩北 1 号气田	甘肃兰州	中石油
9	川气东送	120	1702	2010 年 3 月	四川普光	上海白鹤	中石化
10	陕京三线	150	896	2010 年 12 月	陕西榆林	北京良乡	中石油
11	榆济线	30	964	2010 年 12 月	陕西榆林	山东济南	中石化
12	西气东输二线	300	4895	2011 年 7 月	新疆霍尔果斯	广州/上海	中石油
13	长呼复线	80	518	2012 年 10 月	陕西靖边	内蒙古呼和浩特	内蒙古西部天然气
14	中贵联络线	150	1613	2013 年 10 月	宁夏中卫	贵州贵阳	中石油
15	中缅线	100	1727	2013 年 10 月	云南瑞丽	广西贵港	中石油
16	泰青威线	86	1067	2015 年 9 月	山东泰安	山东威海	中石油
17	陕京四线	300	1273	在建	陕西靖边	北京高丽营	中石油
18	西气东输三线	300	5220	在建	新疆霍尔果斯	福建福州	中石油
19	永泰联络线	150	1120	在建	河北永清	江苏泰州	中石油
20	中俄东线	380	3342	在建	黑龙江黑河	上海白鹤	中石油
21	新粤浙管道	300	4159	在建	新疆伊宁	广东韶关	中石化

注：数据来源：孙贤胜等（2016）。

10.4.2　输气管道建设运营的开放程度较高

中央政府并未对天然气储运基础设施的建设运营设置特殊门槛。2004 年国务院改革投资管理体制时发布的《政府核准的投资项目目录（2004 年本）》（国发〔2004〕20 号）曾经明确，跨省（区、市）或年输气能力 5 亿立方米及以上输气管网（不含油气田集输管网）项目由国务院投资主管部门核准，其余项目由省级政府投资主管部门核准。《政府核准的投资项目目录（2013 年本）》（国发〔2013〕47 号）变为“跨境、跨省（区、市）干线管网项目由国务院投资主管部门核准，其余项目由省级政府核准”，不仅取消了5亿立方米的限制，还把中央核准项目范围缩小至干线，另外进口液化天然气接收、储运设施由国务院行业管理部门核准。在2014年本（国发〔2014〕53号）中，增加了“跨境项目报国务院备案”的要求，同时放松了LNG接收站的核准条件，即“新建（含异地扩建）项目由国务院行业管理部门核准，其中新建接收储运能力300万吨及以上的项目报国务院备案。其余项目由省级政府核准。”

不仅如此，中央政府还对天然气管道的建设运营持非常开放甚至积极鼓励的态度。2002年、2004年、2007年、2011年、2015年发布的5个版本的《外商投资产业指导目录》一直把输气管道、储气库的建设运营列为鼓励类。2014年5月发布的基础设施等领域首批80个鼓励社会资本参与建设营运的示范项目（发改基础〔2014〕981号）中，也包括西气东输三线中段、陕京天然气管道四线、如东-海门-崇明岛天然气管道、现有天然气管网改造项目、中石油深圳迭福北LNG调峰站、中石化天津LNG接收站、中石油陕224地下储气库、金坛地下储气库等8个天然气储运项目。

2015年8月和9月，中共中央、国务院先后印发《关于深化国有企业改革的指导意见》（中发〔2015〕22号）、《关于国有企业发展混合所有制经济的意见》（国发〔2015〕54号），要求引入非国有资本参与国企改革，除对自然垄断环节的管网实行国有独资或绝对控股外，放开竞争性业务，允许非国有资本平等进入。在此背景下，中国石油于2015年12月发布公告，宣布将以全资子公司中石油管道有限责任公司（以下简称“中油管道”）作为平台公司，对东部管道、管道联合及西北联合进行整合，旨在建立统一的管道资产运营管理平台，交易后中国石油将持有中油管道72.26%的股权，其他参与此次股权收购的企业还包括国联基金、社保理事会、泰康人寿、宝钢股份、新华人寿、嘉兴农盈、雅戈尔、珠海融油、华宝投资、嘉兴卓睿和中意人寿。

2014年2月，国家能源局发布《油气管网设施公平开放监管办法（试行）》（国能监管〔2014〕84号），旨在“促进油气管网设施公平开放，提高管网设施利用效率，保障油气安全稳定供应，规范油气管网设施开放相关市场行为”，在目前油气行业纵向一体化的体制下，解决上、下游多元化市场主体的开放需求问题。2014年3月，国家发展和改革委员会发布《天然气基础设施建设与运营管理办法》（国家发展和改革委员会令第8号），再次强调“国家鼓励、支持各类资本参与投资建设纳入统一规划的天然气基础设施”，同时明确了政府、天然气销售企业和天然气基础设施运营企业的权利和义务。截至2015年年底，中石油江苏和大连LNG接收站已利用卸船窗口期多次向北京燃气、上海申能、华港燃气、新奥能源、新疆广汇、南京太平洋天然气贸易有限公司等多家第三方主体开放使用。

值得注意的是，1998年6月22日发布的《欧洲议事和理事会98/30 EC指令》关于内部天然气市场的共同规则明文指出：“鉴于长期照付不议合同对确保成员国天然气供应具有市场现实性，当天然气企业因履行照付不议义务而遇到严重的经济困难时，本指令应制定相应的减损规定，但这些减损规定不应破坏本指令的目的，即实现内部天然气市场自由化。在本指令生效以后，为了不妨碍市场的开放，任何照付不议合同的签订或展期都应慎重。”美国在推动天然气市场开放的时候不仅打破了区域垄断，还禁止签订照付不议合同。而目前国内在积极推动天然气基础设施公平开放的同时，却仍鼓励企业大量签署长贸进口合同，这将一方面加重现有企业的困难，另一方面也为新的市场进入者埋下了隐患。

10.4.3　天然气储运基础设施能力严重不足

与多数发达国家相比，中国天然气市场发展时间较短，管道、储气库等储运设施能力难以满足快速增长的市场需求。《油气管网设施公平开放监管办法（试行）》规定："在有剩余能力的情况下，油气管网设施运营企业应向第三方市场主体平等开放管网设施，按签订合同的先后次序向新增用户公平、无歧视地提供输送、储存、气化、液化和压缩等服务"。可见剩余能力才是油气管网设施公平开放的基本条件，而这点目前在中国恰恰无法满足。截至 2014 年年底，中国输气管道长度 6.3 万公里，城市燃气管道长度 43.5 万公里，仅相当于美国 20 世纪 60 年代以前的水平。美国与中国国土面积都在 960 万平方公里左右，但美国输气管道长度从 1985 年开始就稳定在 29 万～30 万英里的水平，是中国的 7.7 倍，配气管道长度截至 2013 年年底达到 125.5 万英里，是中国的 4.6 倍，如图 10-10 所示。美国在 20 世纪 60 年代中期天然气管网就已基本形成，1966 年除夏威夷外所有的州都使用天然气；到 90 年代中期，发达的管道已经能够保障天然气销售不存在距离的障碍。相比之下，中国目前部分市一级行政单位还没有天然气管道连通，只能通过 LNG 槽车开发市场，不仅成本相对偏高，平稳供应也难以得到保障。

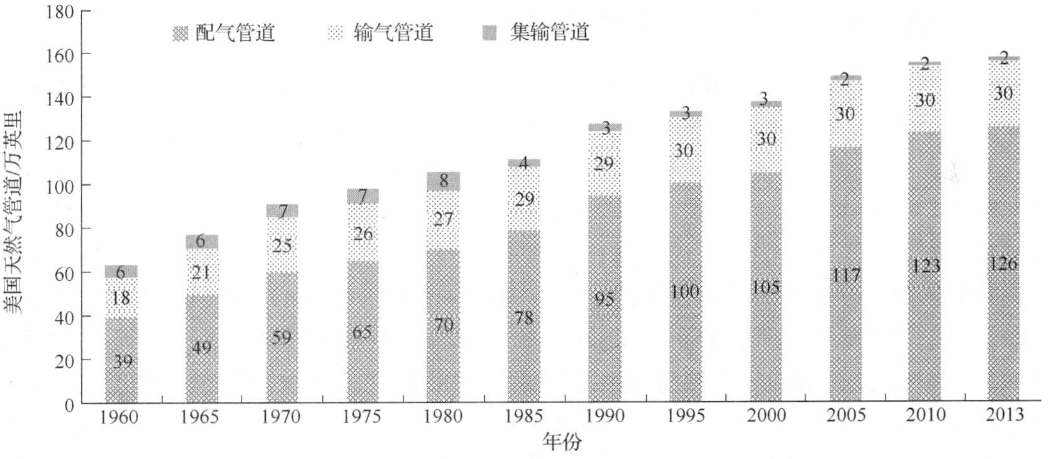

图 10-10　1960～2013 年美国天然气管道长度

数据来源：美国交通部

截至 2015 年年底，国内已建成储气库（群）11 座，形成工作气量 50 亿立方米左右，不足全国天然气消费总量的 3%，远低于 11%的世界平均水平，更不要说欧美成熟市场 20%左右的水平，如表 10-8 所示。储气调峰责任主要由上游企业承担，却没有相应的价格机制提供保障，加上政府频繁干预，照付不议合同也无法正常执行，供应企业不得不采用上游限产、高价采购现货 LNG、中断工业用户等不合理的方式配合调峰，导致气田产能破坏（陆家亮，2009）、进口亏损扩大、法律纠纷不断等一系列问题。尽管中央政府在政策层面积极鼓励各类市场主体参与储气库的建设运营，但价格管制却导致供气企业难以从中获利，只能选择用脚投票。因此价格机制改革才是中国储气库发展的必要条件，即便短期无法形成像欧美成熟市场一样气-气竞争的价格机制，至少也应该体现不同季节的峰谷差异。

表 10-8　欧美主要国家储气库最大工作气能力及占消费量的比例

国家	工作气能力/亿立方米	天然气消费量/亿立方米	比例/%
美国	1355	7594	18
俄罗斯	704	4092	17
德国	233	709	33
意大利	163	568	29
法国	129	359	36
奥地利	74	78	95
匈牙利	63	84	75
荷兰	53	321	17
英国	50	667	7
西班牙	41	263	16

注：数据来源：Cedigaz（2015）。

10.4.4　政策不确定性制约天然气管网发展

随着中国天然气市场的快速发展，“十三五”规划期间越来越多的国内外学者和机构开始关注中国天然气行业体制机制，其中不乏如国际能源署（2012）等知名机构的研究，但也有个别扭曲了发达国家的历史经验，忽视了中国天然气行业发展水平落后西方国家接近 50 年的事实，没有注意到欧美天然气市场改革的前提是成熟的管网设施和完备的监管体系，更不要说中国天然气行业有别于其他国家的特点，仓促提出了拆分管网和建立国家油气管网公司等不合理的建议，对中国天然气管网的建设发展产生了难以估量的负面影响。事实上不仅石油管道与天然气管网存在着本质的区别（李润生和吕建中，2015），成立国家油气管网公司也是用行政垄断取代自然垄断的市场倒退之举，违背了改革的最终目的和基本出发点。一家独大的国家管网公司只存在于国土面积仅相当于中国一个省的欧洲诸国中，或者高度垄断的俄罗斯石油天然气工业，根本无法代表成熟天然气市场的特征。

对照 1992 年颁布的美国联邦管理委员会第 636 号令和 1998 年颁布的欧洲议事和理事会 98/30 EC 指令（西气东输价格研究课题组，2002）可知，国内广泛使用“管网拆分”其实是对“Unbundling”在字面上的误解；由于当前国情、政府治理水平与天然气市场化改革进程不相适应，中国现阶段也不具备实施“网运分开”的条件（张安，2015）。除此之外，天然气管网基础设施不仅仅涉及三大公司运营管理的长输管道和 LNG 接收站，还包括地方国有企业、民营和外资企业掌控的区域天然气管道和城市燃气管网，单纯在企业层面的拆分整合不但难以治本，甚至无法治标。

在当前的产业结构和储运能力背景下，天然气管网的强制拆分或整合对推动市场发展没有任何意义，只会进一步打击投资管网的积极性，提高管理成本、降低运行效率，制约行业的持续健康发展。从问题导向、系统思维、循序渐进的角度出发，完善天然气行业管理体制机制才是当前中国天然气市场改革的关键，其中又以行业管理体制和价格形成机制为重点，当务之急要尽快明确天然气管网体制改革的内容和方向，建立公平开放、自由竞争的市场规则，鼓励并保障各类企业积极投资天然气基础设施建设运营，避免政策的不确定性继续影响相关企业投资发展天然气基础设施的积极性，同时梳理优化天然气行业管理体系，从责权利相一致的角度出发，加强对全产业链的监管能力建设。

第 11 章　中国能源市场发展的机遇与挑战

自改革开放以来，中国经历了从“计划经济”到“市场经济”的转变。在这个过程中，中国能源市场逐步发展，市场化的进程逐步演进，市场监管逐步放开，市场的力量逐步得到发展。市场准入在放宽，以促进一个更加平等开放的能源市场的发展。“十三五”规划乃至“十四五”规划时期，面临经济新常态和推进“一带一路”战略的国际背景，新能源汽车、清洁能源投资、“互联网＋”等新技术、新事物已经呈现出越来越强的发展势头。本章梳理中国能源市场化演进的历程和发展，提出为了让市场在能源供给领域发挥主导作用，在“十三五”规划时期，推进能源市场改革正当其时。同时探讨深入推进改革过程中如何确定合理的政府定位。

本章将从以下方面分别讨论中国能源市场发展所面临的机遇与挑战：

● 中国能源市场发展的机遇有哪些?

● 中国能源市场发展的挑战主要在哪些方面?

● 什么因素掣肘“十三五”规划时期中国能源市场监管?

● 能源效率管理与合同能源管理可否兼顾?未来应该建立怎样的能源监管架构?

11.1 能源市场现状

基于前面 10 个章节的内容，结合今年出台的文件，对于能源市场可以总结出一些观点，并从以下三个方面描述。

11.1.1 市场准入在放宽，促进更加平等开放的能源市场

在煤、气、油、电等不同种类的能源市场上，不同环节进入门槛不同，但供应链上游准入难度较高。具体来看，在煤、气、油、电四种能源市场上，进入或退出的门槛汇总在表 11-1 中。

表 11-1 不同能源市场准入的现状

能源市场	市场准入的现状
煤炭	供给的市场竞争程度最高。打破了行政因素而产生的寡头垄断，使进入和退出行业的壁垒减小，有利于资源的自由进出
天然气	市场存在政策壁垒，应鼓励非国有资本进入，使得现有市场资源配置的效率得以提高（李立群和陈智端，2013）
石油	售油和炼油环节具有不同的市场准入条件，需要分开来看。在供应链的中上游（炼油端和加工端），已经形成了寡头垄断的市场结构，因而进入和退出的门槛都比较高，企业不能自由进出。而在供应链的下游（配送端和销售端），由于市场竞争程度变大，市场结构类型发生变化，因而进入和退出的门槛都比较低，企业可以自由进出
电力	仍需打破垄断并开放进入和退出市场，允许潜在的投资者有同样的机会进入电力行业，从而实现资金的自由流动，促进经济效益的提升，同时提高市场效率

目前及未来的电力改革、油气改革，都已定位在放宽市场准入方面，来扩大能源市场上平等开放的程度。

11.1.2 从计划经济到市场经济，市场化改革在加深

自改革开放以来，中国经济经历了从计划经济到市场经济的转变。这一过程中，中国能源市场逐步发展，市场化的进程不断演进，市场监管逐步放开，市场的力量逐步得到发展。

未来中国能源市场上各个主要能源价格形成机制的市场化改革，仍有望继续推进。如前面所述，目前中国能源市场化改革程度不高，现存体制某些方面与经济社会持续健康发展仍不相适应，其突出表现是价格形成的机制不合理，价格杠杆尚不能很好地起到引导资源配置、调节供需、鼓励竞争的积极作用。另外，能源市场对节能减排、促进能效提升等深层次的作用尚未充分发挥。从这一角度看，能源市场化改革仍需继续推进。

能源价格市场化是能源市场化改革的核心和必然趋势。目前不同能源市场的价格市场化程度不一。具体来看，煤炭定价市场化程度最高，近年来石油和电力等行业的市场化发展已驶入快车道。通过设立并完善与国际油价的沟通机制，成品油价格市场化程度

不断提高；通过理顺煤电联动等重要价格形成机制，电力市场化改革的进程也在加快。此外，天然气市场化改革正在考虑借鉴欧盟经验加快发展。总的来说，能源市场进一步的市场化改革有助于促进市场良性竞争，破除无效垄断，重塑产业结构。

此外，能源市场上金融期货的发展，如石油期货，是价格发现和市场化避险的必然选择，这些能源金融期货产品的发展，将会推动市场化的进程。价格发现是能源期货市场的基本功能，能源期货市场的价格发现功能在国际能源大宗商品的贸易定价中起着至关重要的作用。

11.1.3 电力行业应进一步扩大消费者选择空间，提升各类企业定价自主权

目前，电力行业采用的是“发、输、配、售”不同环节不同价格，有上网电价、输配电价和销售电价。输电和配电的价格由政府决定，发电和售电由市场竞争决定。电力市场改革的下一目标是逐步开放发电侧竞价上网机制。在未来，发电方、输电方和用电方通过谈判协商，输电方根据市场供需状况在一定范围内调整输电电价，输电电价的调整将会由市场供求和输电经营方对经营效益最大化的追求来主导。

此外，特高压电网的建设和运营，将是下一阶段电力市场改革的重要着力点。根据“十三五”规划，首条入京特高压输电通道“锡盟—北京东—山东”的1000千伏特高压工程，将为北京首次使用远距离特高压的清洁能源、吸引各方资金参与特高压电网建设，提供更多的可能。开放特高压电网的建设经营，要求建设特高压电网要有比较明朗、合理的投资回报。而特高压输电电价应合理波动，能反映电力市场供求，可以及时有效地进行价格传导。

11.2 能源市场化演进的历程和发展

11.2.1 改革正当时：让市场在能源供给领域逐步发挥主导作用

当前，能源市场化改革已进入深水区，进一步推进改革正当其时。目前，部分能源行业市场化程度还不高，社会资本不容易进入，新能源和分布式能源发展受到各种限制。例如，电力市场化改革有利于促进能源结构调整和新能源行业的发展。《关于有序放开发用电计划的实施意见》确立了坚持节能减排和清洁能源优先上网的原则，在确保供电安全的前提下，电力系统将优先保障水电和规划内的风能、太阳能、生物质能等清洁能源发电上网，促进清洁能源多发满发，将清洁可再生能源分两类列入优先保障范围。此外，新一轮电改鼓励核电、风电、太阳能发电等尝试参与直接交易机制的发电准入制度。通过新一轮改革，从“供给侧改革”和“输配电分离”等体制方面入手，改变以前电力用户停留在“被动消费”的层面，没有用电的选择权和响应能力这一局面，通过市场手段进行调整，可望解决西部地区的“弃风弃光”情况。

通过进一步推进能源市场化改革，让市场在能源供给领域发挥主导作用，将优化煤炭、原油、天然气、煤层气、水能、核能、风能、太阳能、地热能、生物质能等一次能源和电力、热力、成品油等二次能源，以及其他新能源和可再生能源的供应比例，最终

形成以煤炭为主体、电力为中心、石油天然气和可再生能源全面发展的能源供应格局。

11.2.2　监管不可少：政府在能源市场化改革中寻找合理定位

从以往中国经济发展的实践来看，政府的政策支撑具有“方向性”的引导，有时甚至对某个行业的发展或衰落起到重要（甚至决定性）作用。根据中国的现实国情，在未来，中国能源企业的管理总体方向应该是政企分开，但政府在能源市场改革进程中的宏观调控仍是不可或缺的。不可一味强调市场化改革而忽略政府的监管，应该为政府监管寻找合理的定位。最理想的改革结果是，政府不再越俎代庖直接参与企业日常的经营，决定市场；而是合理运用财政政策和行政手段，成为调控市场的“看得见的手”。

在市场主导的基本格局下，政府应该着重规范能源领域的法律法规建设及增加研发投入，在此基础上依法对能源产业发展实施有效监管。例如，目前在新能源开发领域存在多种问题，如产业竞争无序、市场准入较低、自主创新的动力和能力不足、技术和产业研发投入不足、技术产业的示范与应用推广程度不高等。政府应该重点确立新能源开发领域的相关配套法律法规，增加技术和产业研发投入，扩大新能源和节能环保的自主科学技术，以促进新能源产业的有序健康发展。此外，市场经济条件下的政府监管都是政府依法对市场主体的自由交易行为进行第三方干预，包括事前、事中、事后的干预，能源领域的监管涉及经济性监管和社会性监管（杜悦英，2015）。此外，因为存在着自然垄断的情况，需要政府对价格实施监管，包括价格应反映能源的外部成本（陈楠枰，2015）。最后，在能源市场上可能存在部分企业有强大的市场支配力，甚至可能扭曲竞争，这就需要政府对竞争进行监控，实施必要的反垄断措施。又如，在电力市场上，特高压电网、输配电网经营方在跨区域购售电的市场中所起的作用只是交通运输的路网功能，其经营状况及发展前景受电源发展规划、节能减排等环保政策性影响较大，对走廊资源具有一定的独占性。为避免其过度追求经济效益，损害电力客户的利益，阻碍国民经济的健康发展，输配电价应该接受政府的监管，由政府相关部门制定最高限价。在发电侧和用电侧进行有效的价格传导，有利于灵活可靠、安全高效的电力市场的建立。总之，在电力等主要能源产业竞争时代来临的背景下，应该厘清市场与政府两种手段。

11.3　中国能源市场发展的时代机遇

11.3.1　新能源汽车发展势头正猛，清洁能源投资发展势头良好

与发达国家相比，中国人均机动车保有量仍较低，因此未来相当长一段时间内中国机动车保有量增长空间巨大，新能源汽车（包括纯电动汽车、燃料电动汽车、混合动力汽车、CNG 汽车、LPG 汽车及 LNG 汽车等）发展势头正猛。由于新能源汽车可以显著减少石油消费和二氧化碳排放，中国各级政府对此投入相当大的财政补贴并提供各种政策支持，这些措施促成了新能源汽车销售量的爆发式增长。

早在“十一五”规划期间，新能源的开展建设的投入资金已经超过传统能源。而 2015 年 12 月在巴黎气候变化大会上通过的《巴黎气候协议》，反映了各国在应对气候

变化上的坚定共识，将会进一步加速全球清洁能源转型进程，推动世界各国加速实现非化石能源或可再生能源替代化石能源的进程。自2012年以来，中国已成为全球清洁能源产业的最大投资国，在该产业拥有稳固的领先地位。中国清洁能源发展潜力巨大，其投资的发展势头良好，将会有效促进中国能源市场的可持续发展。

此外，传统化石能源的清洁利用也具有广阔发展前景，将助推清洁能源的规模化发展。天然气是化石能源清洁利用的关键。首先，天然气是清洁的化石能源。在提供相同能量的条件下，天然气燃烧排放的二氧化碳远低于煤炭和石油产品，且几乎没有二氧化硫和粉尘排放（朱成章，2016）。其次，2014年世界一次能源消费中，天然气占比23.7%，中国天然气消费占比5.6%（BP，2015），未来中国天然气利用还有很大的增长空间。再次，风电、太阳能等可再生能源的发展是能源结构转型的必然要求，其装机容量也在快速发展。但是可再生能源具有间歇性、随机性的缺点，且当前占比很少，其发展是一个过程，2015年非化石能源的利用占一次能源的比例约为12%，要在短时间内替代化石能源几乎是不可能的。故天然气的利用是化石能源清洁化利用的关键。目前，中国天然气管道快速建设，已经实现国产气与进口气、常规气与非常规气等不同属地、不同气源天然气的多元化供给。

11.3.2　“互联网+”推进智慧能源发展，催生能源互联网新业态

“互联网+”对传统行业的影响将表现在互联网应用催生多种新兴业态，互联网思维正在重塑甚至颠覆传统行业。在能源市场上，从能源供给侧和需求侧提出基于互联网模式的智慧发展策略，强调传统能源生产、传输、存储、消费及能源市场应与互联网进一步融合。目前，以厦门科华恒盛股份有限公司为代表的一批智慧能源公司已经推出了智慧能源管理云平台。

基于“互联网+”的思维而推进的智慧能源的发展，将产生能源互联网的新业态。在未来，能源市场可以与互联网充分结合，形成“能源互联网”，其含义是综合运用先进的电力电子技术、信息技术和智能管理技术，将大量由分布式能量采集装置、分布式能量储存装置和各种类型负载构成的新型电力网络、石油网络、天然气网络等能源节点互联起来，以实现能量双向流动的能量对等交换与共享网络平台。

11.3.3　“一带一路”背景下国际能源区域间贸易结构新格局正在形成，有利于倒逼运输网络优化

根据“十三五”规划，“一带一路”建设是下一阶段国家重要战略规划。“一带一路”建设将推动区域能源市场一体化的能源合作，既重视能源、交通等硬件基础设施互联互通，还制定和完善全球能源治理原则，并考虑货币、资本、商贸、金融的合作，形成消费国、生产国平等协商、共同发展的合作新格局。

“一带一路”背景下主要能源区域间贸易结构新格局正在形成，有望倒逼煤炭等主要能源产品运输网络的优化。目前，中国铁路线路里程短、路网分布不均，区域间煤炭铁路运输网络通道偏少，部分铁路技术等级低、影响行车效率，客货列车混行，货运品种多，运输压力大。中国煤炭运输中间环节成本高企，未来“一带一路”背景下主要能

源区域间贸易结构新格局的形成，可以促进中国加快煤炭运输专线建设，以缓解煤运紧张。

此外，中国新能源产业正逐步向优势区域集聚，这为未来主要能源区域间贸易结构新格局的形成，以及运输网络的优化提出了新的更高的要求。

11.4　中国能源市场发展面临的挑战

11.4.1　能源市场发展需要适应经济“新常态”和发展新特点

随着中国经济进入“新常态”，能源消费增速将明显减缓。在这一阶段，中国能源市场会出现区别于改革开放以来 30 余年的新特征，主要包括能源需求总量增速放缓、结构加速转型，能源效率提升和能源消费结构低碳化、清洁化等。然而值得注意的是，未来 15 年中国能源需求仍将持续增长，规模巨大，且在全球能耗增量中占据重要份额。能源市场必须适应新的时代特点，巨大规模的能源需求激增，为节能减排提出了新的挑战。在低油价时代下，油气企业的经营会有困难，油企的石油进口量可能降低。这一局面下，中国政府需要对石油企业进行各种形式的帮助和引导，在政策上给予一定的支持，帮助企业渡过难关。

11.4.2　日益趋紧的资源环境约束制约能耗增长

在能源经济的新常态下，中国能源市场的发展正面临日益趋紧的资源环境约束。随着中国经济进入“新常态”，对于经济增长的宏观资源环境的硬约束和刚性压力将逐步强化。首先，自然资源的禀赋结构的变化将严重制约中国经济增长潜力的释放，能源的生产和消费结构失衡构成了资源对经济增长的制约。此外，2012 年以来，以雾霾污染为主要类型的空气污染在中国东部和北部地区频繁发生。伴随经济增长的环境污染的代价越来越大，在国际社会已经引起广泛关注，并对中国的国际形象造成了一定的负面影响。环境质量的恶化同样构成了经济增长的制约。最后，中国已是世界上最大的碳排放国。随着全球变暖，中国面临的减排压力也可能制约经济增长。总之，来自宏观政策方面的能源结构优化和环境污染治理需求变得更加强烈，包括碳排放总量控制、自主减排贡献等。中共中央国务院《关于加快推进生态文明建设意见》要求 2030 年前可再生能源占 30%以上。资源环境约束已不允许再盲目追求高速度的经济增长。

由此，中国政府致力于推进生态文明建设，改善生态环境，旨在缓解宏观资源环境的硬约束和刚性压力，改变中国传统的粗放式、高能耗的经济发展方式，实现产业结构低碳化转型和中国经济的“再平衡”。具体如下，要求深化电力市场改革，促进清洁能源发展，倒逼天然气需求增长（钱兴坤和姜学峰，2015）。

11.4.3　产能过剩和库存风险可能导致部分企业破产重组

产能过剩是供给侧结构性改革的重要原因。经过 30 多年高速发展，电力、煤炭的生产能力已大幅增加，供应短缺已不再是能源市场的主要矛盾。在经济增速放缓、能源经济的新常态下，能源市场出现了供大于求的现象。根据相关学者的预测，煤炭需求有可能已经达到或即将达到峰值，2020 年后煤炭需求很可能持续下降（Hao et al.，2015）。因此，今后一段时间内，通过煤炭行业“去产能”来推动供给侧改革是必然的选择。煤炭行业供给侧改革的政策重心是减少低端落后的产能供给，目的是恢复煤炭供需平衡，使煤炭企业提高供给质量和效率，进而推动结构调整和转型升级。此外，中国钢铁业的多家企业，其破产重组或无法避免。

当前，能源行业有效化解库存风险的重要方面是化解煤炭库存。去库存过程需要在煤炭生产、中转、消费的诸多环节得到彻底实施，从而为煤价的回升提供经济基础。

11.4.4 能源进口依存度快速提升凸显能源安全供应矛盾

在改革开放后 30 余年的发展中，中国能源需求激增，使得油气的对外依存度持续上升（如前所述，这一规律在“进口多样化指数”这一量化指标中得到反映）。以石油为例，目前中国石油的生产量低，消费量高，供需缺口需依赖进口石油满足。其结果是中国的能源安全供应矛盾突出。由于能源消费总量持续快速增长，中国能源的可持续供应面临严峻的资源瓶颈约束，随着中国现代化、城镇化发展步伐加快，应对全球气候变化压力增大，以网络为载体的电力供应安全在能源安全中的作用逐步增大。深化电力体制改革，必须有利于促进电力工业的可持续发展，必须有利于保障国家能源安全。

11.5 中国能源市场的发展监管

11.5.1 能源效率管理与合同能源管理应相互兼顾

过去中国合同能源管理模式，为中国节能环保工作打开思维，为中国绿色发展增添了活力。合同能源管理（Energy Performance Contracting，EPC）通过节能服务公司与用能单位以契约形式约定节能项目的节能目标，节能服务公司为实现节能目标向用能单位提供必要的服务，用能单位以节能效益支付节能服务公司的投入及其合理利润（刘耀中等，2015）。EPC 作为一种新兴科技服务，其机制是“我投资、你节能、共收益”，对现有能源投资体制影响较大。因为 EPC 是以减少的能源费用来支付节能项目全部成本的节能业务方式。这种节能投资方式允许客户用未来的节能收益为工厂和设备升级，以降低运行成本；或者节能服务公司以承诺节能项目的节能效益或承包整体能源费用的方式为客户提供节能服务（潘晔等，2013）。在新的能源市场发展背景下，能源效率管理与合同能源管理有待兼顾。

注重能源效率管理是一个新的趋势。应对重点用能工业企业的节能管理提出具体要求，鼓励重点用能工业企业利用自动化、信息化技术，提高企业能源利用效率和管理水平。完善工业节能管理机制、措施，提升工业企业能源利用效率，加快工业绿色低碳发展和转型升级，鼓励工业企业加强节能技术创新和技术改造。鼓励工业企业创建“绿色工厂”，开发应用智能微电网、分布式光伏发电，发展和使用绿色清洁低碳能源。重点用能工业企业应开展能效水平对标达标活动，争创能效“领跑者”①。例如，可以通过推广碳市场，以促进能源利用效率的提升，从而弥补过去合同能源管理的不足。

11.5.2　能源监管架构需进一步完善和提升

国家能源政策不是一个有机整体，需要服务于国家安全、保障民生、生态环境及经济健康发展这四项具有根本性的广泛的国家目标或者政策，但是它们之间却时常发生冲突（胡德胜，2014）。在上述机遇与挑战并存的背景下，应该建立新的能源监管架构，创新能源市场监管模式，以推动中国能源市场的可持续发展。例如，建立石油基金体系以增强风险管理机制；降低交易门槛以完善市场准入制度；根据电力行业属性，建立与市场相适应的监管体系；发展中国天然气交易体系是该行业监管的重点。进而从新的能源监管架构下，把握机遇，迎接挑战，促进中国能源市场的可持续发展。

①参见 2016 年《中国战略新兴产业》期刊论文“工业节能管理办法出台 鼓励企业创建‘绿色工厂’”。

参考文献

白建华，辛颂旭，刘俊，等. 2015. 中国实现高比例可再生能源发展路径研究. 中国电机工程学报，14：3699-3705.

北京国际能源专家俱乐部. 2011. 国际天然气定价新趋势. 国际石油经济，19(3)：48-52.

陈飞，丁英宏. 2006. 西气东输工程对中西部地区经济与社会协调发展效益考查. 中国石油大学学报(社会科学版)，22(2)：6-9.

陈浩. 2010. 天然气终端价格机制问题的再思考. 重庆理工大学学报：社会科学版，24(5)：61-64.

陈楠枰. 2015. 高世楫：政府应以开放、包容姿态鼓励新业态出现. 交通建设与管理，(15)：49.

陈维青. 2009. 油气勘探成本核算方法比较与应用探讨. 会计之友旬刊，(36)：73-74.

程爱国，宁树正，袁同兴. 2011. 中国煤炭资源综合区划研究. 中国煤炭地质，23(8)：5-8.

程钰，徐成龙，任建兰，等. 2014. 山东省工业结构演变的大气环境效应研究. 中国人口·资源与环境，24(1)：157-162.

从荣刚. 2012. 中国电力价格改革的回顾与反思. 当代经济管理，34(9)：82-85.

戴毓，周德群. 2009. 燃料油期货市场成交量、持仓量与波动性关系. 系统工程理论与实践，29(12)：154-162.

戴毓. 2009. 石油期货市场波动性与风险管理研究. 南京：南京航空航天大学博士学位论文.

董朝阳，赵俊华，文福拴，等. 2014. 从智能电网到能源互联网：基本概念与研究框架. 电力系统自动化，38(15)：1-11.

杜灵通. 2005. 中国天然气资源的分布特征及勘探前景. 油气地质与采收率，12(2)：30-32.

杜悦英. 2015. 简政放权：难在落实，重在问责——专访国务院发展研究中心资源与环境政策研究所所长高世楫. 中国发展观察，(5)：21-22.

樊巍. 2008. 上海期货交易所燃料油期货量价关系的实证研究. 中南财经政法大学研究生学报，(5)：003.

凤凰评论. 2016. 美国原油出口禁令解除的多重影响.[2016-03-01]. http://news. ifeng. com/a/20160106/46960032_0. shtml.

符冠云，郁聪，熊华文. 2012. 典型国家工业化进程中能源强度的变化及启示. 中国能源，34(3)：17-21.

福建价格监测网站. 2016. 2015 年国际大宗商品价格情况及 2016 年走势预测. [2016-06-30]. http://www. fjjg. gov. cn/fjwjj/jgjcw/jgjcbg/webinfo/2016/01/1451957545742411. htm.

福建省物价局. 2016. 2015 年国际大宗商品价格情况及 2016 年走势预测. [2016-06-30]. http://www. fjjg. gov. cn/fjwjj/jgjcw/jgjcbg/webinfo/2016/01/1451957545742411. htm.

高启晨，陈利顶，李国强，等. 2004. 西气东输工程沿线陕西段洪水风险评价. 自然灾害学报，13(5)：75-79.

高世楫. 2014. 能源领域需要政府对竞争进行监控. [2016-06-30]. http://news. xinhuanet. com/energy/2014-09/26/c_127038943. htm.

高天明，沈镭，刘立涛，等. 2013. 中国煤炭资源不均衡性及流动轨迹. 自然资源学报，(1)：92-103.

公丕萍，宋周莺，刘卫东. 2015. 中国与“一带一路”沿线国家贸易的商品格局. 地理科学进展，34(5)：571-580.

龚向前. 2008. 可持续能源法规的经济学分析. 江西社会科学，(7)：79-84.

谷立静，郁聪. 2011. 我国建筑能耗数据现状和能耗统计问题分析. 中国能源，33(2)：38-41.

顾功. 2006. 上海期货交易所燃料油期货价格形成机制的实证分析. 长沙：湖南大学硕士学位论文.

顾京，叶德磊. 2013. 股指期货价格发现功能研究：文献综述. 海南金融，(2)：41-44,56.

顾宇桂. 2008. 我国电气化水平和能源效率关系分析. 中国能源，30(8)：10-12,21.

关军，储成龙，张智慧. 2015. 基于投入产出生命周期模型的建筑业能耗及敏感性分析. 环境科学研究，28(2)：297-303.

观察者. 2015. 中国水电总装机容量占全球四分之一 世界第一. [2016-05-20]. http://www. guancha. cn/economy/2015-05-20-320184. shtml.

观察者. 2016. 五年弃风电量相当于三峡、葛洲坝全年发电量 风电行业要告地方政府. [2016-05-20]. http://www. guancha. cn/Industry/2016-04-02-355847. shtml.

郭礐，孙海萍. 2015. 弃风限电现象背后是规制缺陷. 环境经济，(18)：20-21.

国际货币基金组织. 2016. 世界经济展望最新预测. [2016-06-30]. http://www. imf. org/exfernal/chinese/pubslft/weg120161 update101/pdf/011bc. pdf.

国际能源署. 2012. 天然气定价与监管中国面临的挑战与国际经验借鉴. [2012-12-20]. http://www. iea. org/ publications/freepublications/publication/partner-country-series-gas-pricing-chinese-version. html.

国家发展和改革委员会. 2012. 国务院关于印发节能与新能源汽车产业发展规划(2012—2020 年)的通知 (国发〔2012〕22 号).

国家发展和改革委员会. 2015a. 国家发展改革委关于降低国内成品油价格的通知 (发改电〔2015〕696 号).

国家发展和改革委员会. 2015b. 电动汽车充电基础设施发展指南(2015—2020 年)(发改能源〔2015〕1454 号).

国家发展和改革委员会. 2015c. 我国提交应对气候变化国家自主贡献文件. [2015-12-30]. http://qhs. ndrc. gov. cn/gzdt/201507/t20150701_710232. html.

国家发展和改革委员会. 2015d. 中国应对气候变化的政策与行动 2015 年度报告.

国家发展和改革委员会. 2016. 关于推进“互联网+”智慧能源发展的指导意见(发改能源〔2016〕392 号).

国家发展和改革委员会. 2016a. 各地区 2015 年 1-11 月节能目标完成情况晴雨表. [2016-06-30]. http://hzs. ndrc. gov. cn/newgzdt/20160111_771022. html.

国家发展和改革委员会. 2016b. 关于推进“互联网+”智慧能源发展的指导意义(发改能源[2016]392 号).

国家能源局. 2016a. 解读“互联网+”智慧能源：访中国科学院院士、国家能源局能源互联网专家咨询组组长周孝信. [2016-04-02]. http://www. nea. gov. cn/2016-03/25/c_135222958. htm.

国家能源局. 2016b. 2015 年光伏发电相关统计数据. [2016-04-01]. http://www. nea. gov. cn/2016-02/05/c_135076636. htm.

国家能源局. 2016c. 2015 年风电产业发展情况. [2016-04-01]. http://www. nea. gov. cn/2016-02/02/c_135066586. htm.

国家能源局. 2016d. 京穗两家电力交易中心揭牌. [2016-06-30]. http://www. nea. gov. cn/2016-03/04/c_135155677. htm.

国家能源局. 2016e. 云南力争 2016 年电力市场化交易规模达 500 亿千瓦时. [2016-06-30]. http://www. nea. gov. cn/2016-03/25/c_135223450. htm.

国家能源局. 2016f. 2015 年全国 6000 千瓦及以上电厂发电设备平均利用小时情况. [2016-05-20]. http://www. nea. gov. cn/2016-01/29/c_135056890. htm.

国家能源局. 2016g. 七方面推进能源领域供给侧改革. [2016-04-30]. http://www. nea. gov. cn/2016-02-24/c_135125905. htm.

国家能源局. 2016h. 云南电力市场化交易实现降本增效多方共赢. [2016-03-20]. http://www. nea. gov. cn/2016-03/14/c_135186427. htm.

国家统计局. 2006. 中国统计年鉴 2006. 北京：中国统计出版社.

国家统计局. 2007. 中国统计年鉴 2007. 北京：中国统计出版社.

国家统计局. 2008. 中国统计年鉴 2008. 北京：中国统计出版社.

国家统计局. 2009. 中国统计年鉴 2009. 北京：中国统计出版社.

国家统计局. 2010. 中国统计年鉴 2010. 北京：中国统计出版社.

国家统计局. 2011. 中国统计年鉴 2011. 北京：中国统计出版社.

国家统计局. 2012. 中国统计年鉴 2012. 北京：中国统计出版社.

国家统计局. 2013. 中国统计年鉴 2013. 北京：中国统计出版社.

国家统计局. 2014. 中国统计年鉴 2014. 北京：中国统计出版社.

国家统计局. 2015a. 中国能源统计年鉴 2014. 北京：中国统计出版社.

国家统计局. 2015b. 中国统计年鉴 2015. 北京：中国统计出版社.

国家统计局. 2015c. 2014 年分省(区、市)万元地区生产总值能耗降低率等指标公报. [2016-05-20]. http://www. stats. gov. cn/tjsj/zxfb/201508/t20150813_1230040. html.

国家统计局. 2016a. 2015 年国民经济和社会发展统计公报. 北京：中国统计出版社.

国家统计局. 2016b. 能源革命谱新篇 节能降耗见成效. [2016-04-01]. http://www. stats. gov. cn/tjsj/sjjd/201603/t20160304_1326843. html.

国家统计局. 2016c. 2015年分省(区、市)万元地区生产总值能耗降低率等指标公报. [2016-05-20]. http://www. stats. gov. cn/tjsj/zxfb/201604/t20160420_1346123. html.

国家统计局. 2016d. 中国能源统计年鉴2015. 北京：中国统计出版社.

国土资源部. 2015. 中国矿产资源报告. 北京：地质出版社.

国土资源部. 2016. 全国石油天然气探明储量保持高位增长，产量稳中有增，页岩气增势迅猛. [2016-06-01]. http://www. live. mlr. gov. cn/wszb/2016/kccl/zhibozhaiyao/201604/t20160406_1401284. htm.

国土资源部中国地质调查局. 2015. 中国页岩气资源调查报告(2014). [2015-12-20]. http://www. cgs. gov. cn/xwtzgg/jrgengxin/122749. htm.

国务院. 2013. 国务院关于印发能源发展"十二五"规划的通知(国发〔2013〕2号).

国务院. 2016. 国务院关于煤炭行业化解过剩产能实现脱困发展的意见(国发〔2016〕7号).

何慧刚. 2007. 人民币国际化：模式选择与路径安排. 财经科学，(2)：37-42.

何凌云. 2014. 能源金融若干理论与实践问题研究. 北京：科学出版社.

洪涛. 2016-12-17. 煤层气20年之惑与"十三五"改革法治之路. 中国能源报.

侯艳丽，杨富强. 2007. 2010年及2020年中国煤炭开发利用的外部性成本预测. 中国煤炭，33(8)：11-13.

胡德胜. 2014. 论我国能源监管的架构：混合经济的视角. 西安交通大学学报(社会科学版)，34(4)：1-8.

胡国松，冯雪梅. 2009. 金融危机下的国际石油市场走势与我国对策. 中外能源，14(1)：12-16.

胡俊超. 2008. 市场效率影响因素及提升途径的理论研究. 企业经济，(1)：41-43.

华仁海，陈百助. 2004. 国内、国际期货市场期货价格之间的关联研究. 经济学(季刊)，3(3)：727-742.

华仁海，仲伟俊. 2003. 中国期货市场期货价格收益、交易量、波动性关系的动态分析. 统计研究，(7)：25-30.

华仁海，仲伟俊. 2004. 中国期货市场期货价格波动与成交量和持仓量动态关系的实证分析. 数量经济技术经济研究，21(7)：123-132.

黄晓勇，苏树辉，邢广成，等. 2015. 世界能源发展报告(2015). 北京：社会科学文献出版社.

嵇昊威. 2014. 中国煤炭铁路运输网络可达性演变特征与优化研究. 南京：南京师范大学博士学位论文.

贾康，徐林，李万寿，等. 2014. 中国需要构建和发展以改革为核心的新供给经济学. 经济研究参考，(1)：35-56.

贾若祥，刘毅. 2003. 中国电力资源结构及空间布局优化研究. 资源科学，25(4)：14-19.

江亿，朱安东，郭偲悦. 2015. 消费领域用能特征探究. 中国工程科学，17(8)：122-131.

姜波克. 2011. 国际金融新编. 上海：复旦大学出版社.

焦建玲，廖华. 2008. 燃料油期货市场运行效率实证分析. 中国能源，30(2)：35-38.

焦建玲. 2004. 中国原油价格与国际原油价格的互动关系研究. 管理论坛，16(7)：48-52.

黎灿兵，刘文灿，曹一家，等. 2014. 管制市场中激励分布式能源发电的电能虚拟存储政策. 中国电机工程学报，(19)：3141-3147.

李海英，马卫锋，罗婷. 2007. 上海燃料油期货价格发现功能研究——基于GS模型的实证分析. 财贸研究，18(2)：104-108+115.

李红祥，葛察忠，李娜. 2010. 构建"绿根调控"体系 促进经济结构调整. 环境保护，(15)：30-32.

李俊峰，杨秀，陈怡. 2013. "去煤化"是世界各国能源发展的共同趋势. [2015-12-30]. http://www. ncsc. org. cn/article/yxcg/zlyj/20140400000870. shtml.

李立群，陈智端. 2013. 油气资源产权收益主体及其博弈关系分析——基于陕西省油气资源收益的分析. 会计之友，(20)：32-34.

李润生，吕建中. 2015-12-14. 我国天然气管道体制改革的现实选择. 中国能源报.

李玉发. 2002. 西气东输工程对安徽省经济发展的影响分析. 安徽化工，28(2)：2-4.

梁育填，刘鲁论，柳林，等. 2015. 广东省与"一带一路"沿线国家(地区)出口贸易格局的时空变化. 热带地理，(5)：664-670.

林伯强，黄光晓. 2014. 能源金融. 北京：清华大学出版社.

林益楷. 2014-11-24. 拨开天然气定价"迷雾". 中国能源报.

刘斌. 2013. 基于国家能源战略的我国能源企业大物流模式研究. 天津：天津大学博士学位论文.

刘达，牛东晓，杨光. 2009. 电力市场中的电价影响因素. 陕西电力，37(1)：9-12.

刘舫舸. 2015. 中国经济发展新常态. 经济理论与经济管理，(1)：110-112.

刘慧，叶尔肯·吾扎提，王成龙. 2015. "一带一路"战略对中国国土开发空间格局的影响. 地理科学进展，34(5)：545-553.

刘金朋. 2013. 基于资源与环境约束的中国能源供需格局发展. 北京：华北电力大学博士学位论文.

刘敬青. 2010. 铁路省际煤炭调运的分析与评价. 中国能源，32(10)：20-24.

刘庆富，钟伟俊，陈翔. 2005. 中国期货市场成交量、持仓量与期货价格收益之间动态关系的实证研究. 东南大学学报(哲学社会科学版)，7(4)：45-50.

刘庆富，钟伟俊，梅姝娥. 2005. 空盘量变动对中国期货市场期货价格收益波动性的影响. 系统工程理论方法应用，14(1)：28-32.

刘伟. 2014. 经济"新常态"对宏观调控的新要求. 上海行政学院学报，15(5)：4-14.

刘文超，蔡九菊，张琦，等. 2011. 钢铁企业能耗分析及节能对策研究. 工业炉，33(3)：8-10.

刘艳，黄翔. 2015. "一带一路"建设中国家风险的防控——基于国际法的视角. 国际经济合作，(8)：26-31.

刘艳敏. 2012. 煤炭价格影响因素分析及机制研究. 北京：中国矿业大学(北京)博士学位论文.

刘耀中，陈红宇，杜建斌，等. 2015. 复合型合同能源管理在变频节能改造中的研究及应用. 冶金自动化，(4)：58-63.

刘晔，周志波. 2015. 不完全竞争市场结构下环境税效应研究述评. 中国人口·资源与环境，25(2)：121-128.

刘毅军. 2015. 中国天然气价格形成机制演变及趋势. 天然气工业，35(4)：107-116.

刘作. 2013. 燃料油期货价格波动对我国宏观经济影响的研究. 长沙：长沙理工大学硕士学位论文.

娄素华，吴耀武，黄智，等. 2007. 考虑周调节抽水蓄能电站的调峰电源优化. 高电压技术，33 (9)：80-84.

楼继伟. 国资改革以管资本为主. [2015-12-30]. http://3g. 163. com/ntes/special/0034073A/wechat_article. html?docid=B7JIOPN900253B0H.

鲁刚，魏玢，马莉. 2010. 智能电网建设与电力市场发展. 电力系统自动化，34(9)：1-6.

陆家亮. 2009. 上游调峰对气田开发的影响. 天然气工业，29(9)：64-66.

陆俊宇，刘茂松，徐驰，等. 2013. 苏锡常地区聚落粒级结构特征及其演化. 生态学杂志，32(3)：689-695.

吕淼. 2015. 中国城镇燃气行业发展现状及政策建议. 国际石油经济，23(6)：23-29.

绿色和平. 2014. 示范项目的错误示范：中国首个煤制气项目污染调查. [2014-12-30]. http://www. greenpeace. cn/news/keqi-ctg-pollution. php.

马克思. 2004. 资本论. 北京：人民出版社.

马莉，范孟华，郭磊，等. 2014. 国外电力市场最新发展动向及其启示. 电力系统自动化，38(13)：1-9.

马群. 2007. 论制造成本法的改进. 重庆理工大学学报：社会科学版，21(8)：48-51.

马松平，马欣. 2000. 天然气价格机制与体制. 北京：石油工业出版社.

毛家义. 2015. 中国天然气价格形成机制的历史演变及价格变化综述. 国际石油经济，23(4)：19-27.

孟岩. 2007. 我国煤炭市场运行机制与政府调控政策研究. 长春：吉林大学博士学位论文.

南方都市报. 2016. 让政企分开铺路国企改革. [2016-06-30]. http://news. sina. cn/pl/2016-02-28/detail-ifxpvysv4966351. d. html.

能源观察网. 2014. 各类能源的概念和分类. [2014-12-30]. http://www. chinaero. com. cn/zxdt/nyzqf/2014/07/147106. shtml.

宁亚平. 2012. 作业成本法适用条件调查研究. 财政研究，(3)：79-80.

欧洲时报. 2015. 2015 世界能源统计年鉴：全球一次能源消费增速放缓. [2015-12-30]. http://www. oushinet. com/news/europe/other/20150615/196373. html.

潘晔，黄翰林，王云，等. 2013. 综改区背景下山西合同能源管理的政策研究及发展建议. 经济问题，(9)：115-119.

裴庆冰. 2015. "十三五"能源消费强度和总量控制目标按地区分解方法研究.

钱瑞梅. 2007. 中国燃料油期货价格波动性研究. 广州：暨南大学硕士学位论文.

钱兴坤，姜学峰. 2015. 2014 年国内外油气行业发展报告. 北京：石油工业出版社.

乔纳森·斯特恩. 2014. 全球天然气价格机制. 北京：石油工业出版社.

秦昌波，王金南，葛察忠，等. 2015. 征收环境税对经济和污染排放的影响. 中国人口·资源与环境，25(1)：17-23.

商务部综合司. 2014. 国际商品市场走势. [2014-12-30]. http://zhs. mofcom. gov. cn/article/Nocategory/201411/20141100787753. shtml.

上海证券报. 2015. 国家电网：到 2020 年前保障新能源年均并网 27 GW. 储能科学与技术，(3)：305-305.

上海证券交易所. 2016. 郑州宇通客车股份有限公司 2015 年年度报告.

师博，沈坤荣. 2013. 政府干预、经济集聚与能源效率. 管理世界，(10)：6-18.

石兴春，李吟天. 2002. 中国天然气工业发展研究. 北京：石油工业出版社.

时璟丽. 2008. 关于在电力市场环境下建立和促进可再生能源发电价格体系的研究. 中国能源，30(1)：23-27.

世界银行. 2015. 世界银行调低 2015 年和 2016 年油价及其他主要大宗商品预测. [2015-12-30]. http://www. shihang. org/zh/news/press-release/2015/10/20/world-bank-revises-down-forecasts-for-oil-prices-other-key-commodities-in-2015-and-2016.

世界银行. 2016. 新兴市场国家复苏乏力严重拖累 2016 年全球经济增长. [2015-06-30]. http://www. shihang. org/zh/news/press-release/2016/01/06/anemic-recovery-in-emerging-markets-to-weigh-heavily-on-global-growth-in-2016.

宋洪柱. 2013. 中国煤炭资源分布特征与勘查开发前景研究. 北京：中国地质大学博士学位论文.

宋岩. 2003. 中国天然气资源分布特征与勘探方向. 天然气工业，23(1)：1-4.

宋艺航. 2014. 中国电力资源跨区域优化配置模型研究. 北京：华北电力大学博士学位论文.

宋玉华，林治乾. 2007. 国际石油期货价格与现货价格动态关系的实证研究. 中国石油大学学报：社会科学版，23(5)：1-5.

孙守强，蔡国田，赵黛青. 2011. 广东省煤炭流动格局及其基础设施建设//地理学核心问题与主线——中国地理学会 2011 年学术年会暨中国科学院新疆生态与地理研究所建所五十年庆典论文摘要集：4-5.

孙贤胜，钱兴坤，姜学峰. 2016. 2015 年国内外油气行业发展报告. 北京：石油工业出版社.

碳排放交易网. 2016. 碳交易数据. [2016-04-02]. http://k. tanjiaoyi. com/.

唐葆君，刘江鹏. 2015. 中国新能源汽车产业发展展望. 北京理工大学学报(社会科学版)，17(2)：1-6.

唐葆君，郑茜. 2011. 我国混合动力汽车经济激励政策的效果分析. 中国能源，33(7)：24-29.

唐衍伟，陈刚，李海英. 2007. 中国与国际燃料油期货市场长期均衡的实证研究. 系统工程，25(10)：51-57.

唐志鹏，王亮，刘卫东，等. 2010. 我国区域闭合性煤炭流的时空分析. 自然资源学报，25 (8)：1332-1339.

天工. 2015. 2014 年全国天然气产量为 1329 亿立方米. 天然气技术与经济，(1)：7.

田春荣. 2009. 2008 年中国石油进出口状况分析. 国际石油经济，17(3)：31-39.

田山岗，尚冠雄，唐辛. 2006. 中国煤炭资源的“井”字型分布格局——地域分异性与资源经济地理区划. 中国煤田地质，18(3)：1-5.

汪宁渤，王建东，何世恩. 2011. 酒泉风电跨区消纳模式及其外送方案. 电力系统自动化，35(22)：82-89.

王春亮，宋艺航. 2015. 中国电力资源供需区域分布与输送状况. 电网与清洁能源，(1)：69-74.

王菲菲. 2011. 中国燃料油期货市场价格发现功能研究. 西安：陕西师范大学硕士学位论文.

王国梁，周明春，贾忆民，等. 2007. 天然气定价研究与实践. 北京：石油工业出版社.

王鸿雁，王震，梁猛. 2009. 能源期货与期权交易基础. 北京：石油工业出版社.

王庆一. 2015. 能源数据 2015. 内部资料.

王庆一，肖汀. 2002. 能源效率：市场缺陷与政府职能(二). 中国能源，(1)：6-11.

王群勇，张晓峒. 2005. 原油期货市场的价格发现功能——基于信息份额模型的分析. 工业技术经济，3：72-74.

王帅. 2014. 基于 MCMC 方法国际能源期货市场跳跃溢出效应研究. 济南：山东大学硕士学位论文.

王威，邵山，李磊，等. 2009. 电力市场效率理论及其评价方法. 电网技术，33(14)：66-71.

王炜瀚，杨良敏，徐铮，等. 2011. 人民币国际化视野下中国石油进口的人民币结算探讨. 财贸经济，(1)：108-115.

王衍行，汪海波，樊柳言. 2012. 中国能源政策的演变及趋势. 理论导刊，(9)：70-73.
王怡文，陈奕播. 2009. 基于Copula和EMD的国内燃料油期货价格影响因素研究. 管理学家(学术版)，(5)：30-36.
王宜强. 2015. 碳基能源资源流动过程解析的方法研究. 南京：南京师范大学博士学位论文.
王玉翠，祝华. 2008. 石油企业成本核算方法的分析. 管理观察，(13)：59-60.
王志轩. 2015. 大变化与大趋势(一)："十三五"电力改革与发展现状及展望. 中国电力企业管理，(12)：27-30.
王志轩. 2016. 大变化与大趋势(二)："十三五"电力改革与发展现状及展望. 中国电力企业管理，(1)：38-43.
魏一鸣，焦建玲，廖华. 2013. 能源经济学2版. 北京：清华大学出版社.
魏一鸣，廖华. 2010. 中国能源报告(2010)：能源效率研究. 北京：科学出版社.
魏一鸣，廖华，王科，等. 2014. 中国能源报告(2014)：能源贫困研究. 北京：科学出版社.
魏一鸣，刘兰翠，范英，等. 2008. 中国能源报告(2008)：碳排放研究. 北京：科学出版社.
魏一鸣，吴刚，梁巧梅，等. 2012. 中国能源报告(2012)：能源安全研究. 北京：科学出版社.
吴学旭，杨晓龙. 2015. 经济新常态下煤炭价格下滑的原因及其定价机制研究. 价格月刊，(3)：23-26.
吴宗鑫，腾飞. 2015. 第三次工业革命与中国能源向绿色低碳转型[M]. 北京：清华大学出版社.
西气东输价格研究课题组. 2002. 国外天然气管道运输法规选编. 北京：石油工业出版社.
向松祚. 2015. 中央高层频提"供给侧改革"的深意. 人民论坛，(36)：22-23.
新华网. 2016a. 刘振亚：构建全球能源互联网走向人类可持续发展新时代. [2016-06-30]. http://news. xinhuanet. com/2016-03/30/c_128848480. htm.
新华网. 2016b. 厉以宁：全球能源互联网将加快世界能源变革. [2016-06-30]. http://news. xinhuanet. com/energy/2016-03/30/c_128848991. htm.
新华网. 2016b. 十三五规划纲要(全文). [2016-04-30]. http://news. xinhuanet. com/mrdx/2016-03/18/c_135200215. htm.
徐斌，李玉芝，孙红，等. 2009. 西气东输项目的社会评价——基于沿线11省市居民的问卷调查. 中国国土资源经济，22(7)：29-31，47.
徐洪水. 2004. 人民币国际化的理论分析及战略思考，国际经贸探索，20(5)：35-38.
徐蔚莉，李亚楠，王华君. 2014. 燃煤火电与风电完全成本比较分析. 风能，(6)：50-55.
杨柳勇，史震涛. 2004. 黄金价格的长期决定因素分析. 统计研究，(6)：21-24.
杨松. 2014. 北京能源基础设施建设的重点任务——北京能源消耗结构视角. 全国商情・理论研究，(3)：4-6.
杨足膺. 2013. 中国石油资源流动空间格局演化与形成机制. 南京：南京师范大学博士学位论文.
姚建刚，付维生，陈庆祺，等. 2000. 电力市场中电价与能源及环境保护的研究. 中国电机工程学报，20(5)：71-75.
姚小剑，扈文秀，吴文洁. 2012. 欧债危机下的国际原油价格波动分析. 价格理论与实践，(8)：51-52.
殷孟波，马瑾. 2008. 国际油价变动比较分析. 经济学动态，(9)：125-130.
尹余生，王小伍. 2008. 从全方位评价看发展分布式能源站的必要性. 工业工程，11(1)：15-18.
余道先，王云. 2015. 人民币境外存量、国际收支与人民币国际化进程. 经济理论与经济管理，(4)：89-103.
余木宝. 2016. 全球油气业务并购市场骤冷. 中国石化，(2)：73-75
余晓钟，刘鸿渊，王军. 2009. 油气产业寡头垄断经营效率研究. 经济体制改革，(6)：71-75.
曾林阳. 2008. 国际石油期货价格波动对我国通货膨胀率波动的影响——基于Almon PDL的经验证据. 财经科学，12：36-43.
张安. 2015-11-28. 因地制宜、扎实推进石油天然气体制改革——浅议网运分开、主辅分开. 南方能源观察.
张宏民，廖肇黎. 2009. 上海燃料油期货市场运行效率实证研究. 国际石油经济，17(8)：30-34.
张雷，李艳梅，黄园淅，等. 2011. 中国结构节能减排的潜力分析. 中国软科学，(2)：42-51.
张茉楠. 2015. 全面提升"一带一路"战略发展水平. 宏观经济管理，(2)：20-24.
张清峰. 2015. 原油期货：完善能源合作机制的突破口. 中国石化，(9)：76-77.
张生玲，魏晓博，张晶杰. 2015. "一带一路"战略下中国能源贸易与合作展望. 国际贸易，(8)：11-14.
张天宇. 2011. 基于STR模型的上海燃料油期货价格与现货价格联动关系研究. 大连：东北财经大学硕士学位论文.
张文泉，高玉君. 2009. 电力改革三十年回眸与展望. 华北电力大学学报(社会科学版)，(1)：1-6

张咏梅，张士强. 2010. 我国煤炭成本核算的变迁与启示. 山东社会科学，(9)：109-114.
张云，邓桂丰，李秀珍. 2015. 经济新常态下中国产业结构低碳转型与成本测度. 上海财经大学学报，17(4)：10-20.
张占斌. 2014. 新型城镇化进程中的省直管县改革研究. 西南大学学报(社会科学版)，40(4)：47-54,182.
赵海龙. 2010. 煤炭企业成本核算框架研究. 财政研究，(3)：76-79.
郑亚秋. 2011. 石油期货价格的波动性研究. 重庆：西南大学硕士学位论文.
中共中央、国务院. 关于深化国有企业改革的指导意见. [2015-12-30]. http://mp. weixin. qq. com/s? __biz=MzA4MDA0MzcwMA== mid = 210745662idx = 1sn = 3ddea7f9b3a577cf46311f17cab98dbfscene = 5srcid = 0228HDSryq0Gu8enRXudhlmf#rd.
中国储能网. 2015. 2014年世界各国一次能源消费结构. [2015-12-30]. http://www. escn. com. cn/news/show-246244. html.
《中国电力年鉴》编辑委员会. 2014. 中国电力年鉴2014. 北京：中国电力出版社.
中国电力企业联合会. 2013. 2013电力工业统计资料汇编. 北京：中国电力联合会.
中国电力企业联合会. 2014. 2014电力工业统计资料汇编. 北京：中国电力联合会.
中国电力企业联合会. 2015. 中国电力工业发展现状2014. 中国电力企业联合会报告.
中国电力企业联合会. 2016. 2015年电力工业统计快报. [2016-06-30]. http://www. cec. org. cn.
中国电力企业联合会. 南方电力交易中心运作进入新阶段. [2015-12-30]. http://www. cec. org. cn/zdlhuiyuan-dongtai/dianwang/2015-08-04/141439. html.
中国电力网站. 2016. 2015年全球清洁能源投资额发布. [2016-06-30]. http://hvdc. chinapower. com. cn/news/1040/10403631. asp#fromapp.
中国共产党新闻网. 2015. 2014—2015年世界经济形势回顾与展望. [2015-12-30]. http://cpc. people. com. cn/n/2015/0109/c187710-26358110. html.
中国能源经济研究院. 2014. 中国新能源和可再生能源政策法规汇编. 北京：中国金融出版社.
中国气候变化信息网. 2011. “十二五”各地区节能目标公布. [2015-12-30]. http://www. ccchina. gov. cn/Detail. aspx? newsld=29492&Tid=65.
中国汽车技术研究中心. 2012. 节能与新能源汽车车鉴. 北京:中国经济出版社.
中国社会科学院. 2015. 世界能源中国展望(2014—2015). 北京：中国社会科学文献出版社.
中国社会科学院数量经济与技术经济研究所. 2015. “一带一路”战略：互联互通 共同发展——能源基础设施建设与亚太区域能源市场一体化. 国际石油经济，23(8)：15-23.
中国石油. 2015a. 2015年中国天然气管道建设速览. [2015-12-30]. http://www. cnpc. com. cn/syzs/yqcy/201505/de7b531363ba 498ebb9fd23b3d7564ef. shtml.
中国石油. 2015b. 我国七大陆路进口天然气通道. [2015-12-30]. http://www. cnpc. com. cn/syzs/yqcy/201511/0f15ac208dff406bb 98dc2425c29f234. shtml.
中国证券报. 2015. 伊朗核问题达成全面协议，国际油价将大幅下跌. [2015-12-30]. http://futures. hexun. com/2015-07-16/177588678. html.
中研普华建筑节能行业分析专家委员会. 2015. 2015—2020年建筑节能材料行业深度分析及“十三五”发展规划指导报告. 750133. 深圳：中研普华建筑节能行业分析专家委员会.
中油网. 2013. 最新世界石油储量排名. [2015-12-30]. http://www. cnoil. com/oil/20131111/o536. html.
周篁. 2009. 德阳市能源基础设施恢复重建有关问题的思考. 中国能源，30(9)：12-14,7.
周建为. 2008. 抽水蓄能电站的效益分析. 水力发电，34(2)：88-90.
周明，李庚银，倪以信. 2005. 电力市场下电力需求侧管理实施机制初探. 电网技术，29 (5) ：6-11.
周淑慧. 2001. 我国能源市场消费特点及宏观发展方向分析. 石油库与加油站，(5)：4-7.
周新军. 2009. 我国铁路能源消耗和节能现状. 中外能源，14(3)：87-92.
周新军. 2010. 交通运输业能耗现状及未来走势分析. 中外能源，15(7)：9-18.
周志斌，白兰君. 2004. 美国天然气工业与天然气交易. 北京：石油工业出版社.
周总瑛. 2009. 中国天然气资源特点与发展建议. 新疆石油地质，30(6)：663-666

朱成章. 2016. 我国防止雾霾污染的对策与建议. 中外能源，(6)：1-4.

朱润芝，朱永杰，陆屹，等. 2012. 基于聚类分析的我国各地化石能源足迹与经济发展定量研究. 资源开发与市场，28(9)：813-815,857.

住房和城乡建设部. 2015. 2014 年城乡建设统计公报. [2015-12-30]. http://www. mohurd. gov. cn/wjfb/201507/t20150703_222769. html.

祝波善. 2015. 市场导向 价值导向 创新导向——浅谈工程勘察设计行业的供给侧结构性改革. 中国勘察设计，(12)：14-17.

庄立，刘洋，梁进社. 2011. 论中国自然资源的稀缺性和渗透性. 地理研究，30(8)：1351-1360.

邹骥，滕飞，傅莎. 2014. 减缓气候变化社会经济评价研究的最新进展——对 IPCC 第五次评估报告第三工作组报告的评述. 气候变化研究进展，10(5)：313-322.

邹重恩,李宝仁. 2009. 中美实际汇率变动对两国进出口贸易影响的实证研究. 税务与经济,1：35-40.

中国产业信息. 2015. 2015 年国际原油价格变化趋势及供需结构解析. [2015-12-30]. http://www. chyxx. com/industry/201512/371069. html.

国务院办公厅. 2012. "十二五"国家战略性新兴产业发展规划. [2015-12-30]. http://www. gov. cn/zwgk/2012-07/20/content_2187770. htm.

工业和信息化部. 2016. 工业节能管理办法出台鼓励企业创建"绿色工厂". 中国战略新兴产业,(11):13.

2012. "十二五"国家战略性新兴产业发展规划(摘选). 信息技术与信息化，(4)：1-5.

2016. 工业节能管理办法出台 鼓励企业创建"绿色工厂". 中国战略新兴产业，(11)：13.

Aden N T, Sinton J E. 2006. Environmental implications of energy policy in China. Environmental Politics, 15(2): 248-270.

Arrow K J, Chang S S L. 1982. Optimal pricing, use, and exploration of uncertain natural resource stocks. Journd of Environmental Economics & Management, 9(1): 1-10

Bacon R W, Besant-Jones J. 2001. Global electric power reform, privatization, and liberalization of the electric power industry in developing countries. Annual Review of Energy and the Environment, 26(1): 331-359.

Baillie R T, Booth G G, Tse Y, et al. 2002. Price discovery and common factor models. Journal of Financial Markets, 5(3): 309-321.

Bekiros S D, Diks C GH. 2008. The relationship between crude oil spot and futures prices: Cointegration, linear and nonlinear causality. Energy Economics, 30(5): 2673-2685.

Bessembinder H, Seguin P J. 1992. Futures trading activity and stock price volatility. Journal of Finance, 47(5): 2015-2034.

Bessembinder H, Seguin P J. 1993. Price volatility, trading volume and market depth: evidence from futures markets. Journal of Financial and Quantitative Analysis, 28(1): 21-39.

Bigman D, Goldfarb D, Schechtman E. 1983. Futures market efficiency and the time content of the information sets. Journal of Futures Markets, 3(3): 321-334.

Booth G G, Lee T H, Tse Y. 1996. International linkages in the Nikkei stock index futures markets. Pacific Basin Finance Journal, 4: 59-76.

BP. 2001. World Energy Statistical Review 2001. London: BP.

BP. 2013. World Energy Statistical Review 2013. London: BP.

BP. 2015. World Energy Statistical Review 2015. London: BP.

BP. 2015a. 2035 World Energy Outlook . London: BP.

BP. 2015b. World Energy Statistical Review 2015. London: BP.

BP. 2016. BP Statistical Review of World Energy 2016. London: BP.

Burke P, Liao H. 2015. Is the price elasticity of demand for coal in China increasing. China Economic Review, 36: 309-322.

Burke P J, Liao H. 2015. Is the price elasticity of demand for coal in China increasing. China Economic Review, 36: 309-

322.

Canto V A, Kadlec C W, Laffer A B. 1986. The Financial analyst's guide to monetary policy. Westport: Praeger Publishers.

Carlton D W, Loury G C. 1980. The limitations of Pigouvian taxes as a long-run remedy for externalities. The Quarterly Journal of Economics, 95(3): 559-566.

Celli G, Ghiani E, Mocci S, et al. 2005. A multiobjective evolutionary algorithm for the sizing and siting of distributed generation. Power Systems, IEEE Transactions on, 20(2): 750-757.

Cornett M M, Schwarz T V, Szakmary A C. 1995. Seasonalities and intraday return patterns in the foreign currency futures market. Journal of Banking Finance, 19(5): 843-869.

Dai Y, Xue L. 2015. China's policy initiatives for the development of wind energy technology. Climate Policy, 15(1): 30-57.

DeCanio S J. 1993. Barriers within firms to energy-efficient investments. Energy policy, 21(9): 906-914.

DeLong J B. 1998. Estimating World GDP, One Million B. C. —Present. www. j-bradford-delong. net.

Doucette R T, McCulloch M D. 2011. Modeling the prospects of plug-in hybrid electric vehicles to reduce CO_2 emissions. Applied Energy, 88(7): 2315-2323.

Downs E S. 2007. The fact and fiction of Sino-African energy relations. China Security, 3(3): 42-68.

Elam E, Dixon B L. 1988. Examining the validity of a test of futures market efficiency. Journal of Futures Markets, 8(3): 365-372.

Engle R F, Granger C W. 1987. Co-integration and error correction: representation, estimation, and testing. Econometrica: Journal of the Econometric Society, 55: 251-276.

Errera S, Brown S L. 2009. Fundamentals of trading energy futures options. Penn Well Publishing Company, 1: 139-143.

European Union. 2015. Retail electricity and gas prices. [2015-12-30]. http://ec. europa. eu/ energy/en/statistics/market-analysis.

Faaij A P C. 2006. Bio-energy in Europe: changing technology choices. Energy policy, 34(3): 322-342.

Fei L, Dong S, Xue L, et al. 2011. Energy consumption-economic growth relationship and carbon dioxide emissions in China. Energy policy, 39(2): 568-574.

Foster A J. 1995. Volume volatility relation for crude oil futures markets. Journal of Futures Markets, 15(18): 929-951.

FT 中文网. 2015. 美国解除原油出口禁令意味着什么. [2015-12-30]. http://www. ftchinese. com/story/001065408.

FT 中文网. 2015. 世界携手应对气候变化. [2015-12-30]. http://www. ftchinese. com/story/001065297#adchannelID=1300.

Fujihara RA, Mougoue M. 1997. An examination of linear and non-linear causal relationships between price variability and volume in petroleum futures markets. Journal of Futures Market, 4: 385-416.

Fu M, Hua A, FanX, et al. 2016. Coordinated development of energy-saving and emission-reduction evolution systems in the Yangtze River delta. International Journal of Global Energy Issues, 39(1-2): 35-47.

Garbade K D, Silber W L. 1983. Price movements and price discovery in futures and cash markets. The Review of Economics and Statistics, 65(2): 289-297.

Geoffroy Hureau. 2015. Gas Storage in Europe, recent developments and outlook to 2035. [2015-12-30]. http://www. cedigaz. org/resources/free-downloads. aspx.

Girma P B, Mougoue M. 2002. An empirical examination of the relation between futures spreads volatility, volume and open interest. Journal of Futures Markets, 22: 1083-1102.

Girma P B, Paulson A S. 1999. Risk arbitrage opportunities in petroleum futures spreads. Journal of Futures Markets, 19(8): 931-955.

Gonzalo J, Granger C. 1995. Estimation of common long-memory components in cointegrated systems. Journal of Business Economic Statistics, 13(1): 27-35.

Green F, Stern N. 2015. China's "New Normal": Better Growth, Better Climate. Policy Paper, London: Grantham Research Institute on Climate Change.

Gu A, Teng F, Lv Z. 2016. Exploring the nexus between water saving and energy conservation: Insights from industry sector during the 12th Five-Year Plan period in China. Renewable and Sustainable Energy Reviews, 59: 28-38.

Hackney J, De Neufville R. 2001. Life cycle model of alternative fuel vehicles: emissions, energy, and cost trade-offs. Transportation Research Part A: Policy and Practice, 35(3): 243-266.

HaoY, Zhang Z Y, Liao H, et al. 2015. China's farewell to coal: A forecast of coal consumption through 2020. Energy Policy, 86: 444-455.

Hasbrouck J. 1995. One security, many markets: determining the contributions to price discovery. Journal of Finance, 50 (4): 1175-1199.

Horner M W, O'Kelly M E. 2001. Embedding economies of scale concepts for hub network design. Journal of Transport Geography, 9(9): 255-265.

Hotelling H. 1931. The economics of exhaustible resources. The Journal of Political Economy, 39(2): 137-175.

IEA. 2012. World Road Statistics. Geneva: International Road Federation.

IEA. 2014. Gas pricing and regulation: China's challenges and IEA experience. Paris: International Energy Agency (IEA).

IEA. 2015. IEA Database. Paris: IEA.

International Energy Admimution. 2015. IEA Database.

International Energy Agency. 2015a. World energy outlook 2015. Paris: OECD/IEA.

International Energy Agency. 2015b. Key world energy statistics 2015. [2015-12-30]. http://www. iea. org/ publications/freepublications.

International Energy Agency. 2015c. Coal information 2015. Paris: International Energy Agency (IEA).

International Gas Union. 2015a. World LNG report 2015. [2015-12-30]. http://www. igu. org/publications.

International Gas Union. 2015b. Wholesale gas price survey 2015- A global review of price formation mechanisms 2005—2014. [2015-12-30]. http://www. igu. org/publications.

IRENA. 2015. Renewable power generation costs in 2014: An overview, international renewable energy Agency. IRENA Report.

Johansen S, Juselius K. 1990. Maximum likelihood estimation and inference on cointegration with applications to the demand for money. Oxford Bulletin of Economics and Statistics, 52(2): 169-210.

Johansen S. 1988. Statistical analysis of cointegration vectors. Journal of Economic Dynamics and Control, 12(2): 231-254.

Karpoff J M. 1987. The relation between price changes and trading volume: a survey. Journal of Financial and Quantitative Analysis, 22: 109-126.

Kates S. 1998. Say's Law and the Keynesian Revolution. Cheltenham: Edward Elgar.

Kocagil A E, Shachmurove Y. 1998. Return-volume dynamics in futures markets. Journal of Futures Markets, 18(4): 399-426.

Korhonen I, Juurikkala T. 2009. Equilibrium exchange rates in oil-exporting countries. Journal of Economics and Finance, 33(1): 71-79.

Krinitsyn A, Nikolaev S, Ovchinnikov S. 2014. Cluster size and shape effect on the electronic structure of the hubbard model within the norm-conserving cluster perturbation theory. Journal of Superconductivity Novel Magnetism, 27 (4): 955-963.

Krinitsyn A. Nikolaev S. Ovchinnikov S. 2014. Cluster Size and shape Effect on the Electronic Strncture of the Hubbard Model within the Norm-Conserving Cluster Perturbation Theary. Journal of Superconductivity & Novel Magretism, 27(4): 955-963.

Laffer A B. 1971. Private short-term capital flows. Palo Alto: Stanford University.

Lamoureux C G, Lastrapes W D. 1990. Heteroskedasticity in stock return data: volume versus GARCH effects. The Journal of Finance, 45(1): 221-229.

Lange O. 1942. Say's law: A restatement and criticism. Papers in Ewnomics & sociology, 1970: 149-170.

Liang Q M, Fan Y, Wei Y M. 2007. Carbon taxation policy in China: How to protect energy-and trade-intensive sectors. Journal of Policy Modeling, 29(2): 311-333.

Li J, Zhang Y, Shao S, et al. 2015. Application of cleaner production in a Chinese magnesia refractory material plant. Journal of Cleaner Production, 113: 1015-1023.

Liming H. 2009. Financing rural renewable energy: A comparison between China and India. Renewable and Sustainable Energy Reviews, 13(5): 1096-1103.

Li W, Li L, Qiu G. 2016. Energy consumption and economic cost of typical wastewater treatment systems in Shenzhen, China. Journal of Cleaner Production. [2015-12-30]. http://dx. doi. org/10. 1016/j. jclepro. 2015. 12. 109.

Maberly E D. 1985. Testing futures market efficiency—a restatement. Journal of Futures Markets, 5(3): 425-432.

Maddison A. 2010. Statistics on World Population, GDP and Per Capita GDP, 1-2008 AD. [2015-12-30]. http://www. ggdc. net/MADDISON/ORIINDEX. HTM.

McCarthy J, Najand M. 1993. State space modeling of price and volume dependence: Evidence from currency futures. Journal of Futures Markets, 13(4): 335-344.

Moosa I A, Al-Loughani N E. 1994. Unbiasedness and time varying risk premia in the crude oil futures market. Energy Economics, 16(2): 99-105.

Oakes T. 2004. Building a southern dynamo: Guizhou and state power. The China Quarterly, 178: 467-487.

Ou X, Yan X, Zhang X, et al. 2012. Life-cycle analysis on energy consumption and GHG emission intensities of alternative vehicle fuels in China. Applied Energy, 90(1): 218-224.

Ou X, Zhang X, Chang S. 2010. Scenario analysis on alternative fuel/vehicle for China's future road transport: lifecycle energy demand and GHG emissions. Energy Policy, 38(8): 3943-3956.

Ouyang X, Lin B. 2014. Impacts of increasing renewable energy subsidies and phasing out fossil fuel subsidies in China. Renewable and Sustainable Energy Reviews, 37: 933-942.

Patuelli R, Nijkamp P, Pels E. 2005. Environmental tax reform and the double dividend: A meta-analytical performance assessment. Ecological Economics, 55(4): 564-583.

Pennings J M, Leuthold R M. 2001. Introducing new futures contracts: reinforcement versus cannibalism. Journal of International Money and Finance, 20(5): 659-675.

Ragunathan V, Peker A. 1997. Price variability, trading volume and market depth: evidence from the Australian futures market. Applied Financial Economics, 7(5): 447-454.

REN21. 2012. Renewables 2012 Global Status Report. Paris: REN21 Secretariat.

REN21. 2015. Renewables 2015 Global Status Report. Paris: REN21 Secretariat.

Ripple R D, Moosa I A. 2005. Futures maturity and hedging effectiveness: The case of oil futures. Sydney: Macquarie University.

Roope M, Zurbruegg R. 2002. The intra-day price discovery process between the Singapore Exchange and Taiwan Futures Exchange. Journal of Futures Markets, 22(3): 219-240.

Sadorsky P. 2000. The empirical relationship between energy futures prices and exchange rates. Energy Economics, 22(2): 253-266.

Sadorsky P. 2001. Risk factors in stock returns of Canadian oil and gas companies. Energy Economics, 23(1): 17-28.

Sequeira J M, McAleer M. 2000. A market-augmented model for SIMEX Brent crude oil futures contracts. Applied Financial Economics, 10: 543-552.

Short W, Packey D J, Holt T. 2005. A manual for the economic evaluation of energy efficiency and renewable energy technologies. Stockton: University Press of the Pacific.

Smil V. 2010. Energy transitions: History, requirements, prospects. ABC-CLIO.

Sowell T. 2015. Say's law: An historical analysis. Princeton: Princeton University Press.

Tiejun Z R L. 2003. Discussion from west-east natural gas transmission project to the production and development of the pipeline Steel. Heavy Machinery Science and Technology, 4: 16.

Tse Y, Booth G G. 1995. The relationship between U. S. and Eurodollar interest rates: evidence from the futures markets. Weltwirtschaftliches Archiv (Review of World Economics), 131(1): 28-46.

Tse Y, Booth G G. 1997. Information shares in international oil futures markets. International Review of Economics and Finance, 6(1): 49-56.

U. S. Energy Information Administration. 2015a. Beyond Shell-BG, oil company merger activity is down. [2015-12-30]. http://www.eia.gov/todayinenergy/detail.cfm?id=22172#.

U. S. Energy Information Administration. 2015b. Effects of removing restrictions on U. S. crude oil exports. Paris: International Energy Agency (IEA).

U. S. Energy Information Administration. 2015c. Key coal trends//coal information. Paris: International Energy Agency (IEA).

U. S. Energy Information Administration. 2015d. Key world energy statistics. Paris: International Energy Agency (IEA).

U. S. Energy Information Administration. 2015e. Oil market report. Paris: International Energy Agency (IEA).

U. S. Energy Information Administration. 2015f. Year in review: Crude oil prices 2014. [2015-12-30]. http://www.eia.gov/finance/review/annual/.

U. S. Energy Information Administration. 2016a. Average annual natural gas spot price in 2015 was at lowest level since 1999. [2016-06-30]. http://www.eia.gov/todayinenergy/detail.cfm?id=24412.

U. S. Energy Information Administration. 2016b. [2016-06-30]. Crude oil prices started 2015 relatively low, ended the year lower. http://www.eia.gov/todayinenergy/detail.cfm?id=24432.

US Department of Transportation. 2016. National Transportation Statistics. [2016-06-30]. http://www.rita.dot.gov/bts/sites/rita.dot.gov.bts/files/publications/national_transportation_statistics/index.html.

Wang G H K, Yau J. 2000. Trading volume, bid-ask spread, and price volatility in futures markets. Journal of Futures Markets, 20: 943-970.

Wanniski J. 1978. The Way the World Works: How Economies Fail—and Succeed. New York: Basic Books.

Weng Y, Zhou L. 2015. Trend analysis and policy insight on Chinese photovoltaic power market//Logistics, Informatics and Service Sciences (LISS), 2015 International Conference on. IEEE: 1-5.

Weron R. 2000. Energy price risk management. Physica A: Statistical Mechanics and its Applications, 285(1): 127-134.

Wilson J F, Takacs W E. 1979. Differential responses to price and exchange rate influences in the foreign trade of selected industrial countries. The Review of Economics and Statistics, 61(2): 267-279.

Wiser R H, Pickle S J. 1998. Financing investments in renewable energy: The impacts of policy design. Renewable and Sustainable Energy Reviews, 2(4): 361-386.

World Bank. 2014. World Development Indicators 2014. Washington DC: World Bank.

Wu X, Zhang Z, Chen Y. 2005. Study of the environmental impacts based on the "green tax"—applied to several types of building materials. Building and Environment, 40(2): 227-237.

Wu Y, Yang Z, Lin B, et al. 2012. Energy consumption and CO_2 emission impacts of vehicle electrification in three developed regions of China. Energy Policy, 48: 537-550.

Xiao F, Liao B, Ren D, et al. 2005. Acicular ferritic microstructure of a low-carbon Mn-Mo-Nb microalloyed pipeline steel. Materials Characterization, 54(4): 305-314.

Yukun H S L X Y. 2008. Application of gas drilling technology in northeast Sichuan area. Petroleum Drilling Techniques, 3: 7.

Zaman K, Bin Abdullah A, Khan A, et al. 2016. Dynamic linkages among energy consumption, environment, health and wealth in BRICS countries: Green growth key to sustainable development. Renewable and Sustainable Energy Reviews,56:1263-1271.

Zhou J,Mao X Q,Hu T,et al. 2016. Implications of the 11th and 12th Five-Year Plans for energy conservation and CO_2 and air pollutants reduction:A case study from the city of Urumqi,China. Journal of Cleaner Production,112:1767-1777.

Znternaticnal Monetary Fund. 2015. World economic outlook 2015. 10th ed. Washi ngton DC: International Monetary Fund.

Zodrow G R, Mieszkowski P. 1986. Pigou, Tiebout, property taxation, and the underprovision of local public goods. Journal of Urban Economics,19(3):356-370.

附录1　图　目　录

附录2 表 目 录

Appendix 1 Figures

Appendix 2 Tables

后　　记

为了更好地致力于能源与环境政策的科学研究、人才培养、社会服务和国际交流，2006年，我曾与中石油经济技术研究院许永发和刘克雨等合作，在中国科学院创办了联合共建的“能源与环境政策研究中心”[①]，并担任中心首任主任。2009年，应北京理工大学校长胡海岩和原党委书记郭大成的邀请，我和我们团队的核心研究成员加盟北京理工大学；经校长办公会批准成立北京理工大学能源与环境政策研究中心，挂靠在北京理工大学管理与经济学院。

《中国能源报告》是能源与环境政策研究中心完成的系列研究报告，每卷围绕特定主题展开研究。能源与环境政策研究中心面向国家能源与应对气候变化领域的重大战略需求，针对能源经济与气候政策中的关键科学问题深入开展研究，旨在增进对能源、气候与经济社会复杂系统的科学认识；并为社会各界培养高层次专门人才，为政府制定能源与气候战略、规划和政策提供科学依据，为能源企业发展提供决策支持；建设与国际一流同行机构开展学术交流与合作的平台。

《中国能源报告》旨在科学和系统研究的基础上，为决策者提供科学依据和决策参考。《中国能源报告》迄今已出版了五卷。第一卷（战略与政策研究）、第二卷（碳排放研究）、第三卷（能源效率研究）、第四卷（能源安全研究）和第五卷（能源贫困研究）分别于2006年、2008年、2010年、2012年和2014年由科学出版社出版。系列报告出版以来，得到了国内外从事能源经济与管理研究的同仁、政府相关管理部门和能源企业的许多积极反响和鼓励。

《中国能源报告（2016）：能源市场研究》作为《中国能源报告》系列报告的第六卷，是北京理工大学能源与环境政策研究中心团队成员对能源市场相关的重大问题，在长期研究基础上形成的总结。本卷报告的编写由魏一鸣负责总体设计、策划、组织和统稿；第1章由魏一鸣、廖华、高亿萱、胡晓颖完成；第2章由魏一鸣、郝宇、张婧婧完成；第3章由魏一鸣、郝宇、张宗勇完成；第4章由魏一鸣、吕鑫、曹红完成；第5章由魏一鸣、唐葆君、周慧羚、胡玉杰完成；第6章由魏一鸣、吕鑫、郝宇完成；第7章由魏一鸣、樊静丽完成；第8章由魏一鸣、凤振华完成；第9章由魏一鸣、吕鑫完成；第10章由魏一鸣、王海博完成；第11章由魏一鸣、郝宇、廖华、张宗勇完成。张九天、吴刚、杨瑞广、王恺、凤振华、姚云飞、刘兰翠、梁巧梅、马晓微、张贤等先后参与了本报告的部分章节的讨论及校对工作。本报告是能源与环境政策研究中心集体智慧的结晶。

在本报告的研究与撰写过程中，得到了国家自然科学基金项目（71521002，71322306）、国家重点研发计划项目（2016YFA6602603）及国家自然科学基金智库项目的部分支持。系列报告的出版，先后得到了陈述彭、丁仲礼、杜祥琬、李静海、彭苏萍、郭重

①中国科学院科技政策与管理科学研究所与中石油经济技术研究院联合共建。

庆、李京文、杨善林、吴启迪、刘燕华、徐锭明、吴吟、于景元、何建坤、王思强、徐伟宣、宋建国、马燕合、黄晶、宋雯、安丰全、孙洪、李善同、陈晓田、周寄中、李一军、汪寿阳、高自友、张维、黄海军、杨列勋、刘作仪、李若筠、李高、戴彦德、高世宪、徐华清、康艳兵、刘建平、刘克雨、田成川、郭日生、彭斯震、傅小锋、李景明、涂序彦、张建民等专家和领导的鼓励、指导、支持和无私的帮助；国外同行 Tol R S J，Hofman B，Martinot E，Drennen T，Jacoby H，Parsons J，MacGill I，Edenhofer O，Burnard K，Nielsen C，Nguyen F，Okada N，Ang B，Yan J，Tatano H，Chou S K，Huang Z M，Murty T，Yang Z L，Erdmann G 等曾应邀访问能源与环境政策研究中心并进行学术交流，他们曾以不同形式给予我们支持和帮助。中国科学院副院长丁仲礼院士对《中国能源报告》的出版长期以来给予了鼓励和支持。值此，谨向他们表示衷心感谢和崇高的敬意！

借此机会，特别感谢北京理工大学党委书记赵长禄、校长胡海岩等校领导，以及学校的职能部门和管理与经济学院的各位同仁，对我和我们团队研究工作给予的支持和帮助。没有他们的关怀，能源与环境政策研究中心难以持续完成《中国能源报告》第六卷的研究工作和出版。

特别感谢本报告引文中的所有作者！限于我们知识修养和学术水平，报告中难免存在诸多缺陷与不足，恳请读者批评和指正！

2016 年 7 月 1 日于北京